协和医学院系列规划教材
医院领导力及管理系列教材

医院信息管理

（供卫生管理、医疗管理专业使用）

主　编　罗　力
副主编　黄　虹　朱卫国
编　者　（以姓氏笔画为序）
田红成（中国人民解放军总医院）
师庆科（四川大学华西医院）
朱卫国（中国医学科学院北京协和医院）
刘敏超（中国人民解放军总医院）
杨　春（复旦大学附属中山医院）
张武军（中山大学附属第一医院）
张晓祥（华中科技大学同济医学院附属同济医院）
罗　力（复旦大学医院管理研究所）
郑　涛（上海交通大学医学院附属仁济医院）
赵　艳（上海交通大学医学院附属瑞金医院）
钱步月（西安交通大学第一附属医院）
黄　虹（复旦大学附属华山医院）
曹宏伟（海军军医大学第一附属医院）
蒋　昆（空军军医大学第一附属医院）

中国协和医科大学出版社
北　京

内容简介

本教材是“医院领导力及管理系列教材”之一，旨在培养高素质的医院信息管理人才队伍，具有专业性、综合性和前瞻性。内容包括医院信息管理的基本概念、医院信息管理的构成、医院信息管理的基础设施、医院信息管理的应用、医疗大数据治理等。本教材主要供卫生管理、医疗管理专业教学使用，也可供临床及相关专业人员参考使用。

图书在版编目（CIP）数据

医院信息管理 / 罗力主编. —北京：中国协和医科大学出版社，2022.7
（医院领导力及管理系列教材）
ISBN 978-7-5679-1926-6

Ⅰ.①医…　Ⅱ.①罗…　Ⅲ.①医院—管理—信息化建设—教材　Ⅳ.①R197.324

中国版本图书馆CIP数据核字（2022）第112522号

医院领导力及管理系列教材
医院信息管理

主　　编： 罗　力
责任编辑： 陈　佩　郑成巍
封面设计： 许晓晨
责任校对： 张　麓
责任印制： 张　岱

出版发行： **中国协和医科大学出版社**
（北京市东城区东单三条9号　邮编100730　电话010-65260431）
网　　址： www.pumcp.com
经　　销： 新华书店总店北京发行所
印　　刷： 三河市龙大印装有限公司

开　　本： 787mm×1092mm　1/16
印　　张： 23.25
字　　数： 440千字
版　　次： 2022年7月第1版
印　　次： 2022年7月第1次印刷
定　　价： 109.00元

ISBN 978-7-5679-1926-6

医院领导力及管理系列教材

建设指导委员会

主 任 委 员 王 辰

常务副主任委员 刘庭芳

副 主 任 委 员 （以姓氏笔画为序）

王兴鹏 宁 光 乔 杰 刘远立 李为民
吴沛新 张抒扬 张宗久 张鹭鹭 胡盛寿
姚建红 赫 捷 翟晓辉 樊 嘉

委 员 （以姓氏笔画为序）

马丽平 王 辰 王 岳 王一方 王兴鹏
王炳龙 宁 光 乔 杰 向炎珍 刘远立
刘庭芳 李士雪 李为民 杨维中 杨燕绥
吴 明 吴沛新 余 波 张抒扬 张宗久
张瑞宏 张鹭鹭 陈英耀 罗 力 单广良
胡盛寿 姚建红 陶红兵 董四平 程永忠
赫 捷 翟晓辉 熊 伟 樊 嘉

Introduction

出版说明

随着我国医药卫生体制改革的深入，卫生事业对医院的要求在不断提高。医疗管理工作是医院建立正常医疗秩序、提高医疗服务质量的重要保证。医院的管理系统非常复杂，发展极其迅速，且面临不断深化的改革要求，这对医疗管理人才提出了更高的要求。目前，我国医院的管理干部，大部分为医务人员转型而来，虽具有精深的专业知识，但仍缺乏系统、全面的管理知识。随着公立医院整体进入转型发展期，我国亟须培养高素质的职业化卫生管理及医疗管理人才队伍。

教材作为承载知识的重要载体，对于培养高素质人才发挥着重要作用。党的十八大以来，党中央高度重视和关心教材建设。在我国高等教育体系中，教材建设是提高高校教学水平、丰富教学内容以及促进教学方法改革的基础性工作；是发展高等教育，培养综合型人才、创新型人才的基础。

为适应卫生管理及医疗管理的新要求，培养适应新时代卫生管理及医疗管理的相关人才，中国协和医科大学出版社深入贯彻《关于推动公立医院高质量发展的意见》《关于建立现代医院管理制度的指导意见》及《关于加强公立医院运营管理的指导意见》等文件精神，在中国医学科学院北京协和医学院的支持下，开创性地组织了本套医院领导力及管理系列教材的编写工作。编委会集结了二百余名业内知名专家、学者、教授及一线教学老师，在鲜可借鉴同专业方向教材编写经验的情况下，对医疗管理理论、方法、人才培养机制等进行探索研究，悉心编撰。

本套教材涵盖卫生管理、医疗管理专业课程共计17门，定位清晰、特色鲜明，具有如下特点：

一、建设成体系的卫生管理、医疗管理专业教材，引领学科发展步伐

本套教材作为成体系的卫生管理、医疗管理专业教材，充分研究论证相关专业方向人才素质要求、学科体系构成、课程体系设计和教材体系规划，代表了卫生管理、医疗管理学科的发展方向。

二、引入国际最新理念和方法，与时俱进

教材紧密结合卫生管理及医疗管理专业培养目标、高等医学教育教学改革的需要和卫生管理及医疗管理专业人才的需求，引入国际最新医院管理理念及方法，内容与时俱进、开拓创新。

三、融入经典管理案例，突出实践性教学

教材内容对接医疗管理职业标准和岗位要求，将国际最新案例融入其中，重视培养学生理论联系实际、实践操作和独立思考的能力。

四、纸数融合，使学习更便捷更轻松

教材采用纸数融合形式出版，即在纸质教材内容之上，配套数字化资源，通过图片、动画、视频、课件等多种媒体形式将内容进行呈现，以优化教学内容，丰富教学资源。读者可以直接扫描书中二维码，阅读与教材内容相关联的课程资源，从而丰富学习体验，使学习更加便捷。

希望本套教材的出版，能够推进高质量卫生管理及医疗管理专业人才的培养，促进我国卫生管理、医疗管理学科或领域的教材建设与教育发展，为引领我国医疗卫生机构管理走向科学化、规范化、标准化与现代化作出积极贡献。

Preface
前　言

世界已经进入信息时代，信息技术深度融入各个行业、机构。医院也是如此，医院运营管理是早期受信息技术影响的领域。目前信息技术正在深度介入诊疗服务，并将在智慧医疗方面发挥决定性作用。在可预见的未来，医院信息部门将逐渐成为医院最重要的部门，甚至成为智慧医疗时代的医院的核心。因此，从现在开始，就应当把医院信息高端人才的教育培养列为重中之重，培养、储备一批既懂医疗又懂信息的复合型人才。人才培养，教材先行，推动系列教材的建设是本书主编、副主编和各位编委的共识，于是便有了《医院信息管理》这本教材。

《医院信息管理》作为“医院领导力及管理系列教材”之一，旨在培养高素质的医院信息管理人才队伍，让医院管理者能熟悉医院信息管理的基本概念、医院信息管理的构成、医院信息管理的基础设施、医院信息管理的应用、医疗大数据治理等方面的相关知识。

为保证编写质量，联合全国12家三级甲等医院信息中心负责人，组成一支以国内顶尖医院信息化建设一线专家为主体的高水平编写队伍。编写过程中实行主编负责制，依照教材建设要求，明确教材的定位、编写思路和要求，从教材规划到教材编写、专家论证直至出版，有计划、有步骤地实施，层层把关，确保教材质量，满足人才培养需求。

全书共包括13个章节，第一章为医院信息管理概述，包括医院信息管理的目标、范围、发展历程、未来发展等内容，属于基本知识。第二章和第三章分别为医院信息管理的构成与基础设施，为医院信息管理的基础，涉及网络、设备及软件等方面的内容。第四章为医院信息管理的应用，涉及电子病历系统、医技系统、行政系统、患者服务系统和管理系统等内容，是医院信息管理的主要模块。第五章为医疗大数据应用与信息系统数据治理，主要介绍医疗大数据治理的必要性和可行性、应用案例、方法体系、组织实施等内容。第六章和第七章为医院信息项目管理和医院信息系统运行维护。第八章和第九章分别介绍医院信息管理和其他学科的融合、医院信息管理对医院管理的支撑等内容，是医院信息管理在实践过程中与其他学科的融合与发展。第十章为远程医疗与互联网医疗，介绍远程医疗、互联网医疗与互联网医院的应用与管理，并通过现实案例介绍其当前应用情况。第十一章和第十二章分别介绍了医院网络安全和医院信息应急保障。第十三章介绍了医院信息管理的发展趋势，主要从专业化、边界延伸和对医模式转型的推动等多个方面展望未来。

本教材具备以下特点：①专业性，教材编者均长期从事医院信息管理工作，从专业知识和经验出发，完成本教材的撰写。②综合性，医院信息管理是一门新兴的综合性学科，综合计算机软硬件技术、现代医院管理学、网络技术等多个学科互相渗透而成，教材内容与医院信息管理工作密切结合，可为读者提供较为全面的认知。③前瞻性，随着5G网络所具备的大带宽、高速率、高可靠、低时延、边缘计算和网络切片等关键技术的发展，新技术如互联网大数据、人工智能、云计算在医疗领域的应用将为全新的医疗信息管理赋能，本教材在介绍现阶段医院信息管理的主要内容基础上，介绍了未来发展趋势及各项新兴技术的应用场景，启发学生更深入地探索和钻研。

本教材可作为医学院校卫生事业管理专业、医疗管理专业、卫生信息专业学生的参考教材，面向所有希望熟悉和了解医院信息管理的本科及研究生，同时也适合医疗管理工作者、医务工作者及医院信息化开发人员等阅读。阅读本教材时，具备一定的医院管理学等相关专业基础知识有助于更好地学习和理解本教材的内容。

本教材在编写过程中，得到了上海市公共卫生体系建设三年行动计划学科建设项目“大数据与人工智能应用”（GWV-10.1-XK05）的资助，诸编者以严谨的治学精神完成教材的编写和多轮次的修订、完善工作，在此一并致以诚挚的谢意。

医院信息管理领域为近年来发展迅速的新兴领域，相关教材编写是一项全新的工作，书中内容为各位编者对多年一线工作专业知识和经验的总结，参考价值较强，但一项创新性教材的编写难免存在疏漏与不足之处，敬请广大读者多提宝贵意见，以便重印或再版时予以修正，使教材质量不断提升，更好地适应医院信息管理人才培养需要。

编　者

2022年5月

Contents

目 录

第一章　医院信息管理概述

学习目标

1. 掌握　医院信息管理的概念和范围。
2. 熟悉　医院信息管理的目标。
3. 了解　医院信息管理的发展历程与未来发展方向。

医院信息管理是指利用计算机软硬件技术、网络通信技术等信息技术，对医院及其所属各部门的人力、财务、物品进行综合管理，对在医疗活动各阶段产生的数据进行采集、储存、处理、提取、传输、汇总、加工生成各种信息，为医院的医疗业务、患者服务、教学科研、运营管理等整体运行以及各种服务提供信息技术支持的管理方式和方法。

医院信息管理依靠信息技术，充分利用丰富的信息资源和服务资源，努力提高医疗服务信息的便利性、实用性、及时性和有效性。加强医院信息化建设，不仅是为人民提供更优质医疗服务的要求，也是全面促进医院快速发展的战略需要。医院信息管理应遵循安全性、及时性和易用性的原则，基于长期规划和总体建设规模，注重实际应用，突破发展瓶颈，以满足医院发展为战略目标，满足以人为本的需求，提高医疗服务创新能力，进一步增强医疗业务的处理能力，积极建设便捷、高效、安全、可靠、规范的信息系统，拓宽医院信息技术的服务渠道，创新信息便捷服务模式和内涵，提升信息技术管理效能。

第一节　医院信息管理的目标

医院信息管理的核心目标是提升医疗服务效率和医院管理水平。首先，我国的公共卫生和医疗行业政策，核心目标是为人民服务。因此，医疗行业的信息化不仅要满足用户的功能需求，更要在信息化建设过程中实现国家战略目标的要求。通过信息化建设为患者提供便民、惠民的便捷服务，解决现有医疗服务中存在的问题，这是医院信息化建设的意义和价值。其次，“互联网+”、大数据、人工智能、5G、区块链、物联网等新兴信息技术迅猛发展并在医疗领域深度应用，催生了智慧医疗管理服务的新理念，医院的信息管理部门则是推进医院智慧化转型的核心力量之一，开展医院信息管理，将医院业务服务积极向信息化、数字化方向转型，才能更好地融合医疗卫生与新兴信息技术，让新技术发挥出更好的效果。

医院信息管理的目标可以总结为以下六个方面。

一、优化就医体验，提高诊疗效率

医院信息管理，是提升医疗效率的重要技术措施。长期以来，“看病难”是困扰人民群众就医的难题。医院利用信息管理的技术和理念，基于信息化、网络化等技术手段，为患者提供预约诊疗、候诊提醒、院内导航、检查检验结果查询、划价缴费、健康教育等服务，努力做到了“四个减少”，即患者往返医院次数减少、在医院内的重复排队减少、门诊全程候诊时间减少、平均住院日减少，使就医流程更便捷、服务更高效，有效改善了群众集中反映的“三长一短”问题，提升患者就医的满意度。

对医务人员而言，使用医院各类信息系统书写病历、开立医嘱、申请检查检验、查阅报告、执行医嘱等，提升了各医疗服务环节的工作效率。如使用电子病历可便捷查看患者的既往诊疗信息，并根据患者诊断自动调用相应的规范的病历模板进行病历书写，不仅提升了书写效率和文书规范，还便于日后开展病历学习与管理等。医疗机构通过移动智能设备上运行的系统程序，为医务人员提供移动查房、医嘱查阅、护理记录、医嘱执行等功能，利用智能终端设备和智能监控仪器，将患者信息和实时生命体征集中收集管理，减少了医疗服务的空间限制，让“指尖上的医疗服务”变成现实。在诊疗过程中使用语音输入病历、综合预警提醒、智能化临床辅助决策支持等服务，节省了医务人员处理重复事务所花费的时间，极大地增加了医疗服务的供给能力。

二、提高医疗服务质量和安全管理水平

为人民群众提供安全、优质的医疗服务是卫生健康工作的核心任务，而医疗安全是医疗服务的生命线。在医疗质量与安全管理的事前、事中和事后监管手段中，医院信息管理均能发挥重要作用。

开展医院信息管理，以信息技术改造或重塑业务流程和管理流程，能够构建全新的问题发现机制与预警管理模式。通过专家讨论、整理、制定质量安全规则，并与业务流程中的规则引擎结合，以科学的医疗质量与安全管理理论和方法，对流程中各环节情况进行自动检查与把控，如用户触发禁止类规则，系统将自动拦截相关操作并提示用户，将风险控制在萌芽状态；业务流程中系统记录各环节情况，实时与相关规则进行校验，发现异常情况及时向相关人员发送提醒，推动医疗质量与安全监控网络平台智慧化管理；系统也可辅助医疗管理人员对历史资料进行核查，快速发现重点关注的问题，减少人工审核时间。在配置自动校验规则的基础上，充分运用人工智能、大数据分析等新技术，自动学习流程运转规律，实现医院临床业务与管理部门运行数据的整合、分析与应用，对全流程医疗质量做到智能监测，提升医疗服务的基础质量、环节质量和终末质量等。

知识拓展

信息化提升医疗质量。国家卫生健康委员会应用信息化手段强化医疗质量管理，近年来建立医院质量监测系统（hospital quality monitoring system，HQMS）、血液管理信息系统、医疗技术临床应用管理平台等，加强事中、事后监管，提高了医疗管理的信息化程度。卫生部发布的《医疗质量管理办法》指出，医疗机构应当强化基于电子病历的医院信息平台建设，提高医院信息化工作的规范化水平，使信息化工作满足医疗质量管理与控制需要，充分利用信息化手段开展医疗质量管理与控制。建立完善的医疗机构信息管理制度，保障信息安全。

三、提高医院运营效率，促进医院精细化管理

随着医疗体制改革的不断推进，提效控费的理念深入人心，医院必然向关注高质量发展和效益发展的模式转型，加强医院精细化管理势在必行。医院精细化管理的前提是管理者对医院整体运营情况有深入了解，这有赖于信息化赋能。通过开展医院信息化建设，做好院内信息系统的对接，将各类数据信息以规范、完整的形式及时汇总，才能提供运营数据用于统计、分析、评价、监控，为管理者决策提供依据。目前，已经有不少医院通过医疗废弃物管理系统、智能被服管理系统、智能设备监控系统等，实现了后勤工作流程的闭环管理，提升了运营效率，并将运营信息及时、准确地呈现

给医院领导层，提高了医院管理的精细化程度。

四、推进医疗智慧化转型

信息技术的迅猛发展及其在医疗领域的深度应用，催生了智慧医院的建设运营新理念。智慧医院主要是面向医务人员医疗活动的“智慧医疗”、面向患者就诊体验的“智慧服务”和面向医院整体运营管理的“智慧管理”。其核心思想在于提升医院运行中的自动化、标准化、流程化程度，提升患者、医务人员的体验，提升医院的运营管理效能。

互联网医院的发展，是互联网技术“万物互联”的必然趋势，缓解了医疗服务资源分布不均衡、高质量医疗资源稀缺的难题。互联网医院的建设模式主要有两类，一类是实体医院自行建设或与企业联合建设的医疗资源线上服务模式，提供的业务范围相对较为广泛，且能与医院线下业务实现深度集成，如线上预诊、线下详诊，线下治疗、线上复诊等；另一类是互联网企业自行建设的互联网医院，此类互联网医院采用集聚医生资源的平台服务模式，医生通过互联网企业的医疗平台进行注册，以多点执业的模式提供线上医疗服务，为全国各地的患者提供医学咨询等服务。

五、创新新兴技术应用

推进新兴技术应用与发展创新应用也是信息管理的重要目标。随着云计算的发展，人工智能算法的成熟和海量的大数据积累，以人工智能为代表的新兴信息技术正在迅速应用于医疗行业。目前，已有多种人工智能辅助影像诊断产品处于推广或试用阶段，为医务人员提供病灶检出、形态判别、既往情况对照等功能；基于人工智能技术的智能病历质控，通过对医院既往病历数据的挖掘分析，高效识别当前病历书写的质量和完整性，及时提醒医务人员修改完善。

5G技术具有高带宽、广连接、低延时的技术特点，极大地拓展了信息技术的服务范围与服务能力，提升了远程会诊、院前急救、远程手术等应用场景的可靠性，并使医联体、医共体内不同医疗机构共享信息服务成为可能，赋能医疗生态系统。

物联网技术也是智慧医疗的核心之一，将各类传感器、身份识别标识和无线通信技术等综合应用于医疗系统中，实时收集医疗过程中产生的信息，实现智能化识别、定位、追踪、监控和管理，从而建立起实时、准确、高效的医疗控制和管理系统。目前物联网技术在医疗行业中有多方面的用途，如通过传感器和机身通讯，监控医疗设备的运行情况和运行效率，动态安排工作负荷、及时发现设备异常，通过医疗设备与信息系统连接，实时记录并回传患者各项生理指标，通过智能腕带了解住院患者所在位置，进行患者管理，通过温湿度传感器、照度传感器等了解建筑情况，营造舒适环境等。

案例讨论

【案例】某医院开展智能化项目建设，通过人机协同平台为医院建设人工智能（AI）智慧中枢，提供人机交互、融合、共创功能。医院弱电系统全面接入物联网，通过AI决策控制，实现建筑全感知、绿色节能、看病全流程一脸通、寻人及寻车的智能化监管。在医疗养护方面，平台可识别患者擅离病床和病区，患者出行陪护和患者摔倒情况。通过将医疗监护设备的生理健康监测数据接入平台，可对患者的身体状况、睡眠状况进行综合分析，全面客观地评价患者状况。在智慧安保方面，全院摄像头统一接入信息中枢，实时研判人员信息，精准识别医闹人员、“黄牛”等。建筑物虚拟化建模与摄像头位置关联，可点选查看特定楼层、位置的画面，核查现场情况。发现人员异常聚集自动提醒，帮助管理人员及时处理突发事件。

【讨论】

1. 在本案例中，医疗养护方面涉及了物联网在医院中的哪些用途？
2. 智慧安保方面综合应用了哪些新兴技术？

机器人技术在医疗卫生行业有着广阔的发展前景。手术机器人基于数字化诊疗记录的分析，可对患者病灶及周围组织进行三维重建，精准处置目标；护理机器人为患者提供基本护理服务，减少护士的重复工作和体力工作，专注提升护理质量；物流机器人通过多种形式的运输通路，实现高效、可靠、安全的物资运送，提升了院内物资流转的效率。

六、支持国家应急防疫

信息化作为医院运行及疫情管控的重要支撑，在应急防疫中发挥了重要作用。医院管理部门可实时了解医院运行情况，及时上报传染病情况，通过国家传染病疫情和公共突发卫生事件直报网络进行分析汇总，帮助各级主管部门了解疾病动态，及时发现潜在风险。互联网医院也有效补充了门诊诊疗职能，如线上咨询缓解了疫情期间人们的紧张情绪；慢性病复查和开药使患者在家中就能领到必需药品，在满足部分医疗需求同时降低线下就诊交叉感染的风险。远程会诊、人工智能辅助诊断等新模式提升了基层和偏远地区的疾病诊查能力，做到早发现、早诊断。

第二节　医院信息管理的内容

医院信息管理主要涉及以下几方面。

一、基础数据的统一

医院信息管理需要将相对统一，但不同结构、不同层级、不同性质或不同管理体制、不同隶属关系的医院信息进行整理，形成统一规范管理的模式，将原有可能存在碎片化的信息收集起来，根据实际使用情况进行结构化处理，形成信息资源的一体化。医院较多采用的基础数据管理模式是统一编码和数据字典。通过自上而下的顶层设计，对医院、临床科室、管理部门、人力资源、设备的信息进行编码规则设计，使用国家标准、行业标准、地方标准或院内自定义编码体系来规范医院信息管理的各类设置，有利于实现医院信息管理的一致性和完整性。

二、业务流程的整合

医院运作的特殊性直接影响门急诊业务流程的构建，医院信息管理必须将医院的整体管理理念融入医院的医疗体系信息化建设，将此前不同部门、不同科室在时间、空间上相互独立的多个业务流程加以整合，通过信息系统内、系统间消息传递与资源共享，形成完整的业务网络，克服此前依赖人工、纸质单据等方式实现的信息交换。包括且不限于统一患者编号、统一预约挂号平台等医疗业务流程资源的整合，收费情况、医疗服务执行情况等医疗业务状态信息的整合等。

三、成本及耗材管理

传统的医院设备管理长期采用人工管理、信息化辅助的模式，医院的成本和耗材管理停留在简单粗放的模式。在统一患者编码体系的同时，应将设备信息、耗材信息进行统一编码和关联归类，实现耗材、时间、人力资源等资源使用有据可查，有数据可追溯，有信息可分析，使成本及耗材管理模式由简单粗放向科学管理发展。

知识拓展

信息化支撑医用耗材管理：国家卫生健康委员会印发《医疗机构医用耗材管理办法（试行）》，在第七章信息化建设部分明确提出，医疗机构要建立医用耗材管理信息系统，覆盖遴选、采购、验收、入库、储存、盘点、申领、出库、临床使用、质量安全事件报告、不良反应监测、重点监控、超常预警、点评等各环节，实现每一件医用耗材的全生命周期可溯源。

四、数据精细化管理

长期以来，医院信息管理停留在输入保存的工作模式，未能对数据进行结构化挖掘处理。信息无法统一，冗余信息较多，数据记录庞杂，明细数据承载量大，这些都导致数据检索及分析困难。尽管现有的医院信息管理已有按特定用途、任务进行数据处理的定制化功能，但仍缺乏宏观的顶层数据结构化设计，影响医院整体信息化系统的运作。因此要从源头数据进行统一设计，制定源数据管理的规范和标准，数据精细化收集、管理与利用势在必行。

五、部门间工作协同

由于职能管理的限制，医院存在各科室、各部门按业务分工各管一块的情形，而医院信息管理从纵向、横向打破这一藩篱，将管理流程和规范化操作推行到医院的每一个角落。医院信息管理是医院管理的一种手段和方法，需要信息技术部门与信息管理所涉及各部门协作，合力完成信息化改造建设。

医院信息管理是促进医院发展，提升医院综合竞争力不可或缺的重要因素，随着时代变迁与社会发展，人们对医院建设与管理的要求不断提升，医院信息管理的范围也在不断发展和扩大。在医院信息管理中，由于涉及的业务系统繁多，目前就医院整体而言，消除信息孤岛，逐步实现医疗信息的统一高效、互联互通是医院信息管理的首要建设任务。

第三节　医院信息管理的发展历程

一、从单机部署到联机应用

我国医院信息化建设已经有了近40年的历史，可以分为以下4个阶段。

（一）单机用户阶段

20世纪80年代初期，随着个人电脑的出现和BASIC等高级语言的普及，一些医院开始开发小型管理程序，如计价、收费和工资管理等，这些程序在单机上运行，可实现记录、存储功能，并能完成简单的管理和计算工作，一定程度上实现了业务的电子化。此时，信息化管理在信息记录、查阅、运算方面的优势已初步显现。

（二）部门级应用阶段

20世纪80年代中后期，通过IBM-PC/XT计算机、DOS操作系统、局域网和DBASE数据库管理系统的应用，一些医院开始建立小型的局域网，将数台PC计算机联网，实现部门内的业务管理，如门诊挂号和住院登记管理、药房管理、计价和收费管理等。部门内单一业务的信息化管理取得了令人满意的效果，为医院服务与管理信息化形成基础，而业务间的交互需求也激励着医疗信息化从业者探索医院层面的信息管理实践。

（三）全院级应用阶段

20世纪90年代，高性能服务器、Windows操作系统、快速以太网以及大型关系型数据库的发展和应用，使建立网络互联、业务互通、数据共享的一体化医院信息系统成为现实，国内医院信息系统的研发和应用水平进入较快发展期。这一阶段的医院信息系统建设经历了以管理业务为主向以临床业务为主的发展，系统设计和应用理念上强调以患者为中心。通过医院信息系统（hospital information system，HIS）、实验室（检验科）信息系统（laboratory information system，LIS）、影像归档与通信系统（picture archiving and communication system，PACS）、电子病历系统（electronic medical record，EMR）等的应用，改善医疗质量、提高服务水平、增强医院竞争力。信息管理已成为了大型医院不可或缺的管理工具，信息系统也成了医疗活动中不可缺少的基础设施。

（四）区域医疗应用阶段

21世纪以来，国内的一些卫生管理部门和医疗机构开始探索区域医疗信息化，通过区域内医疗机构之间的医疗信息交换和共享，实现“一卡通”、资源共享、双向转诊、分级医疗、远程医疗和人才培养等应用服务。深化医药卫生体制改革提出，要大力推进医药卫生信息化建设，建立实用共享的医药卫生信息系统，极大地推动了国内区域医疗信息化建设。一方面，医院信息系统通过多年运行已经积累了大量的管理和诊疗数据，这些数据包含着广大医务人员的知识和智慧，蕴藏着医院管理和疾病诊疗的规律和趋势。充分利用这些数据，通过数据分析、数据挖掘等技术，进行数据二次开发应用，发现其中的客观规律和趋势，指导医院管理和临床诊疗实践。另一方面，随着医院信息化应用的提高，区域医疗服务信息系统的需求必然日益迫切。区域医疗服务信息系统的建设和应用使医院面向更多的服务人群和更大的医疗市场，对提高医院的社会效益和经济效益具有重要意义，也是现代医院的必然发展。

二、从单一收费到综合服务

各项信息应用中，最早启用的是管理类应用，如门诊收费、住院患者费用管理等。这些应用的业务逻辑清晰、提升管理效率的需求迫切，且对其他业务没有明确依赖关系，可单独运行，具有开展信息化管理的优势。随后，药房管理、门诊挂号等业务也开始了信息化管理实践，系统间逐步探索沟通互联，形成了综合性信息化管理服务的雏形。临床信息系统方面，随着医学影像设备的普及，产生了大量影像文件，这些文件类型各异、数量众多，且具有长期保存和随时调阅的需求，人工维护的文件管理体系难以应对，PACS开始得到应用。影像科的患者管理、检查预约、报告管理、统计分析等业务，也迫切需要信息化管理，影像信息系统（radiology information system，RIS）由此得到重视。而HIS其外延随着时代的发展不断扩大，逐步将不同的功能模块串联融合，并与RIS、LIS、EMR等系统对接，形成了医院信息综合管理的中枢。

三、从孤立系统到集成体系

（一）以HIS为核心的医院信息系统建设

医院信息系统是指医院进行医疗及相关业务管理的应用系统，其范围可覆盖医院所有业务过程及管理活动。在2002年卫生部公布的《医院信息系统基本功能规范》中对HIS的定义是：利用计算机软硬件技术、网络通讯技术等现代化技术手段，对医院及其所属各部门的人流、物流、财流进行综合管理，对在医疗活动各阶段中产生的数据进行采集、存储、处理、提取、传输、汇总、加工生成各种信息，从而为医院的整体运行提供全面的、自动化的管理及各种服务的信息系统。HIS的主要目标是支持医院的医疗服务运转与人员、事务管理，从而规范业务流程、提升服务质量、降低劳动强度等。

（二）以电子病历为核心的医院信息系统建设

随着医院业务范围的扩展，传统的纸质医疗文书已逐渐难以满足医疗服务和管理的需求。由此，医疗文书乃至医疗记录的电子化，成为提升医疗服务质量、提升诊疗效率的必由之路。2011年卫生部印发《电子病历系统功能应用水平分级评价方法及标准（试行）》，为电子病历系统建设制定了评价标准与规范；2018年，国家卫生健康委员会印发《关于进一步推进以电子病历为核心的医疗机构信息化建设工作的通知》，确立了电子病历在医院信息化建设和应用中的核心地位；同年12月，国家卫生健康委员会印发《电子病历系统应用水平分级评价管理办法（试行）》及《电子病历系统应用水平分级评价标准（试行）》，持续推进以电子病历为核心的医疗机构信息化建设。

病历的电子化具有众多业务上的优势。一是强化流程监管，减少诊疗疏忽。电子化诊疗记录可对诊疗过程的全程进行自动监管，及时发现可能存在疏忽和错误的地方，并及时提醒医务人员处置，同时通过统计、分析、预警、三级质量评定等事前控制手段，能有效地提醒和督促医务人员按时、按质完成病历书写工作。二是科学制订模板减少重复工作。电子病历通过专科、专病模板，将多种常用的医疗文书形成规范化模板，并将内容以结构化、半结构化形式提供，不仅可以将医务人员从烦琐重复的病历文书书写工作中解脱出来，集中精力关注患者的诊疗，而且通过模板书写的病历更加完整、规范。三是提高病案质量、规范病历书写。电子病历系统通过提供完整、规范的病历模板，避免了书写潦草、缺项及表达不规范等问题，提高病历审核合格率与病案质量。四是完善病历管理，提高管理效能。病历是具有法律效力的医学记录，具有长期保存的需求，在患者复诊、医疗纠纷等场景下提供医疗行为的可靠记录和查询。将信息的采集、存储、传输、统计和利用以信息化手段实现，电子化记录患者就诊信息而形成的电子病历，能够提供超越纸质病历的服务能力和效率，更好地满足医疗业务、法律法规和医院管理需求。

（三）通过集成平台实现医院信息系统互联互通

随着互联网、人工智能、大数据、5G、区块链、物联网等新兴信息技术的应用，信息的价值不断深度挖掘，重整医院信息架构，拓展临床、管理以及科研应用，并且延伸到患者服务，全面实现信息化、数字化、一体化的管理，使信息互通共享、综合利用，成为了现代医院管理的必由之路。

院内信息的共享协同催生了对信息平台建设的关注，2012年6月，卫生部统计信息中心启动了针对区域和医院两大方面的卫生信息互联互通标准化试点示范建设工程，随后发布《国家医疗健康信息区域（医院）信息互联互通标准化成熟度测评方案》，并多次更新，现已形成《区域全民健康信息互联互通标准化成熟度测评方案（2020年版）》和《医院信息互联互通标准化成熟度测评方案（2020年版）》。2016年10月，国家卫生和计划生育委员会印发《医院信息平台应用功能指引》，为医院信息平台的建设内容和功能提供了参考依据。院内信息集成平台通过建立信息共享机制，将不同业务系统、管理系统间数据打通，消除信息孤岛。在此基础上，支付管理、诊疗预约、住院流程等业务流程方面的优化和提升得以开展。电子病历系统可以自动获取患者的最新检验检查结果，并推荐后续治疗方案，移动工作站和手机客户端使医务人员随时随地关注患者情况，基于数据平台的科研管理则将多业务系统的数据集成在一起，便于科研服务开展。后台管理有信息系统互联互通的加持，对于业务和流程都能做到精准把控，提升服务质量。运营大数据可将运营过程中的各环节进行可视化，直观反映运营情况，发现低效和问题环节。

第四节　医院信息管理的未来发展

回顾医院信息管理的发展历程，从较为初始的技术和管理方式，发展到现在从标准到架构和评审，基本形成了一套相对完整的体系。在医院信息管理的发展过程中，有两个核心着力点一直没有变，一个是医院对信息技术的需求，借助信息技术能提升医疗服务安全性，提升管理效率；另一个是新技术对医院信息管理发展的促进，希望新技术能快速应用于医院临床和管理，享受技术进步带来的便利。未来医院信息管理的发展将继续巩固医院信息管理学科的专业性，在现代医学和健康管理中起到更大的作用。

一、发展专业化管理

专业化是医院信息管理发展成熟的标志，信息管理在医院发挥的作用不断提升，医院信息管理的专业化程度也将随之提升。一方面由于医院信息管理原本就是在利用信息技术服务于医院，信息技术本身的专业性被医院逐步认可；另一方面信息技术对于医院的重要程度逐步提高，医院对信息管理的要求也在逐步提高，而专业化是提高医院信息管理技术水平和质量的必然要求。未来医院信息管理在医院中的作用得到重视，医院信息管理的专业化也是医院建设和发展中的重要组成部分，乃至形成专业和学科门类。

今后医院信息管理的专业化发展趋势主要包含两个方面，一方面是信息技术的专业程度逐步提高，从以往专注于维护信息系统和设备，到目前医院信息体系架构设计、应用开发、数据分析、网络安全等多个领域，再到未来新兴信息技术的应用研发，多学科、多专业深度融合等，专业化程度还会继续提高；另一方面是管理专业化程度也会进一步提高，包括项目管理、运维管理、成本管理、需求管理、团队管理等方面。

信息技术不仅仅应用于医院业务流程的电子化等传统信息化领域，同样会广泛应用于临床的诊疗和患者出院之后的健康管理，而数字疗法、科研大数据分析等领域的兴起也反映信息技术对临床业务的发展具有重要意义。在信息技术应用于医院各临床科室的诊疗过程的时候，它不仅是提高医护人员工作效率、减少操作差错的工具，也是辅助医生进行治疗路径规划、辅助患者出院之后执行康复计划的工具，信息技术部门将成为医院临床诊疗活动的重要支撑，深度参与各个科室的诊疗工作。

二、提升智能化水平

随着医院对于管理能力和管理水平的要求不断提升，信息化成了医院管理不可或缺的支柱，而在精细化管理的理念与实践的推动下，以信息化为基础的智能化、智慧化管理成了未来的发展方向。为落实医院管理要求，信息管理部门应与业务部门、行政管理部门紧密合作，共同探讨制度流程化、流程表单化、表单信息化的实现方式，并将管理要求以一组或多组条件判断的形式嵌入其中，做到全流程的实时动态管理。

智能设备的普及，传感器技术的发展和成本下降，物联网、5G、WiFi、蓝牙等通讯技术的应用，使更加广泛、及时的信息获取成为可能，管理者能够实时了解医院内各类医疗器械的运行状态而发现故障前兆，监测医院不同区域的环境温度与人流量，相应调整空调和照明情况，分析预测不同时段的患者人数并据此配备出诊医生数量和检查预约排程。

三、拓展医疗服务模式

医院信息化建设与信息管理利用令诊疗模式焕发新活力。通过高效、精准整合医学检查检验数据，为患者建立个性化的动态健康档案，使患者健康信息在医疗机构间互通共享，可有效利用既往诊疗资料，在医院乃至区域级别进行病历归集，形成健康大数据，为医生提供丰富的学习资料。通过智能移动终端和可穿戴设备等的监测，医疗机构及其医务人员就能将预防关口前移，主动发现健康状况异常的个体，提前给予健康风险提示、健康促进措施等。医疗人工智能还可以通过智能工具的分析、整理和归纳，从群体和个体双重角度总结出疾病预防、诊断、治疗和康复的规律。互联网诊疗、远程诊疗的普及，让医院的服务覆盖范围随着网络延伸到全国各地；形成医联体、医共体等医疗机构合作新模式，借助信息系统使诊疗信息在体系内畅通流转，患者就诊更便捷、医疗服务利用更科学。而医疗技术的进步与信息管理能力的提升，必将带来更多更高效的医疗服务新模式。

本章小结

本章对医院信息管理进行了概述，介绍了信息管理在改善体验、提升效率、智慧转型等方面的六大目标，叙述了信息管理包含的数据统一、流程整合、工作协同等方面的管理内容，概述了医院从单机、单一功能的孤立系统逐步探索发展形成医院乃至区域集成的综合服务体系的发展历程，并展望了医院信息管理在专业化发展、智能水平提升、服务模式拓展等方面的前进发展方向。

（黄　虹　张武军）

第二章　医院信息管理的构成

学习目标

1. 掌握　信息人员管理的方式；信息系统规划的原则及内容；项目预算和采购的流程；项目管理的方式、流程及要达到的质量要求；数据安全的重要性及数据管理规范。

2. 熟悉　运维管理的核心内容及运维模式；网络安全管理的手段与机制。

3. 了解　信息相关法律法规；信息管理部门的人员岗位设置及绩效考核体系；信息化建设相关标准规范。

第一节　信息基础管理

一、人员管理

现代化医院信息管理的核心是信息人员的管理，通过对信息人员的有效管理，实现医院全面信息化建设。一个良好的信息人员管理体系主要包括人员岗位管理、人员绩效管理和人员考核评价管理、人员绩效变动管理四个部分的内容。

（一）人员岗位管理

在大多数医院内，员工都是由医院的人力资源部门统一管理，管理模式普遍按照临床和科研序列、行政管理序列和后勤管理序列实现，在部分教学性医院中还有教学管理序列等。信息人员被划归至行政管理序列或后勤管理序列中。为更好地推进医院信息管理工作的开展，不同医院的信息主管部门都根据实际情况，在统一的人力资源框架下，进行了相应的岗位设置和细分的管理。

1. 以信息技术的分类设置人员岗位　围绕医院信息化建设的整个过程，主要的信息技术有软件工程技术、软件需求分析、软件设计与开发、项目管理、质控管理、统计分析、数据挖掘技术等。围绕信息技术分类设置的主要信息人员岗位和职责描述见表2-1。

表2-1 以信息技术分类的信息人员岗位设置与职责描述

岗位名称	岗位职责描述
系统架构设计	根据医院实际情况，完成信息系统的整体架构设计
需求采集与分析	完成信息系统的需求调研、采集，并完成整体系统的需求分析设计，制订实现计划与实施方案。必要时可与第三方厂商配合完成
系统设计与研发	根据需求分析结果，完成系统的整体设计方案及软件开发与实现。实现后完成相应测试及运维保障。必要时可与第三方厂商配合完成
基础设施安全保障	医院内的基础设施（如机房等物理设施，网络等通讯设施，服务器、工作站等设备）的运维保障。一般情况下，不包含大型仪器或设备
数据统计与分析	完成医院信息化的数据资源整合，并支撑医院临床、科研和管理需要，提供各种统计分析结果和常规报表，并完成相应上报工作

2. 以信息工作的内容分类设置人员岗位 医院不同信息工作的内容并非完全一致。信息工作根据内容的不同，可分为信息项目管理、系统及数据库管理、基础和网络设施管理、数据服务管理、数据资源管理等。围绕信息工作内容分类设置的主要信息人员岗位和职责描述见表2-2。

表2-2 以信息工作内容分类的信息人员岗位设置与职责描述

岗位名称	岗位职责描述
项目管理	负责不同科室的信息系统项目推进和管理，包括需求采集、分析和系统上线、运维的整体项目管理工作，不参与具体的系统研发
系统管理	负责上线后的信息系统运维保障，包括系统的稳定性、系统的数据库等。包括医工结合相关的应用或系统上线前后的管理
运维保障	负责医院基础设施的运维和保障工作，包括机房等物理设施，网络等通讯设施，服务器、工作站等设备的运维保障，不包含大型仪器或设备
数据统计分析管理	负责医院数据资源的治理和整合工作，并根据医院数据需求提供数据统计分析服务，同时负责医院数据安全
行政管理	负责医院信息部门的行政事务管理，包括常规的行政事务、质量控制和安全管理等

3. 以信息服务内容的分类设置人员岗位 医院信息管理最终是提供高效的服务，以支撑医院临床、科研和管理教学需要。根据不同服务方向设置的主要信息人员岗位和职责描述见表2-3。

表2-3　以信息服务内容分类的信息人员岗位设置与职责描述

岗位名称	岗位职责描述
临床信息专员	负责服务各临床科室的各类需求，信息专员与临床各业务科室进行直接对接，整体负责需求的实现和后续保障
科研信息专员	负责服务各科研团队的各类需求，包括科研系统、科研数据、科研的产出等
管理信息专员	负责服务医院各种管理相关需求，实现并跟踪管理决策的执行和效果，同时负责医院各种评级和上报工作
系统支撑运维专员	负责医院各种软件、硬件基础设施的运维和保障工作，既有软件信息系统，也有硬件、基础设施和网络等运维工作
数据资源管理专员	负责医院数据资源的治理和整合工作，实现医院大数据的建设与应用，并根据医院数据需求提供数据统计分析服务，同时负责医院数据安全
行政管理专员	负责医院信息部门的行政事务管理，包括常规的行政事务、质量控制和安全管理等

（二）人员绩效管理

绩效管理是一个企业、组织、单位或部门为实现其战略发展目标，针对员工制定的工作结果和业绩考核标准，是员工职称评定、薪资升降、个人发展的重要依据，是提高员工工作积极性和创造力的重要推手，为管理人员实现科学管理提供了高效的管理工具和有力的数据支持。

医院信息部门的绩效管理可根据岗位设定不同技术级别，各个技术级别之间一般有纵向和横向的承接关系。信息人员的绩效管理不能脱离医院整体的绩效管理办法，因此，在设置技术级别的时候，最重要的就是信息技术人员的技术级别与医院整体技术级别对齐。

在信息人员绩效管理的技术级别中，纵向是形成技术人员发展和晋升的通路，横向是形成技术人员跨岗位和专业的转型。纵横结合，使得绩效管理有效匹配信息人员的规划和发展，从而符合现代化医院对信息化的要求。同时，技术级别的对齐，可以有效减少对信息人员管理的复杂度，增强医院整体人力资源管理的黏性和活力，差异化激活信息人员的积极性。

（三）人员考核评价管理

医院信息人员的考核评价管理主要分为初始任职评价和任职期间绩效考核评价两部分内容。

1. 初始任职评价　所有信息人员在入职初始，根据对应的岗位能力要求，对其进行主观和客观评价。客观评价以对应岗位和人员所学专业笔试考试为主，客观评价结果可根据不同医院管理要求进行权重区间的设置。

2. 任职期间绩效考核评价 任职期间的绩效考核评价，可通过设定绩效考核体系完成。针对不同岗位可设定不同的考核体系。每一种考核体系，可根据需要设定3~5个绩效等级。以3档绩效等级为例的绩效等级评价模型见表2-4。

表2-4 信息人员绩效等级评价模型

<table>
<tr><th rowspan="2">绩效等级</th><th rowspan="2">等级描述</th><th colspan="2">考核内容</th></tr>
<tr><th>客观指标</th><th>主观指标</th></tr>
<tr><td>A档：优秀</td><td>1. 个人绩效贡献高于部门平均水平
2. 工作业绩超过其职责范围</td><td rowspan="3">1. 工作业绩
2. 工作成果
3. 满意度调查
4. 团队成员培养
5. 重大事件（如医院年度重点项目）</td><td rowspan="3">1. 同级评价（非同一团队）
2. 直属领导评价</td></tr>
<tr><td>B档：合格</td><td>1. 个人绩效贡献等于部门平均水平
2. 工作业绩与职责范围相匹配</td></tr>
<tr><td>C档：需改进</td><td>1. 个人绩效贡献低于部门平均水平
2. 基本能完成个人职责范围内工作，但和部门同事相比有一定差距</td></tr>
</table>

无论是哪种考核评价，在医院信息人员管理过程中，均需提供相应的申诉渠道和管理流程。在考核结果存疑时，信息人员可进行正常的申诉及处置。

（四）人员绩效变动管理

人员绩效变动管理为信息人员提供了一个公平合理的晋升通道，调动了信息人员的积极性，是信息人员管理的关键一环。以考核评价结果为依据，形成规范化、标准化的晋升流程。可设置自主申请和年度考核两种方式来实现信息人员绩效变动的管理。

1. 自主申请 不同医院，可根据实际情况，设定1~2次岗位绩效调整窗口期。在窗口期内，信息人员可自主发起岗位及绩效的调整申请。经由所属部门考核通过后，在次年完成人员岗位绩效的晋升工作。

2. 年度考核 医院可根据实际情况，每2年进行信息人员岗位的考核。根据考核结果，完成相应信息人员的晋升和降级调整。年度考核还应将信息人员的工作年限、学历、职称等信息统一纳入考核标准。

二、规划管理

（一）规划管理的必要性

医院信息系统建设是医院利用计算机技术实施新的现代化医院管理模式和优化医疗工作流程的一种重大变革，是医院一项重要的基本建设，其特点是涉及业务广泛、业务使用并发性高、智力密集度高且数据准确性要求极高。系统规划是医院信息化建设至关重要的一个阶段，其主要目的是在医院总体发展规划的基础上制定医院信息化建设总体目标和阶段性目标，并结合医院的实际情况，充分考虑系统建设的多维度制约因素，根据制约因素设置系统建设框架。

在新医改政策的促进下，随着“数字医院、智慧医院、云医院”概念的提出，院内业务、院间业务交互的场景逐渐增多，现有的基础信息系统已经不能完全满足飞速发展的医疗业务的需求。为了满足不同医疗集团、医疗机构的业务精细化管理及集团化管理服务的需求，一些功能定位精准的专业化医疗业务信息系统日益增多，系统间互通、数据共享、整体业务流程闭环管理、院间协同、集团医院管理成为信息系统建设面临的巨大挑战。

做好信息规划是开展医院信息系统建设的前提，但传统工作模式与观念制约的矛盾、需求分析与业务沟通不充分的矛盾、规划内容与预算不足的矛盾等都会制约规划方案的落地。为了能够有序推进医院整体规划，规划人员需要综合运用专业技能、专业知识和专门的工具方法，在既定条件下，即有限的资源和多维度制约条件下，使得项目能够达到或超过预设的目标和期望。

（二）规划设计的原则

医院是现代化综合性机构，集医疗、科研、教学于一体，医院信息系统的建设难度系数相对较大且建设规模庞大，如果没有合理的规划和遵循的原则，会给系统建设增加难度，甚至会导致系统建设失败。医院开展信息系统建设之前开展规划设计固然重要，但规划不是盲目的拿来主义，也不是照搬式的教条主义。规划过程中要结合政策、医院战略发展、标准、预算等各项指标，在制约条件下，遵循一定的原则，使得规划项目能够达到或超过预设的目标和期望。

1. 遵循国家战略原则 医疗关乎民生，2016年中共中央、国务院印发了《“健康中国2030”规划纲要》，将大健康上升到国家战略高度，医院作为医疗大健康的支柱，医院定位、临床发展、科研研究应遵照国家大战略因地制宜，规划设计医院自身的发展战略，只有定位清晰，临床发展、学科发展才会有一条清晰的发展之路。医院信息规划理应遵照国家大健康战略、医院定位战略，可按照时间规划制定出3年、5年、10年等不同阶段的目标。

2. 遵循医院发展原则 随着新技术的发展，医院发展模式不断推陈出新。规模上，不再以单体医院床位、面积发展为主，而是逐步向集团化医院模式推进。服务上，不再以线下服务为主，而是借助新型技术逐步向互联网医院推进。医院信息规划应根据医院的自身发展变化，提前做好集团式、云医疗的信息规划布局。

3. 遵循标准原则 任何信息规划都应遵照国家标准、行业标准、团体标准、医院标准，在规划设计前，应多查阅国家级、省区级、行业级、团体级、院级相关标准文件，对于标准中必须遵从的标准条款提前做好必要性建设布局，对于标准中选择性遵从的标准条款，可根据具体项目情况适当超前考虑布局。

4. 遵循预算原则 医院信息化投入建设不是一蹴而就的，是一个长期的、循序渐进式的发展路径。医院信息规划应采用制定式，即应充分结合医院自身营收情况，制订适合自身需求又力所能及的规划。而对于新建设的医院，信息规划应采用预算式，即应充分结合财政预算情况，制定适合医院规划发展需要的适当超前的规划。

（三）规划管理的主要内容

医院信息规划管理主要包含医院信息系统建设目标与架构设计、实现目标与资源配置、可行性分析和实施计划4个方面的管理。

1. 医院信息系统建设目标与架构设计 确定信息系统建设的目标与架构设计是系统规划管理的主要工作之一，应根据医院的战略目标和内外约束条件（如地域因素、行业因素、资源因素等），确定系统建设的总体目标和总体架构。其中，规划信息系统是根据医院的发展方向确定的，而具体分解到项目使逐个目标实现则是根据发展战略规划提出的，同时还应给出衡量具体工作完成的标准。系统架构为系统提供基础框架的同时，也规定了信息系统的类型以及框架下各子系统的总体交互模式。

确立医院信息系统建设目标时，要充分考虑医院的管理者、医务人员等对信息系统的使用需求，同时也使医院的管理者、医务人员对系统能够实现的功能、能够带来的效益提升有一个共同、明确的认识，这样有助于帮助医院的管理者、医务人员充分了解信息系统能够实现的功能和操作使用的人工成本，从而消除由于使用主体对系统的过高期望而带来的误解和不满。

医院信息系统建设目标的选择和架构设计是信息系统规划的灵魂，同时也是比较困难的工作。选择目标既要考虑医院当前业务使用的迫切需求，又要考虑未来可持续发展和扩展性；另一方面，选择目标还必须根据医院实际的经济投入成本、人员素质、业务特点等各个方面的条件进行综合评估，最终选择能在一定时间实施完成，又能够获得最佳投入收益比的目标。

2. 医院信息系统实现目标与资源配置 信息系统的建设目标和总体架构是依据医院的总体发展规划制定的，故目标能否顺利落地实施必须综合评估医院的现有资源是否对目标实现产生约束，也就是说，建设目标需要合理的资源配置才能够顺利实施。

医院信息系统是一个中长期的项目，通常资金投入和设备投入在评估信息系统建设资源时会被作为首要评估因素，但信息系统的建设绝不是简单的设备、系统堆砌，而是需要投入大量的人力，根据医院自身业务特点定制改造系统、根据信息交互闭环流和数据利用规划整合各个设备。因此资源的配置需要考虑投入大量的项目管理人力，支撑管理协调工作、支撑技术实施、规划医院工作流程的设计和变更。如果在进行总体规划时不能充分估计到这一点，就有可能造成信息系统建设的失败，或造成信息系统建设不能达到预期的目标。综上，医院信息系统是一个人机结合的系统，在这个系统的建设过程中，不仅要投入资金和设备，更重要的是需要投入大量精力进行工作流程的调整、工作的协调、人员的培训及制度建设等工作。

为了使医院信息系统建设目标能够可行，在总体规划时应充分考虑现有信息系统的状况，包括软硬件情况、经费状况、人员配备、项目的进展情况等，客观分析医院的组织架构、业务流程、管理制度、用户使用习惯，同时必须对医院能否满足所需要的投入进行估计和计划，以便在决策时能够进行权衡，根据医院信息化建议需求及可行性来确定科学、适应、实用的目标。

3. 医院信息系统可行性分析 应着眼于经济、管理、长远发展、风险等多个方面。规划中可行性分析的主要目的是让决策者能够针对风险制定相应对策，提高信息系统建设的成功率。

医院信息系统建设之前，重点分析在技术支持（包括硬件、软件、网络、集成等）、管理需求、安全保密、风险及经济投入等各方面的可行性。①技术上的可行性：要从信息化项目所采用的技术支持进行分析，主要是技术上的先进性和成熟性、软件平台和硬件平台的实用性和开放性，以及与目前信息系统的集成和未来功能方面的拓展等。②管理需求上的可行性：在考虑信息技术和设备的同时，也要考虑适应医院的管理需求，主要是管理制度、业务流程、标准化程度及使用者对信息化的理解。③安全保密上的可行性：主要涉及一些密级数据在保存、传输方面所采取的措施，如公网传输模式、局域网防护措施及相应的物理安全防范装备（防雷、防火、防火墙、密钥、应急设备等）。④风险及经济投入上的可行性是指估算新系统开发和运行所需的费用，以及新系统的效益，将投资和效益进行比较,说明在经济上是合算的。

4. 医院信息系统实施计划 医院信息系统规划需要靠充分的实施计划来实施落地。将系统规划变成一个可行方案，需要对目标进行分解细化，一方面按照时间段进行划分，把整体规划分时间段进行建设；另一方面按照业务层次，分场景建设。这个目标划分或分解的过程可以逐级进行，最终将目标逐步分解为一个个可以分阶段实施的小目标，并对每个小目标进行过程管理。而开展项目过程管理中，最重要的管理要素包括实施的范围、实施的时间、实施的成本、完成的质量、实施的人力资源情况、采购、接口集成、干系人等。

案例讨论 / 一家新建三级甲等医院信息化总体规划设计

【案例】一家按三级甲等医院标准建设的综合性公立医院，总投资额约40亿元，总建筑面积约26.1万平方米，设置床位1200张、手术室66间。医院主体分为门诊医技楼、住院楼、特需医疗楼、行政楼、后勤楼，开放临床科室37个，医技科室9个。医院建设过程中涉及资源协调难度大、工期紧、质量要求高、施工环境复杂等因素，筹备组1年内快速完成了业务资源整合、医院信息系统规划与实施、医疗设备规划与安装等。医院整体信息规划过程中遵循了以下几大原则。

1. 首先确立了医院战略定位　依托本部院区的雄厚实力，以“微创、介入”为特色，以多学科诊疗（multi-disciplinary treatment，MDT）结合的智慧医疗，构建多学科协作模式，为患者提供系统性、专业化、规范化、个体化治疗方案，同时与本部院区实现医疗学科功能互补。

2. 遵循医院发展目标及国家标准　医院信息化规划总体以“三级综合医院、电子病历7级、智慧管理3级、智慧服务3级、互联互通五乙”标准为建设目标，结合本部院区的医疗信息平台，实现院区之间的数据共享、医疗协同服务。

3. 遵循预算原则　医院信息化规划根据新型智慧医院建设标准要求，充分结合财政预算情况，制定出了适合医院规划发展需要的适当超前的信息化建设目标。

【讨论】

1. 该项目信息规划管理取得成功的因素有哪些？

2. 在项目规划管理过程中，筹备组采取了哪些有效措施？对一些新型医院信息化规划设计有何借鉴意义？

3. 在信息规划设计过程中，如何考虑预算成本与规划内容冲突的问题？

三、预算管理

（一）预算管理的目的

医院信息化建设涉及的业务面广，牵扯的流程复杂，包含的技术繁多，建设工作极具难度，其正常开展必然离不开预算和采购工作的有力支撑。医院信息化建设项目预算和采购的管理可以充分利用现代管理方法，对信息化建设资源进行统筹、分配、利用、管控和评价，促进医院实现预期发展目标。

（二）预算管理的原则

医院信息化建设是一项庞大的系统工程，其牵扯的预算和采购工作同样纷繁复杂。因此预算管理需遵循各种原则，以保证在有限的预算内，更好地满足医院信息化发展的各种需求。在预算的上报和整理过程中，通常遵循以下几个原则。

1. **合法合规性** 信息化建设预算和采购工作应符合国家法律法规。

2. **目标一致性** 信息化建设预算和采购必须与医院发展目标和战略规划相一致，需要服从医院整体战略目标和经营目标。

3. **全面性** 信息化建设预算应符合医院实行全面预算管理的要求。

4. **科学性** 信息化建设建设预算编制应充分论证预算项目的参数及必要性，保证预算的可行性。

5. **及时性** 职责分工的各部门及人员应积极参与，保证信息化建设预算及时报送，保障信息化建设项目顺利开展。

（三）预算管理的主要类别

信息化建设对应的政府和非政府采购预算类别众多，做好预算类别的分类，能有效促进预算和采购的管理，避免出现混乱甚至违规的情况。按照预算管理委员会定义，信息中心归口职责的预算类别主要有以下几种。

1. 新增资产预算类别中的通用设备采购，即不在政府采购目录的通用的设备。

2. 政府采购预算类别中的信息软件、硬件货物采购以及软件开发服务采购，即设在政府规定的采购目录中的软硬件设备。

3. 财政项目预算中的信息化建设相关项目采购，即经费来源是财政项目的预算。

（四）预算管理的范围

医院预算和采购对象品类繁多，只有不断精确定义信息化预算类别范围，才能科学、及时、合理地开展预算工作。否则极易导致范围需求蔓延，从而造成信息化建设项目失败。医院信息化预算和采购的范围包括以下项目。

1. **信息系统运维保障** 主要包括已有各业务信息系统的运行维护保障、接口开发等项目。

2. **前台信息设备** 主要包括常用的信息设备，如电脑、打印机、查房车、个人数字助理（personal digital assistant，PDA）等。

3. **临床需求的信息系统项目** 主要包括临床各科室提出的信息化建设方面的需求项目等。

4. 基础建设项目 主要包括为满足医院长期运营和发展，提供的各项计算资源和存储资源。

医院信息化预算和采购的范围并不是一成不变的，将随着医院不断发展、信息化建设的不断推进而更新，以不断适应实际工作的要求。

（五）预算管理的流程

信息化建设的预算和采购管理，贯穿整个工作的全过程，厘清各环节管理过程，有助于科学有效地开展预算和采购管理工作。信息化建设预算管理的主要流程如下。

1. 接收财务部及预算管理委员会通知，并按照其要求制订信息中心预算填报计划。
2. 信息中心发布信息化建设的预算填报通知。
3. 各科室填报信息化建设购置计划。
4. 信息中心对接各科室，对上一步填报的购置进行讨论沟通。
5. 拟定预算中各项目的参数及必要性说明。
6. 信息中心汇总本职能分工部分的预算上报表。
7. 信息中心组织各科室开展信息化专委会讨论预算内容，聘请院外专家（不少于2名）进行预算项评审，最终上报本职能分工部分预算。

信息类预算申报流程由准备阶段、编制阶段、报送阶段三部分组成，详见图2-1。

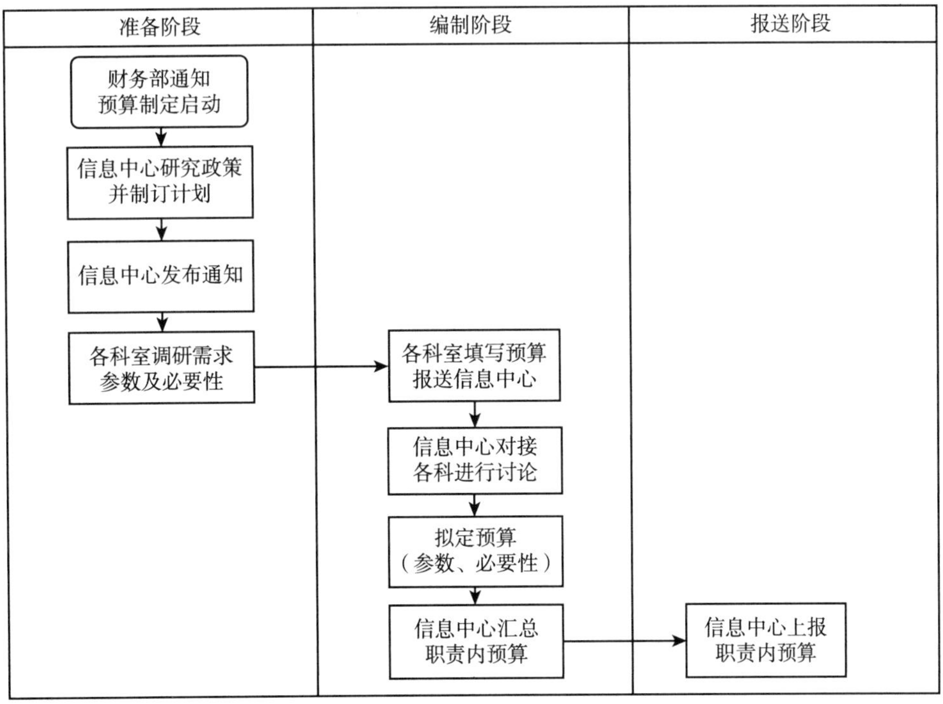

图2-1 信息类预算申报流程

（六）预算执行的流程

预算执行的过程，面临时间跨度长、需求标准高、市场多样化、评审要求高等难题。只有做好了预算执行的工作，才能确保信息化的各项预算执行到位，维护医院的利益，杜绝预算执行过程中的违规行为。

1. 信息化建设预算招标主要流程 申请预算→进口论证→项目立项申请→意向公示→院内评审→办公会决议（10万元及以上）→院内价格调整→委托招标。

2. 信息化建设预算执行批准的判断标准

（1）该预算在年度计划中，且金额大于等于10万元，经办公会通过，进行招标。

（2）该预算不在年度计划中，且金额小于10万元，申请至分管院领导签字，然后进行招标。

（3）该预算不在年度计划当中，且金额大于等于10万，由分管院领导报预算委员会申请预算，经信息中心技术委员会通过后才能进行立项。

3. 招标方式的判断标准 招标方式的正确选择，有助于招标采购工作合规、及时地开展。否则将面临招标进度受阻，甚至招标方式不符合相关政策法规的情况。

（1）属于政府集中采购目录类产品。预算100万元以下三种采购方式：零星采购、协议供货、网上商城点选；预算100万元及以上，交由中央政府集中采购中心采购。

（2）预算100万元以下，且不在集中采购目录的，进行院内招标。

（3）预算100万元及以上，且不在集中采购目录的，委托采购代理公司招标。

4. 政府集中采购目录 是政府开展采购活动的重要依据，是编制政府采购预算和政府采购计划的基础和依据。一般根据采购单位的预算属性而变化，如中央预算单位，由中央政府集中执行采购；地方预算单位，由地区政府集中执行采购。政府集中采购目录是动态变化的，有些地方政府一般1~2年会调整一次。

5. 招标文件编制 招标文件一般包括拟招标项目的技术参数、商务条款、招标要求、评分标准及合同约定等重要内容，保证其准确编制，是顺利开展招标采购工作的重要基础，招标文件的编制通常在委托采购单位的模板基础上进行修改后完成，其中主要涉及以下几项。

（1）技术参数：衡量各招标内容、技术指标等确保买到想买的产品。

（2）商务条款：约束甲乙双方，确保后续部署。

（3）评分标准：招标现场招标组评判投标人的依据。

（4）合同约定：阐述中标后的付款、到货等条款。

四、项目管理

项目管理是医院信息化建设中不可或缺的工作，是为了实现医院信息系统规划而实施的整体监测和管控。有效的项目管理流程、机制与工具可提高医院信息化建设的效率，优化医院工作流程，提高医护人员和患者的满意度，有助于顶层规划的顺利实施落地，更重要的是能够充分利用资源、有效规避风险、提高项目成功率。

（一）项目管理的概述

项目管理本身就是一门“平衡”艺术。一手抓资源、一手抓目标，把各种资源应用于目标，满足项目成员各方面既定的需求，推动项目的有序开展。

医院信息化建设中的项目管理是对某项即将实施或已在实施的活动或者项目进行专业化的管理，让医院信息化建设中的资源能落到实处，以便达到医院信息化建设的预期标准。

项目管理基于信息化建设过程开展，主要对项目的四个阶段（需求分析阶段、设计阶段、实施阶段和维护阶段）进行管理，并针对各阶段影响项目开展的各个因素进行分析，根据分析结果不断调整项目管理方法。

（二）项目管理的流程

项目管理不是一上来就“眉毛胡子一把抓”，也需要遵循一定的流程。将项目开展执行过程中的一系列具有先后顺序且相互关联的活动，按照一定的时序进行组合，是项目管理高效实施的关键基础。

（三）项目管理的要求

项目管理根据项目的时效性和多变性要求，在管理上要跟随项目的实际情况变动，但又不能脱离主要要求，其目标始终围绕又快又好地建设信息化项目。管理要求主要有规范性、适用性、有效性、层次性、创新性等。

1. **规范性**　项目管理应遵循项目生命周期对应的客观规律及管理活动规范。

2. **适用性**　项目管理应结合医院实际情况，在实际操作中做到便于理解和执行，便于检查和考核。

3. **有效性**　项目管理应在国际标准、国家标准、行业标准、地区标准、人性化尊重、实际操作之间取得一个平衡。

4. **层次性**　项目管理应根据项目的实际情况，如适用范围、涉及内容、难易程度等进行划分，根据不同层次制定不同管理方式和管理内容，包括多个维度，而不是仅限于技术。

5. 创新性 在项目管理过程中根据项目实际情况，作出合理科学的创新调整，这是事物发展的必然规律。

（四）项目管理的模式

项目管理模式主要包括设计-招标-建造（design-bid-build，DBB）模式、建设管理（construction-management，CM）模式、基础设施投资建设经营（build-operate-transfer，BOT）、设计-施工（design-build method，DBM）模式、项目管理承包（project management contractor，PMC）模式、工程总承包（engineering procurement construction，EPC）、合作模式、项目管理服务（project management，PM）模式8种，在医院信息化建设中主要是PMC模式和PM模式。

PMC模式是指科室或者部门将项目建设任务发包给信息建设部门，再由信息建设部门将任务分包给若干设计、施工的供应商，并在实施中进行项目管理。在医院中，PMC模式主要用于采购项目，PM模式主要用于自主研发项目。PM模式是指对一个项目从立项、启动、计划、监控、结束到总结的一个全过程的管理。

（五）项目质量管理与控制

项目质量管理与控制是指对于项目质量实施情况的监督和管理，是贯穿项目全过程的重要管理环节。一般包括质量管理目标、质量管理计划、质量控制三大模块。

1. 项目质量管理目标 是确保整个项目的各项工作符合医院顶层规划要求。项目质量目标是针对项目内容制定的具体合格或成功标准，它会因项目复杂程度而有所不同，但至少应覆盖项目时间、质量、成本三大要素的具体成功标准，还应结合医院顶层规划的要求，制定对应的其他成功标准。

2. 项目质量管理计划 是指整个项目中质量管理工作的全部细化工作，即通过顶层规划、过去的经验、现有流程、制度和标准，关注并梳理所有关键干系人的核心需求，适当使用科学的工具手段作出合理管理计划。通过项目质量管理计划的制订，可以将项目质量目标的内容贯彻到整个项目中。

3. 项目质量控制 是指根据项目质量管理计划所实施的各项具体质量管理工作。项目质量控制主要包括发现问题、评估问题、处理问题、确认结果等工作。目前，项目质量控制有很多成熟的方法和工具，如评审、抽样、统计、双五归零（针对发生的问题从技术和管理两个角度分别按五条要求逐项落实并形成技术、管理归零报告或相关文件）、故障报告、分析和纠正措施系统（failure report analysis and corrective action system，FRACAS），即用于采集、记录和分析产品可靠性信息，针对故障信息通过采取合理的纠正措施进行故障消除，形成一个闭环控制和管理系统等。

（六）项目管理的常用工具

项目管理工具是为了对开展的项目进行管理，为项目考核提供支撑的工具，满足项目全过程中需求采集、需求分析、版本规划管理、源代码管理、测试管理、部署管理、缺陷管理、文档管理等需求。目前市场上主要的管理工具有Worktile、用友、明道、Teambition、Tower、Trello等。

医院信息化项目主要使用瀑布式的开发模型，即一个项目的开发过程是通过设计一系列阶段顺序展开的，从系统需求分析开始直到产品发布和维护，每个阶段都会产生循环反馈，这就需要项目管理工具支持项目计划、任务分解、甘特图、里程碑等功能，帮助团队有序地推进项目，这种情况下要求工具可从前期的项目规划、任务拆解及分工，到项目过程中的进度跟踪与风险把控，再到项目后期的项目复盘都能提供支持，使得管理者能够实时管控项目进度，保证项目按时上线，同时要求工具可提供项目进展数据和任务报告，帮助管理者在项目开展过程中及时了解项目风险，合理分配团队资源。另外，工具应支持提供知识库管理，以便团队成员可以实时在线协作编辑、评论，提升团队沟通效率，沉淀团队知识，而且工具应操作体验友好。

五、质量管理

质量管理是医院信息管理的一个中心环节，负责确定项目管理过程中必须开展的技术活动和管理活动，并对这些活动进行精心的计划、组织、协调、审核及检查，以实现质量计划目标。

（一）质量管理的特点

医院信息化建设实施全面质量管理，应以医院信息化产品及信息化服务质量为核心，以用户、信息中心、采购部门、供应商、实施方、运维方等全员参与为基础，结合信息化建设规划，建立起一套科学、严密、高效的质量体系，目的在于通过提供满足用户需要的医院信息化产品及信息化服务，同时使医院内部成员及社会均受益而达到长期成功。

医院信息化建设全面质量管理具有全面性、全员性、预防性、服务性、科学性等特点。①全面性：是指质量管理的对象，是医院信息管理从规划到调研、实施、应用及运维的全过程。②全员性：是指要依靠用户、项目经理（project manager，PM）、采购员、供应商、实施方、运维方等所有相关人员参与并执行。③预防性：是指应具有高度的风险预防性，如结合医院管理行业特点重点关注患者隐私保护。④服务性：主要表现在医院信息管理要用科学的方法、高效的管理为用户提供产品或服务满足用户的需要，为用户服务。⑤科学性：是指管理过程及管理工具必须科学化，必须与时俱进，利用现代科学技术和先进的科学管理方法开展管理活动。

（二）质量管理的原则

质量管理原则是医院在信息化建设质量管理方面的基本通用规律和原则，这些原则需要通过具体的质量保证和质量管理活动得到体现。就质量保证来说，主要目的是通过建立相应的质量管理体系并严格执行，从而取得相关方足够的信任以表明产品或服务能够满足质量要求；质量管理则着眼于医院信息化建设的专职管理机构如何保证预期目标的实现。医院信息质量管理应遵循以下原则。

1. **以用户为中心** 医院信息化服务的用户通常包含医务工作者及患者两类，为保证产品或服务满足质量需求，医院信息化建设的出发点需充分了解用户现有的和潜在的需求，尽可能提供超出用户预期值的产品或服务。

2. **具有统领作用** 建立针对不同类型用户、不同供应商、不同运维商的相互统一的目标环境，使各类相关方能充分参与实现质量目标的活动。

3. **全员协同** 各级人员都是实现质量目标的根本，需发动用户、PM、采购员、供应商、实施方、运维方等全员充分参与才能保证每个环节的目标实现。

4. **管理过程方法化** 是指建立、控制和保持质量文件化的过程。即将相关的资源和活动作为过程来进行管理；清晰识别过程内外部的用户与供方；识别并测量过程的输入和输出；明确地规定过程中质量管理相关的职责、权限和义务。

5. **系统管理** 搭建并保持质量管理体系的过程。需识别并定义质量管理体系中的众多过程，明晰过程之间的内在关联性，并将这些过程与医院信息质量目标相关联，对关键的质量目标进行测量并得出结果。

6. **持续改进** 通过数据分析、后效评价、内外部评审、纠偏等过程和措施，持续地改进质量体系的有效性；通过激励手段激发员工主动、持续推进质量管理；向员工提供如PDCA循环（p代表“plan，计划”，D代表“do，执行”，C代表“check，检查”，A代表“action，纠正”）、过程重组、过程创新等有关持续改进的方法和工具方面的教育及培训。

7. **基于事实的决策方法** 依据实际数据和信息，如工作报告、不合格品、重大故障、用户投诉等，进行后续的质量管理决策和行动。

8. **互利的供方关系** 与供应商或运维商等供方协作，明确双方在合作各阶段应达到的要求；对供方提供的产品和服务依据约定的标准进行评审和评价；互相信任、互相尊重，共同承诺让用户满意并持续改进。

第二节　技术管理

一、运维管理

（一）运维管理的概述

运维管理即运营和维护管理，主要涉及数据机房、业务网络、办公网络、物联网络、业务数据库运维管理，应用、安全、运维人员管理等。一个医院要做好运维管理，应从“运维流程、运维模式、管理工具”三个方面出发，通过流程管理使全院日常运维有序推进，通过模式建立使运维成效得到保障，通过工具使运维效率得到提升。

伴随国家“大健康”战略，医院发展已经不再是力求单体医院的规模、床位的增量，而是逐步走向集团式医院模式，由数字化医院走向智慧化医院。而随着医院的发展，医院的机房资源、信息系统、网络架构、数据安全、医疗设备、终端设备等日常运维管理将变得越来越重要。目前，大多数医院在信息化建设方面还存在“重建轻管”的现象，要么发挥作用有限，要么时不时不能正常使用。即便医院前期做了充足的信息化规划、建立了很多的信息系统、安排了众多的信息运维人员，如没有一个好的运维管理流程、管理制度、管理工具来支撑，医院信息运维将变得异常艰难。

（二）运维管理的流程

运维流程是运维管理的核心，医院运维管理涵盖面广，从终端设备到信息系统，从信息系统到数据服务，运维管理的对象不再是单纯的实体管理，也包含信息系统管理、临床医护人员管理等。各个医院都希望自己的信息系统能够7天×24小时不间断运行，基础设施、各软硬件设施都能发挥其应有的作用。因此建立一套标准化、规范化运维管理流程十分重要。从实际工作来看，主要应从以下三点来建立规范化的运维流程。

1. 根据运维服务对象进行分类　如前台终端运维、临床业务系统运维、后勤服务系统运维、网络安全运维、机房运维等。根据不同种类设置不同的运维流程，安排专职人员进行不同种类的专项运维服务。

2. 明确职责分工　如按运维人员岗位分工、按科室分工、按业务系统分工等，确保每个人都能各司其职。

3. 制定维护优先级制度　在问题集中出现时，对一些虽后发生但相对重要的事情，可能会按优先级处理。

（三）运维管理的模式

医疗行业信息化运维管理和其他行业类似，同样是业务系统和IT基础设施的管理和服务，但不同在于医院应结合自身信息化运维现状和医疗资源约束条件或规划目标，选择合适的运维管理模式，制定适合自身的、切实可行的管理制度。总体上来说，常规的运维管理模式有两种。

1. 从组织、制度、技术三个维度开展的运维管理。①组织上，根据医院科室分布或业务系统类型分布，按职能进行团队划分，如一线、二线、三线技术支持，基础网络服务团队，业务应用系统服务团队，应急故障处理团体等。总体目的就是提升运维工作效率。②制度上，设置运维服务流程、运维服务标准、运维服务知识库等，通过对运维工作的重要管控点的管理，从而制定相关的制度进行运维人员的行为约束，确保运维质量的提升。③技术上，制定技术运维规范，如版本管理规范、代码上传规范、测试规范、版本发布规范等，保障信息系统更新迭代的稳定性。

2. 从人员、流程、技术三个维度开展的运维管理。①人员上，建立全域的医院IT运维服务团队，将信息中心人员、服务厂商人员、临床科室信息专员等，按照人员的角色职责、人员的技能等级，进行统一的管理，搭建IT 服务团队的梯队，逐级分层次地提升人员的素质与质量，最终提升全院整个运维服务管理实施的质量。②流程上，建立标准化服务流程，如基础硬件更换流程、系统故障处理流程、版本迭代发布流程等，明确的流程目标、能达到运维服务预期的效果、流转结果可度量等。③技术上，通过有效的技术手段，以可视化的方式展现医院运维管理服务模型、运维服务报表与指标等。

（四）运维管理的常用工具

运维管理有了运维流程、运维制度的保障后，还需要建立起与之配套的运维管理工具。目前市面上还没有完全符合医院运维管理需求的工具，大多数医院仍以EXCEL、禅道、泛微等工具开展日常信息系统运维管理。但是，随着医院信息化发展，各临床科室的需求不断迭代，未来迫切需要一个集预算管理、需求池管理、工单管理、项目管理、供应商管理、合同管理、信息部门内务管理、办公自动化（office automation，OA）管理、知识库管理、人事管理、考核管理、会议管理、审批管理等于一体的医院运维信息技术基础设施库（information technology infrastructure library，ITIL）平台。现阶段，已有一些大型医疗机构开始定制化建设符合自己应用的运维工具。未来，随着医院的信息化不断发展，运维管理工具应结合医院的需求，实时动态迭代。

二、机房管理

（一）机房设计原则

数据中心机房是医院信息化重要的基础设施，需要稳定的运行并具备一定的防护能力；在新型网络服务发展下，机房需要更高效地支持后台业务和信息共享需求，同时要24小时不间断地提供服务；机房设计需基于安全原则，符合国家安全的相关规定和标准，满足设备的安全保护，满足对人员和环境的保护等要求。

1. **位置设计**　应考虑放置在建筑物垂直方向的中心位置，高于当地有文献记载的洪水位线以上，不应放置于建筑物顶部或地下室以避免顶部、地下室漏水。

2. **空调系统设计**　空调主机应采用行级风冷精密空调系统，具有高效制冷、节能、高可靠性、宽工况、宽电源制式、高兼容性、智能监控、快速安装和维护便利等特点。

3. **不间断电源设计**　采用智能模块化不间断电源（uninterruptible power supply，UPS）系统，利用成熟的先进技术，使机房基础配电系统具有更强的灵活性和可扩展性。UPS采用集中统一供电模式，方便对整个机房进行统一管理以及维护，减少整体机房的单点故障。

4. **强弱电设计**　考虑扩展需求，并注重兼容性，便于后期进行扩展升级。对设计中不可见部分要有一定的前瞻性，以保证较长时间内的扩容、变更、升级等动作具有可行性；如配电开关及配电柜在设计上要预留足够容量，弱电桥架要预留足够线缆铺设空间等。

5. **先进性与实用性设计**　采用先进、成熟、实用的技术，构建合理的技术体系架构。如采用冷通道技术，既能满足设备运行环境温度要求又能降低整体能源消耗。

6. **整体联动性设计**　根据机房建设计划从全局出发，进行统筹规划和统一设计，实现机房的供配电、制冷、动力、环境、监控、消防、门禁等系统的紧密联动运行，保证各功能模块的协调匹配，提升机房整体运行效能。

（二）机房运维规范

为保障医院机房具有良好的运行环境和工作环境，保证计算机设备与信息的安全，加强对工作人员的行为规范，确保各信息平台的安全、稳定、高效运行，应结合实际情况制定机房运维规范。

1. **防火规范**　保证机房配备的气体灭火系统、火灾探测器和喷淋系统时刻处于正常工作状态，禁止将易燃、易爆、强磁物品带入机房，不得随意在机房的电源上连接使用任何与主机和网络服务器无关的电器设备，严禁乱动电闸和消防器材。

2. UPS使用规范 UPS只做设备停电保护之用，严禁将UPS当作正常电源使用。

3. 检修规范 每半年对机房供配电、空调、温湿度控制等基础设施进行一次检查，发现设备故障及时组织人员进行维修，并填写检修记录。

4. 环境设备运维规范 正常温度范围22℃ ±2℃，正常湿度范围40%±10%；空调室外机每季度清洗一次，加湿罐和滤网每季度更换一次。

5. 设备进出管理规范 未经授权，机房内的任何设备不得搬出机房，外来设备也不得进入机房；设备和系统安装完毕后，机房管理人员更新设备清单、IP地址使用表，并在设备上贴签，更新机柜部署图；如果是网络或安全设备，还需更新网络拓扑图。

6. 人员进出管理规范 条件合适的医院应设立人脸识别门禁，对进入机房人员严格管控，进入机房应套鞋套或更换机房专用鞋。

7. 存储介质使用规范 所有进出机房的存储介质包括但不限于U盘、硬盘、网络存储柜等，需要严格遵守存储介质管理办法进行登记和销毁。

8. 日常监控规范 机房管理员定时监测机房环境参数、全网重要节点连通情况和各业务系统运行状况，出现异常情况时，及时上报并组织力量排查处置；机房管理员还应该检查机房内各种设备及配电线路的可靠运行情况，发现故障或安全隐患及时排除；所有动环监控需要配置可靠的告警通道，确保通知到人不漏、不错、精确，告警通道不限于短信、语音电话、App通知、微信。

三、网络管理

云计算、移动性设备和大数据的应用正在促使网络业务不断发生转变。新应用正在以新的方式对基础设施提出要求。基础网络设施随着网络规模的扩大，业务的快速变化，正面临着日益突出的问题，这表现在以下几个方面：网络应用的增加以及普及，需要更高的网络性能和可扩展性；网络规模的扩大，需要更高效的管理能力；网络应用的普及，需要更灵活的可移动网络部署能力；多种网络应用共存，需要基础网络设施安全可靠且具备多业务隔离能力。这些变化增加了运营复杂性，限制了业务敏捷性和响应能力。

（一）网络架构设计

传统网络多采用三层网络架构，架构中通过逻辑隔离实现内外网隔离，并通过在逻辑网络内设置基于端口的访问控制列表实现各个逻辑网络间的相互隔离。网络区域划分一般分为接入区（逻辑网络区域，用于台式计算机、便携式计算机、医疗设备等网络终端设备）、汇聚区（逻辑网络区域，用于对接入区数据进行汇聚）、服务器接入区（与接入区类似，只是接入网络终端为服务器类设备）、核心区（逻辑网络区域，用于整个医院的数据集中交互）、外联区（逻辑网络区域，接入社保、银行、挂号平台等合作单位）、隔离区（DMZ区、安全逻辑区域，用于部署医院互联网业务）、管理中心区（安全逻辑区域，用于部署安全认证、审计、管理等设备）等。

1. 传统网络设计的局限性　在网络规模巨大，网络业务种类繁多的情况下会出现以下一些问题。①网络性能瓶颈和网络整体架构可扩展性差：普遍网络结构通常采用双核心、汇聚双上联模式，网络性能受核心交换机限制，而且扩展汇聚节点需要调整复杂的网络路由配置，扩展不平滑。②管理能力限制：普遍采用网络设备管理虚拟化技术，实现简化局部多个网络设备的管理工作量问题，不能对全网或者至少全骨干网层的设备统一管理。③灵活部署能力有限：一般无法做到可移动部署，网络配置部署与具体设备和地理位置，紧密相关，无法做到跨地域的网络配置部署迁移。④安全隔离能力有限：基本都使用访问控制列表（access control level，ACL）和二层虚拟局域网（virtual local area network，VLAN）做控制和隔离，这两个技术都是局部网络技术，每台设备都要配置而且可以配置不相同，一旦更改调整，需要多台设备都更改调整，大型网络中极容易出现漏配、错配的情况。

2. 可编程网络设计的先进性　为弥补传统网络的不足，增强园区网络的性能和弹性，适应多种业务并存的复杂网络情况，需采用可编程网络结构设计。通过可编程网络结构为医院建设一个新型的可编程的多业务独立网络和跨业务的园区骨干网络骨干承载网络。这个新型骨干承载网络具有以下特点。①性能平滑扩展，可靠冗余，承载多套业务网络相互隔离。②使用先进的软件定义网络（software defined network，SDN）网络结构，建设与业务网络完全独立的弹性承载网络。③按需提供跨地域运行的业务网络，不再受地域限制灵活分配各种业务网络资源，如医疗、教学、管理、办公、视频监控、一卡通、财务等。④每个业务系统可保持自身的管理独立性，每个业务网络内的流量数据控制相互独立，各自业务网络可以设立自己的业务转发核心控制设备，无须担心安全隔离问题，也无须担心本业务网的接入设备与业务控制设备之间的连接与带宽性能问题。⑤网络安全控制采用SDN架构中Overlay技术（一种网络叠加配置技术）隔离多套业务系统，不再使用ACL访问控制等难以控制的技术手段进行安全隔离。

（二）网络区域划分

医院网络通常划分为内部网络区域、办公网络区域、缓冲区网络区域三个相对独立的网络区域。

1. 内部网络区域　用于部署医院日常医疗业务系统，如医院信息系统（hospital information system，HIS）、实验室（检验科）信息系统（laboratory information system，

LIS）、影像归档与通信系统（picture archiving and communication systems，PACS）等。其中，PACS一般指放射科的影像管理系统。内部网络属于严控区域，不同业务需要根据其敏感和重要程度，确定对其他业务网络进行访问控制，并限制用户的直接连接。

2. 办公网络区域 可访问业务如办公自动化系统（office automation，OA）、人事管理系统、企业资源计划（enterprise resource planning，ERP）、工会等系统，能够直接访问互联网是办公网的主要特性。其中ERP一般用于企业内部物品的调度与管理。

3. 缓冲区网络区域 用于部署网络区域间的交互类信息业务。如医院互联网挂号业务就需要考虑部署在缓冲区网络区域内，因该业务需要在互联网与内网两个区域进行数据交互。

（三）网络管理制度

网络管理中制度是必不可少的，实际工作中可以参考以下几点来制定制度条款。

1. 建立资产台账，一套完整、准确并及时更新的业务清单是管理制度中的重点。

2. 需要记录所有医院信息业务间网络连接的新增、变更与删除。

3. 内部网络与缓冲区连接点必须建立访问控制系统、入侵检测系统，进行定期的审计。

4. 对缓冲区的计算机禁止使用信任主机关系，内部计算机不得信任缓冲区的计算机，缓冲区的计算机也不得信任内部计算机。

5. 只有在符合安全要求的情况下，缓冲区网络的计算机才可以连接到内部网络。

6. 禁止从外部网络直接远程登录任何区的计算机，需借助带审计手段的跳板设备如堡垒机。

7. 需要第三方人员远程维护时，必须经过信息安全部门批准；远程维护使用完成后，及时关闭接入服务。

8. 严禁将网络登录账号分享至互联网。

9. 严禁将内部网络使用私人设备对接互联网；严禁在任何时候使用横跨内外网的双网卡计算机。

四、安全管理

（一）安全管理事件

在安全管理中，主要需要应对四类事件，即网络攻击事件、信息破坏事件、设备设施事故事件、灾害性事件等。

1. 网络攻击事件 指受到恶意、有害的计算机病毒、蠕虫、木马、定向攻击及内嵌恶意代码等所致的信息安全突发事件。

2. 信息破坏事件 指通过网络、其他技术手段，利用系统缺陷、代码缺陷等攻击信息系统，造成信息系统异常或不可用的信息安全突发事件，如分布式拒绝服务攻击（即DDoS攻击，一种利用海量受控计算机在同一时间段对相同目标发起的攻击）、后门攻击、系统漏洞攻击、钓鱼、网络干扰等。

3. 设备设施事故 指网络与信息系统因自身或环境设备故障、人为误操作等导致的信息安全突发事件。

4. 灾害性事件 指不可抗力对网络与信息系统造成物理破坏的事件，如火灾、水灾、地震等导致的信息安全突发事件。

（二）安全管理阶段

为应对安全事件，安全管理需要分为事前准备、事中处置、事后处理三个阶段。

1. 事前准备阶段

（1）设立安全领导小组：职责是总体指挥和决策。具体负责审核和批准医院信息安全总体规划、重大网络与信息安全事件报告，统筹规划医院信息安全基础设施建设，对重大信息安全事件的响应工作进行宏观决策和应急指挥，协调重大信息安全事件的调查处理，必要时接受应急技术专家组的咨询服务。

（2）筹备安全技术专家组：为领导小组、安全部门、各专项保障组提供相关技术支持；参与医院特别重大和重大信息安全事件的调查、分析、总结工作。

（3）安全建设：在领导小组与专家组的统一规划下，对医院信息、网络环境进行系统、有效地改造、优化与建设；引进先进技术与设备、制定具有可操作性的规章制度；对安全事件进行等级划分和应急演练等动作。

全医院范围内安装统一的企业杀毒软件并及时更新是安全管理中的基础必选项。内网业务计算机安装覆盖率要求达到90%以上，办公计算机安装覆盖率需达到70%以上；对于不能安装杀毒软件的医疗设备，需进行登记并加强监控强度。另外，网络准入系统与态势感知系统作为网络接入控制手段与安全管理异常监控手段，也应纳入安全建设项目中。

（4）制定安全配置规范，账号与密码管理需作为重点内容并进行规范。账号使用规范：禁止不同系统用户间使用共享账号，删除或锁定与设备运行、维护等工作无关的账号；数据库应删除与数据库运行、维护等工作无关的账号，定期删除过期账号；应用程序级别运行账号权限应该遵循权限最小化原则；启用用户登录日志功能。密码使用规范：密码长度要求不少于8位，需包含数字、小写字母、大写字母和特殊符号；定期对密码进行安全检查，包括空密码、弱密码、字典密码等，以确保所有账号的密码为强密码；密码应尽量使用与对应人员无关的密码字符串。

（5）安全检查：定期对已有业务进行安全检查，并对新业务进行安全审计通过后方可上线运行。

（6）应急演练：主要考验医院应对突发事件的能力，模拟突发事件类型主要有机房断电、网络故障、黑客入侵等，各参演部门和人员需要按照应急预案作出一系列的应对动作，每年至少一次。在应急预案更新后或遇到可预见的安全事件时，应及时开展应急演练，以确定应急预案的可操作性与正确性。可根据应急预案的要求、演练目标和目前所具备的资源条件等实际情况，确定具体的演练方式；应急演练时应记录演练过程，并形成演练报告提交主管领导。

2. 事中处置阶段　所有的事件都应提前做好应急预案管理措施。当事件发生时，处置人员应按事先拟定的应急预案立即采取有效措施控制事态，并立即向应急办公室报告。应急办公室在接到信息后，应视情况赶赴现场指导，组织应急支援力量，调动必需的物资、设备，支援应急工作，对事件进行动态监测、评估，及时将事件的性质、危害程度和损失情况及处置工作等情况，及时报告安全部门，组织专家和有关人员研判各类信息，研究提出对策措施，完善应急处置计划方案。

3. 事后处理阶段　在应急处置工作结束后，迅速采取措施，尽快恢复正常工作。统计各种数据，查找根源，对事件造成的损失和影响以及恢复重建能力进行分析评估，制订恢复重建计划，并迅速组织实施。

知识拓展

医院信息安全管理中，最易受到攻击的是网络，除上述常见网络安全处置办法外，防患于未然才更重要，而严格遵守网络安全规范将极大地降低网络安全事件的发生率。常见安全规范如下：

《信息安全技术　网络安全等级保护基本要求》（GB/T 22239-2019）、《信息安全技术　网络安全等级保护安全设计技术要求》（GB/T 25070-2019）、《信息安全技术　网络安全等级保护测评要求》（GB/T 28448-2019）、《信息安全技术　网络安全等级保护测评过程指南》（GB/T 28449-2018）、《信息安全技术　网络安全等级保护安全管理中心技术要求》（GB/T 36958-2018）和《信息安全技术　网络安全等级保护测评机构能力要求和评估规范》（GB/T 36959-2018）。

五、数据管理

数据作为一种新的生产要素，在企业构筑竞争优势的过程中起着重要作用，企业应将数据作为一种战略资产进行管理。数据从业务中产生，在信息系统中承载，要对数据进行有效治理，需要业务充分参与，信息系统确保遵从，这是一个非常复杂的系统工程。一个完整的数据管理包含数据的治理过程、数据管理范围的建立、数据安全的管控、数据应用的管理和主数据统一管理几个部分。

（一）数据治理过程

数据治理从来都不是一个口号，要确保关键数据资产有清晰的业务管理责任，信息系统建设有稳定的原则和依据，作业人员有规范的流程和指导，必须构筑一套企业级的数据综合治理体系；当面临争议时，有裁决机构和升级处理机制；治理过程所需的人才、组织、预算有充足的保障。故而，最终建立有效的数据治理环境，数据的质量和安全才能得到保障，数据的价值才能真正发挥出来。数据治理建立过程如下。

1. 建立顶层数据治理政策

（1）数据管理总纲：明确了数据治理最基本的原则，包括信息架构、数据产生、数据应用及数据质量的职责和分工等，确保数据治理环境的有效构建。

（2）信息架构管理政策：信息架构是医院统一的数据语言，是打通业务流、消除信息孤岛和提升业务流集成效率的关键要素。通过明确对信息架构的管理要求，规范信息架构的建设和遵从原则，使医院的信息资产得到有效管理和使用。

（3）数据源管理政策：数据源是指业务上首次正式发布某项数据的应用系统，本政策通过明确在数据源建设和数据源使用方面的总体原则和要求，确保数据源头的统一，以及跨流程、跨系统数据的唯一性和一致性。

（4）数据质量管理政策：数据质量的持续提升是数据治理的核心目标。通过制定数据质量管理政策，明确数据在创建、维护、应用过程中的规则及质量要求，确保数据真实可靠。

2. 从管理变革、业务营运和信息系统应用层面进行数据治理

（1）建立管理数据流程：为了支撑医院数据资产从架构设计、质量管理到数据分析应用的全生命周期管理，需要在医院的流程架构中建立一个管理数据流程，明确数据管理的关键活动、角色，以及与周边组织的协作关系。

（2）建立管理数据流程与管理变革项目、管理质量与运营之间的关系：医院在运营过程中，能力的提升和架构的调整依托于变革项目和改进项目的实施。变革项目和改进项目需要交付业务解决方案、数据解决方案、信息系统解决方案。其中，数据解

决方案包含信息架构设计、数据质量度量、改进方案和数据分析方案。

（3）通过变革体系和运营体系进行决策：数据相关的重大决议由医院信息管理委员会决策，需要通过变革管理体系和流程运营体系实现落地。

（4）数据治理融入信息系统实施：要通过使用信息系统提供的功能和服务提升作业效率，对业务数据的管理要求要落实到信息系统的操作界面和数据库设计中，这样才能落实数据治理的要求。

（5）通过内控体系赋能数据治理：实施数据治理非常复杂，涉及上千个业务对象、上百个变革和优化改进项目的协同，仅仅通过数据管理部门对各个项目和部门的培训、指导、人员支持，不足以确保医院的治理目标和要求有效地贯彻到位。因此，需要通过内控体系，每年实施数据专项内部审计，揭示数据治理过程的问题，确定改进目标和责任人，从而保证数据治理机制的有效运作。

3. 建立业务负责制的数据管理责任体系

（1）任命数据所有者和数据管家：按分层分级原则任命数据所有者，这样既能确保医院数据工作统筹规划，也能同时兼顾各业务领域灵活多变的特征。数据所有者是医院数据战略的制定者、数据文化的营造者、数据资产的所有者和数据争议的裁决者，拥有医院数据日常管理的最高决策权。

（2）建立医院最高层面的数据管理组织：在医院范围内建立一个医院级数据管理部，代表医院制定数据管理相关的政策、流程、方法和支撑系统，制定医院数据管理的战略规划和年度计划并监控落实。建立并维护医院信息架构，监控数据质量，披露重大数据问题，建立专业任职资格管理体系，提升医院数据管理能力，推动医院数据文化的建立和传播。

（二）数据管理范围

由于数据的使用目的不同，可以从多个角度对数据进行分类管理。

1. 基于数据特性的分类管理 根据数据特性及治理方法的不同，对数据进行分类定义：内部数据和外部数据、结构化数据和非结构化数据、元数据。

不同分类的数据，其管理方法有所不同。如基础数据内容的变更通常会对现有流程、信息系统产生影响，因此基础数据的管理重点在于变更管理和统一标准管控。主数据的错误可能会导致成百上千的事务数据错误，因此主数据的管理重点是确保同源多用、进行数据内容的校验等。

2. 以统一语言为核心的结构化数据管理 结构化数据包括基础数据、主数据、事务数据、报告数据、观测数据、规则数据。结构化数据的共同特点是以信息架构为基础，建立统一的数据资产目录、数据标准与模型。

3. 以特征提取为核心的非结构化数据管理 随着业务对大数据分析的需求日益增长，非结构化数据的管理逐渐成为数据管理的重要组成部分。非结构化数据包括无格式文本、各类格式文档、图像、音频、视频等多种异构的格式文件。与结构化数据相比，非结构化数据更难标准化和理解，因此在存储、检索以及消费使用时需要智能化的信息技术与之匹配。

与结构化数据相比，非结构化元数据管理除了需要管理文件对象的标题、格式、Owner等基本特征和定义外，还需对数据内容的客观理解进行管理，如标签、相似性检索、相似性连接等，以便于用户搜索和消费使用。因此，非结构化数据的管理核心是对其基本特征与内容进行提取，并通过元数据落地来开展。

4. 以确保合规遵从为核心的外部数据管理 外部数据是指医院引入的外部组织或者个人拥有处置权利的数据，如供应商资质证明、消费者洞察报告等。外部数据管理的出发点是合规遵从优先，与内部数据管理的目的不同。

（三）数据安全管理

伴随着大数据、人工智能、区块链、物联网、5G等新技术的快速迭代和持续创新，各种新兴技术被越来越广泛地应用到各行各业，企业内、不同企业间、不同行业间的数字化迁移速度不断加快。但是一定要认识到，现在的网络是不安全的，包括“云”也不是绝对安全的。2019年以来数据泄露事件频发，从数据上看，勒索软件、网络攻击的次数与2018年相比翻了25倍。“网络不安全”不再是偶然，而是常态，不容忽视。

从泄露的根因分析统计来看，随着数字化技术和能力的普及，泄露的路径越来越多元，已经不再限于“黑客攻击”，更多的是企业内部人员、离职员工、第三方外包的泄露行为。所以说“堡垒再坚固，也容易从内部攻破”，这些泄露都不是由技能高超的黑客造成的，而是因为企业自身安全管理上的疏忽。另外，大量新技术所带来的数据安全风险也急剧上升。

数据安全管理包括数据安全和隐私保护两个规范主体的确定。

1. 数据安全规范主体 包括以下三部分。

（1）数据密级分级标准：数据定密的标准，包括外部公开、内部公开、秘密、机密、绝密五个等级。

（2）存储保护的基线：描述每一个级别的数据资产的存储要求以及入湖原则。

（3）流转审批层级：描述每一个级别的数据资产在申请数据共享时应该经过哪些控制审批。一般控制审批流程下，内部公开数据不需要审批，在流程中自动存档并知会数据消费方直属主管。秘密数据由消费方直属主管审批即可，机密数据需要数据生成方和消费方双方数据所有者共同审批。

2. 隐私保护规范主体 在隐私保护方面，根据医院隐私保护总体纲领文件和数据底座自身的特点，总体原则是“个人数据原则上不入湖，并尽可能脱敏处理”。隐私保护规范主体包括以下三部分。

（1）个人数据分类、分级标准：非个人数据、商业联系个人数据、一般个人数据、敏感个人数据，共4个级别。

（2）个人数据保护基线：根据个人数据分级，敏感个人数据、一般个人数据、商业联系人分别需要做不同程度的数据保护，其中法律明文规定的特种个人数据严禁入湖。

（3）流转审批层级：隐私审批层级基本与安全一致，但新增了隐私专员的介入，以专家评审身份，参与控制数据流转业务，判别数据消费的目的限制以及最小化授权。

为更好地解决数据安全管理过程中数据的原始状态不被修改，可对分类分级后的原始数据标注不同的风险标识。标注风险标识一般包括传统的元数据人工标识和通过规则、AI自动推荐两种实现方案。

（1）元数据人工标识：人工识别数据风险。数据安全隐私分级标识必须基于元数据管理平台，在平台中构建对数据字段级别的风险标识。

（2）通过规则、AI自动推荐：即基于规则与AI的自动识别。在数字时代，随着数据资产的膨胀，数据风险标识工作量非常巨大，字段的数量是数据表数量的100倍有余，依靠人工的方式无法识别全面，需要通过工具，基于规则（正则表达式）以及AI机器学习的方式，构建自动推荐、识别风险标识的能力。

（四）数据应用管理

在满足信息安全的前提下，数据充分共享，数据产生部门不得拒绝跨领域的、合理的数据共享需求。

信息披露、数据安全管理、数据保管和个人数据隐私保护等必须遵守法律法规和道德规范的要求。医院须保护患者、员工、商业伙伴和其他可识别个体的数据。

（五）主数据管理

主数据是参与业务事件的主体或资源，是具有高业务价值的、跨流程和跨系统重复使用的数据。主数据与基础数据有一定的相似性，都是在业务事件发生之前预先定义，但又与基础数据不同。主数据的取值不受限于预先定义的数据范围，而且主数据记录的增加和减少一般不会影响流程和信息系统的变化。但是，主数据的错误可能导致成百上千的事务数据错误，因此主数据最重要的管理要求是确保同源多用和数据内容校验。

鉴于主数据管理的重要性，对于每个重要的主数据，都应发布相应的管理规范，依据数据质量标准定期进行数据质量的度量与改进。

知识拓展 / 主数据应用实践

患者数据是医院最重要的主数据之一，几乎贯穿所有就医活动。患者数据在就医全流程中的及时性、准确性、完整性、一致性、有效性、唯一性是医疗业务高效运作、经营可控的重要保障。随着医疗业务发展，患者数据量迅速增长，患者数据种类复杂多样，因此要构建患者数据管理和服务化功能，以满足经营分析、交易打通、内外部遵从、数据价值挖掘等核心要求。

为解决患者数据问题，需要以患者数据质量为核心，严控数据流入与流出两个端口，搭建患者数据管理及服务平台，统一数据架构和标准，通过服务化架构实现“数出一孔”，提升数据准确性、提升运作效率、降低运营风险。

第三节　标准管理

一、标准体系

（一）标准体系概念

标准体系是一定范围内的标准按其内在联系形成的科学的有机整体。信息化标准体系建设是信息化建设的重要内容，也是解决不同业务系统之间数据交换和互操作性的基础和保障，是实现业务协同畅通、数据融合共享的前提。

在《智慧医院综合评价指标（2015版）》中，对智慧医院的应用及影响因素进行分析，建立了基础设施、智慧患者、智慧医疗、智慧护理、智慧医技、智慧管理、智慧后勤、智慧保障、智慧科研、智慧教学等指标体系，引导医院的智慧化建设。2018年4月，国家卫生健康委员会规划与信息司研究制定了《全国医院信息化建设标准与规范（试行）》，从“业务应用、信息平台、基础设施、安全防护、新兴技术”等板块，明确医院信息化建设的基本原则、建设内容及要求，对不同类型的医院提出了细致的信息化指标体系说明，包括数据安全、硬件设备、机房设施、后勤管理、医疗服务、安全、物联网应用、云计算平台、大数据平台、人工智能等方面。

截至2020年8月，卫生健康行业信息化标准有关文件有15个，有效信息标准共227项，涵盖数据、应用、技术、安全隐私和管理等内容，组成了由国家标准、行业标准、团体标准、企业标准组成的有机整体。

（二）标准体系框架

标准体系框架由基础标准、数据标准、应用标准、技术标准、安全与隐私标准、管理标准组成（图2-2）。

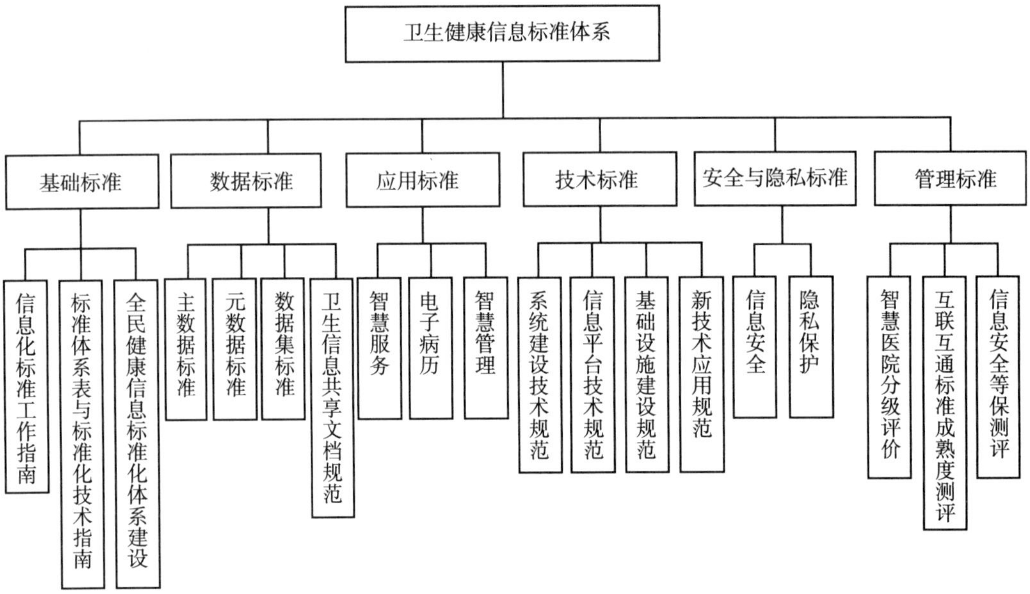

图2-2　标准体系框架

1. 基础标准　用于规范健康信息标准体系中所有的标准，是其他标准的依据和基础。

2. 数据标准　数据标准是信息共享与交换的基础，数据标准体系的建立应在卫生资源规划的指导下进行。数据标准体系的内容包括两个方面，一是卫生信息资源目录相关标准，二是卫生信息数据集相关标准。卫生信息资源目录相关标准包括信息资源元数据标准、信息资源分类标准、信息资源标识符标准；卫生信息数据集相关标准包括综合卫生信息模型、数据集标准、数据元标准、代码标准、指标标准，还包括数据交换格式标准，用于不同信息系统间进行数据交换。

3. 应用标准　是指卫生健康信息系统功能状态、应用范围、数据质量要求，主要包括智慧服务、电子病历、智慧管理、医院信息平台功能指引等标准。

4. **技术标准**　是指对信息系统建设的基本功能、技术要求、架构设计、技术实现方式、数据交换和集成等规范约束的标准。

5. **安全与隐私标准**　为数据处理系统建立和采用的技术、管理上的安全保护的最佳实践，目的是保护计算机硬件、软件、数据不因偶然和恶意的原因而遭到破坏、更改和泄露，保障业务可用性和行为的不可抵赖性。详见表2-5。

表2-5　信息安全标准框架

安全分类	安全要求
技术安全	物理和环境安全
	设备和计算安全
	网络和通信安全
	数据和应用安全
管理安全	安全策略和管理制度
	安全管理机构和人员
	安全建设
	安全运维

6. **管理标准**　用于规范卫生健康信息和系统的建设、使用、管理、实施、验收和测评等，主要包括电子病历功能应用水平分级评价标准、智慧服务分级评估标准、智慧管理分级评估标准、互联互通标准成熟度测评、三级综合医院评审标准等。电子病历功能应用水平分级评价标准见表2-6。

表2-6　电子病历功能应用水平分级评价标准

发展阶段	阶段目标	分级
数据化	医疗数据采集交换	0级：未形成电子病历系统
		1级：独立医疗信息系统建立
		2级：医疗信息部门内部交换
		3级：部门间数据交换
智能化	医疗辅助决策支持	4级：全院信息共享，初级医疗决策支持
		5级：统一数据管理，中级医疗决策支持
		6级：全流程医疗数据闭环管理，高级医疗决策支持
区域化	区域医疗信息共享	7级：医疗安全质量管控，区域医疗信息共享
协同化	健康信息共享	8级：健康信息整合，医疗安全质量持续提升

知识拓展

除上述标准体系规范外，一些其他的国家标准、行业标准共同组成了医疗信息化建设标准体系，举例如下。

1. 技术规范 《医院信息系统功能设计指导》《三级医院评审标准（2020年版）》《电子病历系统应用水平分级评分标准》《医院信息互联互通标准化成熟度测试方案》（2020年版）、《医院智慧服务分级评估标准体系（试行）》《医院智慧管理分级评估标准体系（试行）》。

2. 信息系统建设标准规范 《电子政务业务流程设计方法通用规范》（GB/T 19487-2004）、《电子政务系统总体设计要求》（GB/T 21064-2007）。

3. 软件类规范 《计算机软件文档编制规范》（GB/T 8567-2006）、《计算机软件测试规范》（GB/T 15532-2008）。

二、贯标管理

1. 全面评估医院信息化应用所达到的水平，建立信息化水平评估和持续改进体系。建立评价医院信息化的客观指标，全面客观评价医院信息化应用，强化医院信息化的连续性检测，提升医院信息化自我评价能力。

2. 规范医院信息化标准化建设思维，对照标准评估差距，明确各发展阶段应当实现的功能。以标准为参考，引导医院科学、合理、有序地发展医院信息系统，落地功能、技术指引和建设标准，推进新兴信息技术的应用发展。

3. 引导厂商系统开发朝着功能实用、信息共享、更趋智能化方向发展，使之成为医院提升医疗质量与安全的有力工具。

本章小结

本章介绍了医院信息管理中信息基础管理、技术管理两大类的基本概念与管理范畴，并着重对信息人员管理的范围、信息规划的基本原则和内容、信息预算与执行的流程以及项目管理、运维管理、安全管理、数据管理、标准管理几个环节的常见管理模式等进行了阐述。同时也对本教材涉及的大部分管理相关常识及原则、遵循的标准进行了详细的介绍，以便读者更好地阅读后续章节。

（师庆科）

第三章 医院信息管理的基础设施

学习目标

1. 掌握 IP地址；服务器；信息网络硬件设备；数据库软件。

2. 熟悉 信息化基础设施概述；信息网络管理软件；存储器；数据中心的能源系统；数据中心的空调系统。

3. 了解 开放式系统互连参考模型；数据中心发展历史。

第一节 信息化基础设施概述

一、基础设施和信息化基础设施的概念

基础设施（infrastructure）是为社会生产和人民生活提供公共服务的基本设施，是用于保障国家或地区社会经济活动正常进行的公共服务系统。基础设施既包括公路、铁路、机场、通信、水电煤气等公共设施，即硬基础设施，又包括文化教育、科研与技术服务、医疗卫生、环境保护等社会事业，即软基础设施。

信息化基础设施由信息技术和信息资源组成，是能为应用系统提供信息支撑的网络信息系统。按照部署范围，可分为全球信息化基础设施、国家信息化基础设施和组织机构内部的信息化基础设施。

信息化基础设施保障社会生产和人民生活的正常进行，是国家信息化建设的基础支撑。信息化基础设施的建设投资金额大、建设周期长、牵涉面广、建成后还需要不断投入人力、物力、财力。信息化基础设施是信息化各领域发展和应用的前提和基础，同时也体现着信息化建设水平的高低。信息化基础设施的服务中断或被破坏将严重破坏社会秩序、影响民生，对国家政治、经济、科技、文教、国家安全、国防和军队、社会生活及人民生命财产造成严重损失。

二、信息化基础设施建设概况

在1993年9月15日美国政府发表的《国家信息基础设施：行动动议》(*the National Information Infrastructure*: *Agenda for Action*）文件中正式提出“国家信息基础设施”(national information infrastructure，NII)，要求在全美建成通达全国各地的信息高速公路，即一个由通信网、计算机、信息资源、用户信息设备与人构成互联互通、无所不在的信息网络，通过它为每个人及所用的信息设备提供接入NII的功能，凭借这种功能，可以把人、家庭、学校、图书馆、医院、政府与企业一一关联起来，可以获得各种各样公用和专用的信息资源，可以传送音频、数据、图文、视频和多媒体等各种形式的信息，同时可以满足不同类型用户所需的不同应用和不同性能要求（如距离、速度、时延、连接频次和保持时间等）。通常把以光纤为主的通信网比作“高速公路”，把信息资源比作“商品”，把用户信息设备比作“商品的发货方或收货方”；把通信网的安全设施比作“高速公路交通警察”；把信息政策、法规和标准比作“交通法规”。国家信息基础设施就是一条连接政府、企业、学校、图书馆、医院、商店和家庭四通八达的“信息高速公路”。

自从美国《国家信息基础设施：行动动议》公布之后，各国政府高度重视，许多国家和地区也纷纷响应，提出类似的计划，并积极组织建设。美国于1994年9月提出建立“全球信息基础设施”(global information infrastructure，GII）倡议，建议将各国的国家信息基础设施互联互通，以实现国际间的信息交互和资源共享，并建议由世界银行帮助经费短缺国家解决建设经费问题。为了推动GII的实施，全球信息基础设施委员会（Global Information Infrastructure Committee，GIIC）于1995年2月成立。GIIC是一个非政府组织，总部设在美国华盛顿，成立全球信息基础设施委员会的目的是推进信息技术和信息服务在全球的发展、应用及可及性，从而加速各国信息化建设，提高各国的教育水平和消除贫困。GIIC吸引各国、各组织的政府首脑、专家教授参加，借以消除国家间和行业间的政策和管理壁垒，加速各国信息基础设施的互联互通。

三、医院信息化基础设施建设概况

医院信息管理的基础设施属于第三类信息化基础设施（组织机构内部的信息化基础设施）的范畴，包括医院信息网络、服务器、数据库软件、数据中心等重要设备设施。医院的医疗业务依托各医疗信息系统在医院信息网络上开展；服务器承载着医疗信息系统的运行，响应医院信息网络上客户端的业务请求；医疗数据，如患者诊疗数据、影像归档与通信系统（picture archiving and communication system，PACS）影像数据等，以数据库或者数据文件的形式储存在存储器上；数据库软件将医疗数据按序存储在数据库中，以供相关信息系统或医务人员增加、删除、修改、查询等；重要的网络设备（交换机、路由器等）、服务器和存储等安装在数据中心，数据中心的能源系统专门给部署在数据中心的设备设施提供稳定的电源供应，数据中心的空调系统给这些设备设施的正常运行提供适宜的温度、湿度和洁净的空气等。

近年来，医院信息化建设快速发展，医院重视程度和资金投入持续加强；医院信息管理的基础设施建设持续深入推进，医疗信息系统的功能及应用不断扩展；医疗业务流程持续优化，医护工作效率日趋提高，医疗质量不断提升，医疗安全得到更高水平的保障，人民群众就医体验也不断改善，这都得益于医院信息化基础设施的不断进步。在全面深化医药卫生体制改革过程中，国家对医院信息管理的基础设施建设和运维越来越重视，医疗检验检查结果跨机构互认、跨区域核算结报医疗费用、完善远程医疗、创新医疗服务模式等方面对医院信息管理的基础设施建设和运维提出了更高的要求。

医院信息管理的基础设施作用重大，需要采取如下措施进行保护。

（1）设置专门安全管理部门（科室）、安全管理负责人和安全运维人员，制定安全管理制度和安全操作规程，层层压实信息安全防护责任，责任到人，并定期对从业人员进行安全教育、技术培训和技能考核。

（2）制定信息化基础设施安全事件应急预案，并定期进行全场景、全要素、全流程的实战实操演练。

（3）对医院重要信息网络链路和设备、重要医疗信息系统和数据库进行容灾备份，对数据进行分类管理，对重要数据进行加密。

（4）采取措施防范网络攻击事件、有害程序事件、信息泄密事件和信息内容安全事件等危害信息安全的行为。

（5）监管医院信息网络、重要医疗信息系统和重要数据库的运行状态，并按照规定留存相关的日志不少于六个月。

第二节　网络基础

网络是由节点和连接这些节点的链路组成的网状结构。信息网络是指将孤立的设备使用数据链路连接起来，组成一个有机的整体，达到信息交互和资源共享的目的。在信息网络中，每个设备上运行着软件，为用户提供各种各样的网络服务。世界上覆盖范围最大的信息网络是因特网（internet），因特网是由多个计算机网络连接而成，为全世界用户提供电子邮件、远程登录、文件传输、开源软件服务、数据库检索、网络信息查询、网络交流等服务。医院内部有医疗信息网络（医疗网），为患者提供医疗服务。

一、信息网络基础知识

（一）开放系统互连参考模型

为了更好地规范和促进互联网络在全世界的研究及发展，国际标准化组织（International Organization for Standardization，ISO）于1985年发布了开放系统互连参考模型（open system internetwork/reference model，OSI/RM），该模型采用分层结构，定义了用于网络互连的七层协议结构，这七层从下往上依次为：物理层（physical layer）、数据链路层（data link layer）、网络层（network layer）、传输层（transport layer）、会话层（session layer）、表示层（presentation layer）和应用层（application layer）。该模型定义了一套用于数据通信的通用协议标准集，全网范围内的任意两台计算机只要遵从这套标准就可进行信息交互和资源共享。

OSI参考模型把一个网络主机从功能上分成七层，每一层实现不同的功能，每一层的功能都由该层相应的协议定义。在每一个层次中，实现该层功能的活动单元被称为实体（entity），实体既可以是软实体（如一个进程、软件程序、软件系统等），也可以是硬实体（如终端、硬件模块等）。协议定义了某实体同远程一个对等实体（peer entity）通信所遵守的一套规则。

OSI参考模型中，每一层向相邻上层提供服务，并且调用与之相邻的下层所提供的服务。也就是说，每一层均与一个远程的对等层（peer entity）通信，每一个对等实体均与一个远程的对等实体通信，如发送主机A向接收主机B传输数据，发送主机A的传输层与接收主机B的传输层为对等层，发送主机A传输层的实体与接收主机B传输层的实体为对等实体。

数据由发送主机A的应用程序传送给A的应用层，然后从7层结构的上层向下层逐层传送。从上层传送到下层的数据称为载荷（payload），每经过一层，该层都在载荷前端加上本层的信息，这些信息称为报头，然后该层将本层的报头加上本层的载荷作为新的载荷传给下一层，下一层再在新的载荷前面加上本层的报头，这样一直向下传递，从上到下，每一层的报头分别为应用层报头（application layer header，AH）、表示层报头（presentation layer header，PH）、会话层报头（session layer header，SH）、传输层报头（transport layer header，TH）、网络层报头（network layer header，NH）和数据链路层帧头（data link layer header，DLH），其中，数据链路层不仅要给载荷加上帧头，还要加上帧尾（data link layer trail，DLT）形成最终的一个数据帧，因此当数据传到了最底层时，原来的数据已经加上了6个报头，这个过程就叫数据的封装（图3-1），封装后的数据通过网线、电话线、同轴电缆、光纤或无线等传输介质，以比特流的形式传送到接收主机B。

接收主机B接收到发送主机A发送过来的数据后，从最底层向上层传送，每经过一层就去掉一个报头（经过数据链路层时会去掉帧尾），直到传送给接收主机B的数据处理程序，这个过程称为解封装（图3-1）。接收主机B的数据处理程序收到的数据就是发送主机A的应用程序发送给A的应用层的数据。

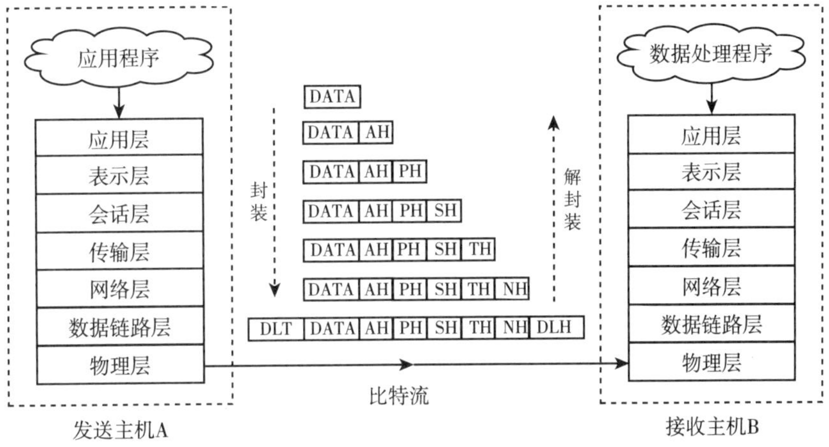

图3-1 OSI参考模型的数据封装和解封装过程

（二）IP地址

1. IPv4地址 因特网协议版本4（Internet Protocol version 4，IPv4）由互联网工程任务组（The Internet Engineering Task Force，IETF）于1981年9月发布的第791号请求评论（Request For Comments 791，RFC 791）中被提出，是因特网的核心协议，也是被广泛认可的版本，RFC 791将1980年1月发布的 RFC 760替换，后续也得到RFC 1349、RFC 2474、RFC 6864的完善。

IPv4工作在OSI参考模型的第三层网络层，根据该协议，网络节点会尽力根据数据包的目的地址转发数据包，但它不保证数据包一定能送达目的地址，也不保证所有数据包按照先后次序无重复地到达目的地，这两方面是由网络层的上一层——传输层协议来保证的。

IPv4使用32位二进制地址，因此有2^{32}，即约43亿个地址，在制定RFC 791的时期，是因特网发展的初期，入网设备很少，这些地址是够用的，但是随着因特网规模越来越大，接入因特网的计算机、笔记本、平板电脑、手机等终端越来越多，分配出去的IPv4 地址越来越多，未分配的IPv4地址越来越少，这样就产生了对网络地址需求越来越大，而要延续使用IPv4地址的问题。

IPv4通常用点分十进制记法来标记，如192.168.0.1，中间用3个实心圆点分隔，其中的4段数字均为十进制数，每段为1个字节长度，范围为0~255。

一个IPv4地址分为网络标识和主机标识两个部分，其中网络标识部分可以使用如下格式：102.132.25.67/8，其中“/8”表示网络标识部分的长度是8位，对应1个字节，即网络标识部分是102，后面的3个字节，即132.25.67为主机标识部分。

2. IPv6地址 因特网协议版本6（Internet Protocol version 6，IPv6）是由互联网工程任务组发布的用于替代IPv4的下一代IP协议，IPv6使用128位二进制地址，其地址数量为2^{128}，可以为全世界的每一粒沙子编上一个地址，可以满足大量终端的入网需求。

由于IPv4最大的问题在于地址数量少，严重制约了因特网的发展。IPv6的推广，不仅能解决网络地址耗尽的问题，而且也解决了IPv4的设计缺陷。

2021年7月12日，中央网络安全和信息化委员会办公室、国家发展和改革委员会、工业和信息化部发布《关于加快推进互联网协议第六版（IPv6）规模部署和应用工作的通知》，要求到2025年末，全面建成领先的IPv6技术、产业、设施、应用和安全体系。我国IPv6网络规模、用户规模、流量规模位居世界第一位。IPv6活跃用户数达到8亿，物联网IPv6连接数达到4亿。移动网络IPv6流量占比达到70%，城域网IPv6流量占比达到20%。县级以上政府网站、国内主要商业网站及移动互联网应用全面支持IPv6。

IPv6的128位地址通常写成8组，每组16位，即每组为4个十六进制数。如“B070：0000：0000：BCDA：0000：8012：0000：A0C8”这个地址比IPv4地址长得多，看起来、写起来都不方便，可以使用零压缩法减小其长度，也就是说，如果连续几组的值都是0000，那么这些0000就可以用“：：”来表示。如上述地址有连续的2组均为0000，则可简单表示为“B070：：BCDA：0000：8012：0000：A0C8”。但要注意的是，只能简化连续组的0000，如果某组存在非0值，则该组所有的0都不能简化，如B070有2个0，都不能被省略。另外，“：：”在一个IPv6地址中只能用一次，前面2组0000简化成“：：”，那么在8012前、后的0000就不能再次简化为“：：”。当然也可以在8012后面使用“：：”，这样前面的2组0000就不能使用零压缩法了，因为如果使用了，则无法确定每个“：：”代表了多少组0000。

二、信息网络硬件设备

数据在网络中传输，离不开信息网络硬件设备，常见的信息网络硬件设备包括网卡、调制解调器、集线器、以太网交换机、网关、路由器等。其中，网卡和调制解调器是网络终端使用的网络硬件设备，用于数据包的发送和接收；集线器、以太网交换机、网关、路由器等是网络传输中间节点所使用的网络硬件设备，用于数据包的转发。

1. 网卡　又称网络接口控制器（network interface controller，NIC），是帮助计算机借助网线（或无线网络）接入网络的设备。目前，网卡是每一台计算机的标配。网卡可以是一个计算机板卡［工业标准结构（industrial standard architecture，ISA）或外设部件互连（peripheral component interconnect，PCI）接口的调制解调卡］，插在台式计算机的扩展槽中；或是一个独立的设备，通过线缆插在计算机的串口（cluster communication port）或通用串行总线（universal serial bus，USB）中；或是一个电子模块，集成在了计算机主板上；或是个人电脑存储卡国际协会（Personal Computer Memory Card International Association，PCMCIA）卡，插在笔记本电脑上。

针对不同类型的网络，计算机需要使用不同类型的网卡接入，如以太网网卡、令牌环网网卡、光纤分布式数据接口（fiber distributed data interface，FDDI）网卡或者无线局域网网卡等。网卡工作在OSI参考模型的物理层和数据链路层。网卡主要定义了连接网线需要遵从的物理标准、电气标准等，以及在网络上传送和接收比特流时的组帧方式和解帧方式。

2. 调制解调器　是一种帮助计算机借助电话线接入网络的设备。由于计算机使用的是数字信号，电话线中传递的是模拟信号，故需要一种设备实现数字信号与模拟信息的相互转化。而调制解调器可将计算机的数字信号转换成能够在电话线中传送的模拟信号（调制），也能将电话线中传来的模拟信号转换成数字信号（解调），也就是说，调制解调器在发送数据时调制信号，在接收数据时解调信号。在因特网发展的早期，调制解调器的种类多，应用也比较广泛，如56k的调制解调器、综合业务数字网（integrated services digital network，ISDN）、数字用户线路（digital subscriber line，DSL）等。调制解调器可以是一个计算机板卡（ISA或PCI接口），或是一个独立的设备（串口或USB口），或是集成在计算机主板上的一个模块，或是PCMCIA网卡。

3. 集线器　主要功能是将接收到的数字信号进行整形放大，以扩大网络信号的传送距离。多台计算机通过网线连接集线器的端口，形成以集线器为中心的拓扑结构。集线器工作于OSI参考模型的物理层，采用带冲突检测的载波监听多路访问（carrier sense multiple access/collision detection，CSMA/CD）介质访问控制机制，进行数据传输。

集线器每个端口简单地采用广播方式收发数据，收到1就转发1，收到0就转发0，不进行冲突检测。当集线器要向某端口发送数据时，不是直接把数据帧发送到目的端口，而是把数据帧发送到集线器的所有端口，连接端口的计算机进行侦测判断。如果该数据帧是发送给自己的，该计算机则接收该数据帧，并转交上层实体处理。

4. 以太网交换机 以太网是采用IEEE 802.3技术标准的局域网。以太网交换机是基于以太网进行数据交换的数字设备。以太网交换机的每个端口都直接通过网线与计算机的网卡相连，连接拓扑为总线型拓扑结构，并且以太网交换机工作在OSI参考模型的数据链路层，一般采用全双工的工作方式，数据传输高效。在进行数据交换时，以太网交换机能同时连通多对端口，使每一对相互通信的计算机都能独占信道快速传输数据，而不用像集线器一样，每一个时刻只有一对端口在传输数据，其他端口只能等待。

5. 网关 是将两个采用不同协议的网络互联互通的设备。不同类型的网络可能使用不同的协议标准，而协议是网络世界的语言，数据包是语言的载体，这样就造成网络A不能理解其他异构网络发送过来的数据包，其他异构网络也不能理解网络A发送过来的数据包。网关的作用就是在两个异构网络之间进行协议翻译，网关从一个网络中接收数据包，解封装得到载荷，然后用目标网络的协议对载荷进行封装，最后将封装好的数据包发送到目标网络中。

6. 路由器 众多的网络连接在一起，形成更大的网络，那么任意一个网络中的计算机要将数据包传送给另外一个网络中的计算机，数据包该走什么样的路径、跨越哪些网络，到达目的计算机？路由器就是用来解决这个问题的专用网络设备。从一个网络接收到数据包后，路由器根据数据包的目的地址选择一条合适路由，将数据包转发给下一跳路由器，这样数据包被一跳一跳地转发，路由中最后一跳的路由器将数据包转发给目的主机所在子网，最后由目的主机接收数据包。路由器用于同构网络之间的连接，同构网络之间的数据交换不需要进行协议翻译，路由器发挥为数据包选择路径及存储转发的功能。路由器工作在OSI参考模型的网络层，一台路由器可连接多个网络，这意味着它可以在路由器连接的两个网络之间根据数据包的目的地址查询路由表选择路由、转发数据包。路由表由一系列的路由表项组成，每个路由表项包含有目的地址、网络掩码、下一跳网络IP地址和路由开销等。

三、信息网络管理软件

信息网络管理软件是实现网络管理功能的专用软件，简称网管软件。通过部署网管软件，可以落实单位（部门）的计算机、网络管理规定，了解网络用户使用计算机、网络和数据交互情况，规范网络用户的计算机及网络使用行为，对计算机和网络资源进行监视、配置、分析、评价、控制和保护，防范内部敏感数据外泄，提升单位（部门）的信息化管理效能。

ISO在ISO/IEC 7498-4-1989中定义了网管软件的五个基本功能：故障管理（fault management）、配置管理（configuration management）、计费管理（accounting management）、性能管理（performance management）和安全管理（security management），这五大基本功能可合称为FCAPS。

（1）故障管理：当网络出现故障时，网管软件必须迅速找到故障并及时排除故障。主要包括：有效发现故障、定位故障、测试诊断故障、隔离故障区域、给出故障处理建议或方案、修复故障等。

（2）配置管理：主要是对网络进行初始化、参数配置等，以实现网络某个特定功能或使网络性能达到最优状态。主要包括：收集网络状态信息，对路由器、交换机等网络设备进行配置，对网络配置进行语法检查和一致性检查等。

（3）计费管理：用于统计网络资源的使用费用和代价，它对联网计算机按IP地址统计接收和发送的数据流量，使用计费管理功能，可以多个报表的形式从不同角度统计用户使用网络资源已产生的费用和代价，也可以限定用户使用网络资源能达到的最大费用，一旦达到，则自动断网。

（4）性能管理：即收集分析网络的运行状态信息，评估网络资源的使用状况（包括流量、负载、温度、内存等）、所提供服务的质量（包括转发速率、丢包率、传输延迟、抖动延迟等），以利于网络的下一步优化调整。评估结果可能会启动某个性能诊断测试过程，或者对网络进行重新配置以提升网络的性能和服务质量。

（5）安全管理：包括授权、访问控制、加密及完整性管理、安全日志管理等，以保障网络信息安全。主要包括：用户认证授权，网络资源访问控制，网络数据传输、存储的加密与完整性验证，报警事件及安全日志分析，网络安全漏洞检测等。

当然，有些网管软件还有其他一些功能，如网络拓扑发现、网络端口监控、网管人员管理、网络攻击监测等，这些功能有的是针对具体的网络，有的属于个性化定制功能。

具有代表性的网管软件有：HP Open View、NetView、ManageEngine、Cisco Works、NetManager、SugarNMS、NetWare Manage Wise和能进行智能网络管理的SPECTRUN。这些网管系统均可通过简单网络管理协议（simple network management protocol，SNMP）对网络设备进行管理，但目前真正具有网络管理全部五大功能的网管系统并不多。

第三节 系统设备及软件

一、服务器

（一）服务器的概念

服务器在网络环境中为客户机提供应用服务，是在服务器操作系统的控制下为网络中的客户机（如个人计算机、智能手机、平板电脑等）提供共享资源（包括查询、存储、删除、修改、计算功能等）的高性能计算机。

服务器与普通计算机相比，内部组成相差不大，也包括中央处理器（central processing unit，CPU）、硬盘、内存、主板、操作系统、系统总线（数据总线、地址总线和控制总线）、电源等，但服务器的高性能主要体现在运算速度快、可长时间稳定运行、对外数据吞吐能力强、可扩展性好等方面。从最早的服务器用途文件/打印业务到企业核心应用如企业资源计划（enterprise resource planning，ERP）、互联网+应用、大数据分析、云计算、人工智能、天气预报、地质勘探等均离不开服务器的支持。

（二）服务器的分类

服务器按照不同的分类标准，可进行如下划分。

1. 根据服务器搭载的处理器数量分类 分为单路服务器（配备1颗CPU）、双路服务器（配备2颗CPU）、多路服务器（配备4颗、8颗、16颗或更多的CPU）。

2. 按照服务器外形分类 分为机架式服务器、刀片服务器、塔式服务器、机柜式服务器。

3. 按照服务器搭载的处理器体系结构分类 分为复杂指令集计算机（complex instruction set computers，CISC）服务器、精简指令集计算机（reduced instruction set computers，RISC）服务器。

4. 按照服务器提供的服务分类 分为数据库服务器、Web服务器、邮件服务器、文件服务器、代理服务器、打印服务器等。

（三）服务器应用部署架构

根据应用部署方式的不同，有如下两种服务器应用部署架构。

1. C/S（Client/Server）架构 客户机通过客户机上安装的客户端软件访问服务器，获取计算或应用服务。

2. B/S（Browser/Server）架构　客户机通过客户机上安装的浏览器访问服务器，获取计算或应用服务。

二、存储器

在计算机发展的进程中，出现了多种存储介质，如软盘、磁带、硬盘、光盘、U盘、安全数字存储（secure digital memory，SD）卡、智能媒质（smart media，SM）卡等。这些存储介质被制作成各种各样的存储器，用于持久地存储数据。机械硬盘和固态硬盘应用广泛，是两种较为重要和常见的存储器。机械硬盘中有传动马达，比固态硬盘体积大、存取速度慢、价格低。

（一）机械硬盘

1. 组成　机械硬盘主要由磁性盘片、主轴、浮动磁头、磁头驱动器、前驱控制器和I/O接口组成（图3-2）。

图3-2　机械硬盘

2. 工作原理　机械硬盘存储和读取数据，是根据电磁感应的原理来实现。位于机械硬盘内部用于数据存储的盘片，是一张表面铺有磁性物质的光亮金属圆盘。盘片表面有一圈圈磁道，数据沿着磁道存储，当盘片在马达的驱动下围绕主轴高速旋转时，位于盘片表面的浮动磁头会受到磁头驱动器的精确控制，准确移动到相应磁道上方，存入或读取数据。当操作系统向机械硬盘中存入数据时，磁头中会产生随着数据内容变化而强弱变化的电流，这股电流会产生强弱变化的磁场，使盘片表面磁性材料的状态发生改变，并且改变的状态在磁头的磁场消失后仍然能长期地保持，这样数据就在存储器中长期保存下来。当操作系统从机械硬盘中读取数据时，磁头受到磁头驱动器的精确控制，准确移动到相应磁道上方，磁道的磁场使磁头产生感应电流或使电感线圈的阻抗发生变化，磁道高速旋转下，电流或阻抗的一系列变化被前驱控制器捕获，经过降噪及还原处理，便能够恢复原本写入存储器的一系列数据。

3. 分类 机械硬盘根据接口的不同可以分为不同的类型：串行高级技术附件（serial advanced technology attachment，SATA）接口硬盘、串行小型计算机系统（serial attached small computer system interface，SAS）接口硬盘、光纤通道（fiber channel，FC）接口硬盘等。接口类型决定了接口的物理尺寸和数据传输的速度，对机械硬盘的性能有较大的影响。

（1）SATA接口硬盘：使用串行的方式传输数据，其存取数据快、耗能低，SATA 3.0的传输速度可达6.0G bit/s，使用较细、可弯曲、最长可达1m的接口线缆。机箱内空间狭小，SATA接口硬盘的这些特性方便了机箱内电子组件的优化布局，改善了机箱内的散热问题，且价格较低，但SATA接口硬盘只能提供单通道和半双工模式，多用于家用电脑，已基本取代曾长期占据统治地位的电子集成驱动器（integrated drive electronics，IDE）接口硬盘。

（2）SAS接口硬盘：采用串行传输以获得高性能。第二代SAS接口硬盘传输速度可达6.0G bit/s，支持双向全双工模式，为同时进行的硬盘读写操作提供两路数据通道。SAS接口硬盘性能强，价格相对较高，主要在企业级应用中作为硬盘阵列使用。SAS接口硬盘使用细而长的接口线缆，连接距离较长，抗干扰能力强。

SAS接口硬盘和SATA接口硬盘的共同点是都采用串行技术，SATA接口标准是SAS接口标准的一个子集，SAS接口标准可向下兼容SATA接口，SAS接口控制器可以与SATA接口硬盘相连，这为用户提供了低成本和使用灵活性。

（3）FC接口硬盘：是使用光纤连接、具有光纤传输通道的存储器，支持热拔插，存取速度较快，传输速度可以达到4.0G bit/s，连接距离远，使用单模光纤连接FC接口硬盘时最远可达10km。因其价格高昂，一般用于支持FC接口的高端服务器、专业工作站以及较大规模的磁盘阵列系统等。

（二）固态硬盘

固态硬盘由控制芯片、缓存芯片和存储芯片组成。控制芯片，控制数据的读/写；缓存芯片，配合控制芯片的工作，提高固态硬盘的存取功能；存储芯片，负责存放数据。

1. 分类

（1）按存储芯片种类分类：基于闪存（flash）的固态硬盘，基于动态随机访问存储器（dynamic random access memory，DRAM）的固态硬盘。因基于DRAM的固态硬盘在市场上不是主流，下文以介绍基于flash的固态硬盘为主。

（2）按接口类型分类：SATA接口固态硬盘、迷你SATA（mini-SATA，mSATA）接口固态硬盘和高速外设部件互连（peripheral component interconnect express，PCI-E）接口固态硬盘。不同的接口有不同的物理尺寸、数据传输方式和存储性能。

1）SATA接口固态硬盘：采用了目前机械硬盘的主流接口类型，SATA接口固态硬盘可以替换SATA接口机械硬盘。SATA接口有不同的版本：SATA 1.0（1.5G bit/s）、SATA 2.0（3.0G bit/s）和SATA 3.0（6.0G bit/s），不同版本的SATA接口有不同的性能，高版本的SATA接口兼容低版本的SATA接口。

2）mSATA接口固态硬盘：采用的是迷你版本的SATA接口，这种接口可以支持1.5G bit/s、3.0G bit/s、6.0G bit/s三种传输速度，mSATA接口固态硬盘尺寸较小，可以节省安装空间。

3）PCI-E接口固态硬盘：采用高速串行计算机总线的接口，支持双向传输模式和数据分通道传输模式，最大传输速度可以达到32.0G bit/s。

2. 工作原理　基于flash的固态硬盘与机械硬盘采用的存储介质完全不同，前者采用flash芯片，后者采用磁盘，它们的工作机制也不同。

flash芯片中最小的存储单元是浮栅晶体管，该晶体管尺寸很小，包含源极、漏极和栅极三极。在栅极下面有一个浮栅可以长期存储电荷，而且存储的电荷量会影响源极和漏极之间的导通效果，电荷越多，阈值电压越高，源极和漏极之间越不容易导通。基于flash的固态硬盘通过往浮栅中注入不同数量的电荷，通过控制施加电压时浮栅晶体管的导通情况，从而实现不同存储状态的记录和区分。

读取浮栅晶体管所存储的数据时，控制芯片会在源极和漏极之间施加一个电压，而源极和漏极之间导通电流的大小直接与浮栅中存储的电荷量相关，通过检测导通电流的大小，就可以判断浮栅晶体管的状态，从而识别所存储的数据是0还是1。

往浮栅晶体管中写入数据时，须先擦除数据，然后完成写入：先将浮栅中的电荷全部导出，即将数据全都置为1，这个过程称为数据擦除；然后，通过在栅极和漏极之间施加高电压，将电荷导入浮栅中，从而写入数据0。

知识拓展

随着存储技术的不断发展，存储器的变化日新月异，推动这一进程的正是游戏和移动产品领域的需求，以及云存储的发展。例如，游戏应用需要输入/输出速度极快、高容量的存储器，这样在用户感受不到的情况下，可以对海量的图形数据进行快速输入/输出及存储，以避免游戏频繁卡顿。云存储就是将存储资源放到云上供用户存取。使用者可以在任何时间、任何地方，通过任何联网的终端连接到云，便捷地存取数据，无须另外购买硬件，也不需要进行专门的维护，减少了成本的投入。

三、数据库软件

数据库软件是一种集中储存和管理数据、为授权用户提供数据访问服务、独立于应用程序的计算机软件系统。

从数据管理的发展历史看，最先出现的是文件管理系统，开发人员需要给每个应用程序编写专属的数据管控模块，由数据管控模块对相关的数据文件进行访问，这种模式开发成本比较高，维护也很不方便。数据库软件是在文件管理系统的基础上发展起来的，可对数据进行集中管控：统一定义，统一存储，统一权限“增删改查”，统一数据访问接口。不同的应用程序使用数据库软件提供的统一的数据访问接口，对数据库中的数据进行增加、删除、修改、查询等操作，开发人员不用再给每个应用程序编写专门的数据管控模块，可以集中精力关注应用程序业务逻辑功能的实现，数据库管理工作可以交由数据库管理员来完成。

数据库软件产生于20世纪60年代后期，其发展可以划分为以下三个阶段。

1. 第一阶段 层次、网状数据库软件。层次数据库软件，是1969年IBM公司研发出来的，采用的模型是定向有序树；网状数据库软件，是1970年数据系统语言会议（Conference on Data Systems Languages，CODASYL）提出的，采用的是有向图。

2. 第二阶段——关系数据库软件 采用关系数据模型来组织管理数据。有代表性的是Oracle数据库、SQL Server数据库、ACCESS数据库、DB2数据库、Sybase数据库、Informix数据库、MySQL数据库、Visual FoxPro数据库等。

3. 第三阶段——面向对象数据库软件 是面向对象的程序设计技术与数据库技术相结合的产物。主要特点是具有面向对象技术的封装性和继承性，提高了软件的可重用性。有代表性的软件有Object Store数据库、Ontos数据库、Jasmine数据库等。

第四节 数据中心

一、数据中心发展简史

1946年2月，美国研发了全球第一台计算机：电子数字积分器计算机（electronic

numerical integrator and calculator，ENIAC），用于为美国弹道研究实验室存储火力表。ENIAC占地170平方米，体积84.92立方米（3000立方英尺），重量达30吨，功率为140~150千瓦，每秒可进行5000次加法运算或者400次乘法运算。革命性的ENIAC的出现，也推动了与之相配套的计算机房的发展。但ENIAC使用电子管作为元器件，占地面积大，功率大，发热量大，不能长时间连续运行。

20世纪60年代，信息化技术快速发展，人们把配备了计算机系统、存储设备、电力设备等设备的机构，称为“服务器农场”（server farm）。

20世纪80年代，服务器市场一派繁荣，随着通信技术的发展，计算机被大量地应用到各行各业，计算机的运维管理变得越来越复杂，也越来越多地出现数据丢失的现象，人们开始认识到设备管控、运维管理的重要作用。

20世纪90年代初，信息产业迎来了大发展，特别是随着网络的发展和Client-server服务器应用部署架构的出现，使得用户直接操作的客户机和后台提供服务的服务器分离，服务器开始单独放在一个有电、有空调、有灭火器的房间里，通过布线、分层部署，“数据中心”开始出现，这也是现在传统机房最初的样子。20世纪90年代中期，随着因特网的兴起，提供网络服务成了企业布局信息化建设的必然选择。网络提供公司和主机托管公司也在数据中心的大量创建中不断发展壮大，而数据中心作为一种信息服务模式，已经为各方所广泛接受。

2000年左右，因特网迎来爆发式发展。互联网公司的兴起，用户群体的不断扩大致对可用性更好的网络服务的需求增加，促进了数据中心的不断发展，数据中心的建设变得更为专业、功能也更为全面精细，运维成本也越来越高。

2005年10月，中国电信集团公司发布了《中国电信IDC产品规范（试行）》，这是一个关于数据中心建设与运营的基本规范，发布后受到同行普遍好评；同年，美国国家标准学会（American National Standards Institute，ANSI）批准颁布《数据中心电信基础设施标准》，即TIA-942标准，该标准由美国电信产业协会和美国通信工业协会技术工程委员会编写，将数据中心基础设施从冗余、电信、建筑、电、机械5个方面各分为4个级别。这两项标准规范和引领了数据中心的发展。

随着数据中心规模越来越大，电力消耗问题也越来越突出。美国数据中心的能耗占了全国的1.5%，并以每年10%的速度递增，因此，能耗、环保需求也被增加到了对数据中心设计的要求之中。2007年，一些大型数据中心运营商采用风能、太阳能发电来给数据中心供应能源，实现数据中心对可再生、清洁能源的利用，移动式数据中心出现了。美国太阳微系统公司的黑箱（Sun Blackbox）集装箱数据中心是全球第一个虚拟化的、移动式数据中心，SunBlackbox全部的设备都集成在一个6.1米（20英尺）的标准集装箱中，全部配置重量为9吨，建造成本低，可以通过公路、铁路、水路运送到世界各地。SunBlackbox集装箱数据中心仅需要一根供电线和一根网线即可运行。

2010年起，云数据中心逐渐兴起，云数据中心采用标准化、模块化的设计架构。在云计算早期，利用软件即服务（software-as-a-service，SaaS）实现了基础架构带来的计算资源的需求向按需定购模式的转变，能更加灵活地调动资源，更加智能地对设备进行管理。但随着云计算技术逐步成熟，可将计算、存储、网络和安全组件全部融合到一个硬件中，通过超融合的架构实现数据中心管理，称为“超融合架构数据中心”。

二、数据中心的能源系统

数据中心使用较多的能源系统是不间断电源供应系统（uninterruptible power supply，UPS），UPS是一种含有蓄能装置的供电设备，主要用于对供电稳定性要求较高的电子设备（负载），为其提供不间断的电力供应。

（一）UPS的特点

UPS包括控制器和蓄电池。控制器可以对输入的市电电压进行稳压，UPS的输入电压范围比较宽，一般情况是170~250V，而UPS的输出，即供电质量（电压稳定性、频率稳定性等）相当高，除了对电源进行稳压，UPS的控制器还有稳频、抑制谐波、抗射频和电磁干扰、防浪涌电压等保护功能，同时，UPS控制器还有监控、切换功能，可实时监控市电供应状况，如果市电正常，就对蓄电池进行充电，对UPS负载进行供电；如果市电断电或者超出正常市电的范围，立即从市电供电切换到蓄电池供电以保证UPS输出稳定的交流电压，使电子设备维持正常工作，保护软硬件不受损害、数据不因断电而丢失。

随着各种电子设备对供电要求越来越高，UPS受到越来越多的重视，尤其是在市电供电质量不高、容易受到干扰，同时用电设备对供电质量要求高、需要提供不间断电源供应的情况下，UPS的重要性就显得更加突出。

（二）UPS的工作模式

UPS一般有以下三种工作模式。

1. **市电整形模式** 这是UPS的常规工作模式，在这种模式下，如果市电在可接受的电压、频率范围内，则市电通过UPS给负载供电，同时UPS可抑制市电浪涌、对市电进行滤波等；如果UPS检测到市电的异常扰动，则UPS对市电进行整流逆变给负载提供纯净、高质量的不间断的电源供应。在该模式中，蓄电池充电器可以利用市电对蓄电池进行充电。

2. **电池模式** 如果UPS检测到市电断电或者超出了正常的参数范围，则瞬间切换到电池模式供电。在此模式中，蓄电池通过UPS的逆变器将直流电转变为交流电给负载供电。蓄电池供电时间由蓄电池的容量决定或者一直供电到市电恢复正常。对于长时间断电。UPS 可以切换到另外的供电系统（如发电机）或按次序关闭UPS的电源输出。

3. 旁路模式　如果UPS检测到负载错误、负载过大或者UPS内部出现重要故障，UPS将切换到旁路模式，在这种模式中，由市电直接给负载供电。

（三）UPS的应用

UPS应用比较广泛，在工业、航空、航天、通信、国防基础设施、医疗机构、铁路、水路、采矿、交通运输、电力设施、数据中心等领域，用于给电脑终端、服务器、存储设备、网络设备、灯光系统、火灾报警系统、无线通讯设备、电话程控交换机、控制器、机器人、传感器等电子设备提供不间断的电力供应。数据中心必须配备UPS。

三、数据中心的空调系统

数据中心使用较多的空调系统是精密空调。精密空调是为保障数据中心的电子设备正常运行所需温度、湿度、空气洁净度等而设计的专用空调，要求每年365天、全天24小时正常运行，它的温度、湿度控制精度和可靠性都要比普通家用空调高得多。数据中心部署的网络设备、服务器、存储、网络安全设备等由大量电子元器件组成，这些电子设备作为热源，运行时会集中产生大量热量，并且数据中心电子设备对于工作环境的温度、湿度敏感，如果温度、湿度出现波动，则数据中心的电子设备运行时将产生乱码、错误、宕机，甚至设备损坏。要提高数据中心电子设备运行的稳定性及可靠性，需将数据中心的温度、湿度严格控制在正常范围内。

（一）数据中心对环境的要求

数据中心作为企业、机构、区域、行业、国家的重要信息基础设施，集中部署有大量的电子设备，要保证高密度部署电子设备的正常运行，对数据中心环境的“四度”（温度、相对湿度、空气洁净度和送风速度）有严格的要求，精密空调可以充分满足数据中心的“四度”要求。

1. 温度　数据中心的温度要求控制在22~24℃。温度过高、过低或者温度波动幅度过大，都会对电子设备电路板上的电子元器件的物理和电子特性产生影响，造成电子设备运行失灵、出错或者损毁。精密空调可以对数据中心的温度进行精确的控制。

2. 相对湿度　数据中心的相对湿度（relative humidity，RH）要求控制在35%~50%。湿度过大，则设备、电路板容易产生结露，导致短路、电路板击穿等故障；

湿度过小，会产生大量的静电及静电放电（electrostatic discharge，ESD），严重影响系统运维安全和设备安全。精密空调既有加湿又有除湿功能，可以精确控制湿度，满足数据中心对环境的湿度要求。

3．空气洁净度 数据中心空气中的尘埃、腐蚀性气体等会导致电路板上电子元器件发生接触不良和短路等现象，影响电子设备的寿命。精密空调配备有专用过滤器，可以按相关标准高效滤除空气中的尘埃和腐蚀性气体等，保持数据中心空气的洁净度。

4．送风速度 关系到数据中心内部的空气循环，送风速度高，则空气循环好，数据中心各区域容易保持恒定的温度、相对湿度和空气洁净度。精密空调的送风速度高、送风量大，加速了数据中心内部空气的循环，使得数据中心各区域间温差小、湿差小，并且能对数据中心的空气进行充分的过滤。

（二）精密空调与普通空调的区别

精密空调专为数据中心各类高密度部署的电子设备而设计，可靠性高、维修简单、组装灵活、可长期稳定运行，满足数据中心各类设备运行时的温度、湿度要求。

普通家用空调专为人而设计，其不满足数据中心特定的设备运行环境需求，主要表现在如下方面：①普通家用空调送风速度低，送风量小，只能在送风方向形成局部空气循环，不能在整个数据中心形成整体空气循环，容易造成数据中心局部过热、局部湿度不符合要求、空气过滤不充分。②普通家用空调的温度控制不精细，对温度波动的控制能力弱，难以达到23℃ ±1℃的要求。③普通家用空调一般无加湿功能、除湿功能较弱、湿度控制和空气净化性能较差，无法及时高效滤掉空气中的尘埃、腐蚀性气体，保持正常范围的相对湿度。④普通家用空调设计上不是高负荷、长时间连续运转，并保持高可靠性。另外，在冬天，数据中心因空间密封而发热设备多，温度高，仍然需要空调制冷，而此时，普通家用空调室外机因为冬天温度低，一般难以正常运转。

案例讨论

【案例】2021年，××医院信息管理的基础设施建设项目顺利通过验收，此项目的实施进一步加快××医院数字化建设的步伐，对于提升医院管理水平、提高医疗效率、保障医疗安全、改善就医体验、降低医院的运营成本等意义重大，为实现医院人、财、物的精确管控打下了坚实的基础。

该项目严格遵循《全国医院信息化建设标准与规范（试行）》及《数据中心设计规范》（GB 50174-2017），完成了包括数据中心的能源系统、数据中心的空调系统、网络综合布线系统等多个系统的建设与部署，使医院信息化基础设施的配置更加优化、科学，医院信息管理更加合理、高效。

第三方软件系统的集成、迁移与优化是该项目成功的关键，在对现有软硬件资源充分利用的基础上，集成多套先进的软硬件系统，在尽可能少地影响医疗业务正常开展的前提下，顺利完成多套业务系统的迁移和优化，包括门诊医生工作站、住院医生工作站、住院护士工作站、电子病历系统、医学影像信息系统、实验室信息管理系统、全成本核算信息系统等核心业务系统，完成系统迁移及优化后，各业务系统的运行更加流畅、平稳，达到了预期目标，受到临床医护人员的一致好评。

该项目采取"数据集中、应用分布"的方式，可以有效地提高业务系统运行稳定性和信息资源利用率，有利于医疗知识的集中沉淀与优化应用，进一步助推医院数字化临床、管理和服务水平的整体提升。

【讨论】

1. 为什么××医院要投入大量资金进行数据中心的建设？

2. 在进行信息化基础设施建设时，××医院为什么不节省资金，让原有业务系统仍然使用旧服务器？

本章小结

医院信息管理的基础设施是医院信息化建设的重要组成部分，为医院信息化的进一步发展奠定了坚实的物质基础。

本章阐述了信息化基础设施的概念、网络基础、系统设备及软件、数据中心等的基础知识、基本原理、重点软件和设备及维护注意事项等，其中，网络将医院多种业务流程的各个环节联系到了一起，实现了资源共享和数据交互；医院通过多种多样的服务器为患者、医务工作者等提供不同的服务，诊疗数据等储存在存储器的数据库软件中，数据库软件为相应的业务系统提供增删改查服务；数据中心为医院的重要硬件（服务器、交换机、路由器、存储等）提供正常运行的条件：稳定、高质量的电源供应和适宜的温度。本章对于读者全面了解医院信息管理的基础设施、提升读者的信息化素养有较大的促进作用。

（刘敏超　田红成）

第四章 医院信息管理应用

学习目标

1. 掌握 医院信息管理的基本概念、特征和内涵；医院信息管理中门诊、急诊、住院等核心业务流程；医院信息管理主要涉及领域与信息系统构成；基础业务、电子病历、医技系统、行政系统、患者服务系统、运营管理系统、科研教学系统、远程医疗系统的主要功能。

2. 熟悉 基础业务、电子病历、医技系统、行政系统、患者服务系统、运营管理系统、科研教学系统、远程医疗系统的具体功能实现及业务流程。

3. 了解 医院信息系统的技术支持环境及发展方向。

第一节 医院信息管理应用概述

一、医院信息管理应用系统的发展

医院信息管理的应用系统是为了满足医院各个业务环节正常运行，面向医院临床、管理科室和患者的各类应用系统。

医院信息管理应用系统处于系统功能不断完善、不断深入的过程中。近年来，应用系统涉及的领域不断扩大；应用系统从单一应用独立部署的模式，正在向集中化或者集成化演进，开始更多地考虑和其他应用系统之间的功能整合；应用系统功能的标准化程度也在逐步提高，特别是国家卫生健康委员会相关评级、功能指引和规范性文件发布后；应用系统的人机交互方式趋于多样化；智能化的应用系统随着大数据和人工智能技术的应用，也在局部业务领域开展应用。

1. 应用系统涉及的领域正在逐渐扩大 在2010年前，多数三级医院的应用系统还是以挂号、收费、药房、处方、医嘱、病历文书为主，全院的应用系统大约在100套以内。近年来，随着各级管理部门对医疗质量和运行效率要求的逐步提高，医院对学科能力提升、患者服务水平以及院内精细化管理要求的逐步提高，院内应用系统的覆盖面和深入程度逐年上升。目前，大型三级医院的应用系统数量已经接近300套。

2. 应用系统的功能正在逐步丰富　近年来，医院对医疗过程闭环管理的要求逐步提高、对临床操作涉及的资源消耗等精细化管理的要求也逐步提高，对临床数据深度挖掘和利用的要求也在逐步提高。如医院曾对规模较小的治疗类操作的信息化程度要求不高，而现在为了加强对临床业务的管理，需要对治疗过程进行全面信息化，将治疗资源、治疗日程安排和治疗记录进行全院基本的共享。

3. 应用系统的集成性正在逐步加强　十年前的应用系统多数以独立部署为主，最多在患者信息同步和收费信息确认上会有一定程度的集成。近年来，对应用系统的集成要求也越来越高，需要集成的范围包括用户信息、身份认证、访问界面、费用信息、物流信息、医嘱过程信息、材料消耗等，应用系统在院内已经不再是独立的存在，而是必须和医院的基础技术服务以及其他相关应用系统进行充分集成。

4. 应用系统的标准化程度正在逐步提高　近年来，国家卫生健康委员会针对医院管理应用系统建设的功能规范、评级要求和数据标准的相关管理要求和技术标准也在不断完善。对应用系统功能建设有代表性的相关文件有《全国医院信息化建设标准与规范》《电子病历系统功能应用水平分级评价方法及标准》《医院智慧服务分级评估标准体系（试行）》《医院智慧管理分级评估具体要求》《三级公立医院绩效考核指标》《医院信息平台应用功能指引》等；与技术标准化相关的政策文件有《医院信息互联互通标准化成熟度测评》《国家卫生与人口信息概念数据模型》《国家卫生与人口信息数据字典》《全国公共卫生信息化建设标准与规范（试行）》《单病种质量管理与控制技术方案》等。

5. 应用系统的人机交互方式趋于多样化　之前应用系统以电脑终端和用户进行交互为主，近年来应用系统的人机交互方式逐步丰富，出现了自助机、移动终端以及物联网设备等，降低了应用系统和用户交互的难度。

6. 应用系统的智能化程度逐步提高　除了传统的对表单电子化和流程自动化处理之外，近期各类应用系统都在尝试使用基于大数据分析结果或者基于图像或自然语言的人工智能算法，在业务处理过程中嵌入智能化应用，提高应用系统的智能化程度。

二、门诊信息管理业务流程

门诊信息管理业务流程是在院内使用频度最高、涉及用户最多、时效性要求也最高的业务流程。主要从患者就诊之前的预约开始，经历候诊、问诊、检查、检验、诊断、处方、发药和随访环节。

传统的信息系统只从医院管理和操作人员的角度出发，实现上述各个环节的信息处理，减轻操作人员手工处理的工作量，提升信息流转的速度，但是未充分从患者体验的角度进行流程优化和系统集成。近年来随着各地提升患者体验举措的不断推出，各家医院在患者服务水平上有了明显的提升，推出了包括互联网复诊、在线缴费、在线查报告、在线检查和床位预约在内的各项患者自助服务等。

根据近年来各三级医院门诊医疗服务的开展情况，现对门诊服务流程（图4-1）进行梳理。医院以就诊卡/社保卡等为媒介形成门诊就诊流程，通过分诊台引导患者就医，完成支付后可到各医技科室进行检查，到药房取药。取药处需要设置座位和大屏幕，输液中心能够自动打印座位和瓶签，还要为患者提供各种预约机制，能在大屏幕显示各类公示信息，并设置自助服务机器等措施，减少患者就医等候时间，提升患者就医体验。从医生接诊开始，医生会根据患者的情况在系统中开具检查检验申请单，通过系统调阅出医技科室的表格、影像、文字等报告协助诊断，在系统中录入最终的诊断和各类处方，患者在完成交付后，再到药房领取药物，完成一次门诊就诊流程。

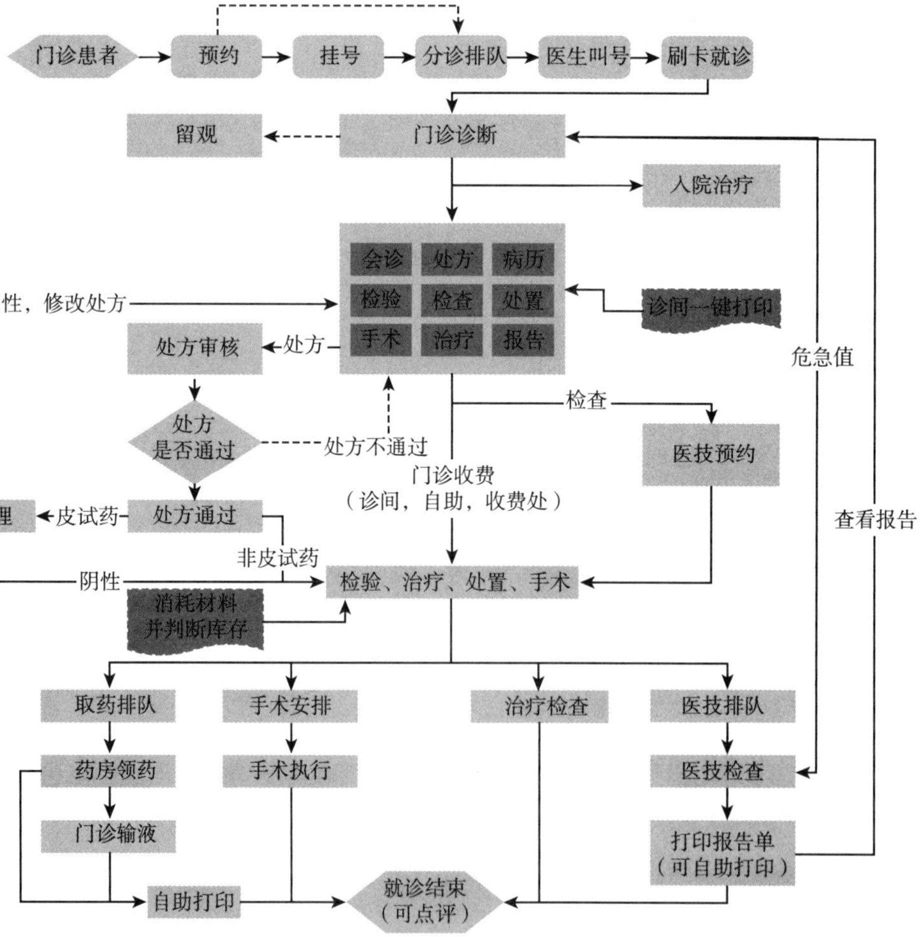

图4-1　门诊就诊流程示意

三、急诊信息管理业务流程

医院急诊信息管理平台作为医院信息系统（hospital information system，HIS）的一个子系统，属于联机事物处理（on-line transaction processing，OLTP）的范畴。根据国家卫生和计划生育委员会2015年《三级综合医院评审标准实施细则》相关指标要求，系统应包含HIS系统所需的数据接口，并自动完成各项数据匹配工作，能与医院现有医疗设备相集成，自动完成监护数据的采集与处理。监护设备应通过网络接入服务器进行集中采集，对于通过绿色通道进入抢救区的患者等特殊情况，在客户端电脑来不及开机或宕机的情况下，不可影响监护设备的自动采集。

急诊工作特点要求信息系统平台能够达到以下目标：一是操作简便、快捷、准确，避免和减少操作人员的差错；二是方便患者就诊，缩短就诊时间，减少排队现象；三是可以进行患者的唯一身份管理，建立患者的健康档案；四是在医生工作站录入信息，应以患者信息为中心；五是在急诊的各环节都应实现网络信息化管理；六是与住院、检验、门诊等子系统进行集成，提升急诊信息管理平台的功能。

医院急诊信息管理平台应覆盖患者在急诊就诊期间的各个环节（图4-2），包括预检分诊工作站、抢救监护工作站、留观诊疗工作站、急诊诊疗工作站、科室管理、查询统计、系统管理等各个环节，实现电子处方、电子检验单、电子检查单以及急诊电子病历。如果不能一步到位，也必须为将来的开发保留程序接口，为系统功能的扩展留有余地。

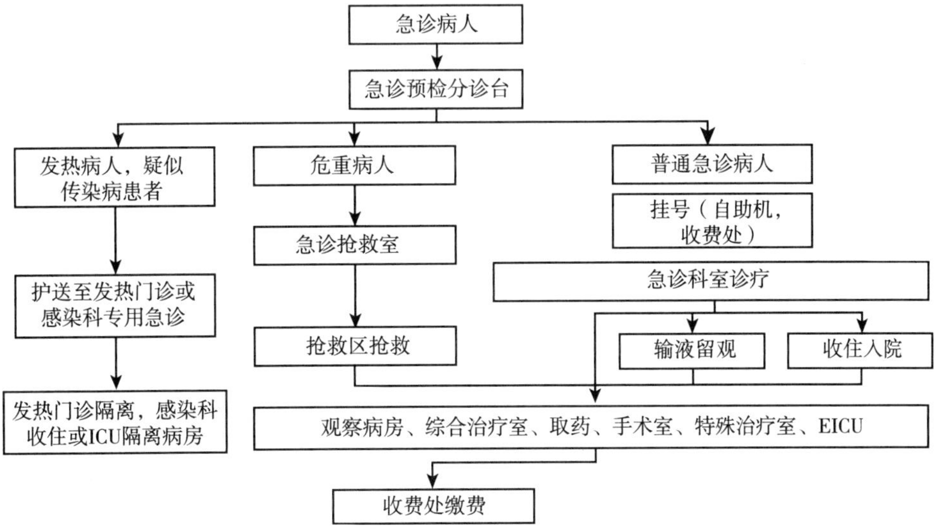

图4-2　急症业务流程示意

医院急诊信息管理平台的功能设计应满足以下业务特点：由于系统使用者直接面对大量的患者，病情急重、疾病种类繁多，因此要求系统能够迅速、准确地依据相关政策处理公费、特约、医疗保险、托管等各种类型患者的急诊业务。

四、住院信息管理业务流程

住院信息管理业务流程是以医生根据患者的病情为其安排床位开始，之后患者收到通知开始办理入院，患者到院后由护士或工作人员为患者办理入院，并完成各类相关评估工作。之后医生通过询问病史、进行体格检查等给出入院诊断和治疗方案，再根据治疗方案开出检查、检验、护理、手术、饮食等医嘱，护士执行医生开具的各类医嘱，完成一次完整的入院治疗流程（图4-3）。医生和护士治疗过程中需要完成病历文书书写以及医嘱处理，同时结合各类医技科室信息系统，完成医嘱处理过程的闭环管理，及时反馈医嘱执行状态给医生。除了上述典型住院流程之外，大多数三级医院正在开展日间病房，在保障医疗质量的前提下，提高床位周转率，降低患者治疗费用。

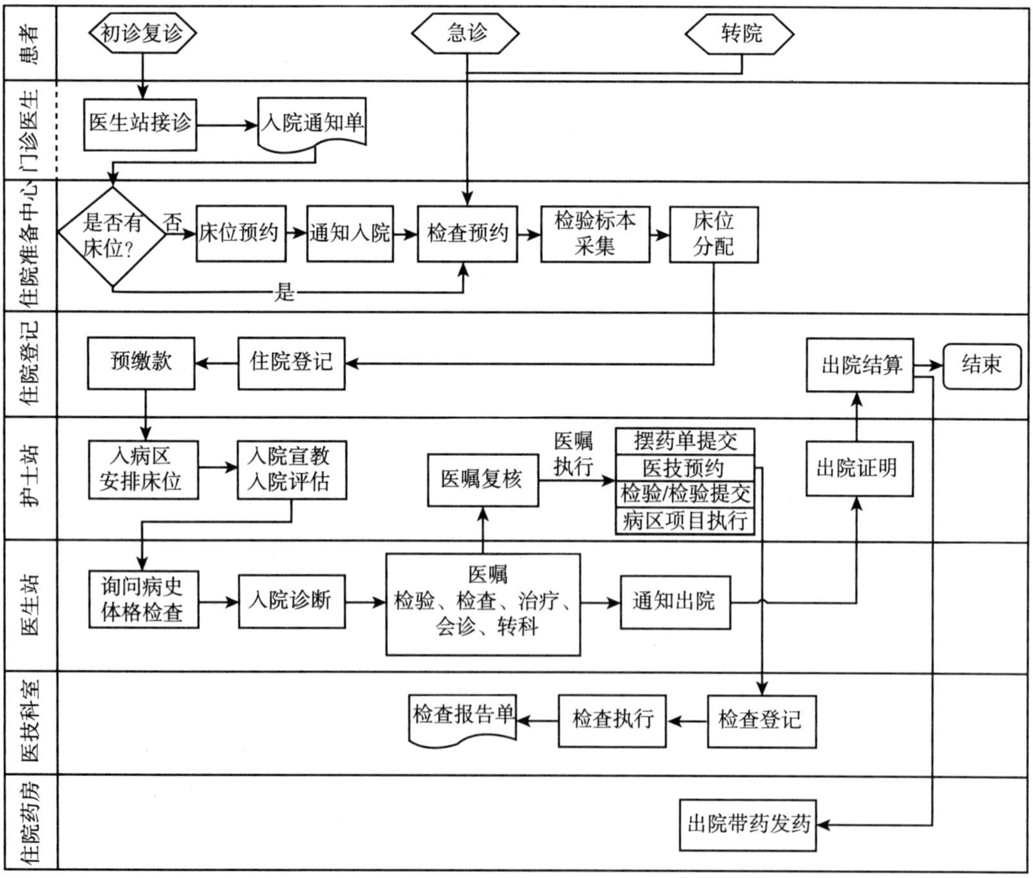

图4-3　住院业务流程示意

第二节 基础业务

一、门急诊预约与挂号业务

1. 门诊预约与挂号业务 为门诊就医流程的起点。患者具有就诊意愿时，可携带个人身份证与社保卡在多渠道进行预约及挂号。某些医院可能需要办理就诊卡或银医卡，办理就医凭证时需绑定个人信息（包括身份证、手机号等），具备就诊卡后，凭就诊卡信息也可以进行预约及挂号。

通过网络或者现场缴纳挂号费用，并按时到医院取号。完成取号后，再到门诊分诊台进行排队就诊；若无法按时就诊，可以到退费窗口进行退费。

（1）院内预约：通常在门诊窗口和诊间区域进行预约挂号，采用工作站挂号并打印挂号单。该方式能方便地做退号、换号处理，并且可以通过管理模块打印各种信息统计报表，提高管理效率。但是由于院内空间有限，可能会出现患者在现场排队的情况。

（2）微信公众号预约：伴随着微信软件的不断普及，医院的预约挂号服务技术系统也逐渐地被运用其中，从而便于为患者提供预约挂号服务。大部分医院目前已实现预约挂号、线上缴费、挂号信息查询以及取消预约几个功能。同时，医院内的有关技术部门也在积极地探究核心技术的措施，从而保障医院的微信公众平台预约挂号技术系统能够具备先进性和全面性，保障医院和患者的基本信息安全以及医院的工作质量和效率，为患者提供更为优质的医疗服务。

（3）电话挂号：目前主要通过114查询电话（或由医院或其他公共平台提供的包含挂号服务的热线电话号码）进行预约挂号，通过114人工服务，帮助患者完成挂号。这种方式一般适用于非初诊患者，患者事先要办理就诊卡。由于现在电话的普及率极高，对于中老年等不会上网的人群和一些不具备上网条件的家庭来说，这种挂号模式是具备一定必要性的。

（4）网上挂号：由用户在医院或者公共平台的网站上注册，之后在网上进行预约挂号，该方式可免去现场排队挂号的时间。

（5）自助机挂号：目前，患者在门诊办理就诊卡或银医卡后，通过门诊或银行自助机器，将挂号信息发送到HIS系统中。该模式具备分流特点，缓解了医院的患者排队压力。

（6）手机小程序（App）挂号：是随着手机的普及和移动通讯商服务完善而日益普遍的一种模式，患者只要通过手机App绑定就诊卡信息，就能进行挂号操作。同时随着 WiFi的覆盖和手机定位的普及，手机App挂号能够进一步提供院内手机导诊、医院周边路线导航等功能。

2. 急诊预约与挂号业务 是医院急诊时优先采用先分诊再挂号的流程，即患者到达急诊后首先由急诊分诊台的护士询问患者的基本情况，测量脉搏、血压等基本生命体征，由分诊台的护士判断患者应就诊科室，给患者或家属提供对应的挂号指引单。患者或家属凭挂号指引单到挂号台缴费挂号，挂号员核对患者挂号信息打印出挂号单。患者挂号之后直接进入候诊队列，等待叫号系统叫号。

二、门急诊护士台业务

门急诊护士台是实现病区事务管理的电子化，帮助医务工作人员提高工作效率；协助医务人员核对并处理医嘱并反馈执行情况，实现智能化护理病历；促进护理作业的规范化、标准化；支持护理评价及指标统计报表体系的建立；支持与医生工作站、手术室、药房、中心摆药及配置等业务科室和护理部等行政部门的信息交互；支持护理专业资料的访问的信息管理系统。

三、门急诊收费业务

1. 门诊收费业务 主要是围绕门诊患者费用结算工作。需要支持移动端、自助机、收费窗口等多种途径的缴费操作，医生申请结账后推送结算信息到患者移动端，患者可以直接操作移动端进行缴费，也可以到自助机、收费窗口缴费。针对患者需退费情况，经医生同意后可以退费，系统退费界面自动提示已缴费记录，医生选择需要退费的项目后点击确认退费完成退费操作。

2. 急诊收费业务 可以归纳为医嘱下达、患者缴费、取药和医嘱执行。医生在诊间呼叫患者进诊室后首先要核对患者信息，然后开始对患者进行问诊和诊断，为患者开立电子医嘱（分为药物处方、检查单、检验单和处置治疗单等），按医嘱类型打印相应的单据（如处方签、检查告知书等）。患者凭有医生签字的处方到急诊收费处完成缴费。

缴费完毕后，不同的医嘱类别会有对应的医嘱执行流程。如收费后药物处方信息会发送到药房进行摆药工作，患者持完成缴费的药物处方到药房取药。如果是检验类型的检查，患者持缴费后的检验单到抽血室等检验标本采集区，护士对患者的检验信息进行核对后打印检验标签、采集检验标本，采集完后由护工运送标本到对应检验科室。患者可以在候诊大厅等候检验结果，并自助打印报告。

四、出入院办理业务

（一）出入院登记管理

出入院管理系统是医院的一个重要窗口系统，主要处理住院患者入院、费用管理、出院结账以及相关收入统计报表等。住院患者的费用多、项目杂，患者对各项收费明细经常会有质疑，因此要做到在院患者按人按日进行核算。

登记管理业务中能完成患者基本资料的追加、修改、查询和打印功能，能读取到门诊转住院患者的信息，支持读取患者主索引信息，能自动生成新的住院号（住院号的位数及开始字符可设置），同时允许用户编辑。为了方便用户操作，大部分地方采用代码化输入功能（有国家和部颁标准的，采用标准代码，如职业、民族等）并且提供多种查询方式（如住院号、姓名、性别、身份证号、就诊卡号、医保号等）。

在入院登记管理的业务系统中需要打印入院登记卡，并且实时处理入院时产生的预收款票据并进行打印，要求系统能支持各种支付方式（如支票、现金等），能支持多种货币（如人民币、美元等），且外币押金汇率能按不同汇率结算处理。对于门诊诊断、入院诊断会要求存储国际疾病分类（international classification of disease，ICD）码（最新的标准为ICD-10码）。此外，入院登记管理的业务系统还应有病案管理要求的一人一号功能，同时对于上次住院尚欠款的患者，具备提示功能。系统中还能查看科室的床位分布图，能处理医保患者的起付额、最大限额押金限制，并能设置按不同的患者收取不同的押金，还需要能判别个人状态情况（如在职、退休或离休），通过在搜索中输入入院途径和患者地区信息，可以统计患者分布。预收款收据能支持套打，单据号能支持系统自动编号，入院处能维护记账人员表，可以设置必须录入的项目，并且支持录入患者医疗费用担保人的信息等多种功能。

（二）预交金管理

为了建立健全预交金制度，杜绝收费漏洞，将结合医院实际进一步完善内部控制制度，规范医院的财务管理。

入院登记完成后，系统自动转到预交金输入界面，由窗口工作人员选择患者支付预交金的方式并输入支付金额，按照医院预交金格式打印预交金收款凭证。预交金登记错误时，需要作废处理。因此还需要设置权限控制，已经收到的预交金除患者退院、出院结账退回余额外，不允许退还给患者，特殊情况下可以由财务科管理人员审核后再进行操作。预交金收取的标准可以根据患者类型、病区进行设置，系统自动提示预交金额。

（三）出院结算管理

结账分为中途结账和出院结账。某些医院对某一患者结账时要求能够只结某个病区或科室的费用，也有要求只结某些类别的费用，需要通过配置来灵活实现各种结账模式。①中途结账指对患者某一时间段内的费用进行结算处理。中途结账只能对前一天最后时刻前发生的费用进行结账，如果不区分科室病区或费用类别进行全部结算，对于第一次中途结账的患者结算账单，账单统计的住院期间应为入院时间到结账截止日期，之后再结算时，账单统计的住院期间应为上次结算次日到结算截止时间。如果分科室病区或类别进行部分费用中途结账，账单统计的住院期间应当为费用实际发生日期区间。②出院结账指对患者本次住院全部未结算费用进行结算处理。如果不分科室病区或费用类别进行全部结算，账单统计的住院期间应当为入院时间到结账截止日期或最后一次中途结账次日到出院时间。如果分科室病区或类别部分结算，账单统计的住院期间应当为费用实际发生日期区间。

结账应能支持多种支付方式。补收或找退需要明确使用的支付方式，特别是找退现金或支票需要操作人员进行确定后才能继续后续操作流程。

收据打印是根据不同医院的要求打印结算收据。中途结账收据需要打印出中途结账的标识。按科室或病区结账的，收据上的科室或病区应为实际费用发生时对应的科室或病区，否则为当前科室或病区。

（四）住院医保结算对账

与门急诊医保结算一致，住院结算中也需要在住院费用进行医保结算后，形成对账分析机制，保证医保费用更透明、更准确。

（五）住院第三方支付对账

账务对账的原因和结算的过程如下：清分、对账、结算、资金划付。业务对账完成后，支付公司跟银行之间进行资金结算和资金划付，但是在线支付的结算一般由电子银行相关系统完成，而资金划付是由银行核心系统完成的。电子银行的结算和资金划付的记录有可能不匹配，产生差错，所以不能完全依赖银行的对账文件，需要实收资金进行核对。

业务对账即银行给的对账文件与支付公司清分后的交易流水，两者平衡则对账成功，若不相符就需要人工介入进行差错处理。账务对账即对支付公司和银行之间的资金总/明细与支付平台结算的资金总/明细进行核对，两者平衡则对账成功，若不相符则需要人工介入进行差错处理。

五、药房配发药业务

药房配发药流程的改进是这些年医院管理水平、服务意识不断提高的一个缩影。在患者完成交费后，系统根据设定好的取药窗口分配原则自动分配取药窗口，可以引导患者在收费窗口打印导诊单，告知患者取药窗口号。

1. 药房配药　根据药房自动化程度不同，药房配药、发药可以采取不同模式。配备了自动发药机的医院，会结合自动发药机工作模式，药房配药采取人工预调配和自动发药机实时发药相结合的方式，但不同点在于在配药完成后系统需要完成发药状态更新和库存变更的记录，也有医院会采取预调配模式，即患者缴费后药房就开始进行药品调配。取药窗口应设置排队大屏幕，患者到取药窗口后，根据大屏幕显示的提示信息进行排队取药。

2. 药品退费流程　若出现药品需要退费的情况，可分为患者未取药和患者已取药两种情况：一是患者尚未取药，医院需要医生进行停止医嘱后方可退费，医嘱和费用挂钩，保证系统数据一致性。二是患者已取药，大部分医院均需要由医生填写退药申请单。申请单填写完后，患者至药房退还药品，并由药房进行确认后，方可退费。

第三节　电子病历

一、门诊电子处方业务

电子处方，是指依托网络传输，采用信息技术编程，在诊疗活动中填写药物治疗信息，开具处方并通过网络传输至药房，经药学专业技术人员审核、调配、核对、计费，并作为药房发药和医疗用药的医疗电子文书。

医生在系统中操作接诊后，通过新增处方进行处方录入，根据处方分类分开进行录入。处方信息必须录入药品、剂量、数量、单位、频次、用法等信息，针对输液处方还需额外录入输注速率、单位等信息，针对中药医嘱还需选择是否外送、帖数等信息。医生只能录入本人有处方权的药品，如需录入处方权限定之外的药品需向医务处申请相应处方权，医务处审核通过后才允许开立。同时，可架设前置审方、合理用药等辅助功能针对医生开立的处方进行合理评估点评。

二、门诊电子病历业务

门诊电子病历业务，即医院通过电子病历，以电子化方式记录患者就诊信息。

电子病历的可靠性一方面需要通过各种管理手段以及规章制度来保证，另一方面则需要结合各种新技术，通过可行的技术途径来整合各种资源，明确将职责落实到具体个人，提高医院对病案质量的管理能力，通过统计、分析、预警、三级质量评定等事前控制手段，有效地提醒和督促医务人员按时、按质完成病历书写工作。提高病历甲级率，从而提高医院综合竞争力。

（一）门诊电子病历业务的优势

对于医生来说，每天要接治多名患者，日常工作中70%的时间用于手工书写病历。纸质病历的内容是自由文本形式，可能存在字迹不清、内容不完整、含义模糊、涂改现象严重等问题，且只能被动地供医生作决策参考，不能实现主动提醒、警告或建议。通过电子病历系统提供的多种完整、权威、规范、严谨的病历模板及辅助工具，不仅可以将医务人员从烦琐、重复的病历文书书写工作中解脱出来，集中精力关注患者的诊疗，还可以通过模板使书写的病历更加完整、规范，避免了书写潦草、缺页、漏项、模糊及不规范用语等常见问题，提高了病历审核合格率，最终提高医院服务综合竞争力。同时，让医生能将更多的时间用于提高自身的业务水平，收治更多的患者，从而提高医院的经济效益和医疗水平。

病历是具有法律效力的医学记录，为医疗事故鉴定、医疗纠纷争议提供医疗行为事实的法律书证，如遇到法律纠纷时，没有书写的内容被视为没有询问、检查，那么法院将视为过失。通过符合规范的病历记录，避免了语义模糊、书写潦草、缺页、漏项等问题，减少了可能出现的会对医院各方面造成不良影响的、但是可以避免的错误，为举证倒置提供有力的法律依据。不仅维护了医院和医务人员的合法权益，而且给医院名誉、经济效益都能带来益处。

电子病历系统为患者提供了长期健康记录，并且支持健康记录快速检索，为医务人员决策提供更多的历史参考资料，提高患者对医院的认可度。

在医学统计、科研方面，典型病历不易筛选，检索统计困难。通过电子病历系统不仅可以快速检索出所需的各种病历，还可以使以往费事费力的医学统计变得非常简单快捷，为科研教学提供第一手的资料。

（二）门诊电子病历业务的操作流程

医生在一体化电子病历系统中选择患者进入文书界面，点击新增书写文书按钮进行录入，根据患者情况选择对应的文书、治疗方案等信息进行新建文书/诊断的录入。新建文书可以选择全院/科室/个人模板，文书内容可引用段落、元素、术语、护理体温单、医嘱数据、检查报告、检验报告、电生理、临床路径、病理报告等，医生书写好文书后，系统会自动校验合法性并暂存成草稿，医生点击文档书写诊断，根据患者情况引用ICD-10进行保存，正式提交。

（三）门诊电子病历业务支持的功能

1. **草稿功能**　即系统能支持文书的暂存，文书录入完成后，医生可以临时保存该文书，之后可以找到暂存的文书进行删除或编辑后正式提交。

2. **删除功能**　即系统支持删除功能，医生只能删除草稿的文书，质控办可以删除所有文书。

3. **正式提交功能**　医生操作正式提交后便无法再调整文书和删除文书，如需作废只能找质控办进行删除。

4. **清点文书功能**　针对正式提交的文书，允许医生操作清点文书，若不符合要求则会提醒医生，质控办也可将文书打回草稿状态请医生再次修改。

5. **病历处置费用生成功能**　支持医生在书写病历时，通过处置段落录入收费项目信息，无须医生来回切换病历书写、收费页面分开录入，节省医生重复录入时间，病历录入收费项目保存病历时，收费项目可自动带入收费页面，护士只需核对费用后提交结算审核即可。

6. **病历处方生成功能**　一体化电子病历系统支持医生在书写病历时，通过处置段落录入处方项目信息，无须医生来回切换病历书写、处方页面，节省医生重复录入时间，保存病历时，处方项目可自动带入处方页面，医生只需核对处方剂量、数量即可保存处方信息。

7. **病历打印功能**　系统支持打印文书功能，针对正式提交的文书，允许医生操作打印、续打、补打。

8. **查看修改记录功能**　系统支持查看文书修改记录，针对文书的每次修改进行记录，允许医生查看追溯。

9. **书写诊断功能**　支持书写患者诊断，根据患者情况新增、修改诊断并可应用ICD-10代码。

10. **医技报告查看功能**　一体化电子病历系统支持调阅患者检查、检验报告，点击报告查看，显示当前患者已完成的检查、检验报告，可直接调阅报告。

11. **医技报告引用功能**　一体化电子病历系统支持医生在书写病历时，引入患者检查、检验等报告信息。

12. **处方信息引用功能** 一体化电子病历系统支持将医生针对该患者新开的处方信息引入电子文书处置中。

13. **病历模板引用功能** 一体化电子病历系统支持引用现有模板进行书写，根据模板使用范围可划分为全院通用模板、仅限科室使用模板和仅限个人使用模板。

14. **历史病历引用功能** 一体化电子病历系统支持使用患者历史病历作为当前病历模板进行相应调整后继续使用，减少医生重复输入患者信息。

15. **病历全结构化录入功能** 一体化电子病历系统支持结构化方式录入选择型、数值型、表格等类型的数据，拖拽、智能感知等方式加载结构化模板。

16. **护士站登记信息引用功能** 一体化电子病历系统支持医生引入护士台针对患者预检登记的相关信息。

17. **病历自动引用问卷信息功能** 一体化电子病历系统支持医生引入患者预约挂号时填写的问卷调查信息。

18. **病历自动引用患者主诉、诊断信息功能** 一体化电子病历系统支持选择病历模板时自动引入患者主诉、诊断等信息。

19. **患者病历转模板功能** 一体化电子病历系统支持将患者已有病历转换为病历模板。

20. **病历合并功能** 一体化电子病历系统支持病历合并功能，合并其他病历模板内容到当前病历文件中，如合并高血压和心脏病的模板（只对未提交病历有效）。

21. **病历审核功能** 一体化电子病历系统支持上级医生针对下级医生书写的病历有编辑、审核权限。

22. **病历修改痕迹功能** 一体化电子病历系统支持自动保存对病历的所有修改记录。

三、住院电子医嘱业务

住院电子医嘱系统的建立抛开了过去陈旧的重复性劳动模式，脱离过去的纸质形式，进入了无纸化工作模式，为医院节约成本，也将医护从无尽的书写工作中解放出来，使得医护人员有更多的时间和精力为患者提供更加优质的医疗服务。

住院电子医嘱是所有其他住院系统的基石，它并不是一个独立的信息系统，必须与其他系统紧密相连，才可以形成有效的闭环，环环相扣才能减少差错的形成，有效提高医嘱质量，避免形成信息孤岛，促进医院信息系统的互联互通工作。住院电子医嘱的全面实行可方便医生对患者进行有效的诊疗活动，对将来的病种分析、医疗大数据、居民健康档案等都具有不可忽视的重要意义。因此，住院电子医嘱不是一个简单独立的系统，它将与医院各个系统做接口，为医院进一步实施互联互通的信息化建设做好坚实的基础。住院电子医嘱还将结合临床知识库、临床路径等临床辅助决策系统，以期为患者提供更精准更合适的治疗方案。

住院电子医嘱系统支持医生对各种医嘱的开、停、作废操作，自动审核医嘱的完整性。可与合理用药和补液系统联网，在线审核用药和补液；与护士工作站系统联网，动态地将医嘱自动传输到护理部门执行；与临床辅助诊疗系统联网，为医生提供各种疾病的鉴别和诊断及医嘱（护理、用药）的参考模板，减少医疗差错。

住院电子医嘱的建立实现了医生日常工作流程完全电子化标准化，使得患者的住院流程能形成有效的闭环，以电子医嘱记录为引擎，以电子医嘱的开立、执行、终止全过程为生命周期，将诊疗内容、诊疗依据、诊疗证据和诊疗流程及质量监控信息进行全结构化计算机处理。与此同时，系统必须有效地与医院各个相关业务系统（包括医院现有的HIS、LIS、PACS等）数据之间都能够互联互通，以防“信息孤岛”现象的出现，为医院共享、统一的信息化目标做好坚实的铺垫工作。

四、住院电子病历业务

临床医生工作站是医院医疗信息中心系统的核心模块，它结合医生日常的工作，以医嘱和电子病历为中心全面展开，将医院医疗中心系统的各个组成部分有机的连接起来，是临床医疗信息系统事务处理的一个重要标志。而其中全结构化的模板病历信息录入、智能的医嘱处理及知识索引的完善解决，是医院医疗系统得以顺利实施的关键。医生使用此系统可以处理手工业务的大部分事务，也可实时了解患者病情和治疗情况、检验检查数据，还可以参考类似病案进行辅助诊断，从而极大地提高了工作效率。同时，系统在避免医生书写病历的疏忽、错误、遗漏等易发生法律纠纷的常见问题上进行了深入研究，能够及时对医生进行必要的提示，大大降低了医疗事故发生的概率。

以患者为中心，完成了患者病历文档的读写、传输、存储和调用，医院医护人员可以方便地查看和调阅这些文档，实现全院业务流程的通畅和信息资源的共享。

包含内容：按照卫生部及各级卫生行政部门《病历书写规范》的要求，提供完整及规范的电子病历系统，覆盖医院各种医学文档的内容。用于协助医务人员方便快速地处理在医疗活动过程中形成的文字、符号、图表、影像等资料。主要包括住院病案首页、首次病程、病程记录、出院小结、住院记录、化验单（检验报告）、医学影像检查资料、麻醉记录单、手术记录单、病理资料、出院记录（或死亡记录）、病程记录（含抢救记录）、疑难病例讨论记录、会诊意见、上级医生查房记录、死亡病例讨论记录等。

五、住院护理电子病历

住院护理电子病历包括体温单、产程图、手术记录单、危重症护理记录单等录入及管理功能。具体功能包括：护理记录自动生成及录入，信息引用（基本信息、检查检验信息、医嘱信息、术语词库、知识库等），输入项验证，电子签名，智能提醒，模板管理，病历质控整改，护理记录归档封存，护理记录统计，护理记录打印等。

1. 护理记录自动生成及录入功能 确保护士根据护理规范，编辑、维护护理记录模板，如体温单、血尿糖观察记录单、血压脉搏观察记录单等，实现结构化录入。

（1）护理记录自动生成：根据体温单自动生成护理记录单，并根据护理记录单自动生成体温单，具有自动生成体温、血压等曲线图的功能，并能用颜色区别。患者基本信息或诊断能通过系统自动提取生成等。

（2）护理记录录入：支持各类专科的特殊表单录入功能，并支持表单的自定义。在录入的同时实现患者检索功能，并能补充患者相关信息，能插入图形图像，并对图形图像做标注，实现病历内容图文混编。

护理记录批量录入，能详细录入患者生命体征信息，按时间批量录入患者体温、脉搏、呼吸、血压、出入量等。

2. 信息引用 是从相关系统获取患者基本信息、患者诊断、入院情况等信息，并支持补充和修改。护士可根据病情描述需要，自主选择检查、检验报告数据，并将数据插入记录中任意位置。插入的元素包括文本报告和图形图像。

通过辅助输入及智能联想书写方式引用了常用医学术语，使用输入追踪的方式将医学术语快速地引用到护理记录。支持结构化术语、医学术语的个性化设置和维护。将预先定义好的诊断知识库、医疗知识库、中医知识库以及专用的护理知识库等内容通过快速定位、输入追踪等方式插入护理记录中。根据患者情况引用知识库的内容为护士录入提供临床决策支持，支持结构化术语、医学术语的个性化设置和维护。

3. 输入项验证 在护理记录录入时，根据预先定义好的验证规则，对患者体征（体温、血压、呼吸）、诊断等进行验证。对于不合理或者错误的录入，自动给出验证结果并提示护士。

4. 电子签名 通过电子签名技术，实现病案的形成过程、存储方式及使用方法都符合管理规范，节省医生大量的打印、签字、整理时间。各类知情同意书签署采用患者电子签名，与医生电子签名形成闭环，提升了电子病历的完整性和数字化程度，节省了资源，更好保障医院的合法权益，改善医患关系，体现了“以患者为中心”的服务理念。

5. 智能提醒 对于护理记录必须书写的项目，但未进行录入或操作时，系统会自动提醒。针对危急值、压疮不良事件上报等有灵活的消息发送、提醒功能。支持对护理管理部门重要工作安排和注意事项、护理记录病历质控的结果进行提醒。管理部门通过系统消息对护理记录质量问题进行提醒和交互，以此实现对病历质量的闭环管理。

6. 模板管理 提供了模板设置和维护，模板批量导入导出、删除和共享权限设置，支持对结构化模板进行编辑与元素自定义。同时对模板权限进行了设置，在使用护理记录模板的过程中，采用三级模板控制权限，限制护士对护理记录模板的修改权。模板可按院级模板、部门模板、个人模板等权限形式进行配置。

7. 病历质控整改 病历质控整改可将电子病历书写的质控目标、时间点、关键节点等质控内容进行定义，并实时监控电子病历书写的质控情况。通过病历三级质控体系，强化病历质量管理，在事前、事中、事后环节持续病历质量控制，实现医疗质量的持续提升。

8. 护理记录归档、封存、解档 自动或由管理人员手工对护理记录进行归档处理，归档后的护理记录只能进行浏览；护理记录封存后，没有封存权限的用户无法查看；护士如需借阅，可以通过系统申请借阅归档病历，管理部门审核解档，解档病历按照医院病历权限要求可以设置不允许修改、不允许打印、只能浏览等权限。

9. 护理记录统计 提供了符合医院护理管理部门、职能管理人员要求的统计护士工作量、危重患者情况、压疮评分、护理质量情况、分类等报表。报表形式能够以柱状图、折线图等多种方式灵活呈现，对所有的查询数据都支持导出打印功能。

10. 护理记录打印 对护理记录能进行自动排版，应当统一纸张、字体、字号及排版格式。打印字迹应清楚易认，符合病历保存期限和复印的要求。实现整体打印、选择打印和续打功能。

六、临床辅助决策

（一）临床辅助决策的意义

临床辅助决策是提升医疗质量的重要手段，其根本目的是评估和提高医疗质量，减少医疗差错，从而控制医疗费用的支出。临床辅助决策以临床知识库，提供警示、干预等临床辅助决策支持。临床辅助决策为临床医生提供大量的医学支持，帮助临床医生作出合理诊断、优化治疗措施。在诊疗过程中提供科学准确的信息支持，也可以作为临床医生学习和补充医学知识的专业工具。出现复杂、罕见病例或者诊断者缺乏经验时，可根据患者的数据对病例进行诊断分析，给出解决方案。可以寻找现有治疗计划存在的矛盾、错误和缺陷，根据患者的特殊情况和已有的治疗方针制订新的治疗计划。可以对临床医生所开具的检查检验信息、治疗信息等给予科学、权威的操作提示。诊断前临床辅助决策系统，可以帮医生完成对疾病的初步诊断；诊断中临床辅助决策系统，则可以帮助医生回顾并筛选出初步诊断，以便完善最终诊断结论。诊断后的临床辅助决策系统，可以用于挖掘患者与其既往医疗信息、临床研究之间联系的资料以便于预测其将来的健康问题。

（二）临床辅助决策支持系统

临床辅助决策支持系统（clinical decision support system，CDSS），一般指能对临床决策提供支持的计算机系统，是充分运用可供利用的、合适的计算机技术，针对半结构化或非结构化医学问题，通过人机交互方式改善和提高决策效率的系统。

CDSS更关注临床医生与临床决策之间的互动，以便于利用临床医生的知识和临床决策对医学知识的系统管理，更好地分析患者的信息，较之于人具有更大的优越性。尤其是临床辅助决策可以提供建议或输出一组相关信息以便临床医生浏览参阅，并选择有用的信息，去除错误的临床辅助决策建议。

1. 临床辅助诊断 基于主诉、现病史中提到的症状（包括症状的诱因、持续时间、部位、性质、程度、加重缓解因素）、疾病，以及体格检查、检验结果推荐最相关的疾病（包括概率）、相关症状及体征，按照诊断结果的可能性由高到低排列。支持的功能如下。

（1）诊断疾病的原因查看：可以展开诊断疾病的原因，查看表现和体征信息吻合情况。

（2）诊断疾病详情查询：可以查看疾病详情、疾病概述、临床表现、病因学等信息。

（3）鉴别诊断分析功能：基于主诉、现病史中提到的相关信息，对初诊诊断做进一步鉴别分析，引导医生进一步确定是否有其他可能性。

（4）相似病例查看：支持从症状、诊断、治疗三个维度，推荐与当前描述情况相似的病例，为医生提供诊断、治疗的佐证。

2. 医嘱项目推荐

（1）医嘱项目推荐有检查/检验项目推荐：根据症状、初步诊断、已经完成的检查检验项目推荐进一步的检查检验项目，并给出对应的理由，辅助医生更好地决策。

（2）用药推荐：根据个人基本信息、主诉、现病史、既往史、过敏史、检查检验结果、诊断结果等内容推荐合理用药，并给出对应的理由，辅助医生更好地决策。

（3）评估表推荐：基于主诉、现病史、初步诊断等推荐医生需要的评估表，方便医生做下一步工作。

（4）手术推荐：基于个人基本信息、主诉、现病史、过敏史、症状、初步诊断推荐医生可以进行的手术治疗方案，并列出手术适应证、禁忌证。

3. 异常风险警示

（1）逻辑错误提醒：是当出现明显的基本信息有误或者疾病描述方面语义矛盾的情况时，系统会给出相应提示。

（2）检验风险警示：是对新开检验项目风险因素（性别、年龄、妊娠状态、高危症状）的提醒。系统根据病历中的关键信息进行判断，如有检查/检验风险，会触发预警机制。

（3）检查注意事项提醒：在医生打开检验报告时，系统会检测当前报告上的指标是否与某些诊断互相矛盾，若有的话则提示医生；或者根据结构化的检查结果（如心脏彩超）相比前次的结果是否有好转，或者恶化。医生查阅报告时，系统根据临床知识库平台自动标识异常指标，医生可点击异常警示图标，显示异常指标的临床意义、历史检验结果对比等。

（4）检查申请合理性决策支持：在开具检查项目时，与患者的生理现状校验，提示与患者当前的生理状况不符的检查项目，目前仅针对患者的年龄、性别、诊断方面进行判断。

（5）合理用药提醒：通过自然语言解析技术，合理地根据患者信息，全面评估用药方案的风险，当出现不合理用药情况时，会智能提醒医生，包括人群禁忌、配伍禁忌、过敏禁忌、症状禁忌、疾病禁忌、用法禁忌、高危用药警示等。

（6）手术风险警示：会根据个人基本信息、主诉、现病史、初步诊断等推荐医生可以进行的手术治疗方案，并列出手术适应证、禁忌证，让医生进一步了解手术中的注意事项。

（7）输血适应证提醒：根据输血适应证知识库，结合患者的检验结果、诊断等信息，判断患者目前是否具有输血适应证。

4. 护理决策支持

（1）基础体征异常提醒：在保存体温单或护理记录时，对于异常的体征（如体温、呼吸、心率、血压），自动发送通知给全科的医生和护士，让其采取必要的措施。

（2）出量异常提醒：在进行护理统计时，对于一段时间内异常的出量（如尿量、排便次数、术后引流管导出的体液），发送通知给全科的医生和护士，让其采取必要的措施。

（3）护理评估：对患者进行各类护理评估，发现患者有某类风险（压疮、跌倒、疼痛、康复等）时，需要对患者进行一系列相应的护理措施，避免患者发生不良的后果。保存评估单时，会自动提示选择相应的护理措施，在护士确认选择护理措施后，同步记录到护理记录中，并且会添加到护理任务中，以便提示护士下次评估的时间。

（4）护理计划：首次制订护理计划时，系统会自动加载患者主诉中的体征信息。此后，系统会自动加载患者上一次的护理体征。此外，系统根据患者存在的体征推荐相应的护理问题。护士通过选中的护理问题查看对于该问题可执行的护理措施。护士根据实际情况，选择已执行的护理措施，需要的话可进行细节上的修改。护士可查看该患者曾经做过哪些护理措施，哪些有评价，哪些未评价。护士可对之前所做的护理措施进行效果评价，系统会自动加载评价模板，护士可酌情修改。

参考资料信息查询提供对药物的用法相关资料、临床诊疗指南等，供医生查询。查询检索主要是对知识库数据结构化检索查询、知识点的智能超链接。

5. 合理用药综合分析决策支持 药品的合理性分用药合理性和用法用量合理性。所谓的用药合理性，指的是通过当前用药与患者的生理体征是否有冲突、与其他药品是否有配伍禁忌两大方面。目前知识库所拥有的规则是对患者的年龄、性别、诊断、妊娠状态、检验指标的判断。而用法用量合理性是指对开具药品在单次剂量、使用频次、总量和疗程上的合理性判断。

6. 高危用药决策支持 是发生在药品医嘱执行的时候，对于有高风险的药品（通常是具有放射性或高浓度的药品）进行护理要点提醒，告诉护士在执行医嘱时需要注意哪里要点，如：药理反应、溶剂、不良反应等等。

7. 辅助诊疗决策支持 指在医生书写病历的过程（通常是门诊病历、主管记录），系统通过智能加载患者的诊疗依据辅助医生诊疗的功能。分为以下几个部分：一是诊疗依据推荐疑似诊断诊疗依据包括主诉和体格检查中查出的症状和体征，还有检验报告上的一些异常指标。系统根据上诉依据推荐可能的诊断供医生参考。二是诊疗依据推荐检验检查在诊疗依据不足的情况下，医生可能会通过检验/检查来得到更多的依据。系统通过当前的体征和症状推荐部分检查/检验供医生参考。诊断推荐进一步检验/检查当患者所表现的诊断依据同时符合几种诊断时，为方便医生做鉴别诊断，系统会综合这几个诊断来推荐进一步的检验/检查，以便医生确诊。三是诊疗建议医生确诊之后，系统向医生推荐当前诊断的治疗建议，供医生参考。

8. 智能手术决策支持 指在手术申请时，临床知识库将提示病人需要做的常规检查和相关的危急值预警。

9. 治疗方案决策支持 是在必要的治疗项目中可根据诊断对治疗参数自动给出建议。

知识拓展

电子病历系统功能应用分级评价是一种依据数据对医疗机构电子病历应用水平进行评估的客观评价方法。主要评价以下4个方面：电子病历系统所具备的功能；系统有效应用的范围；电子病历应用的技术基础环境；电子病历系统的数据质量。

电子病历系统应用水平划分为0~8级，共9个等级。每一等级的标准包括电子病历各个局部系统的要求和对医疗机构整体电子病历系统的要求。

0级：纯手工，未形成电子病历系统。

1级：独立医疗信息系统建立。

2级：医疗信息部门内部交换。

3级：部门间数据交换。

4级：全院信息共享，初级医疗决策支持。

5级：统一数据管理，中级医疗决策支持。

6级：全流程医疗数据闭环管理，高级医疗决策支持。

7级：医疗安全质量管控，区域医疗信息共享。

8级：健康信息整合，医疗安全质量持续提升。

案例讨论

【案例】某市妇女儿童医疗中心基于国家电子病历系统功能应用分级评价标准，建立了医疗决策支持系统来提升医院信息化应用水平及信息管理水平。

医疗决策支持系统建设之前，该妇女儿童医疗中心存在医疗差错、病历书不规范、管理制度不完善等多种问题。

建设过程中，医疗决策支持系统以电子病历系统功能应用分级标准为核心指导，医院信息集成平台为主要基石面向电子病历系统、护理系统、检验系统等提供辅助诊疗应用，并在知识库的临床决策基础上，建设了药品决策应用模块、护理决策应用模块、临床诊疗决策应用和检验决策应用四大模块，实现了包括药品、护理、检验等方面的流程节点提示与控制。

医疗决策支持系统建设成功后，给临床工作人员在实际诊疗过程中加上一道保险，尤其是在患者用药、检验等项目开立过程中，系统给予临床工作人员必要的提示信息，从而防止潜在医疗差错的发生。经统计，医疗决策支持系统上线后，药物不良事件上报总数较之前下降45%。在医疗安全警讯事件上，通过医疗决策支持系统有效拦截药物差错事件、检验差错事件，保障了医院整体医疗质量与患者安全。在信息化固化诊疗流程上，将病历书写管理规范、临床诊疗指南、循证医学知识以及医院相关管理制度，通过信息化手段固化医疗诊疗与服务流程，规范临床工作人员日常行为，提高其工作依从性，从而使该院四院区实现诊疗同质化、规范化管理。

通过医疗决策支持系统，提高了信息系统智能化程度。信息系统不仅是临床日常操作工具，而且还能给临床工作一些必要的提示，相当于给临床工作人员配置了一名机器人助理，辅助临床工作人员更好地作出正确、科学的决策，减少医疗差错和医疗风险的发生。

【讨论】

1. 医疗决策支持系统可以带来哪些变化？

2. 医疗决策支持系统建设的必要性有哪些？

扫码学习相关内容

第四节　医技系统

一、实验室（检验）信息系统

检验科是医院中极其重要的医技科室，其检验项目涉及生物化学、免疫学、微生物学、细胞学、体液学和分子生物学等多个学科。出于血液配型方面的考虑，某些医院的血库也设在检验科之下。鉴于检验科所发布的检验、检查报告是临床医生正确诊断所不可缺少的重要依据，因此各种检验申请在医生出诊期间有着相当高的使用频率。整个检验过程涉及多个科室，需要经过开具检验申请单、计价、采样、核收、检验、结果审核和发布检验报告等多个步骤才能完成。其间稍有不慎，便可能出现种种差错。这不但导致患者诊断治疗的延误，还会引发患者对医院的不满。所以长期以来，检验科的管理一直是医院管理中的一个难点。

计算机技术的普及和应用极大地改善和增强了实验室分析仪器的性能，越来越多的由微处理系统控制的分析仪器使检验操作更简便、分析更快捷、结果更准确，且许多仪器已经具备了数据采集、存储、传输和分析的能力，致大量检验数据的管理和传输成为迫切需要解决的问题。在这种情况下，建立检验信息系统就成了必然的抉择：借助计算机和数据库技术，将各个分散的分析仪器中的数据集中管理，并依靠网络通信技术实现检验资料的快速传递。

检验信息系统，通称实验室（检验科）信息系统（laboratory information system，LIS），是检验科信息化的必然产物。其发展经历了以下阶段。

自20世纪70年代起，某些分析仪器已经开始使用微处理器进行控制和记录。到20世纪80年代，改进的数据处理系统被放在独立的电脑上，可对仪器的测试数据进行简单的存储和分析。这种单机运行的系统通常被视为第一代的LIS。

20世纪80年代末、90年代初，关系型数据库被引入检验数据的存储和管理中，并且出现了以PC为基础、部门级规模的第二代LIS。

20世纪90年代中期开始，LIS逐渐变成一个以局域网为基础、开放的、客户机/服务器（Client/Server，C/S）结构的软件系统，这也是当前得到广泛应用的第三代LIS。第三代LIS具有如下特点：服务器端程序在Unix、Linux或Windows NT平台下运行，具备良好的系统稳定性；前台程序均为菜单式图形界面，易于安装、维护和使用；使用流行的关系型数据库，如Oracle、SQL Server、Sybase或DB/2等，集中存储患者的检验数据、仪器设备的质控资料以及检验科的管理信息；支持检验科的各种窗口业务，包括需手工处理的项目；可与各种分析仪器进行对接，借助仪器的通信接口实现测试数据的自动采集；具备多种质量控制机制，检验仪器质控数据的采集和处理实现自动化；提供便捷、完善、灵活的数据查询功能；为开放的系统架构，具有良好的可扩展性；与管理信息系统（management information system，MIS）相结合，支持彼此间的信息交换和资源共享，包括检验申请接收、检验结果发送以及费用信息传递等；能够对检验数据进行各种统计分析处理；具备仪器、试剂的管理功能等。

随着新世纪的到来，新一代的LIS也已逐渐成形。其主要特征是，进一步完善检验信息的管理，提供对临床诊断的辅助决策支持；支持检验信息的深度处理，使其为医院的科研和教学服务；适应新的检验项目和方法，提供对图形、图像结果的处理功能；信息交换向互联网延伸，并与样本的处理和传递技术以及开放式的实验室仪器相结合，逐渐向实验室自动化系统（laboratory automation system，LAS）发展，进而实现实验室全面自动化（total laboratory automation，TLA）。目前，在某些发达国家的医院，已有初级TLA的实例出现：医师开具检验申请时，电脑可打印条形码并自动将它贴在采样容器上。采集样本后，样本处理和传送全部自动化，检验仪器可依据条形码自动识别检验样本并进行检验。检验的结果则通过网络实时传递至医生工作站，使医生能以最快的速度得到检验的结果。

二、影像信息系统

在现代医院中，影像检查对疾病的诊治有非常重要的作用。临床医生借助大量现代化影像检查设备能够更加及时、准确地给出诊断。影像检查所使用的设备在医院设备总数中占有非常大的比例，检查所产生的医疗及经济效益也是非常可观的。因此，医院一方面需要管理好影像检查的过程，提高影像检查工作的效率，让设备充分发挥作用以提高经济效益；另一方面需要提高放射科医生的工作质量，提高检查的准确率，这对于提高医院整体的医疗质量和效益有着非常重要的作用。

（一）影像信息系统的工作流程

影像信息系统中放射科的工作过程可以分为两个阶段，第一个阶段是拍片并获得图像的过程，第二个阶段是医生读片并作出诊断的过程。

1. 拍片阶段 是安排患者进行检查并获取检查图像的过程。在这个过程中，包括患者的检查预约、检查流程的登记与管理、各种操作记录的生成、检查费用的记录与审核、图像的洗印与登记。整个流程主要由放射科的技术员完成。

2. 医生读片阶段 是产生检查报告结果的过程。包括读片、书写初步报告、病例讨论、报告的审签、报告的归档、随诊过程等。这个过程主要是医生判断疾病的过程，由于在此过程中需要应用大量的医学知识和经验，因此也需要有其他临床诊疗信息来辅助医生读片。

（二）影像信息系统的作用和目标

1. 影像信息系统的主要作用 帮助放射科的技术人员和医生处理这两个阶段中产生的大量信息，以提高检查的工作效率、减少差错、方便医生获得信息。

2. 影像信息系统的目标 可归纳如下。

（1）检查科室管理：提高设备使用率和检查工作效率、缩短患者排队时间、减轻检查医生的工作量。

（2）经济管理：在检查确认的同时实现自动或选择划价，从而提高检查计价的实时性和准确性，避免漏费和欠费的发生，方便医院进行成本核算。

（3）检查报告处理：为医生提供书写检查报告工具，方便医生查询医院临床科室和其他医技科室信息，提供随诊信息处理工具。

（4）检查工作数、质量管理：及时完整地统计检查工作情况，为科室管理提供科学数据，为医院提高检查针对性和检查效率提供依据。

（三）影像信息系统功能组成

影像信息系统中放射科的工作是一个完整的流程，这个流程由多个环节组成，为实现上述目标，影像信息系统需要在各个环节上设计相应的信息处理模块。包括：检查预约、检查登记确认、书写检查报告和计价处理等环节。信息系统还通过网络与病房、收费处、其他检查科室等部门相连接，交换预约、费用、报告等信息。应用计算机传输这些信息后，可以使得患者医嘱申请及时传送到检查科室，报告的结果及时传回到申请科室，减少患者等候检查的时间。

影像信息系统中的检查管理系统分为申请预约与登记子系统和检查报告处理子系统：

1．申请预约与登记子系统　主要提供申请的录入、预约、检查登记、检测确认和计价等功能。系统可以接收病房或门诊传送来的检查申请，也可以支持直接录入的功能，系统根据这些申请和事先准备好的安排表作出检查日程安排并通知申请病房。当病人来做检查时，系统对检查的项目内容进行确认登记。这些登记数据是以后医生书写报告、进行计价的基础。系统利用每天登记数据生成检查登记单，完成放射检查数量的统计。

2．检查报告处理子系统　提供报告的书写、修改、打印和浏览等功能。为减轻医生的报告书写负担，系统提供了各种检查模板、词库以提高医生书写报告的效率和质量。大量使用标准词组也为今后检索报告内容提供了便利。检查报告系统还需要提供查阅病人病历、其他科室检查结果和调阅影像的工具。

放射科的随诊工作是提高医生诊断水平的一种重要手段。每过一段时间，放射科将先前做过诊断的病例进行回顾，将放射科的诊断与手术诊断、病理诊断和出院诊断进行对比，同时结合读片，使医生能够更加全面地掌握影像与疾病的联系。随诊系统的主要作用就是提供病历及其他检查报告的阅读工具。

（四）放射检查工作流程

影像信息系统中放射检查的工作流程一般有以下几个步骤：检查申请、检查预约、检查确认、书写报告、报告传送与归档。

1．检查申请、检查预约　有两种途径进入计算机系统中：一种是传统的手工申请单传送到放射科后，由放射科负责登记的工作人员将申请输入计算机系统，然后根据系统中事先设定的时间表和患者的预约时间，安排检查的时间。另一种是在医院有病房或门诊医生工作站时，医生直接在自己的工作站上申请检查，同时将患者的基本情况、检查要求等一并输入计算机，然后通过计算机网络将这些检查申请内容传送到放射科。通常情况下，按照计算机事先安排的时间表就能够确定检查时间。

对于一些传统的检查项目，如X线检查、普通CT检查等，在申请预约时就能够确定检查费用，当医院有完整的收费计价系统时，检查费用可以在检查之前就确定并进行处理。对于一些特殊的检查项目，如CT增强扫描，根据病情需要临时确定检查的内容等，需要在检查过程中或检查后再输入检查项目内容，然后再根据项目进行费用的计算处理。

2. 检查确认 当患者按照预约的时间来进行检查时，放射科工作人员需要在计算机上进行检查确认操作。进行检查确认的目的：一是确切掌握患者检查时间，以准确进行计费和统计检查工作情况；二是为检查操作和影像归档与通信系统（picture archiving and communication system，PACS）采集数据的工作准备好工作清单；三是为放射科医生书写检查报告准备好患者基本信息。检查确认标志着检查已经在进行之中。

医院有医学影像管理系统（PACS）时，系统可以将检查登记和确认数据传送给检查设备，使患者的信息与检查所产生的影像结合在一起，同时这个信息也是图像传送时的一个索引。

3. 书写报告 报告传送与归档在患者完成检查后，放射科技术人员将已经与患者数据结合在一起的影像一同传送到医生读片的工作站上。放射科医生开始读片并在计算机系统中书写检查报告。对于一些特殊的病例，通常还要通过读片会等形式进行讨论，以形成检查报告。为保证检查报告的质量，低年资医生完成的初步报告还需要由高年资医生进行审查和修改，最后形成可发送给临床医生的最终报告。

最终形成的检查报告将传送至临床医生工作站，医生可以直接在工作站上阅读放射医生书写的检查报告。按照我国目前医疗法规的要求，在计算机中书写的检查报告还需要打印出来并由医生签字后才能够成为最终有效的检查报告。这份报告将被存储到病历中。

三、电生理检查业务

电生理信息系统是通过网络把分散在医院各科室的数字心电图机、动态心电分析仪、运动负荷分析系统和静息脑电图、动态脑电图、肌电图、经颅多普勒等设备的数据信号整合到电生理信息系统中，在医院实现电生理检查流程化、自动化，电生理诊断报告集中储存和自动分发，随时随地调阅和打印电生理报告。

心电生理信息系统以心电图室为心电报告处理中心，通过网络将分布在门诊、住院各个病区的心电图数据采集、上传到系统中。经心电图诊断中心分析处理完成报告后，各医生工作站便可以浏览和打印心电图诊断报告。实现与电子病历以及医院信息系统的无缝连接。动态心电、运动平板等电生理设备，通过整合工作流，将各系统中报告进行信息化管理，实现电生理数据的接入和管理。

心电生理信息系统主要分为门诊静息心电图检查、住院静息床旁心电图检查及心脏电生理检查。门诊静息心电图检查时，如果医生开具电子申请单，心电生理信息系统则会从医院信息系统（hospital information system，HIS）中同步患者信息，患者到心电图室缴费做检查；如果没有开立心电图检查单，患者则需要提供缴费单据预约登记，然后由医生进行心电图检查。检查完成后，患者心电数据自动传输到心电诊断中心。心电诊断中心医生对心电图进行诊断确认后，医生可以在HIS中查看心电波形和打印心电报告。住院患者需要做静息心电图检查时，医生在HIS系统中开立心电图医嘱，护士对医嘱进行审核，护士推动数字式心电图机到患者床边为患者做检查。对于已经开单的患者，心电检查时护士用扫描枪扫描患者住院号，获取相应的患者基本信息，HIS视图将过滤掉已缴费的患者信息，经确认后插入到心电生理信息系统，然后开始进行心电检查。如果没有开立心电检查医嘱，则获取不到患者的相关信息。做完心电图后将结果上传至心电诊断中心，心电图诊断中心医生对心电图进行诊断确认后，医生则可以在电子病历系统（electronic medical record，EMR）中查看心电波形和打印心电报告。心电生理信息系统会在医生完成审核报告时将状态回传给HIS，HIS进行收费处理。患者在电生理检查站检查时，医生在HIS中开立电生理医嘱，患者到相应科室缴费并进行检查。检查完成后将相应报告上传至心电生理信息系统，医生可以在HIS中查看电生理报告。

建立电生理信息系统是数字化医院发展到现阶段的实际需求和必然趋势，是数字化医院信息系统的重要组成部分，是实现全面电子病历的重要保障。电生理信息系统的应用，改变了传统的工作模式，优化了电生理检查流程，有效缩短了患者的检查等待时间，提高了诊断工作效率和电生理检查报告质量。实现了全院电生理数据集中存储、管理、分析及统计，并与医院信息系统集成，共享电生理数据，为科研和教学提供了充足的资源，有效提升了医院数字化水平。

四、病理信息系统

当前医院中的病理信息系统已经跟HIS进行了充分联合，对于临床医生所提出的电子化病理需求也已满足。首先，临床医生需要在医院HIS系统终端的医生工作站模板上予以申请，系统收到此条申请信息后，会自主形成并打印医院病理标本所独属的标识条码。此标识条码中具备患者的概况信息、标本名称、标本部位、手术情况等，只要患者或者医生将标识条码呈交给病理科室，那么病理科室查收标本的工作人员就会对标本进行扫描、核对，完全正确后，系统会自主形成并打印包含病理编号、患者姓名的条码式标签，这是病理科室查验标本必不可少的步骤，这一步骤为标本安全提供了有效保障，同时也减少了医疗安全风险。电子化病理申请让接收、检查、审核以及处理标本变得更加精准、便利、快捷、高效。

对标本进行取材时，技术工作人员应当进入病理信息系统，将病理号输入或者直接对准条形码扫描，就能够进到取材板块，进行详细记录。另外，还能够在系统内对标本进行摄像，对取材全过程予以录音，以防止记录不完整。取材完成后，在任意一个工作站中都能够查找到与该标本有关的数据信息，如肉眼观察到的标本描述、取材部位、取材时间、取材数量、操作人员等，还可以通过工作站对系统自主建立的数据统计表予以打印，如医嘱切片工作表、切片交接单、标本取材交接单、染色工作表等，为后期取材组织块交接、移交病理诊断医生等工作提供了有力参考依据。对包埋盒进行编码是通过取材工作站自主完成的，对切片进行条码标签亦是通过切片标签工作站自主完成的，然后由相关技术人员进行核对审查，确认无误之后再应用专业打印机进行操作。

病理信息系统的研发以及其在病理技术工作中的有效应用，令病理医生提交的申请得到了快速、精准的处理。病理信息系统的应用，让相关技术人员只需通过工作站就能够全面了解病理医生对技术工作的个性化需求，这对相关工作的顺利进行提供了很大助力。

五、临床信息系统

临床信息系统（clinical information system，CIS）是医院信息系统中重要的一部分，是以收集和处理患者的临床医疗信息为中心，为医院医护人员和医技科室提供服务的信息系统。该系统与医生工作站系统、护士工作站系统、医嘱处理系统、电子病历系统（EMR）、临床路径系统、影像归档与通信系统（PACS）、合理用药监测系统、实验室（检验科）信息系统（LIS）、手术麻醉系统、心电系统等系统相互作用产生交互。医院可根据不同的临床需求建立、组合业务流程，以满足医院临床信息系统建设和管理的要求。

与管理信息系统相比，CIS在系统界面表达、与医学知识库的结合，系统功能流程上具有更加专业化的特点，比较符合临床医疗过程，能够把握临床工作人员的实际需求，从根本上优化医院的管理流程。而且通过该系统的应用，可以构建更为合理的业务关系和流程，建立包含医嘱、病程记录、影像、检查检验、治疗和手术等信息的完整医疗信息链，最大程度地节约人力物力，提高效率，使临床一线工作人员可以为病人提供更加优质的服务，从而推动全院医疗管理水平的改进。

第五节　行政系统

一、办公模式

办公即处理公务（多指行政事务），也就是对与之相关的信息加以收集、处理、传递和反馈的过程。信息发布、公文流转、会议记录、文档管理等皆是办公。

（一）传统的办公模式

传统的办公模式是由个人分担工作，实行分级管理。分级管理机制是工业化初期的产物。它将信息逐级汇总到少数管理者手中，并由这些管理者依据个人经验作出决策。这种个人承担有限责任的工作模式适应了当时专业人员稀少的现实，长期以来一直是办公的主要模式。

（二）现代的办公模式

随着社会的进步，工作任务日渐复杂，而专业人员也越来越多。这时候，这种注重个人才干发挥的传统办公模式就显得越来越不合时宜，而强调团队协作和集体智慧的办公模式则越来越受到重视。现代的办公模式是以被称作“群组”的工作小组为基础的，群组中的成员大多来自不同的专业，他们基于共同的责任感而协同工作。群组协同可以集中多种技能和经验，充分发挥团体的综合智慧，从而作出正确的决策。群组协同的这一特征被归纳为“3CIS”，即沟通（communication）、合作（collaboration）、协调（coordination）和信息共享（information sharing）。可以预见，这种群组协同的办公模式将是未来办公模式的主流。

办公模式的转变要求办公环境必须具备先进的信息处理手段（包括信息输入、编辑、存储和输出）、先进的信息传输手段以及完备的信息管理手段。显然，这样的要求只能靠引进计算机和网络技术才可能满足。可以说，现代的办公模式离不开计算机和网络技术的支持，而计算机和网络技术的发展，客观上也促进了办公模式的转变。

办公自动化（office automation，OA）的概念本身在不断发展，其含义在不同的时代有着不同的解读，对它的描述也随着科学技术的进步而不断充实。

简而言之，办公自动化就是借助计算机和网络通信技术来处理公务。它是满足人们需求的一种技术手段，也是一项系统工程。其核心在于为办公提供先进的信息处理手段和信息传输手段，以及完备的信息管理手段。

二、医院办公自动化系统

办公自动化系统的功能划分和涵盖范围也是动态的，是随着社会的进步和技术的发展而变化的。

当办公自动化特指用计算机进行文书处理时，各类文字处理软件就成了办公自动化系统的代名词。从DOS时代的WordStar、WordPerfect、CCED和WPS，到Windows平台下的Office系列及Linux平台下的 KOffice等，可以说，此类软件是普及面最广、应用最多的软件之一。虽然办公自动化的重点已经由信息处理转向了信息传输和信息管理，但文书处理作为办公中最基本的应用，文字处理软件作为应用最为频繁的软件的基本格局并无根本性的改变。考虑到文书处理在办公中的重要地位，可以预见，此类软件在未来的办公自动化系统中仍将占有一席之地。

随着信息的传输和管理问题成为办公自动化的重点，各类网络版的办公信息管理软件又成了办公自动化系统的主要组成部分。这些以各种数据库系统为基础的应用软件在很大程度上改变了人们的办公方式，并极大地提高了人们对信息的管理水平。这些功能各异的管理软件常常出自不同的公司，它们所遵循的标准及编程风格不一致，使得它们之间的互联和集成变得十分困难，但是，毋庸置疑，此类信息管理软件在办公自动化系统中将继续占据举足轻重的地位。

新一代的办公自动化系统将是以知识管理为核心，融信息处理、流程控制和知识管理于一体的应用系统。它不但应当包括文字处理、电子报表之类的办公软件，也应当包括各类办公信息的管理软件，还应当包括知识库、警示系统、辅助决策等方面的内容。它应当支持移动办公，甚至包括对移动通讯设备、手机无线应用协议（wireless application protocol，WAP）接入访问以及个人数字助理（personal digital assistant，PDA）的支持。

因此，办公自动化系统实际上是一个以办公业务为核心的信息集成系统。从广义上讲，所有应用于办公的计算机软件、硬件系统均可纳入办公自动化系统的范畴。

与一般的企事业单位不同，医院是一个特殊的机构。因此，医院的办公自动化系统除应具备一般办公自动化系统的功能之外，还会有一些特殊的功能需求。通常应包括的功能模块有公文档案管理、人事信息管理、信息服务和个人事物处理。对于规模较大的医院，特别是医学院校的附属医院，还应包括科研和教学管理。除此之外，电子会议系统（electronic meeting system）也属于办公自动化的范畴，尽管这一技术也被用于远程医疗系统。从更广泛的意义上讲，图书馆系统和情报检索系统也可以列入办公自动化系统。

（一）公文档案管理

公文处理是办公自动化的核心内容之一，也是办公自动化系统不可缺少的子系统。包括收发公文的登记和审阅，请示报告的起草、审批、催办、回复和查询，修改、传送和审批过程的追踪等。

会议记录也可算作公文处理的一种，包括各种会议的主持人和参加人、会议议程安排、发言和决议摘要以及会议总结等。

与此密切相关的是对各类档案资料的处理，包括对各部门提交的文件档案依其提交的部门、主题、类型、日期等进行归类管理。各种公文、资料一旦归档将不允许再行修改，而各部门用户可从终端处查看已归类文档的索引目录，并按其权限直接检索、调阅。

（二）人事信息管理

现阶段，医院要保持强有力的竞争力，除了在临床学科上占有优势外，也离不开科学的人事管理理念与管理方式。人事信息管理系统根据功能可分为人员基本信息管理、科室考勤管理、年度考核管理、综合统计管理4个子系统。各子系统的功能描述如下。

1. 人员基本信息管理子系统　建立全院人员基本信息数据库。具体内容包括部门、姓名、性别、工号、民族、出生日期、籍贯、家庭住址、联系电话、出生地、身份证号码、政治面貌、参加工作时间、到本单位时间、现任职称及称取得资格时间、现任职称聘任时间、初始学历及毕业时间、初始学历毕业院校及专业、后学历及毕业时间、后学历毕业院校及专业、现任职务及任职时间、聘用类别、职称等级及类别、人员状态、减员时间、备注等信息。大部分信息的填写使用下拉框供员工选择，并要求每一名员工携带原件和与所填资料对应的复印件（身份证复印件、专业资格职称证书复印件、学历证书复印件、学位证书复印件等）至人事部门，由人事部门管理人员负责登记原件证书编号并留存复印件来确保数据的真实性。这部分人员基本信息均可以实现在职人员数据维护和管理、临时外聘人员数据维护和管理、离退减员人员数据维护和管理等功能。

2. 科室考勤管理子系统

（1）建立医院员工全员考勤数据库：具体内容包括出勤、病假、事假、探亲假、产假、续产假、公休假、婚假、丧假、进修、公派学习、轮转、下基层、援疆、出国、旷工、迟到、辞职、退休、加班、科室调动等信息。每个科室确定一位考勤员，由人事部门进行考勤系统操作培训和医院考勤制度培训之后上任。每月由其按时将科室考勤、调动和加班情况及时上报人事部门，并对上报数据的真实性和完整性负责。医院人事部门每年定期对所有科室考勤员进行相关业务培训和考核。所有上报的考勤信息在上报审核通过后均可以实现实时和过往考勤数据查询、人员科室调动查询数据处理。

（2）医院科室设置：每个科室都有相对应的代码，按从属关系排列（例如产科1001，产科一病区1001001、产科二病区1001002……妇科1002，妇科一病区1002001、妇科二病区1002002……行政1003，院长办公室1003001、审计科1003002……），可以按照医院实际情况进行科室的新增、停用、重新启用设置。

（3）科室考勤员变更：科室考勤员以自己的工号和初始密码登录考勤子系统，进入系统后可重新设置登录密码。考勤员拥有录入和上报所在科室全体人员考勤、科室调动、加班的权限，财务部门的各项工资劳务费发放和人事部门的考核均以此为依据。除非科室考勤员遇上科室变动、退休、辞职或其他特殊情况，必须由科室负责人向人事部门递交书面申请要求变更，一般情况下不允许无理由随意变更科室考勤员。

（4）医院员工基本信息条目的增加、删除、修改等工作。

3. 年度考核管理子系统 年度考核管理子系统是记录全院员工的年度考核情况的系统。系统记录以作为员工晋升工资和职称聘任的依据，其选项包括优秀、称职、不称职、参考不参评、不考核。该子系统可根据考核年度查询该年度考核结果，或是输入个人姓名查询个人所有年度考核结果。

4. 综合统计管理子系统

（1）自定义花名册查询：可以根据不同的要求查询和导出相应人员名册。操作步骤具体如下：首先选择需要查询的数据库，如在职人员、临时外聘人员、离退减员人员；其次选择需要筛查的字段和条件，如“民族”“等于”“汉族”“出生日期”“小于”“1970/01/01”等；最后选择输出字段，如部门、姓名、性别、工号、民族、籍贯、出生地、身份证号码、出生日期、政治面貌，并点击查询键，即可筛出符合以上条件的花名册。花名册可以以EXCEL表格的形式导出。

（2）未来五年退休人员统计：以查询当日为时间截点统计出未来五年所有符合退休政策的在职人员（延长退休的除外）的基本信息，花名册可以以EXCEL表格的形式导出。

（3）人才结构分析、离职人员分析、年度报表统计等：以查询当日为时间截点，进行全院各类人员学历、职称、年龄、离职原因等结构分析，查询结果以柱状图、饼状图直观呈现，还可以以EXCEL表格的形式导出相关人员基本信息花名册。

（三）服务工单

工单系统满足了工单电子化传递、记录、反馈的诉求。用户对系统的满意程度较高，例如，技术人员认为自增服务单功能模块有助于培养及时记录工作的良好习惯，邀请协作模块也有利于提高技术人员间的协同性；医院管理人员认为，工单管理过程的流程化、规范化与可视化，便于全方位地掌握工作情况与科室反馈，使运营管理更加科学、轻松。

工单系统实现了每日维修清单与维修历史记录的智能统计，并且提供可视化浏览功能。例如，系统通过微信推送每日工作清单汇总信息，使技术人员全面了解科室工作，互相督促提高，及时补充工作记录。可视化浏览功能，可以从执行者维度进行工作数量统计，在一定程度上反映个人的工作强度，以促进技术人员间的良性竞争，提高工作积极性与工作效率。科室维度的工作数量统计，可以直观地显示各科室的维修工作量，作为参考促进维修部门与科室间的及时沟通。系统存储的工单维修明细记录了每天的工作内容与细节，可以作为工作总结的依据，与此同时也形成了维修知识库的雏形。例如，故障发生时，报修人员或技术人员可以通过检索历史记录，获取既往维修经验；业务部门也可以通过整理历史维修记录，总结提炼常见故障的维修案例，面向报修人员或技术人员开展技能培训，有助于提高工作人员的故障处理能力，降低医院维修工作量。

维修工单由报送到派发流程达到标准化，减少了许多口头传达的中间环节，电子化信息的记录也提高了工作内容、地点等维修信息的准确性，避免了以往工作中因沟通有误或记忆混淆而导致的重复无效劳动。同时，通过微信派发工单信息，技术人员可以随时随地获悉所派发的任务，灵活地寻求同事的协作配合，实现工作与工作、人员与人员间的流畅衔接。

（四）信息服务

信息服务的主要功能是信息发布和信息交流。包括医院新闻发布、科室近期活动安排、会议通知、值班安排通知、医院规章制度查询、医院电话号码查询以及电子公告板系统等。此外，各单位建立的网站本质上也属于信息服务的范畴。

（五）个人事物处理

个人事物处理包括电子邮件系统、私人通讯录和名片系统、出差声明和自动转发系统（可自动给发件人回复“收件人已出差”之类的函件，并依事先的委托，将公文转给指定的代理人处理），以及个人日程安排、待办事项提示、备忘录和私人资料库等。

（六）电子会议系统

电子会议系统实际上是一种远程通信和视频传输系统，是办公自动化的重要进展之一。在许多地方，这种技术也被用于远程医疗系统。它使位于不同地点的人能像面对面一样进行交流，从而避免了交通、住宿等环节的困扰，也因此节省了大量的时间和金钱，提高了办事的效率。

（七）图书馆系统

图书馆系统也可归于办公自动化系统。典型的图书馆系统包括以下功能：图书、期刊的购买登记，馆藏图书、期刊的查询、预约、借阅、续借、归还及核销，图书、期刊的库存管理及分项统计。还可以有借阅催还（自动监控借阅状态，并在借期将至时自动给借阅人发送提示邮件）及超期罚款（自动计算超期天数并计算罚款数额）等功能。

（八）移动办公系统

越来越多的医院将OA系统与企业微信号、钉钉等移动办公软件进行了集成整合，将原来只能在医院内部网络办公系统中进行的信息传递和流程管理工作，通过新一代的互联网技术集成到手机应用中，让工作流程的推进可以在任何角落实现，大幅提高了医院的管理工作效率。

第六节　患者服务系统

一、门诊患者服务业务

目前，国内多数患者还是习惯于排队→挂号→候诊→付费的流程。特别是中老年年患者，面对一台机器需要输入医疗卡号、挂号类型（普通、专病、专家等）、挂号科室、专家姓名等信息时会无从下手。而为使患者就诊更加方便、有序，针对目前的应用现状，互联网患者服务系统基于“以患者为中心”的服务宗旨，以强化服务为抓手，通过提供整合资源、改善服务，充分展现数字化医疗服务的先进性、科学性，提升了自助式服务的层次和应用水平。

（一）预约挂号

对于门诊量大、医疗水平高的大中型医院，预约挂号系统是最迫切需要的，也是目前应用较广泛的一种医院自助服务形式。患者在文字和语言提示下，通过触摸屏或按键逐步完成预约、号别、科室和医生选择及付费等操作。系统自动打印出挂号单和票据，同时将挂号信息发送至医院排队叫号系统。通过自助挂号获得挂号单后，患者可直接在相应诊室的候诊大厅中静候语音和显示屏提示，医院HIS系统也可通过用户手机号码进行手机短消息提示。

（二）支付缴费

支付缴费是门诊流程中的重要环节，主要发生在挂号、检查、取药等过程中，也是患者反复排队、等待时间较长的一个环节。患者到医生处就诊，医生通过就诊卡调出患者信息，接诊结束并征得患者意见后，直接进行药品、检查、检验等计费；患者也可到自助终端机或医技科室、检查执行科室，直接进行划价扣费。另外，通过自助式服务系统与医院HIS、医保系统、银行系统进行连接，患者可通过自助式服务终端机对就医卡充值，包括预约金账户、银联账户、市民卡小额支付。现金支付等多种形式。

（三）在线候诊

在线候诊系统是在医院各门诊候诊区域所使用的智能化分诊和排队叫号管理系统，系统可有效地解决患者就诊时排队的无序、医生工作量的不平衡和就诊环境嘈杂等问题。

挂号窗口语音呼叫系统顶端显示屏上系统顶端显示的第一位患者到该窗口挂号（呼叫3遍），被叫到的患者将取号单给挂号处人员核对，信息核对无误后完成挂号，系统同时自动将患者分配到相应的候诊区和诊室，患者的信息立即被发送到相应的候诊区，并在该候诊区顶端的显示屏上显示。同时，挂号窗自动语音提示患者到几楼候诊区候诊、几号诊室就诊。

门诊医生通过在线候诊功能，按顺序控制候诊区显示屏显号和语音系统叫号，被叫到的患者将挂号单给医生核对，信息无误后开始就诊。就诊完成后，医生工作台上的语音系统提示患者到几楼几号收费窗口或者住院处付费，并提示费用数量。系统同时自动将患者分配到相应的收费或者住院处窗口，患者的付费信息也立即被发送到相应的收费或者住院处窗口，并在该收费窗口顶端的显示屏上显示。系统可以根据患者流量及每个收费或者住院处窗口的等候人数进行合理分流，避免收费或者住院处窗口间等候人数不平衡，减少患者等待时间。

收费窗口语音呼叫系统顶端显示屏上显示的第一位患者到相应的收费窗口付费（呼叫3遍）。核对其信息无误后开始收费。收费完成后窗口语音提示患者下一步要做的项目（取药、检验、功能检查、B超检查等）及到相应的候诊区等待，并打印在相关票据上提示。系统同时自动将患者分配到相应的窗口，患者的信息也立即被发送到相应的窗口，并在该窗口顶端的显示屏上显示。

通过患者服务系统中的在线候诊，可使患者做到就诊时间心中有数，避免拥堵排队造成的急躁情绪，使候诊现场井然有序，就诊体验良好。

（四）电子认证

目前国内很多医院都建立了互联网形式的患者服务系统，使得患者服务管理工作得到了极大优化，对加快诊疗流程、缩减患者候诊时间、促进信息共享起到了至关重要的作用。而利用电子认证技术，从身份真实、数据完整、行为规范、责任明确和隐私保护等方面来保护医院各类信息的完整性，保证医疗文书的法律效力，保障医患双方的合法权益，也已成为越来越多的医院管理层关注的问题。电子认证服务可满足医院信息化在应用方面的需求，具体如下。

1. 身份认证的安全需求 医院信息系统包含多个业务子系统，医院工作人员在不同子系统的权限不同，只有建立可靠的身份认证机制，才可确保身份的真实性，避免非法用户访问。

2. 责任认定需求 医护人员在进行处方报告打印、出具医嘱、书写病历等医疗行为时，必须要有电子签名来保证操作具备可追溯性，以对医院信息系统各业务子系统数据的操作进行责任认定。

3. 数据完整性的安全需求 患者服务系统中各种数据需要交换与共享，在这些数据的存储、传输、归档及共享等过程中则需要一个机制来确保其真实性和完整性。

医院现有“用户名+口令”的弱身份认证方式存在极大的安全隐患，会出现医生之间冒名顶替、实习医生代替出具诊断报告等情况。而新身份认证服务是基于数字证书的强身份认证和权限管理机制，应用数字证书和数字签名技术，从而确保对接人身份的真实性，包含用户身份认证、服务器身份认证。

采用加密机/卡等硬件安全算法芯片，存储医院单位证书，为医院主体提供单位数字签名能力，保障单位主体产生的数据和操作的完整性、一致性和不可抵赖性；面向医院应用系统提供电子印章、时间戳等功能，保障数据和操作主体的身份真实性，操作主体、操作时间、操作内容等完整性、保密性、不可抵赖性；面向医院用户和应用系统双方提供身份认证功能，保障应用数据交互双方的真实性，防止身份仿冒。

（1）电子印章服务：将数字图像技术与数字签名技术结合在一起，以数字签名为核心，以印章图片为展现形态，采用嵌入式技术，将第三方文本文档（WORD、PDF、HTML等）的签名数据直接嵌入文档中，使得医院医护人员只需拿到文本文档即可实现文档完整性和一致性验证、合同签署者身份验证等功能。如需要提交给患者电子版的病历文档、住院记录文档等，可以加盖医院公章或医生个人签章，医护人员可直接在文档上进行签名验证和文档一致性验证。

（2）时间戳服务：基于国家标准权威时间源为医院信息系统提供时间戳的签发、

验证、备份、解析、查询等功能，提供信息和操作的时效性权威证明，提供时间抗抵赖服务。医院可通过邮件、文件、网页形式申请时间戳，应用系统可通过API接口的方式申请时间戳。可以支持消息格式或文件形式。

二、住院患者服务业务

（一）住院患者预约登记

医生为患者开具住院通知单后，患者需要到住院服务中心办理住院预约登记，住院服务中心护士可通过开单日期、患者编号、住院通知单号、住院通知单状态等条件查询所有患者的住院通知单。可根据全院病床使用情况、患者的住院诊断情况对选定的住院通知单状态进行修改。如住院通知单是医生开出状态，则可选择改为预约状态、排队状态或直接住院状态，也可对过期未住院的通知单设置成爽约或作废状态。在办理住院预约登记时，对患者病案首页信息进行填写，减少住院当日的排队等待。

（二）全院病区床位管理

通过住院服务中心系统可实时查看全院各病区床位使用情况，对在院患者、男女床、次日出院患者、已经下达出院通知单但还在占床的患者、已经成功预约到该病区的患者分别用不同颜色显示，使护士能够对全院床位情况一目了然，方便护士尽早安排排队患者住院。

（三）住院患者预约办理

住院服务中心护士可以根据全院病区床位使用情况，对预约队列中的患者，按照预约时间的先后顺序，提前通知患者办理住院，在为患者办理住院预约时，需要填写患者的预约信息，包括联系人、联系电话、联系时间及当前联系状态。当前联系状态的信息非常重要，分为已成功联系上、未联系上，如未联系上需要写备注说明，护士根据联系状态可多次联系患者，避免遗漏。

（四）住院患者取消服务

由于患者个人原因或其他原因，导致患者无须住院时，可以对已登记、已预约等任何状态修改为取消住院，使其从相应的队列中删除，释放资源。取消住院时需要记录取消原因。

（五）预住院服务

病区护士在病区暂时没有空床的情况下，也可以对办理过住院手续的患者进行接诊，将患者接诊到虚拟病床。医生可以对虚拟病床上的患者开入院医嘱，不会因为本应该离院的患者还没走而影响对下一个患者的诊治。

三、其他患者服务支持

（一）患者服务系统

随着医改的不断深入，医院针对患者服务系统的整改也逐步加速，使其迈向现代化的管理模式。近年来，党中央、国务院多次提出促进“互联网+”医疗健康发展，国内多地已经开始加快互联网患者服务系统的建设。在建设过程中，主要依靠互联网技术，通过信息技术构建信息集中处理平台和信息传输系统，从而实现医院与患者的沟通顺畅，实现优化医疗信息资源配置和建设智慧医院的目的。患者服务系统最终服务的是患者，其建设成效应由患者来评判。基于患者就医体验的互联网患者服务系统，给患者带来了良好的就医体验，改善了医院的就医环境，最终提高了患者满意度。

患者服务系统主要分为数据收集和数据统计两部分。一方面通过电子问卷调查、电话回访和上报汇总的方式，对普通患者的就诊情况、所有患者的用药连续性及就诊满意度进行调查，并采用EXCEL电子表格工具分析统计获得的调查数据，另一方面汇总满意度数据并进行多种类型的统计分析，挖掘医疗服务过程中存在的问题，及时反馈分析结果。

满意度评价指标不仅包含了患者对医务人员医德医风、服务态度等的评价，还包括了对医院膳食、后勤管理、环境卫生等一系列服务的评价。为了更准确直观地呈现结果，系统提供多种类型的统计方式。对各类服务及总体服务进行汇总统计，并自动生成对比分析图。各类服务是对各单项服务进行业务归类，组成挂号体验及医生、护士、其他医务人员服务等大类服务。

挖掘不满意评价对于改进服务具有重要的指导意义，系统对不满意评价进行预警统计，对不满意评价做单独的数量统计和趋势分析。在单次统计中，若预警数超过预先设定的阈值，自动发送预警邮件通知相关人员。

（二）院内导航

院内导航是患者服务系统基于STM32和数据库数据存取和访问，主要根据医院的各个场所设计，采用神经网络搭建而成，可自我反馈产生相对流量和点击率较高的场所，自我适应和学习、生成解决方案，方便患者能够更快、更准地获得医院各个场所的位置信息；能够结合位置提供智能化和多样化的场所信息讲解及路线规划等功能，为患者带来了极大的方便，可以出色地完成在院内的导航服务，减少医院人力、物力投入，使患者快速熟悉医院环境，方便外来人员辨明方位。

建立后台系统除可以实时、动态监控热点区域的人流量增长及减少情况外，还可以利用大数据技术进行用户数据的挖掘处理和分析，一定程度上达到对医院人流量的监控和预测。此外，患者对院内导航系统和导航准确度的反馈都会存储在后端，可以通过自然语言处理技术提取关键的地点信息，定期检测出反馈较多导航不准确的地点反映给后台管理员，以使其进行及时修正。经过一系列闭环反馈和信息交换，达到智能化自我学习功能高度应用，拥有良好的迭代前景。

（三）疫情流调

在新型冠状病毒肺炎（简称新冠肺炎）疫情防控中，“早发现、早报告、早诊断、早隔离、早治疗”是控制疫情传播、降低病死率的决定性因素。如何做到“更早更快”成为疫情防控的关键，依靠手工方式进行流行病学调查，汇总信息生成报告，效率低且容易遗漏，数据延时严重且易出错。目前疾病预防控制系统缺乏信息化更新、共享手段，缺乏基于大数据基础上的科学化、精准化、高效化的决策支持等，降低了疫情防控的效率，增加了人力、物力的投入。因此，基于人工智能的新冠肺炎疫情现场数字化流行病学调查系统（简称疫情流调系统），利用信息新技术，可快速采集新冠肺炎病例现场流行病学调查信息，迅速识别传染源、潜在风险和聚集性疫情，追踪、管理密切接触者，实现后方决策与前方现场流行病学调查人员可视化、快速、精准调度的高效协同。疫情流调系统立足于“找得到、管得住”，能够帮助实现流行病学调查“更早更快”的疫情防控需求目标。

采集人员基本信息，包括姓名、性别、年龄、身份证号、现住址、分类“所属街道（乡镇）”、所属社区（村）、发病日期（流行病学调查报告）等；中国疾病预防控制信息系统录入信息，包括发病日期、就诊日期、确诊日期、感染日期、接触史、接触史补充说明、最长潜伏期、最短潜伏期、采样日期、咽拭子、体温，是否咳嗽及气促、临床严重程度等字段信息。医疗机构作出疾病诊断后，直报中国疾病预防控制全民健康信息平台（数据上报的时限要求为2小时内），通过数据交换的方式，病例数据实时回传至本系统，生成流行病学调查任务，并推送至相应的社区卫生服务中心，由各级流行病学调查队员开展现场、远程流行病学调查工作。流行病学调查人员与受访者的对话录音，可进行实时文字转换，必要时，支持全程转录或者按调查的环节进行片段转录，将非结构化的文本信息转换成结构化数据进行存储。云端平台针对受访者的信息，通过大数据分析研判，定位受访者的密接人群和地理分布状态。同时，系统支持现场随时增加流行病学调查个案病例功能。

此外，还可对疫情各渠道、各层面数据进行汇总、分类、整理，分业务、分专题管理，进行数据多维度、多角度的分析。提供统一时空框架下的疫情大数据资源的动态展示，包括辖区发病动态监测、各病例转归情况追踪展示、空间传播地理展示、动态报表自动分析，为患者与医护人员提供更好的服务。

第七节　管理系统

一、财务管理业务

（一）价表管理

价表即医疗服务收费项目的价格表。医院信息系统中引入价表，一是要对系统中所有的收费项目制定统一的、规范的收费标准，并为所有收费相关的功能模块提供价格服务（价表中不存在的收费项目，在系统中不能进行收费）。二是对系统中价格实行集中管理。三是对收费项目和与收费因素有关的内容进行管理，如不同身份患者的收费标准、医疗保险患者的用药目录。四是物价管理部门（如物价局）可以方便，快捷地进行各类医疗收费标准的查询。五是能保存价格变动记录，支持对出院患者收费情况的核查。

价表管理要实现医院物价管理部门对医院信息系统所需的各种诊疗服务收费项目的维护，包括收费项目维护、诊疗项目维护、医保项目维护、费别收费配置等。

1. 收费项目维护　按照物价管理部门提供的医疗服务项目规范维护收费项目，包括项目标准编码、项目名称、单位、单价、发票类别、核算类别、折扣规则等。提供收费项目的修改、停用、恢复、调价等操作，以及收费项目的申请、执行权限向科室分发的功能。

2. 诊疗项目维护　是按临床要求将常用项目组合，以便于临床部门快速开单。维护内容包括项目名称、单位、单价（自动计算）、关联收费项目等。提供诊疗项目的修改、停用、恢复等操作，以及诊疗项目的申请、执行权限向科室分发的功能。

3. 医保项目维护　包括医保类别字典、医保特殊病种字典、医保项目字典、医保对照字典的维护。

4. 费别收费配置　设置和维护不同费别对该诊疗项目的特殊收费比例。

（二）财务信息管理

对医院日常经济活动相关业务，按照医院现行会计制度，通过会计核算、分析、监督、预测等活动，提高医院的社会效益和经济效益。具体功能如下。

1. 财务凭证　记录医院发生的各种经济业务在账务上反映的全部内容。反映整个账务处理的全过程，从账务处理所需初始信息到凭证录入、审核、记账，以及各种辅助核算账信息的输入和输出，包括现金流量、部门、职工、供应商、科研项目等多种核算。

2. 财务报表　支持反映账务处理的结果，是按照财政部门和行业主管单位、本单位的需要而规定的格式化报表，如资产负债表、收入费用总表、医疗收入费用明细表、现金流量表、财政收支补助明细表、基本数字表等。

3. 票据管理　主要功能包括支票的登记、领用、核销、作废；支票簿的查询、套打；收费票据的登记、领用、作废；收费员对收费票据的统计、套打；电汇凭证的登记、查询、套打；进账单的录入、审核、套打等。

4. 财务审核　提供原始凭证审核、往来账审核、票据稽核等功能，同时提供对财务报表的审核功能。

5. 往来账管理　反映医院与往来单位、内部职工或部门之间的资金往来情况，功能包括应收、应付款项的登记、核销、账龄分析和往来核销查询；应付票据的登记、核销及应付票据备查簿；依据会计制度规定的坏账提取范围和方法，自动提取坏账数据。

6. 财务分析　提供财务报表分析、财务结构分析、指标分析等功能；采用绝对数、环比、定基、对比和结构等多种分析方法；支持图形、表格的展现方式；实现对医院净资产收益率和医疗风险基金的核算和分析。

（三）审计信息管理

医院内部审计作为管理的重要组成部分，其内部监督、评价、咨询服务三大职能帮助增加医院价值，改善医院运营，促进医院持续健康发展。审计管理覆盖核心审计管理需求，对所有审计资源进行集中管理、标准规范、高度共享、统一调度，为审计工作提供有力支撑。从审计日常工作出发，以项目管理为核心，对审计项目进行全流程规范管理，引导审计人员按要求实施审计，全面提升审计工作质量。具体功能如下。

1. 计划管理　编制年度审计计划，系统支持自动下发到科室，通过“计划跟踪”监控项目的进展情况。支持对项目立项信息的调整、删除等操作，以适应计划的变化。支持多组织、多层级的计划管理，便于领导及时掌控计划运行情况。

2. 项目管理　依托平台开展审计项目，实现审计项目的准备阶段、实施阶段、报告阶段的全过程管理。系统提供规范化的审计工作底稿、审计发现表，实现审计工作的规范化，通过流程及权限控制，提升审计工作质量管理。实时查看各个审计项目执行进度及项目组工作状况，掌握一线审计工作动态。针对审计项目实施作业的过程，进行实时的质量监测与控制。通过项目各个阶段关键节点的质量控制情况，反映项目整体质量控制情况。

3. 档案管理 对审计项目资料档案进行统一管理，实现审计项目档案的统一归档收集，有利于审计经验传承。支持动态反映审计档案归档情况，项目全过程电子文档实时查询，还可对审计档案进行借阅管理，权限控制包括时间、内容。

4. 整改跟踪 对项目过程中产生的审计发现，进行项目后持续整改跟踪，可实时查看整改部门整改情况，进一步减轻“重审计、轻整改”的现象。可设置整改进度反馈频率和提醒时间，设置专人进行关闭问题操作。支持整改问题进行整改跟踪评价。支持整改跟踪问题关闭，关闭后的问题不再进行整改跟踪。可通过组合条件查询审计问题，查看问题整改情况，进行审计问题跟踪查询。

5. 资源管理 主要实现对审计机构、内部审计人员，以及外聘中介机构集中维护管理，以优化全网资源配置及调度能力，加强审计队伍的执行力，支撑内审工作的有效开展。

6. 风险评估管理 通过问卷调查等方式进行风险信息的收集及评估，确定医院存在重大风险的业务；以风险为导向，为制订年度审计计划时审计范围的确定提供参考。

7. 知识管理 通过搭建审计法规制度库、审计案例等知识库，为审计人员提供审计知识学习平台，方便审计人员熟悉最新的法规制度，借鉴学习典型、优秀的审计案例，为提升审计人员业务能力提供知识来源。

8. 持续审计（数据分析） 在系统中固化数据分析规则，同时获取业务系统中审计分析需要的数据信息，以实现对审计对象持续、动态、远程的数据采集和分析，实时或短时间内获取审计信息和证据。

9. 统计分析 主要目标是系统中各类数据，如审计项目信息、审计发现信息、整改跟踪信息等，以各类图表的方式进行展现，并支持导出功能，为审计人员撰写报告，领导决策提供支撑。

（四）统一支付对账管理

通过统一支付平台实现与医院信息系统的实时连接，提供安全、可靠、标准、便捷的支付通道和对账服务，形成一个统一、高效、实时的支付管理和对账体系。医院通过统一支付平台的建设，实现支付接口的标准化、信息交互的安全化、财务管理的精确化、便民服务的多样化。

1. 统一支付平台

（1）支付方式：扫码支付主要针对患者线下的多渠道预交金充值，包括付款码支付与扫码支付，扫码付二维码支持聚合支付（包括微信及支付宝等），收费人员无须选择支付渠道，患者可以自由选择由微信或者支付宝完成预交金充值。

1）付款码支付：是由患者主动出示动态付款码完成订单支付，患者打开手机微信或支付宝付款码，主动贴近扫码墩，完成识读并扣费。统一支付平台通过与第三方确认扣费状态，完成付款码支付业务闭环。

2）扫码支付：这项功能定义了统一支付平台扫码支付应用在自助机、窗口、诊间支付等多个环节，通过打开手机微信或支付宝扫一扫功能识读付款二维码进行扫码支付，统一支付平台通过与第三方确认扣费成功状态，完成扫码支付的业务闭环。①窗口扫码支付由HIS发起，确认预交金充值金额，统一支付平台完成与第三方支付渠道的付款确认，并将充值成功状态通知到HIS，完成预交金充值。②自助机扫码支付通过由HIS发起的支付请求，统一支付平台处理支付订单，并与第三方支付渠道进行交易确认，微信、支付宝生成包含订单信息的二维码给用户进行扫码支付。统一支付平台通过与第三方确认扣费成功状态，完成扫码支付的业务闭环。

（2）支付渠道管理：对微信支付、支付宝支付、POS支付及其他各种支付渠道进行统一的管理，统一的授权认证、开通服务，运行监控。

1）微信支付：通过对第三方微信支付渠道管理，实现微信交易信息下载与异常账目发现和处理，包括与微信进行充值、退款确认，实现对网络异常导致的支付退款消息的重发确认机制。

2）支付宝支付：通过对第三方支付宝支付渠道管理，实现支付宝交易信息下载与异常账目发现和处理，包括与支付宝进行充值、退款确认，实现对网络异常导致的支付退款消息的重发确认机制。

3）银联支付：通过对第三方银联云闪付支付渠道管理，实现银联云闪付交易信息下载与异常账目发现和处理，包括与银联云闪付进行充值、退款确认，实现对网络异常导致的支付退款消息的重发确认机制。

4）其他支付方式：支持与其他第三方支付渠道连接进行充值、退款及相应的交易信息下载和确认。

2. 统一对账平台　能够实现线上、线下、银行三方对账，包括微信、支付宝、银行POS、现金等多种支付方式的交易对账，通过平衡院内预交金进行总账对账，能够按总账、按明细账，按支付渠道、按支付方式等进行灵活对账，提供完善的异常账提醒机制，减少人工干预的工作量，降低医院财务人员对账的工作压力。

当总账对账出现差异时发出红色警告，通过下钻各收款员结账的明细账，可快速定位差错账。

对账概况首页可展示包含每天支付异常概况、全院总账概况的对账概况分析，使财务人员可以一目了然地获悉每天/每月/每季度的财务状况，同时支持按院区、按就诊类别、按支付渠道下钻查看对账明细。

二、设备资产管理业务

（一）医疗设备管理

医疗设备管理可构建院内医疗实体资源网络，实现设备的运营、监控、管理，并对医疗设备进行效益分析，最大化设备的利用价值。

1. **供应商管理** 支持对医疗设备供应商的基础数据的建档管理。进行医疗设备相关业务流程时自动匹配供应商信息，也为统计分析模块提供基本信息支持。

2. **采购管理** ①采购论证报告管理：设备需求部门通过线上填写设备采购论证报告，提交相应的管理部门或设备管理委员进行审核，并填写反馈意见用于后期执行和统计。②采购清单管理：采购部门对于通过审核的论证报告手动或自动生成采购计划，并汇总成采购计划清单，进行相关的采购业务。

3. **招标管理** 支持对医疗设备招标采购相关的重要文件进行建档存储备案，全程记录招标过程中的相关数据信息。

4. **合同管理** 支持对采购合同的备案管理，根据合同结算计划实时跟进合同结算进度，进行结算到期预警、合同风险的管控提醒，实现合同的全过程管理。

5. **设备入库管理** 设备管理部门联合使用单位或其他部门对设备验收完成后，可进行入库操作，并记录资产台账信息，为设备追踪和查询统计提供数据支持。

6. **设备出库管理** 设备管理部门根据使用部门领用单进行出库操作，同时更新设备台账信息，为设备追踪和查询统计提供数据支持。

7. **设备领用管理** 管理医疗设备的领用申请、审核、发放等。医疗设备使用部门提出领用申请，审核通过后由设备管理部门对设备做出库操作，使用部门领用后设备进行转移。

8. **设备标签管理** 对既有医疗设备进行设备登记，针对每个设备生成条码或电子标签，进行设备绑定，便于后期设备盘点与管理。

9. **设备效益分析** 对医疗设备进行工作量数据记录，实现单台医疗设备创造收入的自动计算。结合设备对应的折旧成本、人员成本、水电成本、材料成本、维修成本等成本信息，计算设备效益，形成单台设备的效益分析。

10. **报表管理** 提供医疗设备明细账、医疗设备总账、医疗设备台账、设备分布查询报表、设备折旧报表等。通过科室、设备类别、设备名称、金额范围、采购来源、使用状态等查询全院医疗设备明细。

11. 预警管理 提供设备检修计划和保养计划的制订功能，临近逾期或逾期未提供检修记录和保养记录的设备进行预警提示。对近期报废的设备进行预警提示。

医疗设备管理的建立有助于各医院客观评价自身设备管理现状，促进医院医疗设备管理能力的提高，进一步提高医院管理水平，增加医院的竞争力。

（二）资产信息管理

资产信息管理是利用条码、RFID标签等物联网技术，实现从固定资产设备申购到报废的全生命周期可追溯管理，真正实现“账、卡、物”相符，包括固定资产申购、入出库、盘点、报废等。可降低固定资产的管理难度，使得固定资产数据更加及时、真实、完整。资产管理系统不仅是医院信息化要求的一部分，同时为设备科的发展提供了更多可参考数据。由系统计算出的统计结果，节省了每年人工总结的时间，为统计总结带来便捷。

1. 供应商管理 支持对固定资产供应商的基础数据进行建档管理。支持固定资产相关业务处理时自动匹配供应商信息，也为统计分析模块提供基本信息支持。

2. 采购管理 ①采购论证报告管理：使用部门线上填写固定资产采购论证报告，提交固定资产管理部门进行审核。②采购清单管理：固定资产管理部门对于通过审核的论证报告手动或自动生成采购计划，并汇总采购计划清单，开展相关的采购业务。

3. 招标管理 支持对固定资产招标相关的重要文件进行建档备案，全程记录招标过程中的相关数据信息。

4. 合同管理 对生成的采购合同进行备案，根据合同结算计划实时跟进合同结算进度，进行结算到期预警、合同风险的管控提醒，实现合同的全过程管理。

5. 资产入库管理 固定资产管理部门联合使用部门对固定资产完成验收后，可进行入库操作，并记录固定资产台账信息，为固定资产追踪和查询统计提供数据支持。

6. 资产出库管理 固定资产管理部门根据使用部门请领申请进行出库操作，同时更新固定资产台账信息，为固定资产追踪和查询统计提供数据支持。

7. 资产领用管理 支持对固定资产设备的领用申请、审核、发放。固定资产使用部门提出请领申请，审核通过后由固定资产管理部门对固定资产进行出库操作。

8. 资产盘点管理 支持对固定资产实物全面盘点，盘点后实物、账实现比对，形成盘点报表，进行报损或报溢处理。

9. 资产转移管理 记录固定资产在医院部门间的流转情况。转出科室提出转出申请，固定资产管理部门进行审批，由转入科室进行接收，完成资产的转移操作。

10. 资产借还管理 记录资产借用归还的基本信息，如资产名称、管理责任部门、借用部门、借用时间、借用目的、借用时长、实际归还日期等。修改资产当前借还状态，为资产追踪提供数据支持。

11. 资产维护管理 支持对固定资产的维护管理，包括资产报修登记、资产维修过程管理以及资产维修费用管理等。

12. 资产报废管理 支持对固定资产的报废管理，包括使用部门对资产的报废申请，固定资产管理部门对报废进行勘察与审核等。

13. 资产折旧管理 支持对固定资产的折旧管理。根据固定资产性质，在预计使用年限内，采用平均年限法或工作量法计提折旧，计提固定资产折旧不考虑残值。

14. 资产标签管理 提供对既有固定资产进行资产登记的功能，针对每个资产生成条码或电子标签，进行资产绑定，便于后期资产盘点与管理。

15. 报表管理 包括固定资产明细账、固定资产总账、固定资产台账、资产分布查询报表、资产折旧报表等。通过科室、资产类别、资产名称、金额范围、采购来源、使用状态等查询全院固定资产明细。

16. 预警管理 支持资产检修计划和保养计划的制订，对临近逾期或逾期未提供检修记录和保养记录的资产进行预警提示。对近期报废的资产进行预警提示。

三、药品管理业务

药品管理业务通过药品管理系统实现。药品管理系统分为门诊药房、住院药房以及急诊药房，主要业务包括库房管理、门诊业务、数据维护、数据查询。

1. 门诊药房管理系统 本着“以患者为中心”，提高药房内部管理水平的原则而设计。主要包括门诊药房和药房发药两大系统。门诊药房系统，包括入库、盘点、报损、调拨及报表打印和查询功能；药房发药系统，可极大地方便患者取药，有效地减少患者排队次数和等待时间。

门诊药房提供门诊发药、门诊退药和药品估价操作业务。①门诊发药：直接为患者发药。发药操作是门诊药房发药人员接收患者处方、核对处方中的药品与门急诊收费处传来的患者处方药品信息过程。确认发药后自动更新库存量。②门诊退药：对已收费的患者药品进行冲减，冲减后系统自动更新库存量，并建立退药药品账单及其明细。③药品估价：患者对医生所开的药到药房进行估价。

2. 住院药房药品管理

（1）住院发药：接收病区传来的药品医嘱，并进行摆药管理（生成摆药单，支持按日期、科室、发药类型和状态等多种摆药方式），针对不同的药品用法、发药方式、停嘱时间，对不同病区进行发药、出院带药处理，在发药确认后更新库存，并确定患者费用。药品费用信息自动传送到住院结算系统，自动扣除住院押金等。

（2）手术发药：按时间段、发药状态、床位号等查询。对手术室患者手术过程中所申请的药品发药处理；支持打印功能；发药成功后能自动更新库量数据，并建立药品出库账单及其明细。

（3）医嘱冲减：对护士工作站已申请冲减，各科室已收费的患者药品医嘱冲减。冲减成功后自动更新药品库存量和患者费用。

（4）库房管理：对药品进行管理，提供对药品申领、药库领用、其他入库、药库退药、药品出库和盘点管理。

1）药品申领：向库房申领药品，录入药品编码查询药品，调出药品时自动带出其规格、单位等。支持低储药品导入；提供新增、删除、修改、审核、消审、打印等功能。

2）药库领用：对药房领用出库明细查询，对药库领用明细记账处理，自动计入进零售金额、进价金额、进零差，自动更新总库存，并建立入库药品账单及其明细等，提供按出库库房、药库出库日期段和审核状态进行查询、打印。

3）其他入库：浏览盘盈入库、处方退药入库、归还入库单等。支持自行药品入库处理。提供新增、删除、保存、审核、记账和打印功能。支持药品编码查询，自动计价，自动金额汇总，自动更新药品库存量并建立入库药品账单及其明细。

4）药库退药：将药房药品退还库房，退还后自动更新药品库存量，并建立退药药品账单及其明细。

5）药品出库：对药品调拨、发药、披损、缺药进行出库处理。药品出库后系统自动更新库存量，并建立药品出库账单及其明细。①药品调拨：处理药房间应急药品的调拨。②发药处理：处理药房内部报损，向其他科室发药及发药系统因停电引发的临时处方发药情况。③药品报损：对药品进行报损出库处理，报损出库后系统自动更新库存数据。④缺药处理：在已设置最低药品储存量和最高药品储存量，而超过最高或最低储存量时，系统自动报警。

6）盘点：是药房按会计期间对药房中实存药品进行清点，以便核实账物，调整实际库存。因采用计算机信息管理，随时可精确掌握库存的领、用、存情况，进行合理有效的管理。支持编码查询，操作员对账面数与实存数核实后系统自动修正库存。盘点结束后生成盘点账单及明细，并自动计算盘盈亏的金额与数量。盘点时如库存量大于实盘数将自动入库，如库存量小于实盘数将自动出库。

（5）药房维护：对药房药品高、低储量设置上限和下限，超过限制系统自动报警，帮助药房管理人员合理、经济地控制库存量，使货存成本和储存成本之和达到最低，降低医院成本。其中，高低储维护是指给药品设置高储和低储，在库存数量超出高储限制时予以报警，如果库存量低于低储下限时，给予报警使药房管理人员能即时了解药品的库存量，提出申请。

（6）数据查询：可按业务、药房、时间段、类别等条件的有效组合查询、汇总、统计药品的业务数据、库存数据，帮助库存管理人员有效地控制药品的流量情况，为库存管理提供有用信息。数据查询包括药品查询、药品价格查询，药品入库明细、出库明细、库存明细查询或汇总查询，对门诊处方明细查询或汇总等查询，对高低储药品进行查询。支持按会计期间进行日报表、月报表、季报表、半年报表和年报表统计并导出形成EXCEL文档。支持打印机设置、表格列头设置和数据导出。

四、高值耗材管理业务

医院高值耗材是广泛应用于手术环境中的高价值卫生材料，由于高值耗材在手术中直接作用于人体，因此科学严谨的高值耗材管理是加强医院医疗质量控制的重要组成部分。此外，由于高值耗材价值高，应用中对于医院而言成本较高，据统计目前医院医用耗材年用量已经达到医院医疗毛收入的6% ~16%。合理有效地管理高值耗材的使用，有助于节约医院成本，提高医院经济效益，这也是医院加强高值耗材管理的重要原因。

对于高值耗材的管理应用，不仅仅局限于医院的设备物资部门，由于高值耗材的申请、发放、接收、使用涵盖了高值耗材在医院的全部生命周期，因此涉及高值耗材管理的业务应用是多方面的。

然而目前多数医疗机构高值耗材仍然采取“采购-存放-发放”的传统管理模式。在现行高值耗材管理模式下，高值耗材管理部门看不到耗材的实物，而使用科室只存放高值耗材并进行使用，忽略了对高值耗材的管理。因此存在存储过程中无专人监管，易出现产品包装破损产品过期等现象。

在高值耗材的账务管理中，由于缺乏信息平台，物资的管理和账务管理在现行模式下出现了错位，使用科室管理物资，财务部门管理账务，相关管理部门只能在各自的管理层面对高值耗材进行文字或数字处理，临床科室的材料使用无人管理，容易出现账物不符、账账不符等情况。

此外现行的高值耗材管理模式无法对全部品种高值耗材进行追溯，部分医疗机构依然沿用手工记录的方式记载高值耗材的使用情况，没有实现电子化追踪记录，当高值耗材不合理使用或者出现不良反应时，无法及时准确的追踪查找，引发医疗纠纷。

在医院高值耗材管理的实际工作中，管理者会普遍发现，由于高值耗材品目繁多、型号各异、供应商不同、国产进口耗材定义标准不统一等原因的存在，医院高值耗材管理的工作很难科学、严谨地进行。此外，由于需要对植和性高值耗材的质量进行评估与控制，加强耗材质控管理，对高值耗材的可追溯管理的需求越发强烈。传统意义上的手工记账管理模式已经无法满足越来越高的追踪管理需求，更无法与医院HIS系统进行有效的交互对接，形成数据的有效整合，因此，梳理医院高值耗材管理模式及流程，并基于高值耗材从入库到出库、从使用到追溯、从设备物资部门到临床科室及手术室的全过程管理非常必要。

现阶段要积极参照药品进入医院的管理模式，全面构建医院医用耗材管理委员会。采购环节由院长负责，分社各个管理办公室、监督组织、专家库。管理部门要对采购办公室的医用耗材中标项目集中确认，设定招标规定项目之外引入的医疗耗材准入论证，强化审批操作，做好多项管理。建立高标准的专业库，依照不同病种设定高值医用耗材临床使用路径以及专家共识，拟定临床应用评价体系。医疗机构还要全面整合信息平台应用，以各个科室为基础单位做好耗材应用监管，对各项异常问题做好管理与通报，与绩效考评挂钩，对规范应用情况及时表扬与奖励。

针对高值耗材管理要建立内部信息系统，各个耗材对应唯一的二维码，应用信息平台对耗材实时跟踪监督，做好全过程监控。还要建立二级库，设定专业人员对耗材实施管理。完善现有的零库存管理模式，对医院各个科室、供应部门、多数患者信息集中收取与分析。以各项数据为基础，对高值医用耗材科学化管理。积极应用现代化信息管理系统，依照采购业务流程各项操作优化管理模式。建立采购与销售一体化的信息管理系统，对各个环节各项操作在线监控。做好现场采购上报管理，对各项事务严格控制，系统能自动化生成采购清单。在多数信息化平台应用中整合各项要素，实现集中透明化管理，对业务流程规范化控制。对全过程展开阳光管理，避免个人主观因素产生多项腐败问题，也能控制暗箱操作行为发生。

在高值耗材采购环节中，可以实施合同执行以及领域采购寻源分离模式，在信息系统中要做好程序设计。确保各个岗位之间能互相制约、相互监督、协调发展。在完整的系统建设中，要注重实践分级、分类、分金额审批模式。对各类物资购置实施责任制，依照系统降价审批流程，通过报批之后才能具体实施，降低人为要素参与。在信息系统建设中，基于物资采购业务流程划分以及各项细则管理，探究多样化的采购细化模式，通过信息系统建设优化采购管理成效，提高高值耗材管理效能。

对于高值耗材而言，过分地使用高值耗材不仅会造成医疗资源的浪费，也很容易造成患者的诊疗负担，所以，在未来的医院管理过程中，管理者们可以适当将科学选择高值耗材模式落实到实际的诊疗过程中去，通过设定价格封顶、价格目录等多样化的方式从使用源头上实现对医院高值耗材的把控，以此为强化公立医院高值耗材的管理提供保障。

综合上述，针对公立医院高值耗材管理要求要选取精细化的管理模式，强化多科室配合协作，积极应用信息化平台，实现高值耗材科学化管理。降低高值耗材管理损失，实现公立医院高效化发展。

第八节　科研教学系统

一、科研管理业务

1. 项目申报及立项　鉴于科研管理部门的工作多、事务繁杂，系统提供一种清晰的事务分类管理模型，如对于新课题的申报，可以根据管理上的需要，限制截止日期内上传，并自动对上报材料进行基本的分类，便于管理人员核实提交的各项资料是否齐备；同时在分配专家评审时，可实现批量处理；在课题经费的审批上，可以清晰地列出该课题的经费余额、使用情况，以确保经费合理、高效应用。

为课题申报者提供相对独立的管理界面管理自己参与的课题，可以实现对新课题的申报，课题资料的录入、修改以及维护，包括部分附加信息的上传，如一些会议图片、录音、录像等，更主要的是实现对课题的跟踪管理，方便课题申报者及时了解课题的进展，并对课题研究过程中的重大事件、活动、信息进行记录；同时可以随时了解本课题经费的使用情况等。

2. 项目预算　当课题经费到账时，会由系统生成一份经费到账申请单并记录课题编号和经费到账批次，经由系统接口把相关数据上传给财务系统，由财务系统审核，确认该笔费用到达后，在系统中进行经费到账设置，科研管理部门、科研负责人等均可以直接查看课题费用余额。

3. 项目报销　用户对课题信息发起申请，先填写课题，然后按课题填写支出和收入的明细。支持对用户申请课题余额的查看，申请余额的判断，已经审核完成的报表打印等功能。按申请课题进行审核，目前审核的顺序是科教科长到分管院长最后到财务科长的流程。其中，财务科长审核之后，对课题余额进行扣减，如果审核错误也能对课题进行反审核的退回。如果财务科认为报销金额有误，可以直接修改明细（财务科审核完成之后，通过短信的方式告知申请人）。按各个类别进行上报，包括论文、专著、课题立项、课题验收、奖励、专利、继续教育、荣誉、人才培养等。科教科长对各个上报的条目进行审核，同时对课题按类别、关键字、时间导出EXCEL，对不合格的条目通过短信退回通知进行修改。

4. 项目成果　医院所获得的科技成果信息均被统计并可查询。

5. 科研随访与数据管理　国家相继出台的《进一步改善医疗服务行动计划》《关于推进分级诊疗制度建设的指导意见》《"健康中国2030"规划纲要》等文件引导着我国医疗体系的着眼点不断从患者治疗向人民健康延伸。随访信息系统的建设与应用已成为患者从诊疗到预后再到康复整个过程的信息传输纽带，发挥了促进医患沟通的积极作用。

建立科研资源库，采集科研数据，为临床、科研、教学提供"医教研"一体的样本资源，同时资源库还包括各病种相关的文献资源，为临床科研教学提供一体化临床，科研及教学服务。

科研随访基于科研反哺临床的思想，主要用于门诊、住院患者离院后的随访、满意度调查、健康宣教等工作。以下是科研随访的基本功能。

（1）患者档案：平台从底层数据层面与医院信息系统和医院大数据平台对接，通过关键词搜索、高级搜索、纳排搜索等多种方式，自动匹配符合随访条件的随访对象列表，获取患者基本信息、病史信息、诊断信息、检查记录、检验记录、用药情况、门诊及住院诊疗记录，创建患者随访档案。

（2）随访知识库管理：知识库管理子模块提供标准化内容维护服务，包括表单库管理、表单总结设置、健康宣教库、专科随访规则、疾病知识库、药品知识库、急救指导知识库、知识库管理分配等。其中表单库管理可根据病种添加表单分类，支持模版引用，可自定义填空、单选、多选、矩阵、图片选择、下拉选择、多选输入框等多题型表单内容。编制完成的表单还可以设置共享、升级、启停等属性。

（3）随访计划管理：根据临床科研需求，为随访队列设置个性化随访计划，为满足相关条件的队列自动推荐随访表单，其他队列则手工匹配随访表单，设置随访频次、开始日期、随访任务，选择微信、短信、电话等多种随访方式。同时，随访计划配置基于随访表单数据的不良事件提醒和自动终止随访的功能。

（4）科室专病随访：根据各科室情况设定个性化随访路径规则，系统根据规则按随访计划时间自动生成随访任务，同一随访路径下可一并设置随访任务、宣教任务、提醒任务等。当触发不良事件条件时，自动进行不良事件提醒。随访路径可以编辑、停用，路径停用后不再发送。同时，系统自动判断患者复诊时间段（可任意设置前后多少天）内是否复诊，未按期复诊可人工修正复诊时间，再次提醒患者复诊。

（5）患者表单填报：患者通过微信消息推送或短信通知接收随访信息，在有效期内打开随访链接，填报随访计划定制的随访表单内容或阅读健康宣教、急救知识、专科注意事项等内容，完成后提交，临床随访系统会自动保存并标记随访状态，随访内容反馈给临床科室相关负责人，为下一步的诊疗计划提供决策。

而在科研资源库中科研数据经由数据采集与数据抽取汇总筛选而来，数据采集基于日志解析的数据库实时复制技术，通过对数据库日志在线解析实现数据的采集。该采集技术非入侵式采集的特性，对源端生产系统影响小于5%，在业务端无感知的情况下进行数据采集有利于保障生产系统的正常运行。同时基于日志解析的数据库实时复制技术在有效解决增量数据识别问题的基础上，可以实现对多种异构数据源的支持和实时复制转换的功能，满足了数据采集实时性的要求。

另一端数据抽取模式完成利用ETL工具配置接口开发、平台与汇集数据库接口开发等工作，实现汇集数据和汇集系统数据校验等功能。ETL工具提供了便于使用的RESTFUL API接口和方便的管理扩展机制，方便客户集成平台并扩展自己的插件集成到平台中。同时提供了大量的适配器插件方便各种异构数据库的快速集成，可以利用ETL工具快速进行汇集和对汇集数据的数据功能，同时利用大量的数据处理插件可以对数据进行数据处理，最后将汇集和处理的数据向平台信源数据库进行导入操作。

数据管理的基本功能为数据可视化分析统计即结合临床需求，提供智能化随访业务统计及可视化展示。如当前随访人数、随访人数趋势、近期随访人次、项目成员工作量、随访时间分布、随访率、失访率等。通过对随访数据的深度分析，针对随访项目形成个性化随访报告，为临床工作提供决策支持。另外，随访数据实时回沉到医院大数据科研平台，可以为临床科研工作提供更完整的数据支撑。

科研随访与数据管理的建设，充分利用了互联网、大数据及人工智能等前沿技术，提供了患者诊后随访、健康宣教、满意度调查等一系列院后患者管理服务，在医院与患者之间搭起了沟通的桥梁，实现了患者从离院再到入院的复诊闭环智能化管理流程。

二、教学管理业务

1. 教学计划管理 支持护理部、科室管理者制订本部门的教学计划，并可上传与教学计划相关的文件资料。支持管理员搜索、编辑和删除已创建的教学计划。支持上级部门管理者直接查阅下级部门制订的教学计划。管理员可将教学活动（如考试、培训等）与教学计划关联，不断丰富和完善教学计划，并支持将一个教学活动关联多个教学计划。管理者能看到计划中各教学活动的完成状态及培训人员的完成情况，能针对不同群体设定不同的培训考核要求，并允许学员自行查看。

2. 在线培训管理 可上传培训课件至平台，包括文档、图片、视频、音频等多种素材类型，上传文件大小无限制。①支持在线播放：支持视频、音频、文档等格式文件的电脑及手机端在线播放。视频格式：包括3GP、AVI、FLV、MP4、WMV、MKV、

MOV等；音频格式：包括AAC、MP3、PCM、RealAudio、WMA等。文档格式：包括DOC、DOCX、XLS、XLSX、DPT、PPTX、PDF等。上传的音视频文件在满足观看要求的前提下支持自动压缩，以便学员观看时更加流畅，并节省网络流量。②课件分享：支持将培训课件公开分享给学员学习。③课件分类：支持将上传的课件按自定义分类进行归类。④文档观看时长：支持设置学员观看文档时长，达到规定时长才算学习完成，保证学员有效学习。⑤课件权限：支持设置是否允许学员下载视频、是否允许院内共享。⑥视频插题：支持在视频播放中插入试题，学员回答正确后才能继续观看，保证培训质量。⑦支持添加培训内容及学习顺序：可以添加课前评估、培训课件、随堂测验、问卷调查、课后作业等内容，支持对教学进程控制严格的课程，按照教学要求顺序进行学习。⑧设定培训通过条件及学分：支持根据不同的教学活动内容设定不同的培训通过条件及学分。⑨支持授予培训学分：支持培训完成后，自动/手动授予学员对应的培训学分。

3. 现场培训签到管理　①培训分批预约：对于现场培训，系统提供分批预约功能，管理者可以设定各批次培训时间，学员可以根据时间安排选择培训时间段，并且支持管理员通过手机更改预约上限人数，以便应对突发情况。②签到码设置：签到码可以设置成静态码和动态码。动态码须智能变化，防止学员代签。③签到次数设置：支持设置多次签到，防止学员培训时早退。④手机扫码签到：系统支持手机扫码签到功能，实现无纸化管理。⑤多设备开启签到：支持线下签到二维码在多个设备上同时开启，以便提升签到效率。⑥自动通知：管理员发布的签到活动支持微信等方式通知，并且对于未完成的人员可进行再次通知和定期通知。⑦科室培训点名：对于科室举办的培训，管理员可以通过手机进行现场点名，并将出席信息记录到系统中。⑧培训学分设置：签到完成后，可自动授予学员对应的培训学分。⑨线下培训学分设置：系统支持对线下培训添加主讲人，并可对主讲人授予学分。⑩课前评估：培训开始前，对学员先进行课前评估考核。⑪课后考核：培训结束后对学员进行课后考核，检验培训效果。可结合课前评估进行分析比较。⑫签到信息统计：支持随时查询培训人员签到情况，可以按照培训率、课前评估正确率、随堂测验合格率统计查询。⑬签到信息导出：支持将培训签到人员的信息导出到EXCEL中，方便存档。

4. 在线考试管理　①题库管理：系统支持医院录入试题，建立医院个性化私有题库。②关键词搜索：系统支持通过关键词的形式对题目进行搜索，以便快速查找试题。③添加多种试题：支持创建单选题、多选题、不定项选择题、判断题、填空题、问答题、案例题等多种类型试题。④自定义试题分类：支持管理者自定义归类试题，方便管理者组卷筛选试题。⑤试题权限：支持设置试题是否公开，确保考试的保密性。⑥错题率统计：按照历次考试的正确率统计每道试题的错题率。⑦题库维护：系统支持批量录入及修改试题，可对医院自有题库进行增、删、改、查，以便及时更新维护题库。⑧创建试卷：系统支持从医院自有题库中按照题型、能级、难易度、错题率等多种维度筛选试题。

5. 临床操作考核管理 ①评分表录入：支持将医院评分表录入系统，支持常规评分表手动录入成绩及EXCEL表格导入。②评分表共享：评分表默认全院共享，限上传者拥有修改权限，其他科仅可使用。③添加多张评分表：管理员可以在操作考核中添加多张评分表，操作考核时可以从中随机选择一张进行考核。④设置多人考核：对于操作考核，可以设置多名考核人员，取平均分作为考核成绩，并可对评分人员进行学分授予。⑤操作考核分批设置：对于操作考核，支持设置多个时间段分批进行考核。⑥自主预约参加：学员可根据自己的时间安排预约参加操作考核。⑦操作考核在线评分：支持考官直接通过手机等移动设备进行操作考核打分，同时可设置是否允许考官对自己进行评分，并支持对考生考试时出现的特殊情况进行备注，以便日后查阅。⑧考核时间记录：系统支持操作考核计时功能，可以记录学员操作用时。⑨快速扣分：在设定考核时间内未完成的考核项目，支持进行快速扣除未完成项目的分数。⑩失分点统计；支持按操作考试项目统计不同考点的失分频率及失分率，以便发现问题，进行针对性改进。⑪考试成绩分享：支持将操作考试成绩分享给其他科室，其他科室可以查看考试具体详情，如考试成绩分析、考试对比图表、考试错题分析等。⑫多场考试成绩汇总导出：系统支持将多场操作考试成绩汇总导出，方便对数据进行统一分析。⑬评分表存档：支持操作考试评分表打印，以便存档应对检查。打印格式经过专门优化，以节省纸张。

6. 人员档案管理 ①学习记录汇总：系统自动汇总学员参加的培训考核记录，方便管理员查看。②人员档案录入：支持管理员将学员的个人基本信息等批量录入系统中。③个人技能申报：支持学员通过手机端申报自己的进修、论文、专利、奖惩等情况，并可上传相关附件信息。④申报信息审核：支持管理员对学员的论文、专利等申报信息进行逐级、多级审核，审核通过后自动记录到人员档案中。⑤技能档案：支持管理者查看管辖范围内人员的培训记录，包括所有的培训及考试记录，为等级评定、能力评估等提供依据。⑥技能档案导出：支持将学员的技能档案一键导出EXCEL表格，方便整理归档。⑦考核完成进度统计：系统对人员档案和考核要求进行多维度计算，自动计算学员的考核标准完成率及各项培训考核完成进度，方便管理员及时提醒和管理，学员也可自行查看。⑧科室完成统计：管理员可以查看各科室的教学完成进度。

7. 实习人员管理 ①实习信息及分组管理：支持管理员对实习人员个人信息进行编辑、删除及分组管理，每组实习生可以轮转调动。②科室实习人数设置：支持管理员设置科室可接纳的实习进修人员数量，方便后续人员轮转安排。③科室轮转管理：支持对实习人员进行科室轮转安排，记录科室当前实习人数情况，出科入科时间、科室名称等信息。④轮转计划查看：支持科室、实习生在手机端查看实习轮转计划，以便快速查看实习轮转安排。⑤添加带教老师：支持对实习人员添加带教老师，方便对实习人员进行管理。⑥出科评价：实习生在一个科室完成实习后，管理员可对学员实习情况进行评价，并可设置评价内容是否对实习生可见，以便保护管理员评价的隐私性。⑦实习生转正：系统支持将已完成实习的学员进行手动或自动转正，并支持将转正的实习生直接编入正式员工科室。

8. 护士培训管理　①规培人员管理：管理员可以在系统中添加及维护规培人员信息。②规培轮转管理：支持对规培人员进行科室轮转安排，设置轮转科室及相应培训时间，系统按顺序实现自动轮转，并发消息通知学员和科室老师。③岗前培训计划：支持护理部按在线培训、现场培训、在线考试、操作考试制订教学计划。④轮转学员：支持查看当前轮转学员培训完成情况，发布培训和考试；支持查看历史轮转学员的培训记录。⑤科室轮转培训：支持护理部按科室查看每个科室的培训计划和轮转学员规培情况，便于实时监控各科室执行情况。⑥转科提醒：学员转入科室前，系统自动发消息通知学员和科室老师，方便学员提前预习，科室老师准备培训计划。⑦轮转记录查询：管理员可以从规培护士和科室的角度查看科室轮转计划，尽力做到进出平衡。⑧带教老师设置：系统可以在科室中设置带教老师，老师可对规培护士进行管理及评价。⑨出科考核评价：当规培护士在该科室学习结束时，老师可以通过系统对学员进行考核评价。⑩轮转及评价信息查询：规培护士可以通过手机查看自己的科室轮转信息及评价信息。⑪规培档案：记录学员所有培训、考试明细，形成规培手册，为能力评估等提供依据。

9. 专项分组培训管理　专项分组培训包括专科化培训、重点人才培训、学组培训、拓展培训、继续教育培训五大类。可通过以下功能进行管理。①自定义小组：管理者根据场景需要，可设置小组名称、简介、封面。②指定小组管理员：可指定管理者负责小组培训考核。③添加小组成员：管理者可任意添加小组成员，支持移除成员。④小组培训计划：小组管理者制订小组培训计划，包括理论和技能培训。支持设置培训内容是否对小组外公开、培训课程是否长期开放给小组成员学习。⑤培训进度监控；管理者可以看到培训计划中各类教学活动的执行情况，可以看到哪些活动还未开始、哪些已经结束等，并可查看具体考试或培训活动详情。⑥培训结果查询：医院管理者和小组管理者可以查看小组内单场培训/考试的结果，了解培训情况，掌握成员学习情况。

第九节 远程医疗系统

一、远程会诊业务

在互联网时代，远程医疗成为医疗信息化发展的重点。远程医疗是指通过计算机技术、通信技术与多媒体技术，同医疗技术相结合，提高诊断与医疗水平、降低医疗开支、满足广大人民群众健康需求的一项全新的医疗服务。视频会议给医生与患者之间的视频沟通提供了桥梁，远程诊疗、远程医疗培训、医疗观摩、手术示教等都可以通过视频会议来实现。

医院远程医疗会诊系统搭建起了大型医疗机构和中小医院之间的沟通桥梁，使大型医疗机构的优势充分发挥，实现医疗资源的共享，缓解了医疗资源分布不平衡问题。利用物联网和远程通信等技术手段，医院远程医疗会诊系统实时将会诊室或手术室全景以及患者医疗数据或手术细节经由高速网络传输到会诊中心，由专家远程进行病情会诊以及手术指导，实现了专家与患者、专家与医务人员之间异地“面对面”的互动，在医学专家和患者之间建立起全新的联系，使患者在原地、原医院即可接受远地专家的会诊，并在其指导下进行治疗和护理。

远程会诊平台，主要采用了创新的远程急救模式、会诊时的远程查体、远程重症患者监护、开放式远程会诊平台等关键技术，结合地区业务开展情况，实现了交互式远程会诊、离线式远程会诊、远程检查、远程急救和医生下乡远程会诊等应用功能，有效提升了基层医疗服务能力及疑难重症救治水平。

（一）医院远程医疗会诊系统的优势

1. 突破空间限制，实现医疗资源共享 医院远程医疗会诊系统使远在千里之外的患者能够得到本医疗机构专家的诊疗，也可以将远在千里之外的医疗专家请进“家门”，解决医学难题，为患者解除病患。

2. 节约时间，降低患者病情恶化的风险 现实在组织会诊时，需提前向各位专家预约时间，确定会诊时间，安排好出差行程，耗费大量的时间和精力，而对于病情严重的患者来说，时间就是生命，患者的病情有随时恶化的可能，医院远程医疗会诊系统降低了这种可能性，为稳定患者病情争取了时间。

3. 免除疑难杂症患者的奔波之苦 对于条件有限的医疗机构，如不能及时诊断病情，就需要对患者进行转院处理，而很多情况下，患者的病情已经不起转院的奔波劳累。医院远程医疗会诊系统可以缓解患者转院的迫切性，通过远程会诊，异地专家可以先诊断病情，通过医疗手段稳定病情后，再实施转院。

4. 提高医疗机构的医疗诊断水平　通过专家会诊，医生可以学习专家诊断资料的经验，同时向专家提出各种疑难解答，而专家在会诊过程中的思路、言行都将给基层医疗机构医生拓宽诊疗思路、规范诊疗程序、获取最新医疗信息和诊疗技巧带来莫大的帮助。另外，良好的视频效果还可以直接让专家为患者“望、闻、问、切”，作出诊断治疗。

5. 提升经济效益　相比传统的医疗会诊，远程协同会诊在一定程度上节省了医疗机构与患者在时间和金钱上的花费。

（二）构建医院远程医疗会诊系统的必要条件

1. 硬件条件

（1）计算机：远程医疗的特点是患者在远地，医生通过计算机网络传送的音频和视频信号与患者及患者的主管医生进行交流，从而达到远程咨询的目的。因此，构建医院远程医疗会诊系统必须通过计算机来实现。

（2）诊疗仪器：对于医院与院外层次上的应用而言，其技术关键不仅在于医院的网络和信息技术的水平，还在于是否具有适于院外医疗服务需求者使用的医疗设备，这些设备在性能、价格以及使用的便利性上都对现有的诊疗工程技术提出了新的要求。

（3）视频采集和捕捉设备：医院间开展远程医疗时，有时需要进行实时的音频和视频传输，普通计算机的配置无法满足这种需求，必须安装相应的音频和视频设备，如视频捕捉卡、摄像头、声卡、音箱和麦克等才能使远程医疗在良好的条件下进行，以达到预期的咨询效果。目前也有很多是通过手机设备进行视频采集的。

（4）网络设备：无论远程医疗是以实时或非实时的方式进行，其工作的开展均离不开网络。因此，必要的网络设备是远程医疗成功开展的保证。

2. 网络条件　医疗保健技术、远程通信技术和信息学技术是构成远程医疗的三大支撑技术。其中，远程通信技术为远程医疗应用提供了强有力的技术支持。远程医疗中传送的医学信息主要有数据、文字、视频、音频和图像等。数据和文字信息的数据量较小，对通信要求不高。而音频和视频信号数据量较大，而且在远程会诊和交互式会议中需要实时传送视频和音频信号，因此对通信要求较高。但无论传送何种信息，均需要医院有网络的支持。远程医疗的网络通信方式大体上可分为有线网络和无线网络。

3. 软件条件　实现远程医疗除了必须具备上述各种硬件条件和网络条件外，还需要具备一套远程医疗会诊软件，通过这种软件的工作界面来发送和接收信息，达到与对方交流的目的。同时，随着信息技术的发展，各种数据库作为远程医疗工作信息存储的工具也逐渐得到广泛应用。

二、区域诊断中心业务

区域诊断中心业务可进行集中诊断、审核，实现对下级，特别是基层医院影像检查的集中诊断和集中审核，实现区域内影像设备和人才资源的共享和复用，从而提高区域范围的影像诊断质量和服务水平。可通过跨机构检验标本流转业务应用，解决基层医疗机构医疗设备和人员缺乏、临床检验力量薄弱的问题，提高基层医疗机构检验质量水平，还可促进区域内医疗机构影像和检验信息的共享。通过建立区域检验和影像信息库，可实现基层医疗机构和大型医院之间检验、影像过程和结果信息的合理存储和有效共享。

影像、检验、心电等区域诊断中心业务能进一步整合区内优秀医疗资源和业务系统，加快医疗资源的综合利用和信息共享，减少患者就医的费用。患者只需在家门口的社区卫生服务中心就诊、检查，就可以得到区级医疗专家的诊疗服务，而且诊断报告可通过信息交换共享平台，在全区医疗机构的医生工作站调阅使用，为患者双向转诊提供便利。

依托诊断中心网络平台，基层医务工作人员可通过参考专家的诊断描述提高自身业务素质，这对提升全区诊疗水平大有裨益。

本章小结

在经济日新月异的发展下，医院信息化建设的重要性也日趋显著，其中医院信息管理系统也得到了一定的重视，并在整体信息化建设中发挥着极为关键的作用。作为服务于民的大型机构，医院信息管理系统的科学合理性不仅会直接影响患者的病情治疗，还决定着整个医院的工作质量及效率。因此，医院信息管理系统中各功能系统间的建设至关重要，科学合理的医院信息管理系统既能提升医院信息化管理水平，又能促进医院的长足发展。

本章分别从医院信息管理应用、基础业务、电子病历、医技系统、行政系统、患者服务系统、管理系统、科研教学系统、远程医疗系统9个方面阐述了其各个相对应的基本概念与特征，对其各自系统拥有的独立性与关联性进行了表述。各自系统既单独运行，又完整地协作形成闭环，不仅能够全方位提升医院的整体运行成效，全面优化医院各个部门之间的信息沟通，而且能够切实有效地提升医院的运营管理效率、医疗质量和患者服务能力，深入推动医院各项事业的高质量发展。

综上所述，本章针对医院信息管理应用中的9个方面进行了较深层次的探讨，以期为相关业界人士提供有价值的参考。

（赵　艳）

第五章　医院大数据应用与信息系统数据治理

学习目标

1. 掌握　医疗大数据的现状及其面临的问题；数据治理的必要性和可行性。

2. 熟悉　医院信息系统数据概念；数据治理目标和数据治理的方法体系。

3. 了解　数据治理的组织实施。

第一节　医院信息系统数据与大数据

一、医院信息系统数据概述

（一）医院信息系统数据的概念

医院信息系统数据是指利用计算机软硬件技术、网络通信技术等现代化手段，在医疗活动各阶段中产生的各种数据的总称。

（二）医院信息系统数据的分类

1. 按照数据来源与应用方向两个维度分类

（1）诊疗辅助类：通过对医院信息系统、医疗设备在患者病情咨询、预约、诊断、治疗等过程所产生的医疗健康数据。

（2）健康监测类：基于移动物联网对个人身体体征和日常行为进行监测的生命体征数据，多被用于慢性病患者的自我管理。

（3）公共卫生类：对重大疾病、传染病的预防、监控和医治所产生的相关信息数据。

（4）定向生物医学类：指关于新药品研发、生物标本和基因测序的信息，多应用于个性诊疗、精准医疗和临床药物实验等医学研究。

2. 按照数据格式分类

（1）结构化数据：指由二维表结构来逻辑表达和实现的数据，严格地遵循数据格式与长度规范，主要通过关系型数据库进行存储和管理。一般特点：数据以行为单位，一行数据表示一个实体的信息，每一行数据的属性是相同的。医院信息系统（hospital information system，HIS）、实验室（检验科）信息系统（laboratory information system，LIS）、放射信息系统（radiology information system，RIS）等产生的数据都属于结构化数据。

（2）非结构化数据：指数据结构不规则或不完整，没有预定义的数据模型，不方便用数据库二维逻辑表来表现的数据。包括所有格式的办公文档、文本、图片、各类报表、图像和音频/视频信息等。影像归档和通信系统（picture archiving and communication system，PACS）图像数据属于非结构化数据。

（三）医院信息系统数据利用

医院信息系统产生的海量数据对医院的临床研究和科学管理有着十分重要的意义，通过数据挖掘整理可以利用获取的知识理解事物、预测未来、进行干预，为下一步的工作和决策提供科学依据和数据支持。常见的挖掘分析有以下几类。

1. 临床诊疗分析　在医院诊疗过程中，常年积累下来的各种数据包括患者的基本情况、行为数据、诊疗数据、管理数据、检查数据、电子病历等。根据国家《医疗机构病历管理规定（2013）》的相关要求，门诊病历保存时间不少于15年，住院病历保存时间不少于30年，期间积累的数据样本量和数据维度都具有相当大的分析价值。医务人员可以通过临床诊疗数据的分析对患者开展针对性服务，从而提高医疗服务质量，提高患者满意度和就医体验。

2. 时间周期分析　对患者就医过程中的各时间节点进行分析，可以了解患者就诊流程中各环节消耗时间的情况，从而促进医院有针对性的采取优化措施，在提高患者就诊效率的同时提升医疗资源使用效益。还可以建立时间序列预测模型，发现患者数量的周期性规律，优化医院人力、物力、财力管理策略。

3. 费用结构分析　通过对患者就诊过程中产生的药品费用、检查费用、治疗费用、手术费用、检验费用等数据的监控、分析和研究，可以对规范诊疗行为、促进合理医疗产生积极影响。

4. 单病种分析　通过对单病种诊疗的费用结构进行分析建模，可以为临床诊疗提供更具性价比的治疗方案，在确保基本疗效的基础上，为患者减轻经济负担，为医院提质控费提供新的管理工具。

5. 医学科研分析 医学科研人员通过整合医院信息系统的诊断数据、治疗方案、治疗效果等医疗数据，建立疾病标准数据集和疾病研究模型，实现疾病进展预测、评价诊疗效果、辅助临床研究，可以帮助医学科研人员寻找科研方向、提升研究工作效率。

6. 医疗管理分析 通过对海量数据进行汇总整理和统计分析，可以从门诊量、收容量、手术量、平均住院日、床位使用率、医疗收入、人均费用、人均药费、药占比等常用医疗指标掌握医院运营情况。通过对医疗指标的同比、环比，可以分析和预测医院医疗运行情况和发展趋势，为医院数字化转型提供数据支持。

二、大数据与医疗大数据的概念

互联网技术的高速发展，带来了数据技术、数据应用、数据价值的重大变革，以用户数据为基础，通过扩大数据的透明性、共享性和流动性，更多的相关关系被分析挖掘出来，为各个研究领域提供了全新的思路。1980年，美国著名未来学家阿尔文·托夫勒（Alvin Toffler）在《第三次浪潮》一书中第一次提出了大数据（big data）的概念，并将其赞颂为第三次浪潮的华彩乐章。时至今日，大数据在政府决策部门、行业企业、研究机构等得到了广泛的应用，并创造了实际价值。麦肯锡全球研究对于大数据的定义是一种规模大到在获取、存储、管理、分析方面大大超出了传统数据库软件工具能力范围的数据集合，具有海量的数据规模、快速的数据流转、多样的数据类型和价值密度低四大特征。维克托·迈尔·舍恩伯格及肯尼斯·库克耶编写的《大数据时代》指出，大数据具有“5V”特征，即规模巨大（volume）、速度极快（celocity）、模态多样（variety）、真伪难辨（veracity）和数据价值性（value）。按照数据产生的方式。大数据可以分为两种类型：一种是网络大数据，指在互联网上发生的，蕴含丰富可被发掘的具有社会、商业或科研价值的大数据；另一种是企业自身的产品和服务产生的大量的密集型“超大规模”或“海量”数据。

随着科技的不断发展，大数据、人工智能、云计算等新兴科技逐渐在各行各业中兴起，其中医疗领域作为大数据及人工智能应用的重要领域，其数据的复杂性、研究性及庞大的数据量为大数据及人工智能的应用提供了坚实的基础。医疗大数据是针对医院和健康服务机构，在医疗业务中常年积累下来的临床数据，包括大量的病历、诊断、筛查、检测等数据。国家为规范医疗大数据应用，发布了一系列指导意见及通知。2016年6月，国务院办公厅发布的《关于促进和规范健康医疗大数据应用发展的指导意见》中提出，健康医疗大数据是国家重要的基础性战略资源，健康医疗大数据应用发展将带来健康医疗模式的深刻变化，同时有利于培育新的业态和经济增长点。在国家政策的引导下，江苏、福建、山东、安徽、贵州五省已完成健康医疗大数据区域中心的建设并作为互联互通试点省。医疗大数据中心的建设为海量医疗数据的采集、汇聚与应用提供了便利的平台，并为将人工智能融入医疗提供了基础。

案例讨论

【案例】某医院医疗大数据平台采用国产自主可控的硬件资源管控优化系统，整合服务器、存储和网络资源，为医院大数据处理提供基础算力。通过数据中台与医院HIS、电子病历系统（electronic medical record，EMR）、PACS、LIS等对接。制定符合医院需求的数据操作标准，充分利用人工智能（artificial intelligence，AI）技术，发布面向业务场景需求的数据操作服务，支撑管理决策、教学科研、临床业务和公共服务四个方面的应用系统。整体建设内容如图5-1所示。

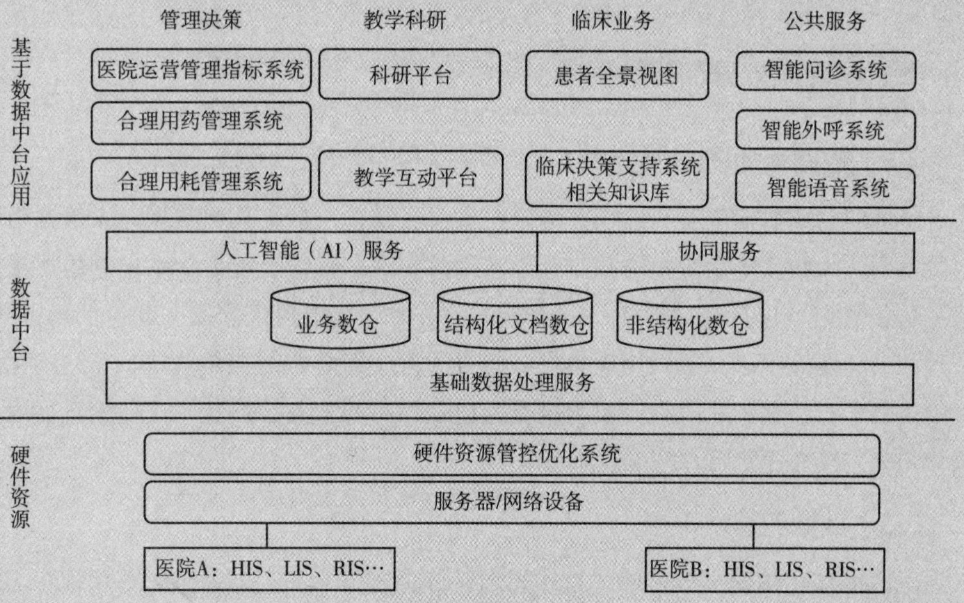

图5-1　医疗大数据平台架构

医疗大数据平台可提供一站式医疗大数据处理能力。患者个人身份标识等主数据字典可被医院信息系统共享，使医院各个业务科室协同及患者跨域就诊更加方便。医疗大数据平台可提供数据汇聚、数据治理和数据分析工具，整合多维度、多类型诊疗数据；建立实用有效的数据治理体系，持续改进数据质量；建立个性化的数据分析模型，支撑医、教、研、管的数据利用需求。AI技术的运用能显著减少数据人工处理工作量，提升数据分析效率。平台可提供灵活的单科、单病种数据库建模工具，支撑多中心临床研究、队列研究和长期随访需求。医疗大数据平台还可实现高级决策支持，帮助医院提升医疗质量和安全、改善服务水平、降低医疗费用、提升工作效率、节省运营成本，使医院效能显著提升。

【讨论】建设医疗大数据平台有哪些益处？

第二节　医疗大数据的治理

随着海量临床数据的获取，数据完整性、一致性、安全性等问题成了影响数据应用的关键因素。医疗大数据所特有的阶段性、时效性和冗余性问题也导致医疗数据在应用过程中面临诸多问题。

一、医疗大数据存在的问题

（一）数据种类多

传统的临床数据中心一般仅存储医院信息系统产生的结构化数据，大数据平台则与之不同。大数据平台采集的数据类型、种类更多，且需要将异构系统的数据集成汇聚。这些数据既包括医嘱、药品、检验、手术治疗等结构化数据，也包括病历文档、护理文书、图文报告、基因测序数据、医学影像文件等非结构化数据。非结构化数据一般需要通过自然语言处理、机器视觉、机器学习等人工智能技术进行信息提取、结构化处理，以方能使用者更有效地利用。

（二）数据完整性不足

医院信息化建设一般采用“总体规划，分步实施”的实施策略，医疗管理实践中又经常采用PDCA（p代表“plan，计划”，D代表“do，执行”，C代表“check，检查”，A代表“action，纠正”）等持续改进的方法论，使医院信息系统普遍面临严重的信息系统集成挑战，各种原因导致的信息孤岛随处可见。三级卫生信息平台与各个医疗机构数据交互总体水平不高，且医疗机构又缺乏获取自然环境、社会环境以及经济属性信息的途径，导致围绕医疗行为全程的数据完整性不足。数据完整性不足主要体现在两个方面，即可获取数据的缺失和不可获取数据的缺失。

1. 可获取数据缺失　可获取数据是指临床数据中一些客观数据，可以从数据库其他表的字段中通过表关联、计算、推导等技术手段重新获取，例如年龄、性别数据可以从身份证号码中提取。身份证号或医保号码可以通过表关联以往的就诊记录中的医保或身份证号，对缺失的数据进行核实。

2. 不可获取数据缺失　不可获取数据主要是指临床数据中一些主观输入的数据，无法通过表关联等技术手段从数据库其他表的字段中获取，情况则更为多样。例如，诊断心力衰竭需要心脏彩超数据，诊断大肠癌需要病理和生存数据。对于已经实施超声信息系统和病理信息系统的医院来说，心脏彩超数据和病理数据都是有的，但这些数据被分散在不同的信息系统中，需要将这些数据集成汇聚到一起，比如在一个临床数据中心中，才能方便地使用数据。

此外，与终点事件相关的死亡信息和再入院率数据普遍存在缺失或偏倚现象。如果患者未在医院宣布死亡，系统就无法获取患者的生存状态，进而影响病案首页数据的质量，更无法准确进行治疗效果评估。围绕医疗行为全程的数据缺失，将导致无法建立完整的疾病数据链条，进而影响数据驱动的临床辅助决策的应用效果。

（三）数据一致性欠佳

以患者主索引信息和时间点数据为例，由于各个信息系统均会针对适用业务场景建立独立的患者主索引信息，且一般可独立维护数据，所以几乎不可避免地会由于人为原因导致患者基本信息在不同系统中存在差异。由于不同系统的时间点数据格式差异、采集方式差异、算法差异或服务器时间差异，甚至会导致患者的年龄在不同系统中存在差异，有时会给诊疗、结算和统计带来麻烦。数据元和元数据标准不同也会导致系统间数据不一致，例如针对某一药品，不同地区、机构或系统可能采用不同的字段描述和编码规则。数据不一致的问题会给多源数据整合带来极大问题，如果不经过数据映射或归一化处理，几乎无法直接使用。

（四）数据准确性不足

现今的医院信息系统数据大部分仍来源于人工录入，这意味着在数据录入的过程中，人为导致的数据差错很难完全避免。大部分医院尚未建立完善有效的数据质控体系，多数只能依赖管理职能部门以人工方式对特别重要的数据项（比如病案首页）进行极为有限的数据质控。除有明确需求（比如科研需求）外，参与数据录入的工作人员很难有动力提升数据质量、也缺乏能有效提升数据质量的辅助技术手段。增加数据质控点则需要改造业务流程，会导致系统操作更烦琐，在实践中面临较大阻力。

（五）数据管理不统一

目前大部分医院还没有建立统一的临床数据中心，实现数据的统一管理。数据以原始状态存储在各个系统数据库中。开发、实施涉及多系统数据的应用系统时，需要调用多个数据接口，即使通过服务总线等中间件工具实施，数据的提取、处理也要花费大量时间。各应用数据在使用过程中相互独立，抽取、清洗、处理过程需要重复开发，结果无法重用，导致数据应用效率低，成本高。尤其是基于临床诊疗数据的应用，难以形成从数据采集、存储、整合、分析到应用的完整闭环。应用过程中，难免会出现数据采集不完整、数量质量不高、信息提取不准确等问题，极大地降低了使用效率。

（六）数据安全性堪忧

由于医疗数据中往往包含了大量涉及患者个人信息、就医记录等隐私信息，在提供网上预约诊疗、健康监测等医疗行业惠民服务的同时，数据集中存储与软件外包服务带来了数据利用和再利用过程中的数据权力、责任和权益的失控风险。数据整合、大数据分析及结果的公开都可能对数据所有权、数据利用权产生影响。特别是碎片化的个人信息再次整合后基于个人身份识别的各种应用，可能对个人隐私带来较大的暴露风险。

二、医疗大数据治理的必要性

数据已经成为现代化医院建设的重要基础类资源，医院在长期的医疗活动中积累了大量的数据，这些数据不仅用于医院的日常业务流程，还被用于病种分析、精准医疗、科研项目、决策分析等领域，如果数据存在问题，并且缺乏有效的治理手段及方法，会导致数据无法被精准高效地使用，从而影响相关工作。

从医疗大数据的现状可以看出，如果想要充分利用现有海量医疗数据，就必须从源头解决数据质量问题，在数据的获取、录入、使用等多个环节对数据进行监督与控制，对数据的不同应用场景进行预判。借助适当、有效的大数据治理措施，医疗数据将更好地为医院医疗、教学、科研、管理等工作服务。医疗大数据治理是医院实现数字化转型和高质量发展的必经之路。

（一）医疗大数据治理有助于医院内部系统的互联互通及数据共享

从20世纪90年代，各大医院陆续开始引进HIS系统至今，医院普遍经历了将纸质数据数字化的过程，数字化系统已经普及至全国各大中小型医院。然而已经建成的各类数字化系统，如HIS、LIS、PACS等之间并没有专门针对异构系统互联互通和数据共享进行专门的设计和优化，由于数据分散在不同系统中，缺乏统一的数据元和元数据定义，因此在系统对接上存在数据标准性差、数据一致性差、数据完整性差等问题。要妥善解决这些问题，需要建立手段多样、过程完整、务实有效的数据管理机制。

（二）医疗大数据治理有助于实现医院内部数据的互联互通

与早期使用数字化系统方便数据使用和保存的目的不同，现在的智慧医疗系统不仅肩负着医院日常稳定运行的需求，更承担着挖掘数据价值、推动医院高质量发展的重要责任。在数据存储分散、质量无法保证的情况下，即便存储了海量数据，也依旧难以通过分析转换为信息，为医院发展作出应有贡献。这样的数据很难被称为医院的“数据资产”。通过开展数据治理，可以逐步改善院间、院内的数据“私有化”问题，进一步推动数据共享。通过建立统一的数据治理组织体系，明确数据共享的权力、责任和权益，建立数据共享的奖励机制，使各数据持有方愿意共享数据。通过统一的数据标准，使数据交流更加规范，从而使数据互通从技术上得以实现。通过建立健全数据互通的安全保障机制，保证数据之间的安全传递，从而解决数据互通面临的安全隐患。在进行数据治理的同时完成医院数据整合，为医疗数据的进阶分析、医疗大数据的挖掘利用创造必要条件、奠定坚实基础，对医院高质量发展、医疗服务改革甚至医学发展都有重要意义。

（三）医疗大数据治理有助于医院实施数据驱动的科学决策

医院现有系统所涉及的数据类型繁多，结构化数据与半结构化、非结构化数据并存，且来源不同，在没有数据治理的情况下，很难直接获取这些不同类型数据之间的关联信息，更无法挖掘数据价值。通过数据治理，将这些无法直接使用的数据转换为可以深入分析的高质量数据，才能更好地发挥数据的潜在价值，为医务人员提供更好的科研支持，并为医院管理者提供更加科学的数据化决策，为患者提供更加安全、精准、高效的医疗服务。

（四）医疗大数据治理有助于提升数据的安全性

数据的数字化存储，在提升数据管理水平和应用效率的同时，也在一定程度上增大了安全隐患。医疗数据作为包含大量患者隐私信息的敏感数据，其信息安全问题更需要审慎对待。通过数据治理，明确数据产权和访问权限、制定管理制度，规范数据访问、处理和使用行为，有助于及时评估和管控风险，从而改善医疗数据的安全状况。

三、医疗大数据治理的可行性

（一）政策保障

近年来，随着以云计算、大数据、物联网、5G、人工智能等为代表的新兴技术的不断发展与成熟，传统行业与这些新兴技术相融合的脚步也在逐渐加快。其中，以医疗大数据深度应用为标志的医疗新业态为医疗行业的发展提供了新的方向。为了更好地推动及规范医疗大数据行业的发展，2016年6月，国务院发布的《关于促进和规范健康医疗大数据应用发展的指导意见》为健康医疗大数据应用发展模式指明了方向。2018年9月，国家卫生健康委员会出台的《国家健康医疗大数据标准、安全和服务管理办法（试行）》明确了健康医疗大数据的定义，并在标准管理、安全管理、服务管理三个方面对医疗大数据的监督、管理、责任等方面进行了规范，充分表明了国家对于健康医疗大数据的重视。

实施医疗大数据治理，有利于响应国家对医疗大数据应用发展的号召，更好的落实国家对于医疗大数据的安全、管理和使用等方面的要求。针对医疗大数据治理所面临的问题，国家市场监督管理局和国家标准化管理委员会发布了《信息技术服务　治理　第5部分：数据治理规范》（GB/T 34960.5-2018），该规范明确了数据治理体系，为医疗大数据治理提供了实践参考。

各类国家政策的出台，为医疗大数据治理提供了政策保障，促使各医疗机构及应用单位更加积极的探索医疗大数据治理措施，进一步推动医疗大数据相关行业的发展。

（二）技术保障

相较于传统医疗数据的录入、保存、处理方式，如今医疗大数据在治理手段方面已经有了较大提升，大数据、人工智能、云计算等新兴技术的发展使得大数据治理过程越发高效、准确、智能。医疗大数据治理过程中面临的问题，已经能够利用已有的技术得到部分解决。比如非结构化数据较难处理的问题，可使用自然语言处理技术将诊断、医嘱等自然语言文本中的关键词提取出来；可采用图像识别技术将传统手写病历以及影像文件中的关键信息识别出来。可以借助数据清洗程序，对错漏数据进行修改和补充。可以通过开发信息化的质控流程，从源头把控数据质量。针对数据安全性不足的问题，信息安全领域也有了成熟、众多的加密方式，例如K-匿名、L-多样性、T-保密等不可恢复脱敏算法以及对称加密、非对称加密、保形加密等可恢复脱敏算法。虽然如今的技术发展水平无法解决所有医疗大数据应用方面的问题，但依靠信息技术，实现对医疗大数据开展治理的技术路线是基本可行的。

四、医疗大数据治理的目标

医疗大数据是国家重要的基础性战略资源。医院数据治理工作不仅能够提升现有的医疗服务水平，有助于提升医院的科研能力及发展潜力，更有助于促进整个医疗产业的互融互通，为国家医疗行业高质量发展夯实基础。

医疗大数据治理的目标主要体现在以下几方面。①改变传统的医院管理模式，建立以数据为基础的数字化、智慧化医院，实现院内和区域内的数据共享利用。②提升科研能力，通过科学合理的大数据治理手段，将现有医疗数据转化为能够更好挖掘数据隐藏信息的高质量数据，从而为科学研究提供便利。③构建更完善的患者服务流程，能够充分利用大数据信息为患者就医及后续跟进提供帮助。④打造精细化医院管理模式，通过医院数据的整合、治理与分析，为医院的各项事务的运行情况提供统一化管理与监测，为制定医院管理制度与发展目标提供数据支持，使医院的管理更加科学高效。

五、医疗大数据治理的依据、思路和原则

（一）医疗大数据治理的依据

国家卫生健康委员会于2018年出台的《国家健康医疗大数据标准、安全和服务管理办法（试行）》是国家层面对于医疗大数据的安全、管理和使用等方面的重要政策依据。国家市场监督管理局和国家标准化管理委员会发布的《信息技术服务　治理　第5部分：数据治理规范》（GB/T 34960.5-2018）是建立数据治理体系的重要技术依据。

（二）医疗大数据治理的思路

医疗大数据治理是医院通过建立组织架构，明确管理职责要求，制定和实施系统化的制度、流程和方法，确保数据统一管理、高效运行，并充分发挥价值的动态过程。在实现医疗大数据治理之初，首先应明确数据治理的对象。医院现有数据涉及医院医疗、管理等方方面面，并非所有数据都符合大数据治理目标。数据治理的对象一般是对医院发展起重要作用的数据资源。医院将这些医疗数据作为机构资产，在机构范围内对数据处理流程、政策、标准、技术和人员进行定义和职能协调，实现对数据的可用性管理和可控增长，为机构制定更好的业务决策、降低风险并改善业务流程奠定基础。

其次，医疗大数据治理可分为技术和管理两个视角。在技术方面，医院应对数据的全生命周期的各个环节进行治理。其中包括数据采集、数据归集、数据共享、数据利用、数据开放、数据价值等。在管理方面，应从技术、组织、能力、法规等不同层面对数据进行治理。

（三）医疗大数据治理的原则

《国家健康医疗大数据标准、安全和服务管理办法（试行）》中指出，应坚持以人为本、创新驱动、规范有序、安全可控、开放融合、共建共享的原则，加强健康医疗

大数据的标准管理、安全管理和服务管理，推动健康医疗大数据惠民应用，促进健康医疗大数据产业发展。在医疗大数据治理方面，根据《信息技术服务　治理　第5部分：数据治理规范》（GB/T 34960.5-2018）要求，医疗机构应满足以下几点要求。

1. **据标准**　应明确数据标准的内涵和范围，建立数据标准体系及其管理机制，以支撑数据的标准化建设，保障数据在应用过程中的一致性。

2. **数据质量**　应制定数据质量管理目标，建立数据质量管理体系及实施机制、优化数据质量并持续改进，满足数据应用的需求。

3. **数据安全**　应制定数据安全的管理目标、方针和策略，建立数据安全体系，实施数据安全管控，持续改进数据安全管理能力。

4. **数据流通**　应识别数据资产，明确数据权属，定义数据开放共享、交换和交易等流通方式，保证数据流通过程的合法合规、数据安全和隐私。

5. **数据服务**　应明确数据服务的内涵，形成数据服务目录，不断改进和优化数据的服务能力。

6. **数据洞察**　应创建业务视角和用户视角，对数据及其内在的规律进行分析，识别不同数据集的关联，挖掘数据价值，获取数据洞察的能力。

第三节　数据治理的方法体系

一、数据治理的体系架构

2016年6月，国务院办公厅发布《关于促进和规范健康医疗大数据应用发展的指导意见》，同年底，国家卫生和计划生育委员会启动健康医疗大数据中心与产业园建设国家试点工程，全面推动大数据应用与健康医疗行业的深度融合。目前健康医疗大数据已成为国家大数据战略重要组成部分，促进健康医疗大数据发展已经成为我国健康产业发展的重要国策，但是国内医院普遍存在医疗数据使用困难、数据质量不高等问题。构建数据治理的体系方法模型可以提升数据质量、加速数据应用，资产化医疗数据、促进智慧医院建设发展，实现医院医疗数据资产化运营，促进大数据平台为医院临床、管理、科研发展赋能。以信息架构为基础，建立统一的数据资产目录、数据标准与模型。基础数据治理框架如图5-2所示。

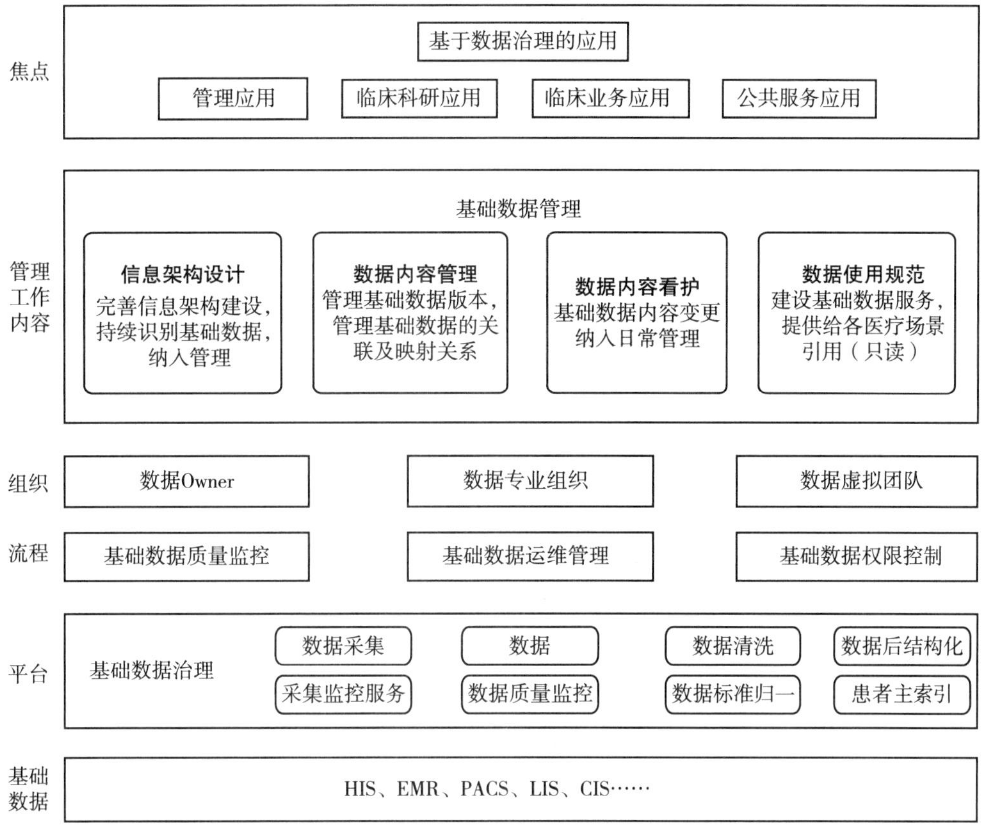

图5-2　基础数据治理框架

数据治理一般要首先将医院HIS、EMR、PACS、LIS等全院的数据进行汇聚、清洗、加工，再通过数据质量监控、数据运维、数据管理、数据权限控制，对相关数据进行全生命周期管理，实现数据统计口径一致、编码一致、接口一致，同时基于人工智能技术构建数据的知识体系，为医院的数据需求方提供全量、标准、干净的数据，让数据服务于医院的管理决策、临床辅助、数据共享等业务场景。

二、数据标准化

数据标准化就是根据不同业务的共性需求及上层应用的需求，对数据进行标准化处理。

首先需要进行主数据建模，医院业务遇到的一些术语字典涉及的字段较多，且字典间存在关联引用关系，利用可视化界面来配置建模，可以方便操作者使用。

知识拓展

数据建模：将现实世界的数据转换成信息世界的数据的过程称为建模。概念模型设计方法为实体关系模型，实体可以是具体的，也可以是抽象的，是由一组属性来表示的，关系是两个或多个实体之间的联系，关系类型为一对一、一对多和多对多。

范式是符合某一种级别的关系模式的集合。关系数据库中的关系必须满足一定的要求，满足不同程度要求的为不同范式。

索引可用来优化结构化查询语言（structured query language，SQL）的运行效果，可显著提高查询速度。索引分为主键索引、唯一索引、普通索引和全文索引。索引并不是越多越好，数据量小的表不需要建立索引，建立会增加额外的索引开销，数据变更需要维护索引，因此更多的索引意味着更多的维护成本，更多的索引意味着也需要更多的存储空间。

建立字典模型分为以下几个步骤：

1．字典模型的基本属性设置，用来标识每个模型的区别与特性如：模型名称、模型编码、模型分类、模型来源、备注、模型创建人、创建时间。

2．模型具体字段配置，如该模型包含哪些字段内容、每个字段数据类型等。

3．确认建立数据模型的SQL语句，并支持对该语句进行再编辑。

模型建好后，要对主数据模型列表进行管理，管理主数据模型的基本属性包括模型名称、模型编号、模型分类、模型来源、备注创建人、创建时间、模型状态。对模型的操作有上线、锁定、删除、配置、编辑。数据模型具体字段约束如表5-1所示。

表5-1　数据模型具体字段约束

模型分类：分为值域、字典两种			
模型来源：在配置项中单独维护，一般包括互联互通测评、电子病历等级测评相关标准来源			
字段	类型／长度	是否必填	注释
模型名称	字符20	是	中英文+数字+下划线
模型编码	字符20	是	英文+数字
模型分类	无	是	列表选择
模型来源	无	是	列表选择
备注	字符50	否	中英文+数字

续　表

字段	类型 / 长度	是否必填	注释
创建人	—	—	系统自动带入
创建时间	—	—	系统自动带入

主数据模型建好后，就可以对主数据进行管理，主数据管理（master data management，MDM）可以帮助我们创建并维护整个医院内主数据的单一视图，保证单一视图的准确性、一致性以及完整性，从而保障数据质量，统一实体定义，简化改进业务流程并提高业务的响应速度。从变化的频率来看，主数据和日常交易数据不一样，变化相对缓慢。主数据由于跨各个系统，所以对数据的一致性、实时性以及版本控制要求较高。使用场景如下：

1. 医院信息系统使用的基础字典可能是不同的字典和值域，通过调用主数据的映射关系能够方便系统间的通信。

2. 不同的医院信息系统存在多份的字典与值域，通过主数据归一化达到字典与值域的一致性。

3. 存储管理标准的基础字典并与标准做实时同步进行版本化管理，向各系统实时同步标准字典数据，保证基础字典数据的准确性，满足医院等级评审要求。

4. 数据仓库需要抽取不同系统的业务数据，通过调用主数据的映射关系快速收集、归并、整合数据。

主数据的功能结构和MDM的业务流程如图5-3和图5-4所示。

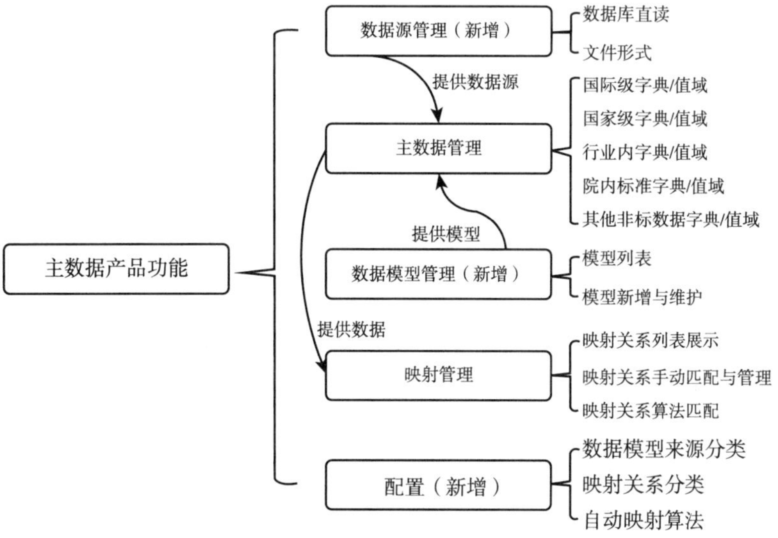

图5-3　主数据功能结构图

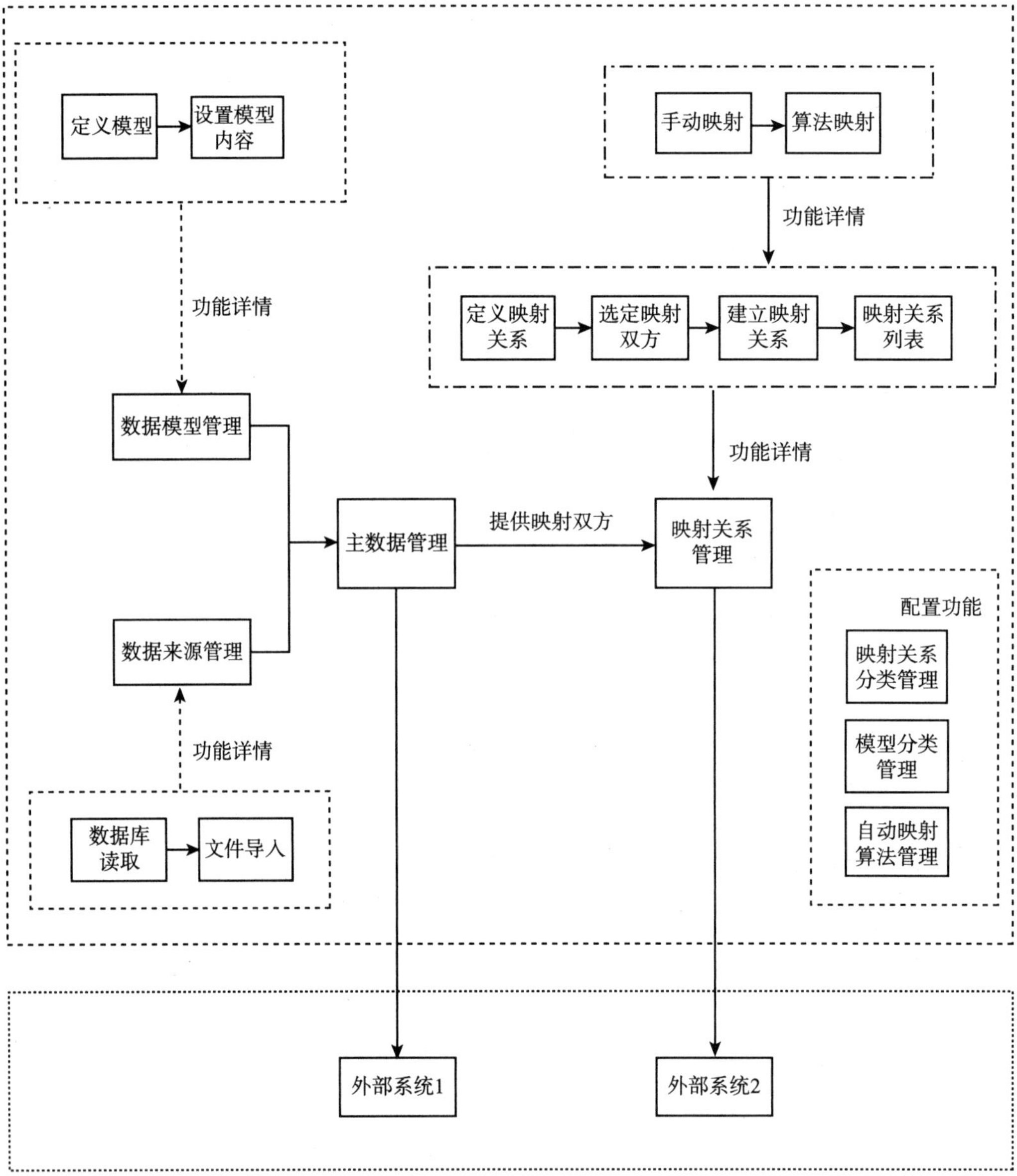

图5-4　主数据流程图

主数据建模完成后，我们可以按照医疗数据的主题进行域的划分，主题域示例如图5-5所示。

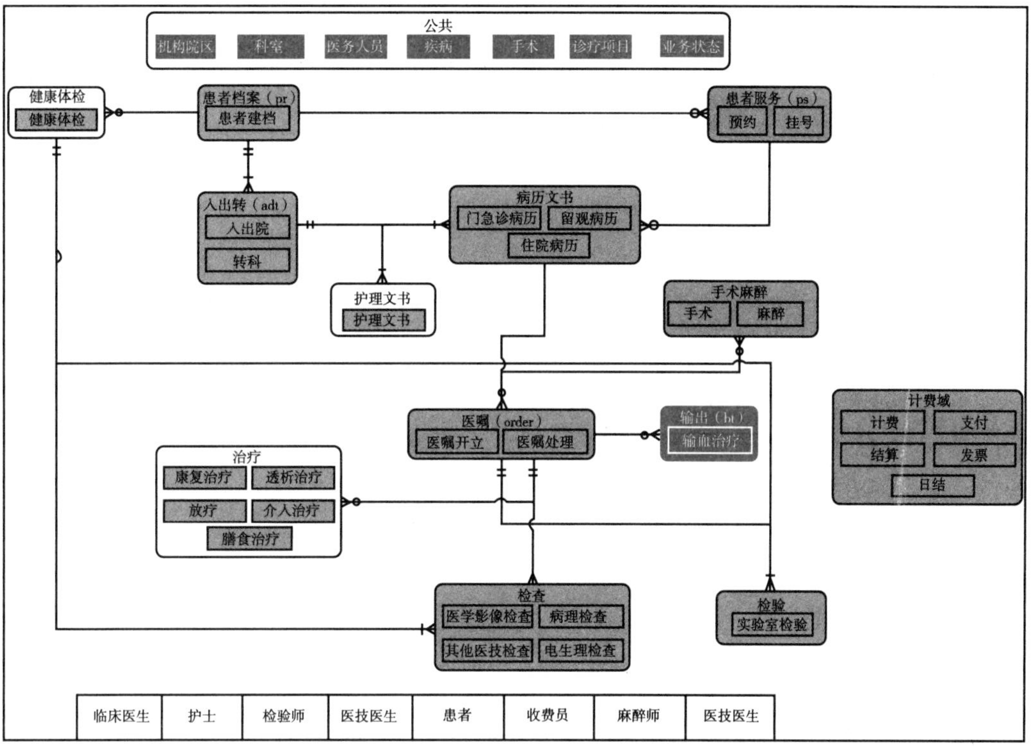

图5-5　医疗数据主题域示例

1. **患者档案域**　以患者为主体，描述患者基本信息（医保账号、姓名）和患者基本健康信息（五史信息）等信息。

2. **患者服务域**　描述患者通过多种途径完成挂号预约和生成挂号凭证记录的相关信息。

3. **入出转域**　描述患者住院期间，从入院申请到入院，出院以及中途发生转科的相关记录信息。

4. **病历文书域**　描述患者在门急诊治疗，急诊留观治疗，住院期间的治疗活动和治疗过程记录信息。包括问诊、诊断、诊疗计划和诊疗记录信息。

5. **护理文书域**　描述护士在患者诊疗过程中了解患者病情，进行体格检查，制订护理计划，记录护理过程和开展护理评估的情况，出院后为患者提供护理指导的相关记录信息。

6. **医嘱域**　描述医生在患者诊疗过程中下达医学指令以及护士在临床医生开立医嘱后，对医嘱进行查对和执行的过程记录信息。

7. **检查域**　描述医技科室登记检查申请，通过检查技术并结合患者临床资料作出疾病诊断的相关记录信息。

8. 检验域 描述检验科对采集的标本处理、检验并输出最终检验报告的相关记录信息。

9. 手术麻醉域 描述患者在围手术期和麻醉活动中产生的相关记录信息。

10. 输血域 描述临床输血环节中产生的相关记录信息。

三、数据治理方式

（一）数据湖

1. 数据湖定义 数据湖（data lake）最早是2011年由CITO Research网站的首席技术官（chief technology officer，CTO）和作家丹·伍兹（Dan Woods）所提出，其喻意是：如果我们把数据比作大自然的水，那么各个江川河流的水未经加工，源源不断地汇聚到数据湖中。数据湖是一个以原始格式存储数据的存储库或系统，它按原样存储数据，而无须事先对数据进行结构化处理。一个数据湖可以存储结构化数据（如关系型数据库中的表），半结构化数据（如CSV、日志、XML、JSON），非结构化数据（如电子邮件、文档、PDF）和二进制数据（如图形、音频、视频）。数据湖的本质就是一个大数据平台。随着大数据相关技术不断完善，目前的数据湖体系已具备了大数据存储、大数据处理、机器学习、大数据分析等能力。

基于数据湖的定义，医疗领域的数据湖也是由不同数据类型的数据汇聚而成。比如结构化的HIS、LIS、RIS等系统数据，半结构化的电子病历系统数据，以及非结构化的PACS系统影像数据和其他系统的音视频数据。医疗数据湖具有以下三个特点。

（1）逻辑统一：数据湖不是一个单一的物理存储，而是根据数据类型、业务区域的不同分为多个物理存储构成，并通过统一的元数据语义层进行定义、拉通和管理。

（2）类型多样：数据湖存放所有不同类型的数据，包括医疗系统产生的结构化数据、半结构化数据和非结构化的文本数据、检查影像数据和一些音频数据等。

（3）原始记录：数据湖是对原始数据的汇聚，不对数据做任何的转换、清洗、加工等处理，保留数据最原始特征，为数据的加工和消费提供丰富的可能。数据入湖是数据消费的基础，需要严格满足入湖的6项标准，包括明确数据所有者和数据管家、发布数据标准、定义数据密级、明确数据源、数据质量评估、元数据注册。通过这6项标准保证入湖的数据都有明确的业务责任人，各项数据都可理解，同时都能在适当的信息安全保障下进行消费。6项标准具体如下。

1）明确数据所有者和数据管家：数据所有者由数据产生对应的流程所有者担任，是所辖数据端到端管理的责任人，负责对入湖的数据定义数据标准和密级，承接数据消费中的数据质量问题，并制定数据管理工作路标，持续提升数据质量。数据管家是数据所有者的助手，负责具体执行数据管理操作。

2）发布数据标准：入湖数据要有相应的业务数据标准。业务数据标准描述医院层面需共同遵守的“属性层”数据的含义和业务规则，是医院层面对某个数据的共同理解，这些理解一旦明确并发布，就需要作为标准在医院内被共同遵守。数据标准的信息如表5-2所示。

表5-2　数据标准信息说明

数据标准内容		说明
数据资产目录	主题域分组	医院顶层数据分类，通过数据视角体现最高层面关注的业务领域
	主题域	互不重叠数据的高层面分类，用于管理下一级医疗业务对象
	业务对象	医疗业务领域中承载的重要业务和重要信息
	逻辑数据实体	具有一定逻辑关系的业务属性集合
	业务属性	描述所属业务对象的性质和特征，反映信息管理的最小颗粒度
定义及规则	引用的数据标准	说明该业务属性是否引用已定义的数据标准
	业务定义	对业务属性的定义，解释业务属性是什么，对业务的作用
	业务规则	业务属性的业务规则，包括但不限于业务属性在各场景下的变化规则和编码含义
	数据类型	业务定义的数据类型，例如本文、日期、数字等
	数据长度	业务定义的数据长度
	允许值	业务属性对应的允许值清单
	数据示例	属性实例化的样例，用来帮助其他人了解此业务属性
定义及规则	同义词	业务对于同一属性可能有不同的称呼，在此列出业务对此属性的其他称呼
	标准应用范围	业务数据标准在全公司范围、领域或区域范围内遵从
责任主体	业务规则责任主体	业务规则制定的责任部门
	数据维护责任主体	数据维护的责任部门
	数据质量监控责任主体	数据质量监控责任部门

3）认证数据源：通过认证数据源，能够确保数据从正确的数据源头入湖。认证数据源应遵循医院数据源管理的要求，一般数据源是指业务上首次正式发布某项数据的应用系统，并经过数据管理专业组织认证。认证过的数据源作为唯一数据源头被数据湖调用。当承载数据源的应用系统出现合并、分拆、下线情况时，应及时对数据源进行失效处理，并启动新数据源认证。

4）定义数据密级：定义数据密级是数据入湖的必要条件，为了确保数据湖中的数据能充分地共享，同时又不发生信息安全问题，入湖的数据必须要定密。数据定密的责任主体是数据所有者，数据管家有责任审视入湖数据密级的完整性，并推动、协调数据定密工作。数据定密主要依据其属性层级，根据资产的重要程度，定义不同等级。不同密级的数据有相应的数据消费要求，为了促进医院数据的消费，数据湖中的数据有相应的降密机制，到降密期或满足降密条件的数据应及时降密，并刷新密级信息。

5）数据质量评估：数据质量是数据消费结果的保证，数据入湖不需要对数据进行清洗，但需要对数据质量进行评估，让数据的消费人员了解数据的质量情况，并了解消费该数据的质量风险。同时数据所有者和数据管家可以根据数据质量评估的情况，推动源头数据质量的提升，满足数据消费的质量要求。

6）元数据注册：元数据注册是指将入湖数据的业务元数据和技术元数据进行关联，包括逻辑实体与物理表的对应关系，以及业务属性和表字段的对应关系。通过连接业务元数据和技术元数据的关系，能够支撑数据消费人员通过业务语义快速地搜索到数据湖中的数据，降低数据湖中数据消费的门槛，能让更多的业务分析人员理解和消费数据。

2. 数据入湖

（1）数据入湖方式：数据入湖遵循医院的信息架构，以逻辑数据实体为颗粒度入湖，逻辑数据实体在首次入湖时应该考虑信息的完整性。原则上，一个逻辑数据实体的所有属性应该一次性进湖，避免一个逻辑实体多次入湖，增加入湖工作量。

数据入湖的方式主要有物理入湖和虚拟入湖两种，根据医院的场景需求，一个逻辑实体可以有不同的入湖方式。两种入湖方式相互协同，共同满足数据联接和用户数据消费的需求，数据管家有责任根据场景的不同，提供相应方式的入湖数据。

物理入湖是指将原始数据复制到数据湖中，包括批量处理、数据复制同步、消息和流集成等方式。虚拟入湖是指原始数据不在数据湖中进行物理存储，而是通过建立对应虚拟表的集成方式实现入湖，实时性强，一般面向小数据量应用，大批量的数据操作可能会影响源系统。数据入湖有以下5种主要技术手段：

1）批量集成（batch data movement）：对于需要进行复杂数据清理和转换且数据量较大的场景，批量集成是首选。通常，调度作业每小时或每天执行，主要包含抽取转换加载（extract transform load，ETL）、ELT和文件传输协议（file transfer protocol，FTP）等工具。批量集成不适合低数据延迟和高灵活性的场景。

2）数据复制同步（data replication/data synchronization）：适用于需要高可用性和对数据源影响小的场景。使用基于日志的变更数据捕获（change data capture，CDC）捕获数据变更，实时获取数据。数据复制同步不适合处理各种数据结构以及需要清理和转换复杂数据的场景。

3）消息集成（message-oriented movement of data）：通常通过应用程序接口（application programming interface，API）捕获或提取数据，适用于处理不同数据结构以及需要高可靠性和复杂转换的场景。尤其对于许多遗留系统、企业资源计划（enterprise resource planning，ERP）和软件即服务（software-as-a-service，SaaS）来说，消息集成是唯一的选择。消息集成不适合处理大量数据的场景。

4）流集成（stream data integration）：主要关注流数据的采集和处理，满足数据实时集成需求，处理每秒数万甚至数十万个事件流，有时甚至数以百万计的事件流。流集成不适合需要复杂数据清理和转换的场景。

5）数据虚拟化（data virtualization）：对于需要低数据延迟、高灵活性和临时模式（不断变化下的模式）的消费场景，数据虚拟化是一个很好的选择。在数据虚拟化的基础上，通过共享数据访问层，分离数据源和数据湖，减少数据源变更带来的影响，同时支持数据实时消费。数据虚拟化不适合需要处理大量数据的场景，如表5-3所示。

表5-3　五种数据入湖方式的对比情况

入湖方式	工具种类	方式	数据搬家	实时性	源系统性能要求	批量数据处理	历史数据处理
批量集成	ETL/ELT工具	拉	需要	非实时	低	支持(强)	支持(强)
	FTP工具	推	需要	非实时	低	通常不支持	通常不支持
数据复制同步	CDC工具	拉	需要	实时	中	通常不支持	通常不支持
消息集成	MQ工具	推	需要	实时	中	通常不支持	通常不支持
流集成	Pipeline工具	推	需要	实时	中	通常不支持	通常不支持
数据虚拟化	虚拟化工具	拉	不需要	实时	高	支持(弱)	支持(弱)

可以通过数据湖主动从数据源PULL（拉）的方式入湖，也可以通过数据源主动向数据湖PUSH（推）的方式入湖。数据复制同步、数据虚拟化以及传统ETL批量集成都属于数据湖主动拉的方式；流集成、消息集成属于数据源主动推的方式。在特定的批量集成场景下，数据会以CSV、XML等格式，通过FTP推给数据湖。PULL（拉）&PUSH（推）方式入湖比较见表5-4。

表5-4　PULL（拉）&PUSH（推）方式入湖比较

入湖方式	数据源	数据湖
PULL（拉）	被动：当被请求时提供数据	主动：决定何时获取数据
PUSH（推）	主动：按自己的节奏提供数据	被动：响应接收数据

（2）结构化数据入湖：结构化数据是指由二维表结构来逻辑表达和实现的数据，严格遵循数据格式与长度规范，主要通过关系型数据库进行存储和管理。触发结构化数据入湖的场景有两种：第一，医院信息基于业务需求主动规划和统筹。第二，响应数据使用方的需求。结构化数据入湖过程包括数据入湖需求分析及管理、检查数据入湖条件和评估入湖标准、实施数据入湖、注册元数据。具体要求如下。

1）数据入湖需求分析及管理：对于规划驱动入湖场景而言，由对应的数据管理者基于数据湖的建设规划，输出入湖规划清单，清单包含主题域分组、主题域、业务对象、逻辑实体、业务属性、源系统物理表和物理字段等信息。对于需求驱动入湖场景而言，由数据使用方提出入湖需求，并提供数据需求的业务元数据和技术元数据的信息，包括业务对象、逻辑实体、业务属性对应界面的截图。无论是主动规划还是被动响应需求，入湖需求清单必须通过业务方和数据管理者评审。

2）检查数据入湖条件和评估入湖标准：在数据入湖前要进行两个步骤，检查数据源准备度和评估数据入湖标准。

第一步：检查数据源准备度，数据有源是数据入湖的基本前提，数据源准备度检查不仅需要源系统的信息部门提供源系统的数据字典和数据模型并检查源系统的物理表规范度，而且需要数据代表评估源系统的数据质量。第二步：评估入湖标准。入湖标准包括以下几点。①明确数据所有者：为保证入湖数据的管理责任清晰，在数据入湖前应明确数据所有者。②发布数据标准：入湖数据应有数据标准，数据标准定义了数据属性的业务含义、业务规则等，是正确理解和使用数据的重要依据，也是业务元数据的重要组成部分。③认证数据源：原则上以初始源进湖，数据源认证是保证数据湖数据一致性和唯一性的重要措施。④定义数据密级：定义完整、明确的数据密级是数据湖数据共享、权限控制等的关键依据。信息安全管理专员向数据需求方提出定密需求，并与数据需求方确定定密规则，确定数据密级、定密时间、降密期/降密条件等，然后由信息安全管理专员在信息架构管理平台注册密级信息。⑤评估入湖数据质量：对入湖数据做质量评估，给入湖数据打质量标签。

3）实施数据入湖：依据使用场景合理选择入湖方式。不要求历史数据、小批量数据且实时性要求高的场景，建议虚拟入湖。在要求历史数据、大批量数据且实时性要求不高的场景，可以物理入湖。虚拟入湖由数据管理者设计和部署虚拟表。物理入湖应按照实施需求，设计集成方案和数据质量监测方案，实施数据入湖，并进行上线验证。

4）注册元数据：元数据是医院的重要资产，是数据共享和使用的前提，为数据导航和数据地图建设提供关键信息。对元数据进行有效注册是实现上述目的的前提。虚拟表部署完成后或实施完成后，检查并注册元数据，元数据注册应遵循医疗元数据注册规范。

（3）非结构化数据入湖：非结构化数据包括无格式的文本、各类格式的文档、图像、音频、视频等多样异构的格式文件。相较于结构化数据，非结构化数据更难以标准化和理解，因而非结构化数据的管理不仅包括文件本身，而且包括对文件的描述属性，也就是非结构化的元数据信息。这些元数据信息包括文件对象的标题、格式、所有者等基本特征，还包括对数据内容的客观理解信息，如标签、相似性检索、相似性连接等。这些元数据信息便于用户对非结构化数据进行搜索和使用。

非结构化数据入湖包括基本特征元数据入湖、文件解析内容入湖、文件关系入湖和原始文件入湖4种方式，其中基本特征元数据入湖是必选内容，后面三项内容可以根据分析诉求选择性入湖和延后入湖，如图5-6所示。

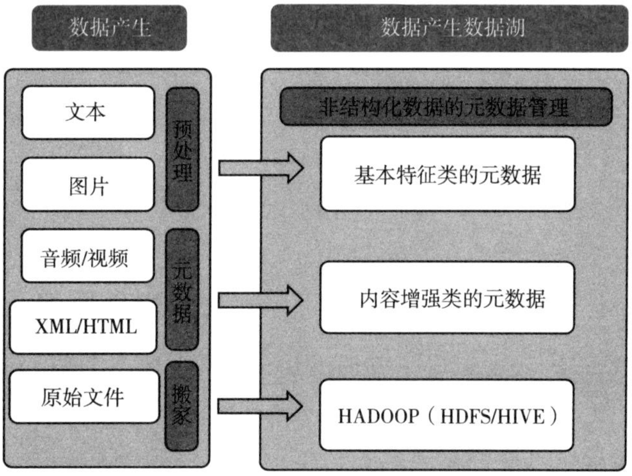

图5-6 非结构化数据入湖

1）基本特征元数据入湖：主要通过从源端集成的文档本身的基本信息入湖。入湖的过程中，数据内容仍存储在源系统，数据湖中仅存储非结构化数据的基本特征元数据。基本特征元数据入湖需同时满足如下条件：①已经设计了包含基本特征元数据的索引表。②已经设计了信息架构，如业务对象和逻辑实体。③已经定义了索引表中每笔记录对应文件的所有者、标准、密级，认证了数据源并满足质量要求。

2）文件解析内容入湖：对数据源的文件内容进行文本解析、拆分后入湖。入湖的过程中，原始文件仍存储在源系统，数据湖中仅存储解析后的内容增强元数据。内容解析入湖需同时满足如下条件：①已经确定解析后的内容对应的所有者、密级和使用的范围。②已经获取了解析前对应原始文件的基本特征元数据。③已经确定了内容解析后的存储位置，并保证至少一年内不会迁移。

3）文件关系入湖：根据知识图谱等应用案例在源端提取的文件上下文关系入湖。入湖的过程中，原始文件仍存储在源系统，数据湖中仅存储文件的关系等内容增强元数据。文件关系入湖需同时满足如下条件：①已经确定文件对应的所有者、密级和使用的范围。②已经获取了文件的基本特征元数据。③已经确定了关系实体的存储位置，并保证至少一年内不会迁移。

4）原始文件入湖：根据消费应用案例从源端把原始文件搬入湖。数据湖中存储原始文件并进行全生命周期管理。原始文件入湖需同时满足如下条件：①已经确定原始文件对应的所有者、密级和使用的范围。②已经获取了基本特征元数据。③已经确定了存储位置，并保证至少一年内不会迁移。

（二）数据集市

1．数据集市定义 数据集市（data mart）是满足特定的部门或者用户的需求，按照多维的方式进行存储，包括定义维度、需要计算的指标、维度的层次等，生成面向决策分析需求的数据立方体。从范围上来说，数据是从医院范围的数据库、数据仓库，或者是更加专业的数据仓库中抽取出来的。数据中心的重点就在于迎合了医院在医疗、管理、科研等领域的特殊需求。数据集市是数据仓库的一个子集，它主要面向部门级业务，并且只面向某个特定的主题，主要解决灵活性与性能之间的矛盾。数据集市本质上就是数据仓库体系结构中增加的一种小型的部门或工作组级别的数据仓库。数据集市存储为特定用户预先计算好的数据，从而满足用户对性能的需求。数据集市可以在一定程度上缓解访问数据仓库的瓶颈。数据集市主要具有以下特征：①规模小。②有特定的应用。③面向部门。④由业务部门定义、设计和开发。⑤业务部门管理和维护。⑥能快速实现。⑦购买较便宜。⑧投资快速回收。⑨工具集的紧密集成。⑩提供更详细的、预先存在的、数据仓库的摘要子集。⑪可升级到完整的数据仓库。

数据集市中数据的结构通常被描述为星型结构或雪花结构。一个星型结构包含两个基本部分，即一个事实表和各种支持维表。

事实表描述数据集市中最密集的数据。在医疗数据中患者就诊、开药以及财务账目数据就是典型的密集型数据。事实表是预先被连接到一起的多种类型数据的组合体，包括一个反映事实表建立目的的实体的主键，如一张处方、一次就诊、一个患者基本信息等。主键信息，连接事实表与维表的外键、外键携带的非键值外部数据。如果这种非键外部数据经常用于事实表中的数据分析，就会被包括在事实表的范围内。事实表是高度索引化的。事实表中出现30至40条索引相当常见。有时事实表的每列都建了索引，这样做的结果是使事实表中的数据非常容易读取。通常，事实表的数据不能更改，但可以输入数据，一旦正确输入一个记录，就不能更改此记录的任何内容。

维表是围绕着事实表建立的。维表包含非密集型数据，它通过外键与事实表相连。典型的维表建立在数据集市的基础上，包括价表目录、人员字典、药品字典等等。

数据集市包含两种类型的数据，通常是详细数据和汇总数据。

（1）详细数据：如前文所述，数据集市中的详细数据包含在星型结构中。值得一提的是，当数据通过数据仓库时，星型结构就会很好的汇总。在这种情况下，数据仓库包含必需的基本数据，而数据集市则包含更多维度的数据。但是，在数据集市使用者的角度看，星型结构的数据和数据获取时一样详细。

（2）汇总数据：数据集市包含的第二种类型数据是汇总数据。分析人员通常从星型结构中的数据创建各种汇总数据，比如汇总门诊每个科室的就诊人次。因为汇总的基础不断发展变化，所以历史数据就在数据集市中。但是这些历史数据优势在于存储的概括水平，星型结构中保存的历史数据非常少。

数据集市以数据仓库为基础进行更新。对于数据集市来说大约每周更新一次较为常见。实际数据集市的更新周期可以少于一周也可以多于一周，这主要是由数据集市所属部门的需求来决定的。

2. 数据集市分类　数据集市可分为独立型和从属型。

独立型数据集市的数据来自于操作型数据库（业务数据库），是为了满足特殊用户而建立的一种分析型环境。这种数据集市的开发周期一般较短，具有灵活性，但是因为脱离了数据仓库，独立建立的数据集市可能会导致信息孤岛，不能以全局视角去分析数据，如图5-7所示。

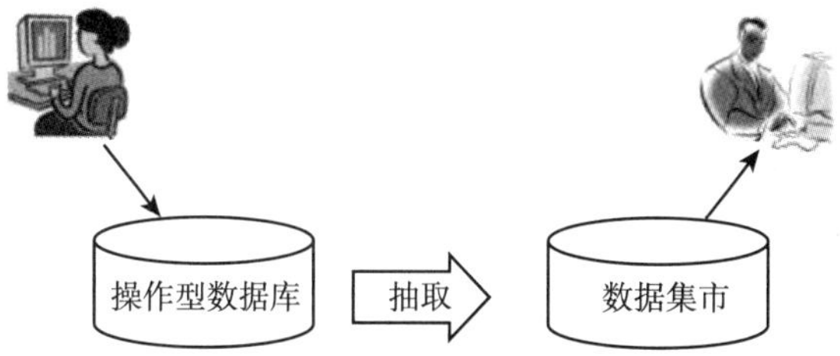

图5-7　独立型数据集市

从属型数据集市的数据来自于数据仓库，这样会导致开发周期的延长，但是从属型数据集市在体系结构上比独立型数据集市更稳定，可以提高数据分析的质量，保证数据的一致性，如图5-8所示。

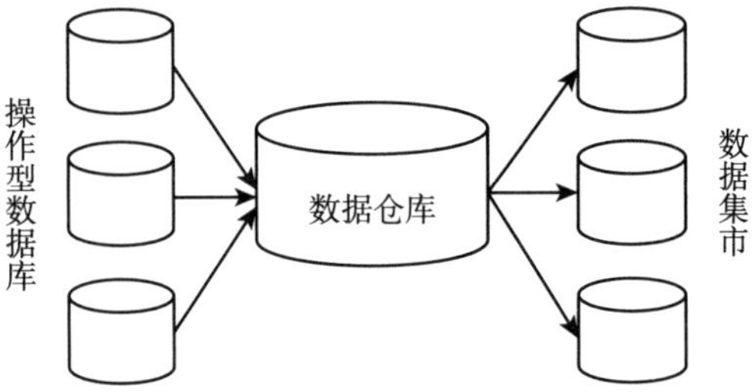

图5-8 从属型数据集市

3. 数据仓库与数据集市的区别 从数据结构上看，数据仓库是面向主题的、集成的数据集合。而数据集市通常被定义为星型结构或者雪花型数据结构，数据集市一般是由一张事实表和几张维表组成的，如图5-9所示。

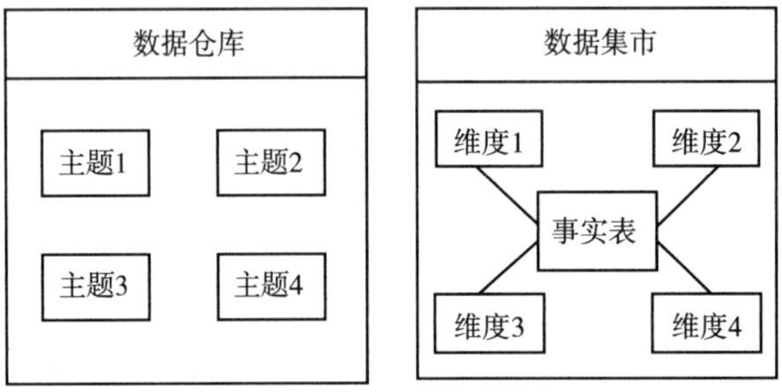

图5-9 数据集市与数据仓库的区别

数据仓库与数据集市的区别主要体现在以下几方面。

（1）数据仓库是面向医疗业务主题，基于整个医院的数据模型建立的。数据集市则按照某一特定部门的数据模型建立，由于每个部门有自己的特定需求，因此，他们对数据集市的期望也不同。部门主题与医院主题之间可能存在关联，也可能不存在。

（2）数据仓库存储整个医院非常详细的数据，数据集市的数据详细程度则低一些，包含概要和综合数据多一些。

（3）数据集市的数据组织一般采用星形模型。大型数据仓库的数据组织，采用星形或雪花形模型都可以。

（4）数据集市较少保留历史数据。

四、数据处理技术

数据处理技术对于基础数据的利用起到至关重要的作用。随着医疗系统的发展，医院以全院级的医院管理信息系统为基础，又延伸出了大量的信息系统，如医学影像、临床检验、重症监护、手术麻醉、成本核算、综合绩效、决策支持等，医院的信息化水平不断提高。随着医院信息化水平的提高，逐步走向数字化和智能化的发展方向，数智化的发展目标使得数据的集中管控成为了必然要求。

在医疗体系中应用了许多的传统关系型数据库，例如Oracle、SQL Server、MySQL、PostgreSQL等。传统关系型数据库的离线和实时采集系统和技术已经十分成熟，有很多可以采用的技术方案。医疗体系中除了众多的关系型数据库以外，还有许多的非关系型数据需要采集，例如音视频数据、生物信息数据、物理波形数据、临床结构文档（clinical document architecture，CDA）数据和MongoDB数据等。因此还需要提供非结构化数据源的数据存储格式以及数据采集的技术方案，完善和丰富医疗数据中台的数据种类和数据集成能力。

（一）数据采集技术

从采集数据的内容格式上，可分为结构化数据和非结构化数据两种数据格式。从采集周期上，可分为离线和实时两种采集方式，具有作业配置、周期调度、监控告警等模块，为医疗大数据的上层应用提供广泛的数据支撑。整体的数据采集架构和原理如图5-10所示。

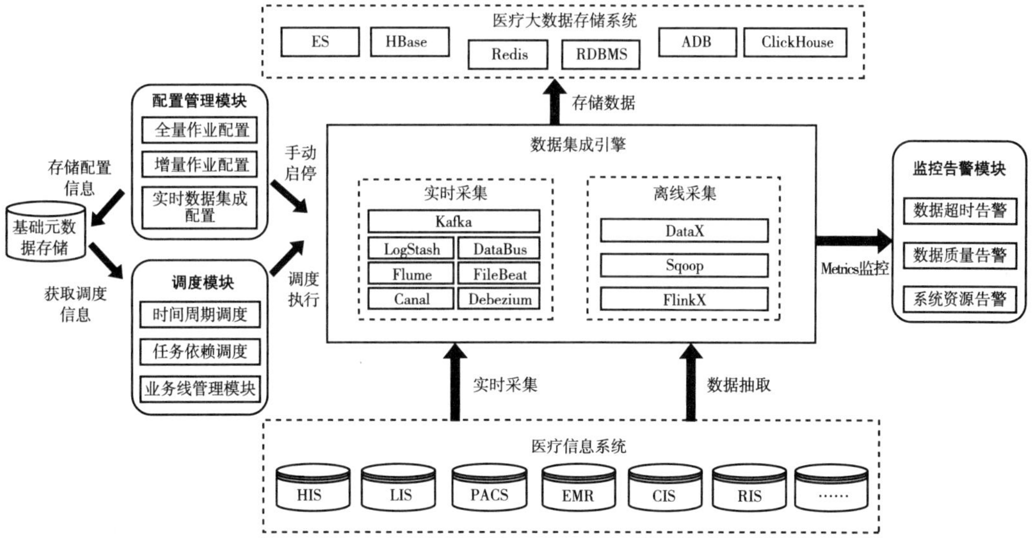

图5-10 整体的数据采集架构和原理

数据中台包含各种医疗系统中的结构化和非结构化数据，不同数据结构、数据源的数据采集有多种技术方案。

1. 结构化数据采集技术 目前从数据采集周期上可分为离线采集和实时采集两

种。通常离线采集可以进行全量和周期性增量同步，实时采集大多是用于增量同步。

结构化数据采集的技术方案现在已经比较成熟，基本上能够满足大多数数据采集的需求。结构化数据采集技术架构如图5-11所示。

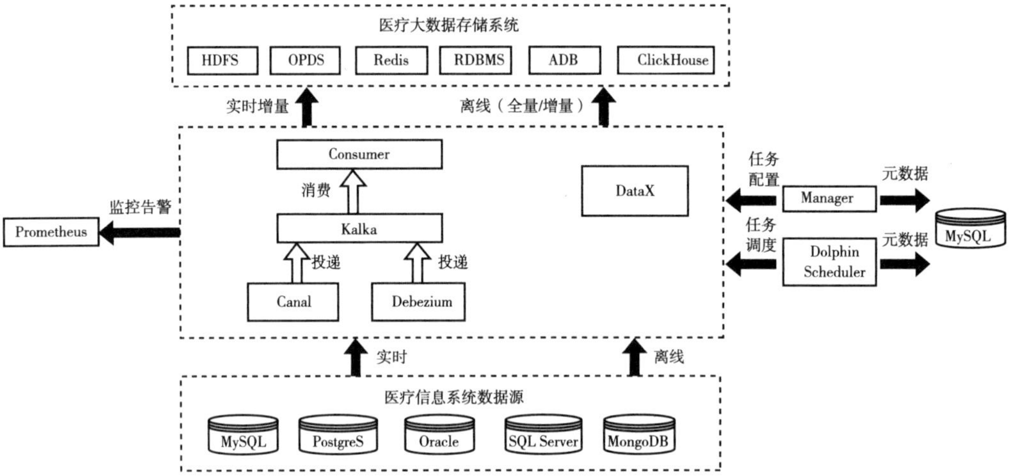

图5-11　结构化数据采集技术架构

对不同的结构化数据类型均有针对性的采集方案，整体上可分为离线和实时两大类。

（1）离线数据采集技术：支持的数据源种类较多，目前可以支持MySQL、Oracle、SQL Server、PostgreSQL、HDFS、Hive、ODPS、HBase等各种数据源。可以独立部署，不依赖其他组件，从实践经验来看，同步性能瓶颈一般不会在同步引擎本身，而是在源端、目的端或是网络条件。实现原理如图5-12所示。

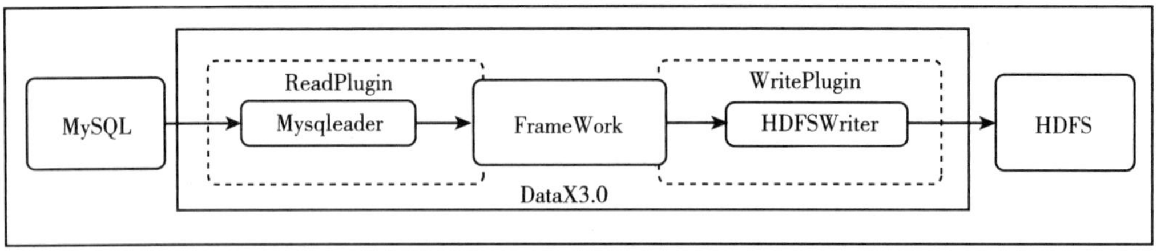

图5-12　离线数据采集技术

离线数据采集技术除了强大的数据采集能力以外，还可利用方便易用的界面化管理工具快捷的配置数据同步任务，进行周期性调度，从而实现自助式的数据采集能力。

（2）实时数据采集技术：常见的数据库管理系统的实时采集方案示例如下。

1）SQL Server实时采集方案：SQL Server实时采集前首先需要全量同步一份历史

数据，然后再通过日志解析的方式实现增量数据的实时接入。存量数据抽取通过JDBC连接方式，查询源库中的存量数据，同步完成后进行增量数据抽取，获取数据库的事务日志，接着将二进制数据解析成增量数据，序列化后插入到Kafka（Apache软件基金会开发的一个开源流处理平台）中，最后将Kafka中的数据反序列化，通过数据转化同步到目标库。增量数据根据源和目标的数据库类型、数据类型、字符集等将数据进行转化，从而保证数据正常入库。整体上的数据同步过程如图5-13所示。

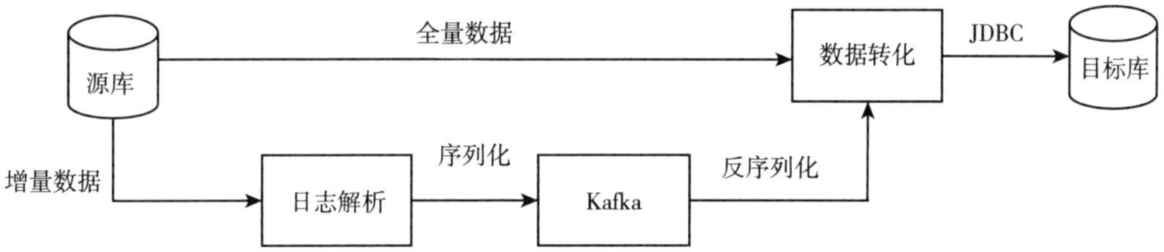

图5-13　实时采集方案

2）MySQL实时采集技术：MySQL运行会生成Binlog日志，目前可采集Binlog日志的工具较多，其中较有代表性的是阿里公司开源的Canal组件，提供增量数据订阅和消费能力。实时增量首次开启时需要同步一次历史全量数据，然后再进行实时数据抽取。将数据发送到下游的大数据存储组件。实时增量采集时，Canal组件会模拟Mysql Slave交互协议，向Mysql Master发送Dump请求，Mysql Master收到Dump请求后，即推送Binlog日志给Canal组件。Canal组件解析Binlog日志，同步数据变更。Canal组件增量数据采集的整体方案架构如图5-14所示。

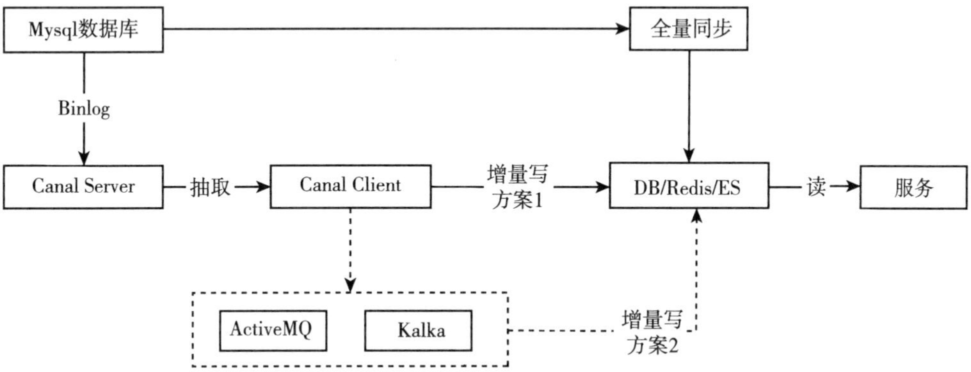

图5-14　Canal增量数据采集的整体方案架构

3）Oracle实时采集技术：使用OGG（Oracle官方提供的基于日志的结构化数据同步组件），可以实现两个Oracle数据库之间的数据同步，也可以实现Oracle数据同步到

Kafka。OGG能够实现大量数据的实时捕捉，变换和投递，实现源数据库与目标数据库的数据同步，保持最少10ms的数据延迟，如图5-15所示。

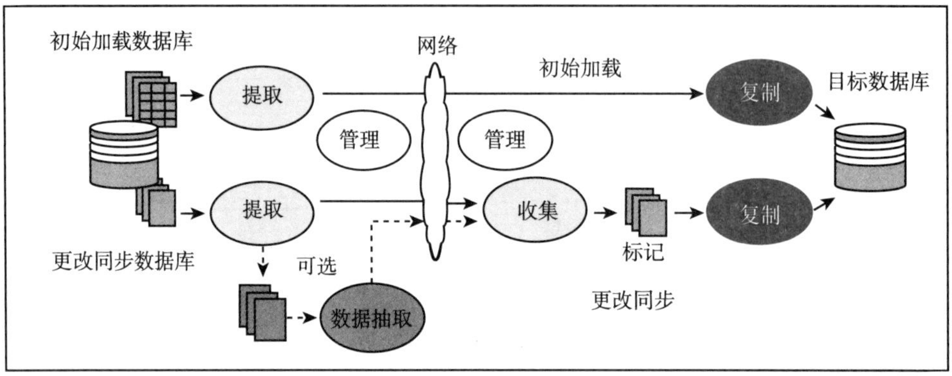

图5-15 Oracle实时采集技术

除了OGG以外，DataBus也可以实现对Oracle数据的实时采集，DataBus是一个低延迟、可靠的、支持事务的、保持一致性的数据变更抓取系统，支持MySQL和Oracle，由LinkedIn于2013年开源。DataBus通过挖掘数据库日志的方式，将数据库变更实时、可靠的从数据库拉取出来，通过对实时数据的解析，同步实时数据到达数据中心。DataBus的架构原理如图5-16所示。

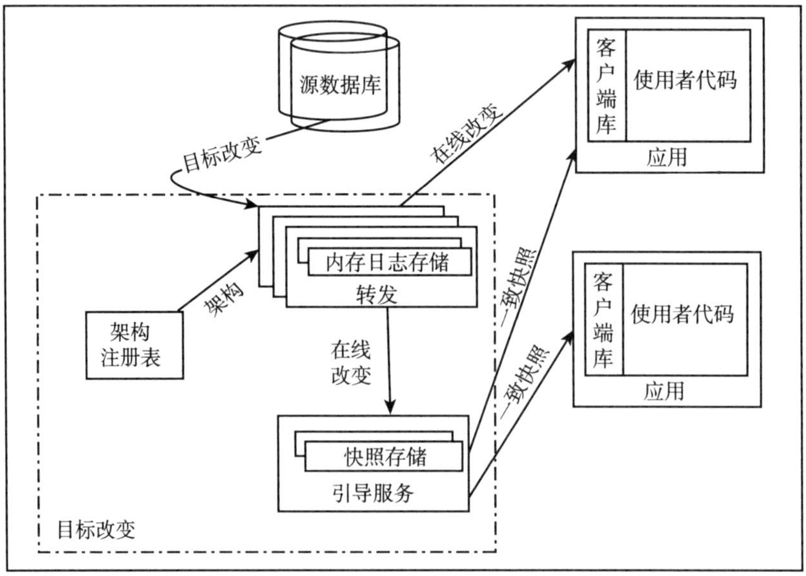

图5-16 DataBus架构

4）PostgreSQL实时采集技术：PostgreSQL的实时采集原理和数据源接入方式相同，使用的同步引擎是Debezium（RedHat开源的一个将多种数据源实时变更数据捕获,形成数据流输出的工具）。通过Debezium将PostgreSQL数据同步到Kafka中，然后下游通过消费Kafka，将实时数据同步到ElasticSearch、HBase、HDFS等大数据中心存储组件，从而实现数据实时采集。整体数据链路和架构如图5-17所示。

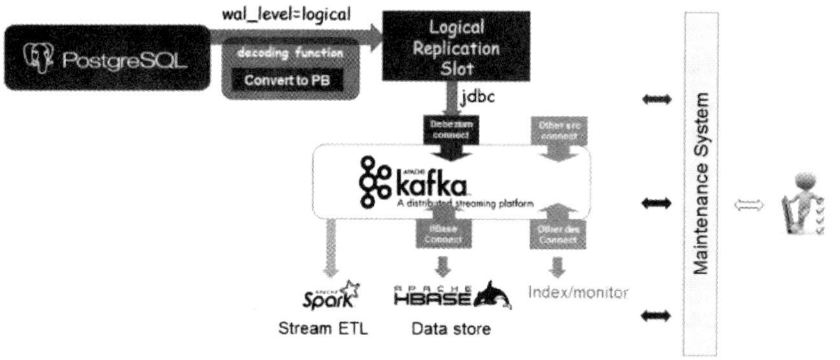

图5-17　整体数据链路架构

5）接口方式实时采集技术：除以上特定数据源的采集方案以外，数据采集系统还可以支持WebService接口调用的方式进行数据实时采集。此方案需要和业务系统或第三方系统进行对接，通过调用其他系统的数据提供接口实现数据采集。方案整体流程和架构如图5-18所示。

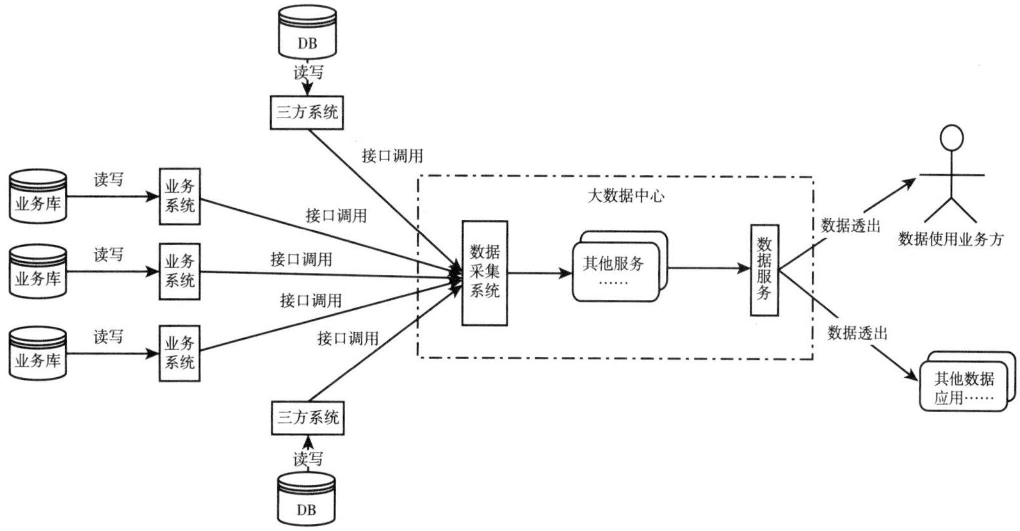

图5-18　接口方式实时采集技术

2. 非结构化数据采集技术 非结构化数据采集方式分为离线采集和实时采集两种方式。

离线采集可以使用Ftp进行数据传输，传输速度比较快，可以通过调度系统进行调度执行，实现周期性的数据采集。同时通过与业务系统对接获取业务数据，整体架构如图5-19所示。

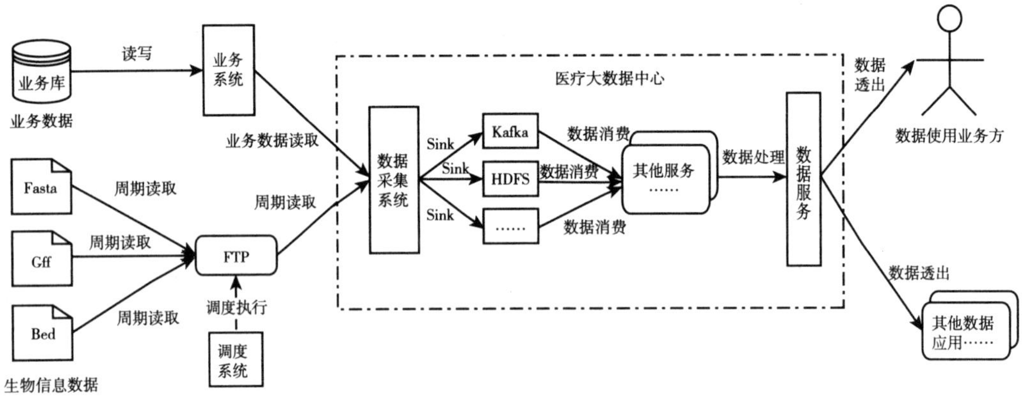

图5-19 文件离线采集

实时采集可以使用Flume（实时文件采集工具）进行，然后通过Flume的Sink（数据写出组件）将数据存储到Kafka或者HDFS等存储中，用来后续的数据分析和数据使用。实时采集技术架构如图5-20所示。

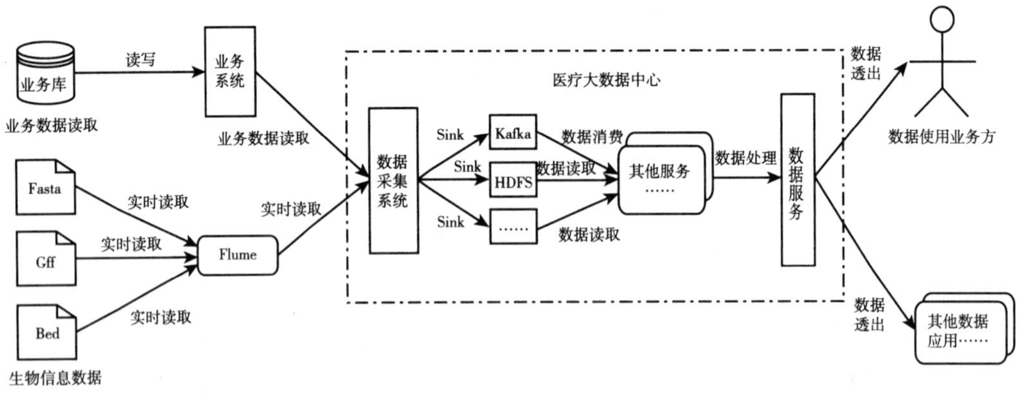

图5-20 Flume实时采集架构

非结构化数据采集可通过第三方系统提供的数据采集接口方式进行采集，数据采集接口方式的技术架构如图5-21所示。

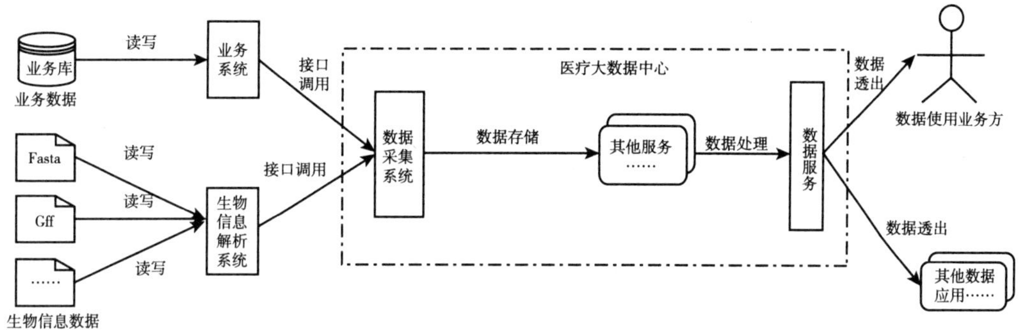

图5-21　数据采集接口方式架构

对于一些拥有仪器管理系统的物理波形数据厂商，如果能够提供数据采集接口，则可以接口调用的方式采集数据，同时通过和业务系统对接，可以获取患者、医嘱等其他业务数据，配合仪器数据使用。接口采集整体架构如图5-22所示。

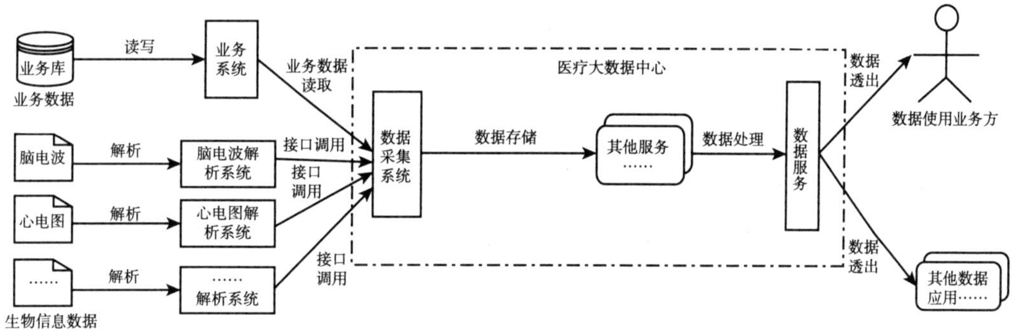

图5-22　接口采集整体架构

五、数据质量监管

目前国内医疗大数据平台存在的数据质量问题主要集中在业务系统采集数据的完整性、准确性、稳定性、及时性、关联性没有技术手段监控方面。这导致平台的数据可靠性难以保证，基于平台的业务应用和管理决策的数据权威性难以建立。随着医疗大数据应用的探索深入，从各个系统采集的数据规模越来越大，如何保证既有质量又有数量的数据进入平台系统就成了首要的、关键性的问题，这样才能做到在正确的时间和正确的地点将正确的数据提供给正确的需求方来进行决策。

数据质量监管系统是医疗大数据平台的核心组件之一，负责监控、管理、维护各个系统、机构和医疗大数据平台数据交换的过程，评估数据质量。从总体概览、交换监测、校验监测、指标校验、质量分析、质控报告、监控驾驶舱七个视角对数据交换过程进行端到端的监管，并针对数据质量管理员角色提供规则管理能力，开放机构交换表以及校验规则维护入口。数据质量监管主要从以下五方面进行管控：

1. 网络监控 网络监控主要是监控前置机与中心的网络通信情况，保证物理线路的通畅，同时对连接异常的记录进行统计，阶段性的监测网络情况。

2. 质量分析 对数据从医疗机构到前置机、前置机到中心端的数据交换传输情况进行跟踪，按照校验规则对数据进行字段级及表级关系校验，同时输出数据校验结果报表，提供给各个医疗机构，用于对不符合规则的数据进行排查。

3. 质量评估 质量评估是数据监管系统的重要组成部分，从数据的完整性、一致性、规范性和及时性四个维度对数据质量进行评估。以业务信息为基础，将所有可监控、可计算的数据指标在质控平台中统一管理，为每个指标做出明确的定义，这些定义包括：指标类型、指标名称、计算公式、计算频次等。数据质量管理根据需要将所有相关数据质控指标分为两大类，即原子指标和复合指标。指标类别分为监督指标，评估指标和考核指标，这些分类中有重叠部分，只是根据不同的目标在指标源中抽取不同的指标。

4. 路径追踪 当质量评估评测出数据的问题后，需要将分类错误信息反馈给各个接入机构和系统，各个机构负责修改数据的错误，然后重新提交给质控中心进行二次评测，这个过程可能要反复多次。路径追踪通过状态面板详细跟踪评审报告生成时间、报告下发时间、数据重传时间、重新评审时间等重要的流程节点，提供给管理者使用。

5. 运营维护 运营维护主要包括交换节点维护、指标体系维护、机构交换表维护等基础功能。用以保障整个系统的正常运行。

数据质量监管系统的建设目标是实现端到端的全流程数据监管。实施人员可以根据现场数据情况，自定义校验规则，以保证数据上传的有效性。集中式服务监管，保证统一管理和监控。完善的数据评分体系，保证上传数据的质量。全路径排错功能，方便监管人员动态，全面的掌握数据校验的过程和结果。强大的知识库体系，以保证各个现场不同的校验规则可以集中汇总，统一分享。

六、数据安全

随着大数据、人工智能、区块链、物联网、5G等新技术的快速迭代和持续创新，各种新兴技术被越来越广泛地应用到各行各业，企业内、不同企业间、不同行业间的数字化迁移速度不断加快，一定要对由此带来的网络安全、信息安全问题有足够的认识、警惕和重视。2019年以来数据泄露事件频发，勒索软件、网络攻击的次数与2018年同比增长25倍。“网络不安全”不是偶然，而是常态，绝对不容忽视。

大量新技术所带来的数据安全风险也急剧上升，以下三个事实无法回避：数字时代丰富的数据必然成为国家与国家间、企业与企业间竞争的关键。攻击者的攻击手法更加多样，数字化加速了泄露的便捷性。不管是传统数据库还是云端，基于网络边界的防护必然会被突破。如何从安全能力建设的源头进行标准化风险预防，在安全可控的前提下最大程度释放数据共享的价值，是所有医院共同面对的课题。

新一代智慧医院建设方案里经常会提到数据底座的概念。数据底座是指包含“原始数据层”“合格的数据层”“准确数据层”的数据底层架构体系，是“数据随需共享”的关键。在数据底座建设好以后，我们面临一个重大问题，那就是在大量的数据汇聚到数据底座之后，如何才能保证这些数据的安全？当前在数据底座中已有超过数万个逻辑数据实体，上百万张物理表，如果没有完善的安全管理措施，这些数据一旦泄露将会是一个巨大的灾难。因此数据底座从建设起，就与数据安全、隐私治理体系之间建立了紧密的关系，在遵从安全隐私管理策略的同时，数据底座必须根据需要，发布相关操作流程、规范，指导数据工作。在应用数据安全与隐私保护框架和方法基础上，构建数据底座的安全隐私有以下五个方面内容。

1. **数据底座安全隐私管理政策**　说明数据底座的责任边界，数据风险标识标准、数据加工、存储、流转规范。

2. **数据风险标识方案**　平台提供的数据标识能力。

3. **数据保护能力架构**　数据底座分级存储架构能力。

4. **数据组织授权管理**　数据在组织内共享的规则。

5. **数据个人权限管理**　个人访问数据的权限管理方案。

在明确数据分类分级标准的基础上，还需要有具体应用平台用于实现数据风险标识，包括传统的元数据人工标识方案以及通过规则、人工智能自动推荐方案。

1. **人工识别数据风险**　数据安全隐私分级标识必须基于元数据管理平台，在平台中构建对数据字段级别的风险标识。

2. **基于规则与人工智能的自动识别**　通过软件工具，基于规则（如正则表达式）以及AI机器学习的方式，构建自动推荐、识别风险标识的能力。

第四节　数据治理的组织实施

一、数据治理组织

开展数据治理需要“管理先行”，数据治理的第一步是建设组织体系。组织体系包括管理组织架构、管理规范与监督评估体系。通过建设管理组织，明确医院各部门在数据治理工作中的角色与责任，完成数据治理工作的顶层设计。通过制定管理规范，明确数据治理工作的总体战略和各项工作的工作方法，让数据治理工作开展有章可循。通过建立监督评估机制，及时把控数据治理各项工作开展效果，让数据治理工作能够有效落实，持续改进。

数据治理不是一项“纯技术”的工作。不是采用了合适的技术工具，所有问题都会迎刃而解。数据治理的所有工作都需要人来执行、管理和推进，医院在开展数据治理时，一定要把组织体系建设放在第一位，技术工作作为数据治理的一个组成部分，只有明确了组织体系，才能让有相应职责的人去思考如何推动相关工作，并持续落地。

医院数据治理的管理体系体现为“从上至下指导，自下而上推进”，为数据治理提供有力的组织保障和管理保障，确保数据治理各项工作“有人来管、有章可循、有效可查”。

（一）管理组织架构——“有人来管”

数据治理是一项复杂的工程，涉及医院众多部门，数据治理需要重视组织管理的作用，将职责与权力清晰化，从而明确数据治理组织架构，自上而下推动数据治理工作有序开展。数据治理工作是项“一把手”工程，需要建立由医院主要负责人牵头的数据治理管理组织。同时数据治理又是一项牵扯面广、涉及众多部门参与的工作。医院数据管理架构可以分为三级：一级负责统筹协调，由医院高级领导组成数据治理委员会，负责制定数据治理战略方向、重大问题决策、跨部门工作协调等。二级负责日常管理，在委员会下设立数据治理办公室，负责数据治理工作日常管理与监督评价。三级负责协作执行，明确业务部门，尤其是明确信息部门在数据治理工作中的角色与职责。

（二）管理规范体系——“有章可循”

为了保障数据治理工作的有效开展和管理组织架构的正常运转，医院需要在战略层面作出顶层设计，明确目标、方向、思路和原则，并建立起一套贯穿数据采集、存储、传输、处理、开发、应用安全保障等各个环节，全生命周期的数据治理管理规范，明确各工作环节的制度、流程、角色与责任，明晰各项工作“由谁来做、如何来做”，从制度上保障数据治理各项工作有据可行。

（三）监督评估体系——“有效可查”

数据治理工作千头万绪，在落地执行时容易出现偏移目标、进度缓慢等诸多情况，一些工作事项容易不了了之，进而影响数据治理的整体工作成效。针对这种情况，医院需要建立一套监督反馈体系，监督和反馈数据治理各项工作的效果，及时发现问题、解决问题和总结经验，开展追责，奖罚分明，保证数据治理的扎实落地与持续优化。

二、数据治理战略

数据治理工作必须纳入医院发展战略框架中。数据治理作为一项复杂而持久的工作，医院需要制定数据治理战略作为顶层设计，并与机构的业务规划、信息技术规划等相关规划保持一致，同时与医院实际发展需要相吻合。医院应当制定并发布《数据治理战略总体规划》，用来描述医院开展数据治理的目标、定位、指导原则、总体思路、保障措施等。

1. **目标**　医院数据治理战略目标是以医院创造价值为导向，建立成熟完备、及时优化的数据价值体系，而不是为了解决数据层面的某个具体问题。最终目标是为了实现从数据资源到数据资产，从数据资产到数据能力，从数据能力到数据价值的逐步飞越与持续优化。医院应根据自身发展情况制定阶段性战略目标。

2. **定位**　医院数据治理定位需要考虑到数据治理的特殊性，大部分治理工作是基础性的，包括制定数据标准、保障数据质量等，涉及的方面较多，短期内在业务层面不易看出效果。因此需要扎实落地各项基础工作，才能取得可看到的效果和价值。医院层面不能把数据治理定位成一个短期项目，要有定位长远，不要过于追求短期效益的决心，应将这项工作作为常态化工作持续开展。

3. **指导原则、总体思路**　医院在数据治理战略规划中要明确“以解决问题、创造价值为导向”作为指导原则，在具体工作实施上追求精细化战略，避免“贪大求全”，难以落地、效果甚微。数据治理战略具体实施思路可以与医院实际发展情况相吻合。

4. **保障措施**　数据治理的保障措施既包括医院体制机制、人员组织、资金等硬件配备，也包括数据治理文化理念等软件内容。在医院内部树立数据治理文化理念是数据治理战略的重要组成部分，清晰的数据治理战略是形成浓厚数据治理文化的基础。医院通过开展培训交流等活动，帮助员工形成数据治理的统一认知和行为，是医院建立数据治理战略文化的重要途径，同时也是数据治理成功的有力保障。

三、数据治理制度

医院需要制定全面科学有效的数据治理制度，并根据行业要求与之自身业务实践，定期更新。数据治理规范规定了何人在何种应用场景下，通过何人审批可以进行何种操作。数据治理规范规定了医院不同部门、人员的角色配置与管理，确定数据管理、平台管理、业务应用管理和安全保障等工作具体由何人完成，按照何种标准完成。

建议数据治理制度可包括《数据治理管理办法》《数据管理规范》《平台管理规范》、《业务应用管理规范》《安全保障保管规范》等。

《数据治理管理办法》是基于医院数据治理战略的落地细化，在内容上需要界定清楚各个部门的职责、协调机制、工作要求、监督办法和考核办法等。此外为充分调动架构人员的工作积极性，《数据治理管理办法》中应当包含考核办法，保障数据治理工作能得到有效推进。在实际操作中可根据不同部门的具体情况，建立相应的数据治理考核办法，并与部门及个人绩效挂钩。

《数据管理规范》《平台管理规范》《业务应用管理规范》和《安全保障管理规范》则明确各个具体工作领域的部门职能、协调机制、工作要求等，对各项工作的管理与实施给予框架性的指引，也是进一步制定数据治理细则的出发点。

四、数据治理监督与评估

保障医院数据治理有效落地的重要措施是监督与评价管理，具体途径包括构建数据治理效果评估机制和问责机制等。①评估机制：主要目的是客观评估医院当前数据治理的效果和水平，了解现状，分析问题，总结经验，推进数据治理工作持续优化。②监督问责机制：主要是监督数据治理工作推进和效果中存在的问题，追究相关问题的责任部门和责任人，保障数据治理工作有条不紊的进行。

1. 评估机制 建立数据治理效果评估机制。数据治理是一个动态持续的长期过程，需要基于效果评估建立起闭环优化的体系。因此建立数据治理效果评估机制，运用数据创造价值是数据治理的目标之一。数据治理评估机制的价值体现在通过对数据的实际应用中，深入发现数据治理工作中存在的不足和问题，如数据标准、数据质量、工作流程等方面的问题。通过分析问题产生的原因，有针对性地提出工作要求，开展工作内容，优化数据治理工作，对优化结果进行评价，基于评价制定改进方案，提出新的数据治理实施策略、方法、流程，最终实现医院数据治理与业务应用之间保持正向互动关系，促进数据治理水平与业务应用的良性发展。医院要明确治理评估机制的评估周期、评估流程、评估模型、组织保障等要素的相关要求，评估内容可以覆盖数据治理组织体系、数据安全保障、数据质量管理和数据价值实现。医院采用适合自身数据治理成熟度的评估模型，开展定期评估，发现数据治理过程中存在的问题和不足，及时改正问题、补强薄弱环节，构建一个持续优化的数据治理体系，同时按照一定周期向数据治理委员会定期汇报评估结果。

2. 监督问责机制 医院基于清晰的数据治理组织架构，建立问责机制，制定合理的审查体系与审计规范，监督数据治理实施的合规性、有效性和风险性。医院通过定期排查数据标准制定、数据质量控制、数据采集处理、数据能力加工、数据安全和数据价值等方面问题，对医院相关部门及责任人进行问责。

数据治理工作实施进度和效果问责工作由数据治理办公室承办，并向数据治理委员会汇报。数据治理办公室应组织制定数据治理监督工作实施细则，明确检查对象、检查范围、责任追究和问题整改。医院通过建立数据治理整改制度，对日常监控、检查和考核评价过程发现的问题，及时组织责任部门整改，并对整改情况跟踪评价，确保整改落实到位。

本章小结

本章详细介绍了医院信息系统数据概念、数据治理目标和数据治理的方法体系，阐述了医疗大数据的现状及其面临的问题，以及数据治理的必要性和可行性，并给出了详细的数据治理方法体系及组织实施方案。通过本章的学习，可以深入了解数据治理的整体框架和要求，为医院数据治理提供了一套完整的解决方案。

医院信息系统数据是指利用计算机软硬件技术、网络通信技术等现代化手段，对在医疗活动各阶段中产生的各种数据的总称。

医疗大数据存在数据种类多、数据完整性不足、数据一致性不足、数据准确性不足、数据管理不统一、数据安全性不足六大问题，但医院又存在互联互通及数据共享、数据安全的需求，因此医疗大数据治理是医院发展的必经之路。

医疗数据治理要遵循相关的国家标准和行业标准，利用数据处理技术进行数据的抽取、整合和处理，并建立健全监督与评价管理机制，同时保证数据安全。

（蒋　昆）

第六章 医院信息项目管理

学习目标

1. 掌握 项目立项；项目进度管理；项目范围管理。
2. 熟悉 采购管理；项目启动准备；系统上线和验收；项目总结和绩效评估。
3. 了解 项目的基本概念；项目质量管理；项目配置管理。

随着信息技术在医院各个业务流程中的广泛应用，医院需要通过不断实施的信息化项目来满足各方面的要求，项目规模、投资额、复杂度不断上升，项目失败带来的后果医院往往难以承受。因此，需要引入现代化的信息化项目管理方法，降低项目风险，提升项目成功率。

国内绝大部分医院的现状是：信息部门人员少，技术能力弱，缺乏自行开发软件系统的能力，需要与供应商合作，直接购买成品系统或基于成品系统定制开发，项目实施过程中的大部分工作由供应商完成。因此，本章将学习重点放在可行性论证、范围管理、进度管理、项目上线和验收等医院信息部门更关注的内容上，略过了软件生命周期模型、软件设计、软件测试管理等开发过程的项目管理内容，希望学习内容能在实际项目中落地应用。

第一节 项目概述

一、项目

（一）概念

不同机构或人员对项目的定义不尽相同。美国的项目管理权威机构——项目管理协会（Project Management Institute，PMI）对项目的定义是："项目是为提供一项独特产品、服务或成果所做的临时性努力。"中国项目管理研究委员会对项目的定义是："项目是一个特殊的将被完成的有限任务。它是在一定时间内，满足一系列特定目标的多项相关工作的总称。"

（二）项目的特点

1. 临时性 项目是一次性的，需要在一定时间内完成。当项目目标已经达成，或已清楚看到目标不可能达成或项目必要性已不再存在时，项目将结束。同样，项目团队也是临时的，项目开始时从各相关单位和部门抽调人员组建项目团队，项目结束后团队会被解散。

2. 特定目标 项目是有特定目标的，包括提供独特的产品、服务及其他成果。

二、信息化项目

信息化项目是以信息化技术为基础，在人、财、物和时间的限定条件下，围绕特定目标所进行的一次性活动。从项目内涵来看，信息化项目可以分为软件开发、系统集成、信息咨询、网站建设、通信工程等类别。国内医院开展的绝大多数信息化项目是以软件应用为主的系统集成类或软件开发类项目。

例如，某医院要开发一个电子病历系统，提供病历书写、打印、质控、存储、查询、归档等业务功能，让临床医生从手写病历转变为电脑书写，减少病历书写时间，提升病历的规范性和内涵质量。系统建设计划在2021年1月1日启动，在2021年6月30日完成，总预算120万元。这就是一个信息化项目，特定目标是开发"电子病历系统"这个独特产品，并有明确的起止时间和成本限制。

第二节 项目立项

项目立项是整个项目的开始，其目标是对项目进行可行性研究，编写立项报告书（又称可行性研究报告），提交给主管部门或领导进行审批，审批通过后项目才能开展。

为了完成立项报告书，需要对项目的需求、目标、收益进行论证，确定初步解决方案，并对项目所涉及的干系人、项目风险、建设成本、建设周期等进行综合性评估，必要时还可提出对现有业务流程重组的改进建议。

如果立项工作没有做好，造成项目的盲目启动、仓促进行，会给项目的实施、运行和维护带来极大风险，甚至造成项目失败，给医院造成经济、时间上的双重损失，并造成人心浮动。

项目立项包括六个环节：项目需求论证、项目方案设计、项目风险评估、项目周期估算、项目成本估算、立项报告编制，具体介绍如下。

一、项目需求论证

项目需求论证是用来确定项目需要达成的特定目标，以及完成后能给医院带来的收益，便于项目审批人员进行决策。

信息化项目一般是围绕医院的管理部门、临床科室、患者的业务流程提升开展的，需要针对项目的目标受众进行调研，初步确定项目所覆盖的科室范围、需要改进的问题、期望的解决方法、预期收益，并根据问题的严重程度、紧急程度、普遍性等排出优先级，对本项目需要解决的问题进行选择。收集需求主要采用以下方法。

1. 访谈 是通过与项目干系人面对面的交流，了解其对产品、流程、功能的需求、观点和看法。访谈前建议准备好需要沟通的主要问题，并做好记录。

2. 研讨会 在访谈的基础上，从项目干系人中挑选一组具有代表性的成员，通过集体座谈的方式，引导式地对跨职能部门的问题和需求进行集中讨论，通过集体的力量，对前期收集的客户需求进行澄清、确认，对需求的优先排序进行明确，并进一步确定项目目标。会议需要形成文档并由参会的各干系人认可。

3. 问卷调查 向多个干系人发放预先设计好的调查问卷，将各干系人的回答信息整理成文档。问卷调查的首要特点是调查的客户数量大，通过大量的数据来佐证客户需求的准确性，属于定量分析。问卷调查可以是线上调查，也可以是线下调查。

4. 头脑风暴 又称为畅谈法、集思广益法、智力激励法，在融洽和不受任何限制的气氛中以会议的形式进行讨论、座谈，是一种利用集体智慧的创造性思维方法。头脑风暴常用于内部用户的需求征集、分析，还广泛用于分析原因和查找问题解决方案。

5. 业界案例 通过参观已成功实施同类系统项目的医院，将自身的规划内容与其进行对比，取长补短。

在实际工作中，上述方法可以混合使用，最后形成完整的需求规划方案。如在没有掌握需求时，可采用访谈、头脑风暴、业界案例等方式初步了解需求。在已预先或初步了解需求后，可采用访谈、研讨会、头脑风暴、问卷调查等方式进一步明确需求和优先级。

二、项目方案设计

在初步确定项目需求后，需要进行技术可行性分析，确定项目的总体技术方案。

1. 需要什么档次的硬件设备，如服务器、存储设备、打印设备、计算机等。

2. 需要什么样的网络或通讯系统，配备什么档次的网络设备。

3. 软件系统采用什么样的体系架构，需要提供哪些重点功能及性能要求。

4. 系统在信息安全方面准备采用什么样的措施。

5. 系统采用什么样的建设方式，是自行开发、合作开发，还是直接采购。

6. 是否需要寻找专业咨询公司来完成方案设计。

如果需要采用合作开发或采购的方式，还需要找到多家供应商，对其提供的产品或服务及成功案例进行评估，为接下来的风险评估、进度估算、成本估算等提供依据。

三、项目风险评估

项目风险是指项目实施过程中遇到各种变化而可能导致的损失。在项目实施过程中，变化是唯一不变的事物，只要项目进行就可能遇到风险，如果能及早识别风险，就有可能进行控制来预防或减少损失。因此必须对项目风险进行评估，并给出预防的方案和建议。项目风险主要来自以下几方面。

1. 需求风险　信息部门对业务不够了解，业务部门对技术不熟悉，双方沟通存在障碍，导致项目目标设置不合理；需求变动频繁；所选择的产品不能真正满足业务部门的实际需求，项目实施效果不佳。

2. 项目进度风险　供应商的实施人员对医院业务不够了解，与业务部门的沟通不够顺畅，需求变动引发大量开发工作，可能导致项目实施进度严重拖期。

3. 业务变动风险　新系统的使用可能会导致业务部门的流程变动，或者改变用户的原有使用习惯，在短期内导致工作效率下降，引起业务部门的抵触甚至反抗，最终可能导致项目失败。

4. 成本费用风险　项目需求变动或增补可引起开发工作量骤增，供应商要求增加项目费用，有可能造成项目成本超标。若双方差距过大，有可能导致项目夭折。

5. 人力资源风险　信息部门及供应商在项目上投入的人员在数量和技术能力上是否能满足项目组织、实施、维护的要求，以及人员在项目周期内是否稳定，对项目是否能成功实施有重要影响。

6. 管理风险　由于人事变动，导致项目失去业务部门或高层领导的支持，也会给项目实施带来风险。

这些风险可分为可预测、不可预测两类。可预测风险，通过对项目信息认真分析或历史经验能进行识别，是项目风险管理的重点内容；不可预测风险，是可能发生但当前无法识别的风险，只能依靠组织力量来承担。风险评估结果可通过风险清单（表6-1）给出。对清单中的风险内容，需要在项目后续进程中进行持续更新、监控和应对，以降低或避免给项目造成损失。

表6-1　项目风险清单

项目阶段	风险描述	后果描述	可能性	严重性	应对措施
立项					
实施					
验收					

注：可能性、严重性可采用“很高、高、中、低、很低”或1~9的数字来描述。

四、项目周期估算

项目进度是指在项目完成招投标、合同签订等工作后，项目正式进入实施阶段后的时间安排，其中的项目总时长——项目周期（如在120日内完成）一般会作为招标参数使用。

项目的需求目标确定后，就需要在市场上寻找合适的产品及供应商，与他们沟通其所需要的项目实施周期，同时对其成功案例的真实实施状况进行了解，并结合本项目的实施范围、可投入的人力资源、现有软硬件资源、可能遇到的风险等信息进行综合评估，得出一个预估的项目周期，并留有一定余量。

五、项目成本估算

项目的成本包括以下一类或多类。

1. 软件系统的采购及开发、实施成本，第三方接口开发费用等。
2. 硬件系统的采购及实施成本，包括计算存储系统、终端系统等。
3. 机房及附属设施的建设改造成本。
4. 网络通信、安全设施的采购及实施成本。
5. 项目咨询成本，包括聘请专业咨询机构或外部专家的相关费用。

6．项目监理成本，包括聘请专业监理机构进行项目工程监理和财务监理的预估费用。

7．软件测评和安全测评成本。

8．项目运行维护成本，包括项目建成后需要支付给软硬件供应商的各种维保费用。

根据项目的实际情况，对涉及的以上几类费用进行估算，切记估计过低或估计不全。

六、立项报告编制

立项报告是对立项阶段各种活动的成果总结，也是项目能否被批准和开展的前提，重要性不言而喻。立项报告主要包括以下内容。

1．项目名称。

2．项目目标：描述项目想解决的主要问题，项目成功后为医院带来的预期效益。

3．系统的初步技术方案：描述系统准备采用的硬件及网络架构、软件架构、系统主要功能和性能、系统先进性、建设方式等内容。

4．项目预计周期。

5．项目成本估算和资金来源。

6．项目主要风险及应对措施。

报告内容需取得重要干系人的一致认可后，再提交给主管领导或主管部门进行审批。

第三节　采购管理

医院项目的资金来源一般分为财政资金、医院自筹资金。根据《中华人民共和国政府采购法》(简称《政府采购法》)的规定，使用财政性资金采购依法制定的集中采购目录以内的或者采购限额标准以上的货物、工程和服务的行为，属于政府采购，必须按《政府采购法》完成。根据《中华人民共和国招标投标法》的规定，全部或者部分使用国有资金投资或者国家融资的项目，必须进行招标。公立医院的自筹资金也属于国有资金，因此项目需要进行招标。医院一般设有专门的招投标部门来负责具体事务的处理，本节重点介绍采购过程中与信息部门直接相关的内容。

一、政府采购

根据《政府采购法》的规定，政府采购方式分为公开招标、邀请招标、竞争性谈判、单一来源采购、询价、国务院政府采购监督管理部门认定的其他采购方式，其中公开招标应作为主要采购方式。

如果采用邀请招标、竞争性谈判，信息部门需要向采购部门提供三家以上的候选供应商，才能完成采购流程。同时，信息部门对各供应商的产品功能、性能、价格、实施周期等信息要心中有数，才能在谈判过程中掌握主动，最终达成对医院有利但又不让供应商明显感觉不公平的合同条款。

如果采用单一来源方式采购，信息部门需要明确本次采购的具体内容和合理价格，以便与供应商进行谈判沟通。

二、招标管理

招标分为公开招标、邀请招标。招标过程包括招标、投标、开标、评标、中标、签订合同等环节。

招标开始前，招标人应依据立项报告，编制招标文件（简称标书），这是整个招标过程中最重要的一环。信息部门是标书的主要编制者。

1．标书编写要求 标书既是投标人编写投标书的依据，也是评标最重要的依据，具有准法律文件性质，在编写时需要满足以下要求。

（1）真实、完整反映项目需求：不同的投标人对项目内容所了解的程度会有很大差别，必须依赖标书来确定自身的投标方案。标书如果有疏漏，会导致最终的项目结果可能不能满足使用部门的实际要求。

（2）合理性：项目需求科学合理，技术要求、商务要求需要切合实际，不能盲目提高标准，否则可能导致投标人提高报价，造成功能和资金的浪费。

（3）公平性：不得以不合理的条件限制或者排斥潜在投标人，不得对潜在投标人实行歧视待遇。

（4）无二义性：标书文字要尽可能不产生二义性，防止不同投标人的理解出现大的偏差。

2．标书内容要求 标书一般分为程序条款、技术条款和商务条款，内容包括：招标公告（投标邀请函）、投标人须知、招标文件内容、投标文件要求、投标人和投标产品资格要求、项目技术要求、商务要求、评标办法、拟签订合同内容等。信息部门一般负责编写技术条款、商务条款的内容，包括以下几部分。

（1）采购项目的技术规格、数量：描述本项目的技术要求，如硬件设备的名称、配置参数、性能指标、数量及单位，附件、备件要求，软件系统的功能列表、性能指标等内容。

（2）技术文件清单：包括投标人需提供的各种安装配置手册、使用说明书、合格证书、检验证书或报告等。

（3）货物、服务提供的时间、地点、方式：描述本项目的工期要求、交货或实施地点、交货方式。对于易损的硬件设备，还应提出包装方式、运输方式的要求。

（4）采购资金的支付方式、支付时间、支付条件。

（5）服务标准：包括培训内容、地点、方式、安装调试要求、质保期、质保期内和期外的服务措施等。

（6）验收标准：对中标人所提供的货物、服务将采取的验收方式及验收标准，尽可能采用国内通行的标准或国际标准。

（7）评标方法、评标标准。

（8）投标人、投标产品应当提交的资格、资质证明文件。

如果是网络通讯类、机房建设类项目，除了编制标书的工作，信息部门还应当组织潜在投标人到医院现场进行踏勘，以便潜在投标人制定技术方案，确定项目报价。标书发出后，如果遇到投标人对标书内容进行质疑，信息部门需要进行书面澄清。

三、采购合同签订

招标结束后，医院与中标供应商要以标书、投标书为基础签订合同，明确项目的目标、范围、工期、价格、服务等内容，以保障双方的责、权、利，合同中对双方容易出现冲突的下列环节应有明确的处理方式。

1. 项目覆盖范围 包括系统功能列表和上线科室列表。

2. 需求变更管理 对变更、增加的需求的处理方式，以及费用支付方式。

3. 接口处理问题 约定需要开发的第三方接口的数量、功能要求、性能要求、成本费用等内容。

4. 售后服务问题 约定供应商在质保期内或质保期外，对系统出现的问题或需求的处理方式，以及相关费用的支付方式。

第四节 项目启动准备

为了确保项目能成功完成，各相关方需要为项目正式实施做好准备工作，包括项目团队组建、制订项目实施计划、明确项目干系人、确立项目团队沟通机制、召开项目启动会等内容。

一、项目团队组建

对信息化项目而言，如何有效发挥“人”的作用，是决定成败的关键。医院信息化项目牵涉到医疗、护理、管理、软件开发、网络通信、信息安全等多个领域的业务知识，复杂程度高，如何为项目团队获取合适的人力资源，并激发团队成员的动力，让团队能流畅运转，对信息部门是一个考验。

项目团队由院方人员、供应商方人员组成，还可能需要第三方监理人员，对于大型项目，供应商方还会有分包商参与项目实施。

信息部门选择人员时，需要遵循以下原则：①根据项目目标确定所需要的岗位、职责及技能要求。②以岗定人，不能以人定岗。③根据项目所处阶段确定人员的进入、退出，合理利用人力资源。

项目成员应具备以下素质：①强烈的责任心。②良好的人际交往和沟通能力。③适当的专业技术技能。④以问题为导向的意识。

项目组成立后，应根据项目需要设定岗位和人员，确定项目负责人（项目经理），并进行必要的业务、技术知识培训，同时设定激励机制和绩效评估标准，充分调动人员的积极性。对于供应商方的项目小组，信息部门应要求对方按照投标书或合同内容要求配备人员。

对于项目团队的任务、岗位、人员设置，可以采用责任分配矩阵（表6-2）来进行描述。承担任务的可以是个人或小组，还可以对某个任务再制定责任分配矩阵。需要确保每项任务只有一个人负责，以免责任不清。

表6-2　责任分配矩阵示例

任务	张X	李X	王X	赵X	钱X	孙X	周X	郑X
服务器环境配置	A	R	I	I				
需求确认					A	R	R	C
软件开发					R	A	R	
系统测试		A	R	R				
安装及培训	R	R	A	R				

注：A=负责；R=执行；C=咨询；I=知情。

采用项目组织图（图6-1），可以描述团队的岗位设置及报告关系。团队组建后，由于成员来自不同单位、科室，各自的知识领域、能力范围、性格特征等差别极大，因此还需要通过持续进行的团队建设来增强团队凝聚力和归属感，提高团队作为整体发挥作用的能力。

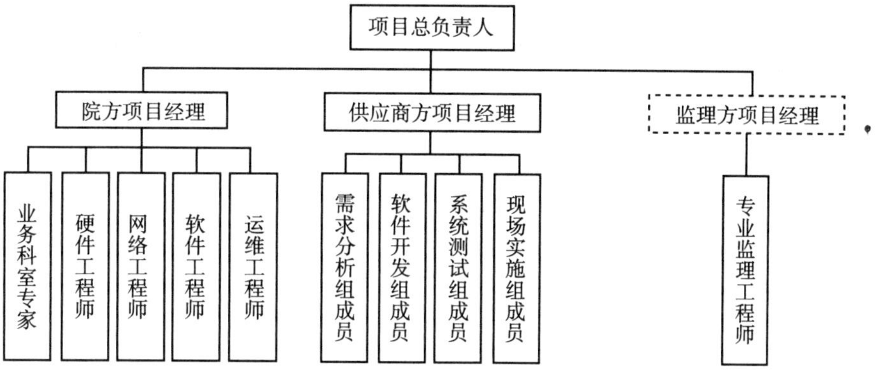

图6-1　项目组织图

二、项目管理计划

项目管理计划是项目的总体计划，确定执行、监控和结束项目的方式、方法，从整体上指导项目各项任务的有序执行，是各个子计划制订的依据和基础。

项目管理计划一般包括项目范围管理计划、项目进度计划、项目采购计划、质量管理计划、人员配备计划、沟通管理计划、风险管理计划和配置管理计划等子计划。采购合同内容是制订项目管理计划的基础。

项目管理计划是整个项目的工作指南，需要符合项目实际情况、可执行。但由于项目的可变性较强，项目团队难以一次性制订准确无误的计划，可以根据项目的主体管理思路，采用滚动编制的方式，先对项目前期任务制订较为细致的计划，后期计划较为粗略，之后按照计划实际执行情况和项目环境变化情况，逐步对后续计划进行修订，以变应变。

制订计划时，应充分发挥项目团队及项目干系人的作用，有助于项目获得各相关方的支持和理解，使项目任务更易实施和落实。

三、项目干系人管理

项目干系人是指与项目有利害关系的个人及组织。合同各方是项目的关键干系人，此外可能还有政府部门（如卫生健康委员会、医保机构）、患者及其家属、第三方供应商等。从项目团队的角度来看，医院某些管理部门、后勤部门、临床业务科室、医院领导等，不在项目范围内，但也可能是干系人。

由于项目的实施可能会改变现有业务流程、业务分工，影响现有利益格局，项目干系人的利益会直接或间接地受益或受损，他们为此作出的反应和行动就会有利或有害于项目的实施。项目团队必须设法赢得干系人的支持，以确保项目成功。信息化项目经常被认为是“一把手工程”，也表明了主要领导作为项目干系人，其支持力度对项目成败的影响极大。项目干系人管理分为以下环节。

1. 识别项目干系人，并收集各干系人的信息，记录到干系人登记表中。

2. 分析各干系人对项目所持有的期望、所带来的影响，预测他们可能的反应和行动。可通过权利/利益方格、权利/影响方格、影响/作用方格等对干系人进行分类。

3. 管理干系人。持续沟通，有效调动干系人参与项目的决策、执行，共同解决实际问题，管控利益冲突，提升项目成功的机会。

四、项目沟通管理

沟通是决定项目成败的关键因素之一，部分项目上线后运行效果欠佳，甚至被弃之不用，用户抱怨系统功能满足不了业务要求，根本原因就是开发者与用户间的沟通出现了问题。有效沟通可以把不同背景、专业知识迥异、不同利益诉求的各类项目干系人联系起来，成为项目顺利运转的润滑剂，但其影响却是间接、不易觉察、很难量化考核的。项目沟通管理分为以下几方面的内容。

（一）制订项目沟通管理计划

根据项目干系人的信息需要，规划确定沟通对象、沟通内容、沟通方式及沟通渠道、沟通频次，使沟通效果达到最好。计划可以明确谁需要什么信息、什么时候获得、如何获得信息。

项目团队可以采用沟通矩阵（表6-3）来作为制订沟通计划的基础，矩阵第一列为信息的发布方，第一行为信息的接收方。根据沟通矩阵的内容，可以制订正式的书面沟通计划（表6-4）。此外，还需要拟定项目的沟通频次，是定期还是不定期。如通过周例会、月例会、里程碑会议等正式的会议形式，完成信息在整个项目团队的有效传达。

表6-3 项目沟通矩阵示例

	医院领导	供应商领导	项目经理	小组长	组员	第三方监理
医院领导			要求或指导意见			
供应商领导	重大事项或问题		要求或指导意见			

续 表

	医院领导	供应商领导	项目经理	小组长	组员	第三方监理
项目经理	项目进展报告/重大问题/里程碑报告	项目进展报告/重大问题/里程碑报告		要求或指导意见/项目进展报告	要求或指导意见/项目进展报告	项目进展报告/交付物/过程文件
小组长			小组进展报告/重大问题		要求或指导意见/小组进展报告	文件记录
组员				个人进展报告/重大问题		
第三方监理	审计报告	审计报告	审计报告			

表6-4 书面沟通计划示例

提交方	文件名称	文件内容	提交时间	文件格式	提交方式	接收方
小组长	小组周报	上周工作进展 下周工作计划 问题及风险	每周五下班前	WORD文档	Email	项目经理
项目经理	里程碑报告	本阶段进展情况 下阶段工作计划 问题及风险	里程碑节点	WORD文档 PPT文档	Email 当面汇报	医院领导
组员	工作日报	本日工作进展 明日工作计划 问题及风险	每天下班前	WORD文档	Email	小组长

（二）管理沟通过程

沟通计划制订后，就需要按照计划执行。对于项目经理，80%的时间都可能会花在沟通上，除了自己要按照计划完成与各方的沟通外，还要监督项目小组、组员按计划进行沟通。

（三）非正式沟通

项目沟通计划确定了正式沟通内容，但是团队中更多沟通是通过非正式方式完成的，如采用面对面、电话、Email、即时通信软件等手段沟通会更方便、省时，有时也更有效。互联网行业中大量采用的敏捷开发模式就强调当面沟通比书面文档更重要。在正式会议前或编写正式报告前，各方提前沟通可能会得到更好的结果。

对非正式沟通也需要进行必要的管理，某些场景下不能单纯使用非正式沟通，如项目组成员的变动、项目需求变动、跨部门的工作协调等，需要进行正式沟通。

沟通过程中最重要的是真诚、尊重、聆听、理解和共赢，这会极大地减少沟通障碍，避免无休止的争论，取得更好的沟通效果。

五、项目启动会议

项目启动会议标志着项目正式进入实施阶段，一般由项目经理负责组织和召开，重要性很高，不能走过场。

启动会的主要目的是让项目各相关方建立起初步沟通，并就项目目标、范围、计划、流程、岗位及责权利等取得共识，树立规则意识，让整个团队能有序运转。

课堂互动

1. 为什么要重视项目启动会？
2. 召开项目启动会前需要做好哪些准备工作？
3. 为什么项目启动会要让大家树立规则意识？
4. 需要召集哪些人员参加项目启动会？
5. 项目启动会结束后应该进行什么工作？

第五节　项目质量管理

质量是项目成功最重要的基础。项目质量是指项目成果（产品及服务）对用户需求满足程度的度量，体现在其使用价值、性能、可靠性等一系列指标上。一般而言，医院对质量的要求已经反映在项目采购合同中，因此，采购合同是进行项目质量管理的主要依据。

信息化项目质量的关键是软件质量，由于软件是由供应商负责开发、实施的，因此质量管理主要由供应商项目小组完成，但是，医院信息部门需要对质量管理过程进行监控，而不能当“甩手掌柜”，以降低项目风险。项目团队是一个整体，需要共同对项目质量负责。

一、项目质量管理内容

项目质量管理内容包括质量管理规划、实施质量保证和质量控制。

（一）质量管理规划

规划的目标是确定项目中需要被跟踪的质量目标，以及项目团队如何执行质量策略。规划需要满足下列要求。

1. 确定应达到的质量目标，如功能目标、性能目标、可靠性目标、健壮性目标、易用性目标、易维护性目标等。

2. 确定应开展的质量活动及质量控制程序，如项目计划变更程序、需求变更程序、设计变更程序、阶段性评审等。

3. 确定不同岗位的职责、权限、沟通方式和资源分配。

4. 确定质量控制的手段、流程。

5. 确定质量记录的内容和管理方式。

（二）质量保证

质量保证是指在项目过程中实施有计划、有系统的活动，确保这些活动满足相关的标准和要求，从而“证实”活动的结果能满足质量目标的要求。如在质量管理规划中，确定按能力成熟度模型集成（capability maturity model integration，CMMI）的规范要求来组织软件二次开发，并进行阶段性评审，证明阶段性成果可以满足质量要求。在软件开发项目中，常见的质量保证活动包括评审、配置管理、变更控制、审计。

1. **评审** 对项目阶段性成果进行检查，尽早发现缺陷以减少后期修改的工作量。

2. **配置管理** 对项目的中间成果和最终成果的变化过程进行记录，确保其正确性和一致性。

3. **变更控制** 对计划、需求、设计等的变更进行有计划的管理。

4. **审计** 对项目的工作过程进行检查，确保各项活动按要求进行。

（三）质量控制

质量控制是指采用合适的方法来检测、验证阶段性成果，及时纠正成果中的缺陷，确保成果符合质量标准。测试、缺陷追踪是常见的质量控制行为，可以用来消除系统中的缺陷，从而满足功能、性能的要求。质量控制行为贯穿项目全流程，可通过一系列技术、工具来实现。

二、项目质量管理工具及技术

在质量管理规划阶段可使用的技术包括成本收益分析法、质量成本法、标杆对照、头脑风暴等。

在质量活动中可使用的工具包括质量审计、过程分析、PDCA（plan——计划、do——执行、check——检查、act——修正）、基本质量工具（老七工具、新七工具）、检查等。下面简要介绍易用性、实用性更强的老七工具中的核查表、帕累托图。

1. 核查表 又称计数表，是用于收集缺陷数据的查对清单，可以方便地记录排查出的各类缺陷数据，表6-5为某电子病历软件的缺陷数据示例。

表6-5 缺陷数据核查示例

缺陷分类	缺陷分类编号	缺陷数量	百分比	累计百分比
打开病历文档太慢	E1	50	49%	49%
保存病历时没有检查必填项内容	E2	24	24%	73%
病程记录合并后格式错误	E3	15	14%	87%
病程续打操作不方便	E4	8	8%	95%
其他	E5	5	5%	100%
合计	—	102	100%	—

2. 帕累托图（Pareto chart） 又称排列图、柏拉图，用于寻找造成产品质量问题的最主要因素，通过从高到低的形式绘制柱形图，曲线代表缺陷所占的累计百分比。帕累托原理又称80-20法则，意思是80%的问题可能是由20%的原因引起的。表6-5对应的帕累托图如图6-2所示。

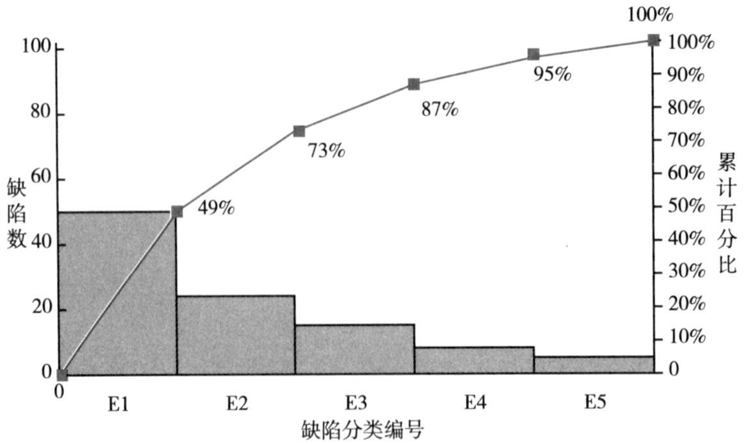

图6-2 帕累托图

第六节　项目范围管理

项目范围包含两个含义：一是产品范围，即项目需要交付的产品及服务的特性、功能，如软件的功能清单或需求规格说明书；二是工作范围，即完成这些特性、功能所需要开展的工作的范围，是制订项目进度计划的基础。二者需要有机结合，才能保证最终交付的项目成果达到项目目标的要求。

项目范围管理就是对需要做什么、不需要做什么进行定义和控制的过程。

项目范围失控是信息化项目失败的主要原因，表现在两个方面：①项目范围不明确，不断加入新的需求，导致项目永远做不完，成本、工期远远超出合同要求。②项目范围没有在各个项目干系人之间取得共识，导致项目成果不被认可。

一、项目范围管理计划

项目范围的确定是一个层层深入的过程，虽然在项目合同中已经明确了项目目标，如软件系统的功能列表、医院/供应商/第三方监理各自的职责范围，但这些内容不够细化，需要随着项目的推进，不断进行深化和完善。

项目范围管理计划是项目团队针对项目范围的行动指导方针，用于描述如何定义、确认、控制项目范围，将规定以下过程：①编制项目范围说明书。②创建、确认、维护WBS。③确认和验收已完成的可交付成果。④控制项目范围说明书的变更。

根据项目的具体情况，计划的内容可以是详细的或粗略的，也可以是正式的或非正式的，但需要在整个项目团队得到认可。

二、项目范围管理过程

项目范围管理在项目管理中占有非常重要的地位，可以通过项目范围定义、创建工作分解结构（work breakdown structure，WBS）、项目范围确认、项目范围变更管理等过程来实现。

（一）项目范围定义

项目范围定义的主要工作是通过收集并细化需求列表，确定需要完成、不需要完成的具体内容，在各个项目干系人之间达成共识后，生成项目范围说明书。在整个项目周期内，需要对说明书中的各个内容进行跟踪，确保得到实现。

1. 需求收集 是以供应商已有产品为基础，在产品功能、业务流程、用户界面、输入数据、输出数据、性能、可靠性、安全性等方面，收集项目干系人的需求，以对产品进行改进，确保交付成果符合项目目标。

项目团队可以采取培训、访谈、焦点小组、引导式研讨会、问卷调查、观察、原型法等手段，与项目干系人形成有效合作，得到详细的需求列表，生成用户原始需求说明书。

项目团队需要对用户原始需求说明书中的内容进行分析，让每一个需求尽量满足正确、清晰、无二义性、必要、完整、可实现、可验证、可测试的要求，并与干系人一起进行确认，将双方理解不一致的需求剔除，编写需求规格说明书。

2. 范围说明 范围定义的过程是确定项目、产品或服务的详细内容的过程，要明确对于收集到的需求，哪些需要包含在项目范围中，哪些需要排除，从而定义项目成果的边界，并编写项目范围说明书。项目范围说明书的主要内容如下。

（1）产品范围描述：结合采购合同、需求规格说明书的内容，详细描述产品、服务或成果的特征。

（2）验收标准：确定项目成果验收前需满足的条件，以及验收过程。

（3）可交付成果：确定最终需交付的所有成果，如源代码、各种手册、测试报告等。

（4）排除内容：明确哪些内容不属于项目范围，有助于管理相关干系人的期望。

（5）约束条件：即制约项目团队进行选择的因素，如合同规定的费用、上线日期等。

（6）假定：列出与项目范围有关、无须验证即可视为正确或真实的因素，同时列出假定万一不成立而带来的后果。

项目范围说明书的准确性和详细程度，对项目成果具有举足轻重的作用。项目团队及重要干系人应该共同对其进行评审，取得共识，会减少很多在项目实施过程中的相互扯皮、推诿现象，降低项目风险。

3. 需求跟踪 对项目范围说明书中所包含需求的状态应该进行跟踪，以确保每个需求能在最终交付成果中得到实现，可以采用需求跟踪矩阵（表6-6）来记录需求的相关属性。需求状态可以根据项目情况来设置，如待开发、开发中、已完成、已取消、待批准。使用需求跟踪矩阵，便于发现需求与后续工作内容的不一致，从而进行纠偏，减少无谓的工作量和时间浪费。

表6-6　需求跟踪矩阵示例

需求编号	需求描述	优先级	当前状态	设计文档	源代码包	测试用例	测试报告
R1.1	用户登录界面可录入工号	中	待开发	3.1登录界面			
R2.4	用户登录后弹出当天需创建的病历文书的清单	高	已完成	4.5当天任务清单	"当天任务"组件	5.1、5.2	"当前任务"测试记录

（二）创建WBS

创建WBS是将项目可交付成果逐层分解成更小、更容易管理和控制的子项目或工作包的过程。子项目需要继续分解为工作包，直到整个项目都被分解为工作包，所有工作包之和就是项目的全部工作范围，没有包含在WBS中的工作就不是该项目的工作。

工作可以按照项目生命周期的阶段来进行分解（如表6-7），确定相关的工作任务；也可以按照产品功能或可交付成果来分解，确定相关的工作任务。

表6-7　WBS分层示例

工作编号	工作内容	计划工期	负责人
0	电子病历系统定制开发项目	6个月	王XX
1	系统运行环境准备	3周	张XX
1.1	服务器采购	2周	张XX
1.2	数据库软件采购	2周	张XX
1.3	服务器安装配置	1周	陈X
2	需求分析	1月	苏X
2.1	现有软件功能培训	1周	赵X
2.2	各临床科室需求调研	2周	苏X
2.3	需求文档编制及评审	1周	苏X
3	系统设计	1个月	李X
3.1	数据库设计	1周	王X
3.2	用户界面设计	1周	王X
3.3	功能设计	2周	王X
3.3.1	病历模板管理	1天	王X

续 表

工作编号	工作内容	计划工期	负责人
3.3.2	病历书写管理	2天	宋X
3.3.3	病历质控管理	2天	宋X
4	软件编码	1个月	朱X
4.1	病历模板管理	1周	宋X
4.2	病历书写管理	1周	宋X
4.3	病历质控管理	1周	葛X
4.4	单元测试	1周	葛X
5	系统测试	2周	张X
5.1	功能测试	1周	张X
5.2	集成测试	3天	陈X
5.3	性能测试	2天	张X
6	系统上线	1个月	苏X
7	系统验收	2周	苏X

每个分支最底层的细目就是工作包，具有以下特征：①独立性，可完整地分派给不同的人或小组。②内容具体，承担者能明确自身的任务、目标和责任。③具有可交付成果和里程碑。可交付成果，包括文档、原型系统、阶段性产品、最终产品等；里程碑，标志着某个成果或阶段的正式完成。④不宜太大，也不宜太小，建议完成时间在1天至1周。

对于最底层的工作包，应配有全面、详细的内容说明，为编制项目进度计划、估算成本和资源投入提供参考依据。

在项目WBS完成后，需要由项目团队和相关干系人进行共同确认，并达成共识，有助于项目成员对项目范围的清楚理解，防止出现需求蔓延。

（三）项目范围确认

项目范围确认是对项目已完成的可交付成果进行正式验收的过程，可分阶段进行。通过对每个成果的验收，提高了最终交付成果通过验收的可能性，减少项目返工成本。

范围确认是由医院方干系人或第三方监理发起的，确认的一般步骤如下：①确定进行范围确认的时间点。②进行必要的质量控制工作，如功能测试。③召开范围确认会议，并对会议结果进行审批。

在进行确认时，要重点检查以下问题：①每个可交付成果是否是确定的、可确认的。②每个可交付成果是否具有明确的里程碑事件。③每个可交付成果是否具有明确的质量标准。④项目范围、WBS有没有遗漏或错误，如果有，应该向项目团队提出，并给出修改意见。

（四）项目范围变更管理

在项目实施过程中，政策变化、组织人事变化、业务流程调整、已有的项目范围定义存在错误或遗漏、最终用户提出新的需求等原因，都会要求对项目范围进行变更，这是非常普遍的情况。如果对变更没有进行有效控制，使得项目范围不断扩大，将导致项目的工期延长、成本上升、团队工作量增加，不利于项目计划的完成，严重者可能导致项目失控。

项目范围变更管理的目的，是确保所有被请求的变更按照项目范围管理计划中规定的变更控制流程进行处理，步骤如下。

1. 分析被请求变更的具体内容，以及带来的成本、工期、质量等方面的影响，编制变更申请报告，决定是否进行变更。报告格式可参照图6-3。

申请部门		申请人		联系电话	
变更类型	□新增　　□已有，需求编号：________			优先级	
变更内容					
影响分析					
是否批准	□是　□否	批准人		批准日期	

图6-3　变更申请报告示意

2. 对得到批准的变更申请，修改需求规格说明书、项目范围说明书、需求跟踪矩阵、WBS等关联文档，并完成相关的评审、审批流程。

3. 修改项目进度计划、质量控制计划、资源分配计划等文档，并完成相关的评审、审批流程。

如果变更内容多，可能还涉及项目成本的增加，需要医院与供应商签订补充协议，重新约定项目工期、合同费用等事项。

第七节　项目进度管理

项目进度管理是指按照采购合同要求，为保证按时完成项目目标所需要进行的一系列活动及过程。项目拖期是信息化项目实施中常见的现象，是造成项目冲突的主要原因之一。

项目进度管理的主要内容是将项目目标合理分解成一系列活动，排列活动顺序，估算所需资源及工期，制订合理的进度计划，对计划的执行、变更进行有效的控制，确保总体目标按时完成。

一、项目活动分解

项目活动是项目进度管理的基本单元，是制订项目计划、分析项目实际进展和控制进度的基本工作单元。

项目范围管理的一项重要工作是建立WBS，将项目目标自上而下进行层层分解，形成易于管理的若干元素的清单，以树形图或表格的形式进行组织和展示，树的叶节点就是工作包。这也是项目活动分解的依据，区别在于工作分解着眼于工作成果，而活动分解着眼于将完成工作成果所需要进行的活动分解为更细小的活动列表，表中的每个活动都是可执行、可跟踪、可检查的，有明确的资源要求和时限要求，一般而言也会形成输出成果。如果活动输出的是无形成果，应尽可能将成果有形化，如系统操作培训活动，就应该将培训教材、培训记录、签到表、考核结果等记录成文档，作为活动输出。

表6-8是一个软件开发项目的活动列表示例，其中的计划工期以“周”为单位。

表6-8　项目活动列表示例

编号	名称	输入	输出	负责人	参与人	计划工期	依赖关系
A	项目管理						
A1	项目启动会	会议资料	会议纪要	项目经理	主管院领导、项目团队、临床科室领导	1周	
A2	项目验收会	采购合同、需求分析文档、测试报告	验收报告	项目经理	项目团队、第三方监理	1周	D 2.4

续 表

编号	名称	输入	输出	负责人	参与人	计划工期	依赖关系
B	系统环境准备						
B1	服务器端搭建					3周	
B1.1	服务器设备采购	采购合同	采购记录	运维组负责人	采购部门	2周	A1
B1.2	数据库软件采购	采购合同	采购记录	运维组负责人	采购部门	2周	A1
B1.3	服务器安装配置		服务器配置文档	运维组负责人	运维组	1周	B1.1 B1.2
B 2	客户端环境搭建					4周	
B 2.1	PC机采购	采购合同	采购记录	运维组负责人	采购部门	2周	A1
B 2.2	客户端安装配置		客户端配置文档	运维组负责人	运维组	2周	B 2.1 B1.3
C	业务软件定制开发						
C1	需求分析					6周	
C1.1	系统现有功能培训		培训记录	软件组负责人	软件组、临床科室代表	1周	A1
C1.2	需求分析	项目范围说明书	需求说明书	需求分析师	软件组、临床科室代表	3周	C1.1
C1.3	需求分析文档编写	需求说明书	需求分析文档	需求分析师	软件组	1周	C1.2
C1.4	需求分析文档审批	需求分析文档	需求分析文档	项目经理	相关主管人员	1周	C1.3
C2	系统设计	需求分析文档	二次开发设计文档	软件组负责人	软件组	1周	C1.4
C3	软件编码	二次开发设计文档	源代码	软件组负责人	软件组	3周	C2
C 4	系统测试					6周	
C 4.1	测试方案制定	需求分析文档、源代码	测试方案	测试组负责人	测试组	1周	C1.4
C 4.2	软件功能测试	测试方案	功能测试报告	测试组负责人	测试组	2周	C 4.1
C 4.3	系统集成测试	测试方案	集成测试报告	测试组负责人	测试组	1周	C 4.2
C 4.4	系统性能测试	测试方案	性能测试报告	测试组负责人	测试组	1周	C 4.3
C 4.5	系统验收测试	测试方案	验收测试报告	测试组负责人	测试组、第三方监理	1周	C 4.4
D	系统实施						
D1	用户培训					3周	

续 表

编号	名称	输入	输出	负责人	参与人	计划工期	依赖关系
D1.1	用户手册编写	需求分析文档	用户手册	运维组负责人	运维组	2周	C1
D1.2	系统培训	用户手册	培训记录	运维组负责人	运维组	1周	D1.1
D 2	系统上线					6周	
D 2.1	系统安装			运维组负责人	运维组	1周	C 4.4
D 2.2	初始化数据录入			运维组负责人	运维组、各科室用户	1周	D 2.1
D 2.3	系统试运行			运维组负责人	运维组、试点科室用户、软件组	3周	D 2.2
D 2.4	系统正式运行			运维组负责人	运维组、各科室用户、软件组	2周	D 2.3

在确定依赖关系时，主要根据两类约束条件进行：①执行时间上有先后顺序的要求，一件事必须在另一件事完成后进行。②两个活动共用一个资源，该资源无法同时使用时，也需要确定一个顺序。

除了首、尾的两项活动外，每项活动都至少有一项紧前活动和一项紧后活动。紧前活动，是指该活动开始所依赖的事件；紧后活动，是指该活动结束后才能执行的事件。

除了生成活动清单外，还应该确定里程碑清单。里程碑是指项目中的重要节点或事件，通常对应一个可交付成果的完成。里程碑清单确定了为完成项目目标所必须具备的条件或状态序列，为项目控制提供了基础。

知识链接

里程碑是一个时刻，持续时间为零，既不消耗资源也不花费成本，通常是指一个重要成果完成了交付，分为强制性（如合同规定的）、选择性（根据项目任务自行确定的）两种。项目中应该有几个达到里程碑程度的关键事件。

里程碑清单的编制可以采用倒序的方式进行，从最后一个里程碑即项目结束时开始倒推，依次确定各个里程碑。每个里程碑应该是界限明确、达到的标准无歧义、相互不重叠、符合因果关系的。

项目团队可以采用头脑风暴法来确定里程碑清单。

二、项目活动排序

项目活动排序的作用是确定项目各项活动之间的执行顺序，以便在项目团队现有资源条件下获得最高的执行效率。项目活动清单明确了活动及其依赖关系，是项目活动排序的主要依据，其他依据还有项目范围说明书、里程碑清单等。

一般采用项目进度网络图（图6-4）来展示活动排序的结果，包括前导图法（单代号网络图）、箭线图法（双代号网络图），可以采用手工或项目管理软件来进行绘制。根据项目的实际情况，可以在网络图中包含项目的所有细节，也可以只包含概括性的活动。

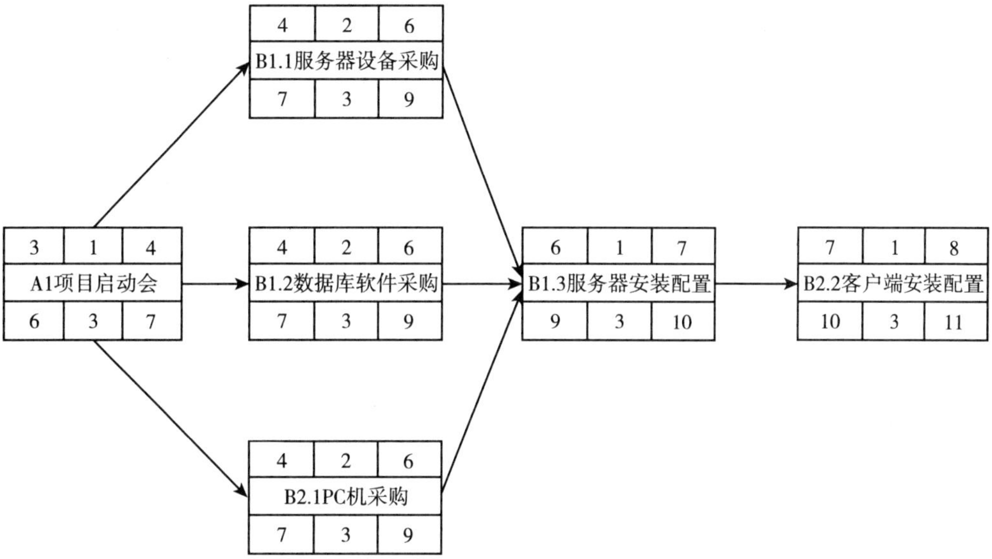

图6-4　项目进度网络图（前导图法）

网络图中工期之和最长的路径是项目的关键路径，工期之和就是项目的总工期，因此，要调整项目总工期的长度，就需要对关键路径上的各个活动的工期和依赖关系进行调整。

三、项目进度计划制订

以项目活动列表、里程碑表、项目进度网络图为依据，可以编制项目进度计划，将整个项目、各个阶段以及各项活动的起止日期、资源使用安排确定下来。根据项目的具体情况，可以制订一个整体的项目进度计划书，也可以将其分解为项目总体进度计划、分项进度计划、详细进度计划等。分项进度计划可以包括采购计划、软件开发计划、系统实施计划、项目验收计划、资源分配计划等。

进度计划可以采用表格，也可以采用图形来描述，常用的图形包括甘特图（又称横道图）（图6-5）、里程碑图、带时间刻度的项目进度网络图等。由于项目计划需要根据实际进展情况进行调整，建议采用项目管理工具软件来完成图表的绘制工作。项目团队应该对项目进度计划进行完善和优化，确保计划具有现实性、可操作性，并通过评审，使其成为基准计划。

ID	任务名称	开始时间	完成	持续时间
1	A1 项目启动会	2020/1/1	2020/1/7	5天
2	B1.1 服务器设备采购	2020/1/8	2020/1/21	10天
3	B1.2 数据库软件采购	2020/1/8	2020/1/21	10天
4	B1.3 服务器安装配置	2020/1/22	2020/1/28	5天
5	B2.1 PC机采购	2020/1/8	2020/1/21	10天
6	B2.2 PC机安装配置	2020/1/29	2020/2/4	5天
7	C1.1 系统现有功能培训	2020/1/8	2020/1/14	5天
8	C1.2 需求分析	2020/1/15	2020/2/4	15天
9	C1.3 需求分析文档编写	2020/2/5	2020/2/11	5天
10	C1.4 需求分析文档审批	2020/2/12	2020/2/18	5天

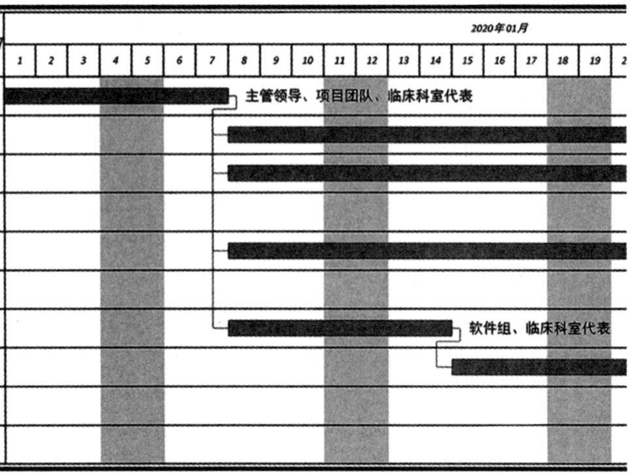

图6-5　甘特图示例

四、项目进度监控

项目进度监控是指根据项目进展计划对项目的实际进展进行监督，寻找偏差并及时进行纠正，并尽可能采取措施预防更多偏差的发生。

进度监控同样可以按照PDCA循环实施，按照编制计划－执行计划－检查执行情况－修正计划的循环过程完成。

（一）任务分解和委派

一般而言，项目进度计划表中的活动或任务的颗粒度较粗，执行过程中出现偏差的可能性会比较高，需要将任务进行分解细化，与承担该任务的每个人联系起来，便于监督和分析。对分解出来的每项子任务，要明确三个内容：①起止时间。②委派责任人。③交付结果和完成标准。

（二）计划执行信息收集

要了解项目的实际进展，就必须收集项目活动的实际开始/结束时间等数据来检查项目进度。常用的信息收集手段有：①项目进度沟通会，包括每日会议、周例会等。②项目进展报告，由任务承担人定期提交。③重大突发性事件或例外的报告。④里程碑/关键事件检查报告。

可以将已经完成的活动的实际起止日期记录在甘特图中，对实际进度与计划进度进行直观的比较，以便分析问题，寻找纠偏措施。

（三）计划变更控制

当项目实际进展出现较大偏差时，项目团队必须采取措施，调整项目进度计划。

调整进度的方法有多种，包括采取并行方式、赶工、调整关键任务、改变任务间的依赖关系、调整任务工期、增减任务、调整资源等。这些改变都会涉及对项目进度计划进行变更。

项目计划的变更不仅会对项目团队内部工作造成影响，还可能对部分外部资源的工作造成影响，因此需要跟受到影响的人员进行充分沟通，达成共识，并在新的进度计划批准后，才能按新计划执行。

第八节　项目配置管理

当前医院信息化项目的规模越来越大，项目团队可达数十人甚至上百人，工期可达数年之久，项目实施过程中会产生大量的文档、应用软件、支持维护工具软件等工作成果，而且部分成果的内容经常发生变更。如管理不好这些成果，会引起混乱和冲突，团队成员无效工作量增加，导致项目延期甚至失败。

项目配置管理就是对工作成果的内容及变更进行有效控制，保证各个工作成果有完整的变更历史记录，有正式的变更管理流程，保证最终交付成果能和项目需求及其变更保持一致。

良好的配置管理贯穿于整个项目周期，可以最大限度地提高团队的生产率，减少混乱和错误的发生。

一、基本概念

1. 配置项　是配置管理的基本单元，《信息技术　软件工程术语》（GB/T 11457-2006）中对配置项的定义是："为配置管理设计的硬件、软件或二者的集合，在配置管理过程中作为一个单个实体来对待。"

常见的配置项：①项目文档，如项目管理计划、项目范围计划、需求规格说明书、设计文档等。②软件源代码、可执行代码。③测试用例、测试数据、测试报告。④运行软件所需的各种数据。

所有配置项应进行统一编号，按一定的目录结构保存在配置库中。

2. 配置项状态 分为三种：草稿、正式、修改。刚建立的配置项状态为“草稿”，通过评审后变为“正式”，进行变更后变为“修改”，修改完毕重新通过评审后又变为“正式”。

3. 配置项版本号 反映了配置项的历史变更，对不同状态的配置项可采用不同编号规则。

4. 配置项版本管理 在项目过程中，大部分配置项都会经过多次修改，每次修改都会产生新的版本，同时要将旧的版本保存下来。版本管理的目的是将所有版本保存下来，避免版本丢失或混淆，并可快速查找到任意版本。

5. 配置基线 是由一组特定的配置项组成，不允许随意修改，如果要修改必须经过变更控制流程。基线通常对应于里程碑。

每个基线需要定义以下内容：①建立基线的事件。②基线所包含的配置项。③建立、变更基线的流程。④批准基线变更所需的权限。

6. 配置库 存放了所有配置项及其相关信息，可以分门别类进行管理，使其井井有条。

7. 配置库权限 配置管理员要为每个项目成员分配配置库的访问权限，包括读取、新增、修改、删除、回滚配置项等权限。

8. 配置控制委员会 由项目团队的部分人员组成，负责对配置变更进行评估、审批和监督实施，以及配置管理计划、基线建立等的审批。

9. 配置管理员 在整个项目过程中负责配置管理的日常工作，包括：编写配置管理计划、建立并维护配置库、配置项识别、建立和管理基线、版本管理和变更控制等。

10. 配置管理系统 是用来进行配置管理的软件系统。常用的商业软件有 Rational ClearCase、Microsoft TFS 等，开源软件有 SVN、CVS、GIT 等。

二、配置管理的目标

要让项目过程中的各项成果保持完整性，配置管理工作需要达到以下目标。

1. 制订明确的配置管理计划，并经过评审和批准。
2. 识别需要管理的配置项，并制定相关的访问授权控制策略。
3. 对配置项的变更制定控制策略。
4. 确保项目团队的相关人员能及时获取项目基线的状态和内容。

三、配置管理的日常活动

1. 制订配置管理计划　计划主要包括以下内容。

（1）配置管理的覆盖范围。

（2）角色分工和职责。

（3）所采用的软硬件工具及资源要求。

（4）配置项标识，包括配置项的选择原则、命名规范、配置项分类清单。

（5）配置库管理，包括配置库的目录结构、不同角色的操作权限设置、基线建立计划、变更控制流程、产品发布流程、备份和归档方式等。

（6）配置状态报告的内容模板、时间安排。

（7）配置审计的标准、范围和时间安排。

2. 配置项标识　对特定的配置项进行识别、命名，并将相关特征记录到配置库中，设置其访问权限。

3. 配置控制　基于配置库，对配置项和基线的变更进行控制，包括记录变更申请、变更评估、通告评估结果、变更实施、变更的验证和确认、变更发布。

4. 配置状态报告　将配置项的当前信息报告给相关人员，包括每个配置项的状态，配置变更的申请、评估和实施状态，每个基线的各个版本的状态及比较。

5. 配置审计　包括功能配置审计和物理配置审计，用于验证配置项的一致性和完整性是否达到要求。

6. 发布管理和交付　控制软件产品和文档的发行与交付。

第九节　项目上线和验收

在项目团队的开发工作完成，经过内部测试后，项目进入收尾阶段，准备上线运行，并完成验收工作，最终结束项目。

一、上线前准备工作

系统上线前，项目团队应该已经完成系统的内部测试工作，包括功能测试、性能测试、集成测试等，在此基础上，还需要以院方和第三方监理的人员为主，对系统进行验收测试，通过后才能上线运行。如果在测试中发现问题，项目团队需要进行评估，对必须要修改的问题进行修改、再测试，直到问题被确认已解决后，系统才可以上线。

验收测试的目的是进行范围确认，项目各方按照采购合同、经过审批通过的需求规格说明书及其变更内容等相关成果，证实待交付的系统在功能、性能、易用性、可靠性等方面能够满足这些需求，并且安装配置手册、用户手册、初始化数据等所需内容是正确、完整的。

二、系统上线

验收测试通过后，系统即可上线运行，一般按照以下步骤进行上线。

1. **初始化数据准备** 根据系统要求，准备各种初始化数据，并录入系统中。

2. **用户培训** 对最终用户进行培训，包括系统安装、参数配置、操作流程、日常故障处理等内容。

3. **试点** 如果使用系统的范围较广，为降低风险，可以选择少量用户先行试点，在试点过程中发现的问题，需要项目团队及时进行处理。试点结束时应该进行总结。

4. **推广上线** 将系统逐步推广到各个使用部门，并及时解决遇到的各种问题。

三、项目验收及移交

当系统实现稳定运行后，项目进入正式验收环节，项目各方对系统是否达到项目目标进行最终确认。确认通过后，团队将把项目的可交付成果正式移交给院方。验收内容主要包括以下几项。

1. **系统上线效果验收** 根据系统上线后的实际运行效果，各使用单位对系统在功能、性能、可靠性、稳定性等各方面的效果是否满足项目要求进行确认，并在验收文档上签字。

2. **项目进度计划执行情况验收** 由于采购合同中对项目工期会有明确要求，对项目延期可能有惩罚措施，因此验收时需要对项目进度计划的执行情况进行签字确认。

3. **项目文档资料验收** 项目团队根据采购合同的要求，将各种文档从配置库中提取出来进行验收。需要验收的文档包括项目计划书、项目实施计划表、需求文档、设计文档、测试文档（内部测试报告、第三方测试报告）、安装配置手册、使用手册、维护手册、培训材料（包括培训人员签到表、培训总结）、会议记录、项目周报/月报、需求变更单、备忘录、缺陷跟踪报告、软件安装包、源代码（如果有）、初验申请和意见、项目总结报告、用户使用报告等，对于存在缺陷的资料应修改后重新验收。验收各方应在验收文档上签字确认。

特别注意，第三方验收测试报告，须委托建设单位认可的第三方检测机构开展，验收测试的依据可以招标文件、合同、软件需求规格说明书三者之一描述的需求为准，测试内容主要包括功能、性能、安全（等保）三个方面。

验收通过后可进行项目移交，移交工作完成后，项目实施阶段宣告结束，进入售后维护阶段。

四、项目清算

如果项目没有通过验收，且因为各种原因无法继续下去，那么项目将以失败告终，项目团队需要进行清算，内容包括：①项目已完成的可交付成果。②项目未完成的应交付成果。③项目费用发生情况。④项目终止原因分析。⑤善后处理计划。

项目各方需要根据采购合同的约定，完成可交付成果的移交、费用结算、索赔处理等后续事宜的处理。

五、项目总结及绩效评估

项目结束后，不管成功还是失败，项目团队及个人都需要对项目过程中取得的收获、经验和教训进行总结，形成书面报告，为以后新的项目建设工作提供参考。同时，对团队成员的工作情况进行绩效评估，奖优罚劣，有助于增强信息部门的凝聚力。

（一）项目总结

客观、公正、深入地对项目实施过程进行总结，或称复盘，能够帮助个人和团队快速成长，提升项目管理水平。可以从以下几方面来进行总结。

1. 选择需要总结的内容，如项目进度管理、需求管理、验收测试等实施过程中的重点工作。
2. 整理项目文档，列出当初制定的目标。
3. 列出目标的实际完成情况。
4. 剖析执行过程，找出成功或失败的根源或原因。
5. 总结最佳做法。

可以由团队成员一起进行头脑风暴，并将讨论结果记录成文档，便于推广和应用。

（二）绩效评估

绩效评估是项目团队建设的一部分，贯穿整个项目实施过程，各个阶段结束时都应该进行评估，但项目结束后的评估工作相对更为重要，可能涉及职务升迁、奖金发放等事宜。

绩效考评标准的制定可遵循SMART原则。

1. **具体性（specific）** 绩效指标是针对特定工作内容的、非笼统的。

2. **可衡量性（measurable）** 绩效指标是可量化或可行为化的，对其验证的信息是可以获得的。

3. **可达到性（attainable）** 绩效指标是经过努力可以实现的，避免过高或过低。

4. **现实性（relevant）** 绩效指标是可以被证明、被观测的。

5. **时限性（time-bound）** 绩效指标的完成是具有明确时限要求的。绩效考评指标及对应的奖惩标准应该事先确定，并被相关人员所认同。

评估完成后，需要就评估结果与被评估者进行沟通，使其了解自己对项目成果所做的贡献，以及待改进的问题和建议，从而帮助其成长。

案例讨论

【案例】某三级甲等医院因为电子病历出现内容错误输了一起医疗官司，决定上线电子病历智能化质控管理系统，通过软件自动检查来减少病历文本出现低级错误的概率。信息科对国内已有的几家质控软件供应商进行了考察，并对各病区进行了调研，之后完成了立项报告的编制。院办公会审批通过了立项报告，决定自筹资金100万元实施该项目，计划工期4个月。

通过公开招标，A公司以最低价60万元成为中标供应商，签订合同后派遣6人项目团队入驻医院，信息科派遣3人共同组成项目组，开始项目实施。

项目组用A公司现有产品进行了软件功能培训，各病区派出1~2名医生参与了培训，并提出了自己的需求建议。项目组记录了这些建议，分析后生成了需求规格说明书，确定了项目进度计划。随后项目组安排研发人员开始软件定制开发工作，1个半月后开发完成，其间由于电子病历供应商B公司的配合不力，接口开发耽误了2周。项目组召开了项目评审会，参会的临床医生对部分功能提出了异议，认为与自己的需求不符，同时又提出了新的需求。1个月后再次修改的系统仍未通过评审，且部分用户修改了自己提出的需求，会上发生了争吵。项目组的士气受到严重打击，认为已无法按照预定计划完成项目实施。

【讨论】

1. 项目组在哪些环节的处理上存在问题?

2. 如果你是项目经理，如何组织上述工作的开展?

本章小结

本章立足于医院信息部门的实际情况，以应用软件集成或定制开发类项目为主要目标，阐述了项目管理流程中各个环节的主要内容，重点掌握项目立项、项目范围管理、项目进度管理的内容。

项目立项：在立项过程中，围绕项目的预期目标进行调研，识别重要干系人及其关注点，确定合理的需求范围，并对可能遇到的风险进行分析。同时，需要对市场上的潜在供应商及其样板客户进行调研，了解各自的技术方案、价格、实施周期等重要信息，为项目招投标做好准备。

项目范围管理：需求范围失控是软件项目失败的主要原因之一，因此范围确认、需求变更管理是项目组必须重视的事情，通过正式及非正式的沟通手段，在主要干系人之间形成对需求范围的共同认可，即明确项目组需要做什么、不需要做什么，才能聚焦在有效的工作目标上。

项目进度管理：项目进度失控是导致项目失败的另一个主要原因，大多数情况下与项目范围失控有直接关联。通过对项目工作任务的层层分解，对关键活动、里程碑进行合理排序，明确每项活动的时间范围、负责人员，并通过会议、报告、测试等多种手段对活动结果进行监控，可以有效保证项目按计划进行推进。

此外，选用合适的人员组建项目团队，做好项目启动的准备工作，并对项目实施过程中的风险进行管控，在系统上线前完成各项内部测试、初始化数据准备、用户操作培训后，从局部试点逐步转向全院实施，都能降低上线后失败的概率。

项目结束后，不管是成功还是失败，都应对项目管理过程进行总结并形成文档，为医院后续的项目管理积累经验和教训，帮助后来者更好地完成项目管理工作。

（杨　春）

第七章　医院信息系统运行维护

学习目标

1. 掌握　医院信息系统运行维护的流程；运维团队管理；运维工具和风险管理方法。

2. 熟悉　IT技术行业通用的运维管理体系。

3. 了解　运维管理体系和DevOps［development（开发）和operations（运维）的组合］的关系。

医院信息系统运行维护（简称运维）是利用维护工具、按照维护流程进行的一系列动作和行为，目的是确保医院内各类信息系统按照其约定的服务水平向医院提供服务。目前大多数三级医院的运维管理框架以参照信息技术基础架构库（information technology infrastructure library，ITIL）、ISO 20000 和微软运维框架（microsoft operations framework，MOF）的运维体系为主，通过运维管理工具和管理制度，开展运维管理工作。

对于不同规模的医院，实施运维管理体系时，可以针对医院的业务发展目标和优先等级来设计IT服务，通过改进IT服务来减少系统停工、降低风险，降低业务系统的总拥有成本，设计并构建具有可操作性、可靠性、可行性、可伸缩性的IT体系和系统。

运维管理体系可以帮助医院提升系统可靠性、可用性与可管理性的目标，清晰地管理运维维护的各项流程，可使IT运维活动中涉及到的相关组织间协作更加高效，技术运作更加符合业务部门应用要求，减少IT操作所需要的时间与复杂度。

运维管理主要包括运维管理过程、运维服务管理、运维团队管理、运维风险管理等。同时根据运维管理需要，也尝试采用DevOps管理流程等方法加强与开发过程相融合。

知识拓展

ITIL是一套被广泛承认的、用于有效IT服务管理的实践准则。1980年以来，英国政府商务办公室（the Office of Government Commerce，OGC）原称政府计算机与通信中心，为解决“IT服务质量不佳”的问题，逐步提出和完善了一整套对IT服务质量进行评估的即体系，即ITIL。2001年，英国标准协会在国际IT服务管理论坛（IT service management forum。itSMF）上正式发布了以ITIL为核心的英国国家标准。这成为IT服务管理领域具有历史意义的重大事件。

ISO 20000作为IT服务管理的国际标准，是从IT服务管理最佳实践ITIL中发展而来。ISO 20000是面向机构的IT服务管理标准，目的是提供建立、实施、运作、监控、评审、维护和改进IT服务管理（IT service management，ITSM）的模型。建立ITSM已成为各种组织，特别是金融机构、电信、高科技产业等管理运营风险不可缺少的重要机制。ISO 20000让IT管理者有一个参考框架用来管理IT服务，完善的IT管理水平也能通过认证的方式表现出来。

ISO 20000标准着重于通过“IT服务标准化”来管理IT问题，即将IT问题归类，识别问题的内在联系，然后依据服务水准协议进行计划、推行和监控，并强调与客户的沟通。该标准同时关注体系的能力，体系变更时所要求的管理水平、财务预算、软件控制和分配。

第一节 运维管理过程

ITIL将核心操作过程划分成了两个集合，即服务支持（与IT服务的最终用户相关的过程）和服务交付（与IT服务的客户相关的过程），而MOF在ITIL核心操作过程的基础上，把运维过程划分到了过程模型的四个过程：更改、操作、支持和优化。

一、更改过程

当信息系统完成了对某一版本（包含一个或多个更改）的开发和测试，并认定其进入了部署就绪状态，一个运维管理的周期就开始了。作为运维周期起点的版本发布评估，主要用来判断该版本是否已经准备就绪并得到了批准，以部署到运行环境当中。

在完成版本发布评估之后，要根据更改过程管理中提供的操作手册，完成首次运行的准备工作，并在目标环境中对该版本进行部署，使其充分运转起来。为了保障版本的成功部署，需要指定操作手册、任务路线图、验证方法和版本回滚方案。部署操作完成之后需要对成功度和总体结果进行评价。

二、操作过程

假设部署成功，那么这时该版本就会处于运行状态，运行系统或应用的日常管理活动正在按照针对该系统或服务的操作指南得到执行。信息系统的日常操作包括系统管理、监视、批处理等典型的活动。这些活动可以确保版本处于平稳的、可预测的运行状态。

操作人员在获得了有关过程、系统或应用的经验后，应当对这些经验进行备案，需要将其保存在某类知识管理系统当中（或者至少要保存在操作指南当中）。考虑到运维人员或者有相关资质的人员可用性的波动，拥有此类知识库能够让操作团队持续为客户提供始终如一的服务水平。

三、支持过程

和任何过程、系统、应用或服务一样，信息系统一旦开始运行，各种问题就会不可避免地显现出来。支持和操作人员必须迅速识别、分配和解决事故及问题，以满足服务水平协议中规定的要求。支持过程包括事件管理，即针对可能引起或已经引起IT服务中断或服务质量下降的活动，通过用户登记或自动巡检等手段减少事件对业务运作的影响；问题管理，即找出并消除引起事件的根本原因，从而避免事件再次发生；变更管理，即为解决问题或适应新业务需求而创建变更并进行跟踪与管理；发布管理，即由变更管理触发生成发布请求，根据发布请求制订发布方案及计划，明确发布的内容、角色权限、发布日期等；配置管理，即管理IT运维中的软、硬件配置项。

四、优化过程

优化过程是成功开展运行维护的关键。优化过程会聚焦在服务水平管理、IT成本优化和针对性改进和更改的计划。

优化过程的任务在于降低成本，与此同时保持或提高服务水平。这一点是通过对服务水平的管理和磋商，以及对受管理的环境中的关键操作标准进行评估实现的。 通过对这些操作的全面评估和后续的理解，运营管理人员可以从保障系统“运行”转化成对服务解决方案的主动管理。计划在本过程中是一个的关键点，通过计划可以确保运行维护部门能够作出尽可能长远的打算，以适应不断变化的业务优先级，如对容量领域的增长进行规划并预测这种变化给系统运维管理带来的影响等。

第二节　运维服务管理

一、服务台管理

医院常规会公布服务热线号码，或者多种渠道接收用户提出的服务请求、错误报告、变更请求等，并且进行记录和处理，这类管理功能就是服务台的主要功能。服务台会对围绕事故、问题、与生产系统相关的查询展开的所有活动和客户通信进行协调。在用户解决问题方面寻求帮助的请求会传达给服务台，服务台传递给运维团队处理之后，反馈结果给用户。

服务请求受理流程主要包括如下几个关键步骤。

1. 客户可以利用多渠道通讯平台提供的多种通讯方式。

2. 服务台收到服务请求后，需要把用户信息、故障现象和运行环境等信息记入服务台管理系统。

3. 服务台根据请求内容描述进行分析，如果需要现场支持，则发送任务给前端技术支持人员；如果分析请求内容是运维事件，需要将信息提交到运维事件管理系统中。根据服务水平协议，为事件确定优先级。

4. 如果电话及现场技术支持无法解决用户的请求，则将此问题转交给各组专业技术支持人员。

5. 后端技术支持收到事件处理请求之后，组织对事件进行处理。事件解决之后需要将解决过程和结果记入事件管理系统，同时通知服务台。事件处理完毕需要对事件进行分析总结，如果发现是IT系统的问题，则需要加入问题管理系统。

6. 如果后端技术支持无法处理事件，可以转交给IT系统的厂商技术支持。事件解决之后需要反馈给后端技术支持，更新已知问题列表。

7. 服务台将事件处理过程记入知识库。

8. 最终和用户确认服务请求响应结构，并从用户处搜集反馈意见。

二、变更管理

变更管理是针对IT 环境中的更改进行文档编制、影响评估、批准、工作耗时预估的过程。变更过程的一个关键目标就是确保能够识别受到一个既定更改影响的所有部分并理解即将发生的更改所带来的影响。由于大多数系统都具有非常显著的互相关性，所以在一个系统当中的某一部分进行更改可能会对另外一个部分带来影响。变更试图在部署更改之前标识出所有将受到影响的系统和过程，以减轻或消除任何不利影响。通常来讲，“目标”环境或受控环境都是指生产环境，但是还应当包括关键的集成环境和测试环境。

应当处于更改控制之下的IT资产的类别具有很宽的范围，包括但不限于硬件、网络设备、通信软件、系统软件、应用软件、过程、流程、角色、职责以及与受控环境中系统的运行、支持和维护相关的任何文档。换言之，存在于该环境中的，满足解决方案服务水平要求所必须的任何IT资产都应当出于更改控制之下。还需要从影响和紧迫性方面对更改进行等级评定，ITIL建议针对不同等级的配置项开展不同级别的变更评估。

三、配置管理

配置管理负责标识并记录环境中的组件以及它们之间的相互关系。配置管理的目的在于确保当前状态是已知的，并且只有获得批准的组件，即所谓的配置项目（configuration item，CI）才能应用到 IT 环境当中，而且所有对 CI 的更改都要通过CI生命周期管理得到记录和跟踪。被记录和跟踪的信息将视具体的CI而定，但是通常包括该CI的说明、版本、构成组件、与其他CI的关系、位置、分配以及当前状态等内容。

所包含的关于 CI 的信息应该保存在配置管理数据库（configuration management data base，CMDB）的关系型数据库中。该数据库应当尽可能地进行自我维护，要能够对CI记录进行更新。CI记录是对CMDB中的CI的表示，其中包括属性和相互关系。

另外，配置管理还负责维护软件库，这一软件库的作用是充当保存IT环境中所部署软件的原版拷贝的仓库。

这里需要区分一下配置管理和资产管理。资产管理是一个会计学过程，该过程是整个配置管理过程的一个子集，其中包括折旧和成本核算。资产管理系统通常保留某一价格以上资产的相关信息，以及它们的业务单元、购买日期、供应者和位置。通常不会记录与其他资产之间的关系，而且其中的信息主要用于跟踪昂贵设备的下落。

四、版本管理

版本管理的主要作用在于促进受控IT环境中软件和硬件版本的引入，并确保所有的更改都得到成功部署。这里所指的受控IT环境通常包括生产环境和受控试生产环境。版本管理负责协调和管理所有的版本，而且往往是版本开发组负责将该版本部署到生产当中的操作组之间的协作点。

对于涉及多个服务供应商、信息系统和用户组的复杂版本来讲，要想取得成功部署，版本管理的监督角色是非常重要的。良好的资源计划和资源管理对于成功封装版本并将其分发给客户是非常必要的。版本管理对IT服务的更改采取了全方位的考察，并确保一个版本的所有方面，包括技术的和非技术的，都能够得到协同考虑。

应当针对每项IT服务对版本进行定义、维护和安排。当今大多数机构都是在迫不得已的情况下，或者在情况变得更糟时才实施了更改，他们不会主动实施信息系统的更改。而版本和版本管理理念可以让他们更加主动地为大多数更改制订时间安排，而具有高度重要性地更改和紧急更改则可以根据情况机动安排。

五、安全管理

安全管理的目的在于制定并传达组织的安全计划、安全策略、安全准则以及由相关的行业或政府制定的有关规定。安全管理力求确保在战略级别、战术级别和操作级别上均采取了有效的信息安全措施。

从最高的层次上来讲，安全管理负责保持一个安全的计算环境。安全是IT基础架构的关键部分。一个安全基础较差的信息系统最终都会遭受安全方面的破坏。

安全管理要确保数据的保密性、完整性和可用性，只有经批准的用户才能对数据进行访问，所有获得批准的用户都应当确信呈现给他们准确的数据，并且没有受到不适当的修改，受批准的用户应当能够随时访问他们所需的数据。

安全管理负责专门处理、维护和调整IT安全基础架构相关的日常活动和任务。这些活动和任务通常包括日常风险管理和风险缓解、基于正在使用的平台和技术的安全管理、修补管理的管理、安全事故管理以及审查和侵入检测。IT安全基础架构是根据安全策略和计划定义的。

六、网络管理

网络管理是指对一个组织内的网络进行管理和运行的过程。网络管理负责管理和维护组成机构网络的物理组件，如服务器、路由器、交换机和防火墙。网络管理必须保证网络能够始终有效地运行，以避免给企业的经营造成负面影响。

网络管理涉及以下方面：局域网（包括为员工提供的无线和Internet访问）、广域网和存储区域网、虚拟专用网络（包括远程访问和拨号访问，以及宽带和移动设备），以及日常支持活动（如对包括硬件在内的所有网络组件的监视、维护和故障排除）。

七、服务监视和控制

服务监视可以让操作人员实时地观察到IT服务的状态。在目前医院信息运行环境中，对一个系统进行精确地监视是一项非常复杂的工作。为了确保IT服务保持可用状态，服务监视和控制通常负责监视的系统组件包括过程检测信号、作业状态、队列状态、服务器资源负载、响应时间、事务处理状态和可用性。

但是，只是了解一项服务的当前可用状态或者确定服务故障可能发生的位置用处不大，还必须具备解决的能力或至少能够在需要采取反应灵敏的主动措施时通知适当的小组。在得到适当的结合和实施后，服务监视和控制能够提供确保水平始终如一的关键服务。

八、存储管理

存储管理包括很多独立的组件，如服务器、存储硬件、存储软件、存储网络、工具和操作过程。只有将这些组件无缝地结合起来，医院才能为其数据提供可靠的安全保障，同时尝试在成本和有效性方面加以改进。由于越来越多的信息是通过电子方式存储的，所以医院还会有数据大量增加带来的管理问题。

存储管理的一个重要目标是保证业务持续，业务持续是指一个过程，在这个过程中，即使由于硬件、软件或环境问题中断了主服务器的正常运行，也要确保关键数据和系统保持可用。存储管理还要与操作过程中的其他过程协同工作，以确保有关恢复时间目标和可用性量度等项目的运行水平协议得到了履行，进而使客户的SLA要求得到满足。

业务持续是一个过程，在这个过程中，即使由于硬件、软件或环境问题中断了主服务器的正常运行，也要确保关键数据和系统保持可用。存储管理还要与操作过程中的其他过程协同工作，以确保有关恢复时间目标和可用性量度等项目的运行水平协议得到了履行，进而使客户的服务级别协议（service level agreement，SLA）要求得到满足。

九、作业调度管理

作业调度包括对作业和过程的连续编排（批处理），使之具有最为有效的次序，以获取最大的系统吞吐量和利用率，从而满足 SLA 要求。作业调度与容量管理及服务监视和控制具有密切的联系。作业调度的目标在于确保以下方面。

1. SLAs 和用户要求能够得到满足。

2. 有效容量得到最为有效的利用（在任何既定时间运行的工作负载都不超过可接受的容量水平）。

3. 实现关键系统作业自动化处理，降低运维操作风险。

4. 作业时间表 工作负载是按时间周期组织的（每天一次/每周一次/每月一次/每年一次），并且要根据业务需求、作业长度、存储要求和相关的依存性对作业的执行作出安排。

5. 调度流程 制订时间表并对其进行维护，对与调度相关的抵触和问题进行管理，并且对特殊需求（如随之需要的作业）加以解决。

6. 批处理 根据工作时间表、运行优先级和作业依存关系执行作业。

十、事故管理

事故管理是指在使用或实施信息系统的过程中，对故障和服务中断进行管理和控制的过程。对事故的有效管理是一个非常复杂的过程，要求与很多其他服务管理功能之间进行相互作用，如服务台、问题管理、配置管理和变更。由于这种复杂性和围绕事故进行准确通讯的必要性，需要通过事故分类法，促进事故管理。这里给出了这一分类法中的关键定义，并总结了事故管理中的要素活动。

1. 事故通讯 与企业就造成服务中断事故的存在情况和当前状态进行通讯。

2. 事故控制 确保事故得到迅速解决，尽可能将负面影响限制在最小范围内。

3. 事故起因判定 确定导致服务中断的基础结构组件。

4. 事故记录 确保将事故以尽可能快的速度记录到适当的数据库和支持工具当中。

5. 事故报警 通知事故涉及的所有人员，以确保立即采取解决措施。

6. 事故诊断 精确地判定事故的本质和起因。

7. 事故分类 对事故加以记录并精确地分配处理事故所需的恰当等级的资源。

8. 事故调查 研究并判定该事故是独特的还是以前发生过。

9. 事故支持 提供贯穿整个事故生命周期的支持，以快速解决事故并尽可能将给业务造成的影响降至最低水平。

10. 事故的解决 通过对所有可用的适当工具、过程和资源的有效使用，尽快解决事故。

11. 事故后恢复 一旦事故得以解决，就立即使受到影响的环境恢复到稳定状态。

12. 事故闭合 对事故执行适当的闭合处理，确保围绕事故生命周期的所有相关数据都得到了发现和记录。

13. 事故信息管理 对事故相关信息进行正确地记录和分类，以备将来为企业内的所有阶层和机构所用。

十一、问题管理

问题管理的关键目的在于确保服务解决方案的稳定性，其方法是对来自 IT 基础架构的错误进行识别和备案，并且创建一个解决办法或发起一个更改，用于解决或消除根本原因。问题管理在对问题的调查、诊断、解决和闭合这一逐步升级的过程的结构化方面起着主导作用。

问题管理与在服务台级别上执行的事故管理具有紧密的相互联系。为了更好地理解这一相互联系，必须理解事故、问题和已知错误之间的区别。这里列举了这些关键定义。

1. 事故 是偏离系统或服务预期运行状况的任何事件。

2. 问题 是一种可以从多个具有共同故障现象的事故中发现，也可以从单个重要事故中发现的状态，它指示着原因不明的单个错误。

3. 已知错误 是指一种状态，但这种状态经过成功诊断找到了问题的根本原因。在已知错误中可以确认发生故障的配置项，而且已经具备了临时或常设的修补程序或解决办法。

对于问题管理而言，一个不可忽视的重要方面就是采取抢占先机的行动，避免问题的发生。例如，问题管理与可用性管理相配合，确保提高的冗余度内置到了任务关键系统和基础结构组件当中。

十二、服务水平管理

服务水平管理的主要目标可以归纳为提供一种机制，用来设定用户关于正在交付的服务的期望值，然后根据这些要求对性能进行测量。要想使用户满意，必须首先设定明确的期望值，然后在执行过程中不断满足这些预定要求。

服务水平管理中的关键活动包括：创建一个服务目录；对服务水平要求进行明确和协商，进而达成服务水平协议；确保在财务预算内满足这些服务水平要求；支持服务进行监视和评估。

十三、IT 财务管理

财务管理在控制因IT发生的成本方面发挥着非常重要的作用。财务管理活动包括

IT预算制定、IT会计、计费和系统报废。

1. 预算制定　是指对信息系统相关资金的开销进行预测和控制。财务管理可以确保从成本和预算的立场对于任何服务解决方案（经提议用来满足从更改请求中确认的需求）进行合理化验证。这一过程经常被称为成本－收益分析，并且也被归入预算管理当中。

2. 计费　是根据服务为客户开具账单所需的活动。业务单元通过这些模型为自己的关键IT项目提供资金。这样可以为那些必须验证支出的合理性并证明收益的人员提供更多的有关IT项目的业务价值的可计量性。这些模型的作用之一就是给IT组施加了更多的压力，使之具备更高的工作效率和经济效益。

3. 系统报废　用于处理系统退役或淘汰问题。在完成了一个系统或应用的部署之后，就要对它进行持续支持，而这一时间往往远远超过了它的有效生命期限。对于系统来讲，有一点是非常关键的，那就是随着时间的推移，要不断对其进行评估，在这一过程中所应考虑的不仅仅是升级和增添新的功能，还要考虑替换、外购或淘汰。

十四、容量管理

容量管理是指对业务容量、服务解决方案容量和资源容量进行规划、规模估计和控制的过程，从而使其能够在满足用户需求的同时，又能够符合容量计划和服务水平协议中规定的性能水平。容量管理包括下面三个组件。

1. 业务容量管理　负责确保有关 IT 服务的未来业务要求能够得到及时考虑、计划和实施，以便在对其产生业务需求时能够迅速就位并投入运转。

2. 服务容量管理　重心在于对用户使用的生产性、操作性IT服务的性能进行管理。

3. 资源容量管理　重点是对 IT 基础结构的各个组件进行管理。

要想完成这些活动必须具备有关服务解决方案的使用率方案、模式和峰值负载特征方面的信息，此外还必须了解规定的性能要求。服务器容量和网络容量是全部容量的主要组成部分，而且在使用率方案的基础上，IT操作人员可以设置预定义阈值，指示在何时需要扩展系统容量。

除了系统参数外，还要考虑到在容量规划方面的人员负载，这一点也是非常重要的。针对越来越高的工作负载，必须对服务解决方案进行扩展，因此与这一解决方案相关的手动活动所需的资源数量可能会提高，以支持增大的工作负载。比较有代表性的例子就是服务台或帮助台，随着用户负载的增大，必须解决的事故数量也会有所提高。

有关容量规划的一个经常被忽视的要素就是操作过程本身。在很多情况下，所部署的用于交付服务解决方案的过程并没有随着用户数量的增加进行再评估，最后就会导致各种过程响应时间延长。在分析过程中往往会发现尽管目标过程足以应付较低的用户数量，但是不能对其进行扩展，以支持增大的负载。

十五、可用性管理

可用性管理的独特目的在于确保用户能够随时使用某一既定服务。对于任何操作人员来讲，获得最大化的可用性（对于大多数机构来讲，每年的总故障停机时间仅以分钟来计量）都是一个非常有价值的目标。

必须在软件或服务开发过程的早期，就采取确保服务解决方案具有高度可用性的措施。不管该解决方案是非定制软件包、定制应用还是外包操作，没有稳固的技术体系结构和系统设计就无法取得高度可用性。假设已经根据高度可用性要求完成了该服务解决方案的构建，那么接下来必须采用稳妥的操作过程和熟练的技术人员对其加以支持。后面提到的这些要素正是可用性管理所关注的重点。

可用性与可靠性之间具有一定的联系，但二者之间存在区别。可靠性是一个统计学术语，它用于衡量系统发生故障的频率和间隔，而可用性则用于衡量系统处于正常运转状态的时间百分比。

计算可用性的常用方法是从总时间内减去故障停机时间，再除以总时间。必须根据服务水平协议要求取得这些数字，从而确保这些数字是准确而有意义的。例如，停机事故是指在 SLA 规定的时间上无法对服务加以利用。如果 SLA 规定每周六需要6个小时的停机时间对某一系统进行维护，那么这6个小时不应参与到可用性的推算中，因为从一开始这一时间就已经被划入了用户的预期当中。总时间是指在SLA中规定的该服务保持可用的小时数。在这个例子当中，每周6个小时的维护窗口应当从总时间内扣除。

因此，关键的问题在于怎样提高系统的可用性。在这一公式当中，唯一能够对可用性造成影响的变量就是故障停机时间。在故障停机时间环境下再次检查可用性。在寻找故障停机时间的可能原因时，操作人员和支持人员需要准确的配置数据，并且要对事故和问题记录进行访问。用于提高服务可靠性和可用性的提议可能会触发更改，可用性过程的管理人员必须对变更请求进行评估，以确定它们可能对可靠性和可用性起的作用，然后对已实施的更改进行评估，以测量实际效果。

十六、服务连续性管理

服务连续性管理（在ITIL中被称为应急管理）的重点在于支持整个业务连续性管

理过程。具体来说，就是确保在发生业务中断的情况下，能够按照达成一致的时间表恢复必要的IT服务。

服务连续性管理的关键在于，如何将任务关键系统的业务中断时间降至最低水平。该过程主要用于解决怎样通过规划妥善处理IT灾难并及时恢复的问题。IT灾难是指在很长的时间周期内无法使用服务，在这种情况下，要求通过一种非常规的方式将工作转移到备用系统上。它还可以提供一些相关指导，介绍如何通过开发和引入主动性防范措施和机动性防范措施对现有系统提供保护。服务连续性管理还考虑到当某项服务故障并不是由一个全面展开的灾难引起时所应采取的行动。

很多项目管理方法都将风险管理作为项目成功实施的关键要素。这是一种合理的最佳做法，适用于操作的风险管理准则提供有关这一领域的指导。服务连续性管理是建立在风险管理准则基础上的，它明确了服务提供面临的主要风险，估算了风险发生的概率，测算了风险可能产生的影响，制定了用于降低发生概率和/或降低风险境况影响的缓冲措施，并且还提供了应急计划，以便在风险时间确实发生的情况下保障业务连续性。

IT 服务连续性管理的目标包括：①防止 IT 服务的中断以及在中断发生后恢复服务。②制订一个有效的服务连续性（应急）计划。该计划将会在发生灾难和/或持续时间较长的服务故障时启用，用来确保必需的 IT 技术资源和服务设施能够在 SLA 要求的业务时间量程内得到恢复，从而对整个业务过程加以支持。

从概念上讲，可以通过设计使系统具有足够级别的恢复力，如分布广泛的网络和地理意义上的分布式服务器等，因此项目的设计阶段可以解决很多有关理想的 IT 服务连续性规划的要求。

虽然 IT 服务的可用性管理和连续性管理具有显著的相互联系，但是它们具有不同的使命。可用性管理所关注的是对服务进行设计和构建，使其在日常运行条件下、预期的故障停机时间和维护条件下具有适当的可用性特征。而IT服务连续性管理所关注的则是针对业务中断进行的准备、预先制约和管理的过程，它所面对的并非是正常工作情况，而是料想不到的情况或灾难。

第三节　运维团队管理

在定义好运维管理过程，运维服务流程后，我们需要根据流程中的不同节点要求，配置相应的角色。并根据运维需求和角色责任定义，建立一个运维团队进行相互协作。

运维团队模型帮助确立角色，每一个角色都有其不同的工作目标。运维过程中常见的角色定义包括发布管理人员、技术支持人员、日常维护人员、安全管理人员、服务管理人员等。组建团队时须根据业务环境要求，对单个或多个运维人员进行角色指派。

一、发布管理人员

发布管理人员是项目开发组和运维组之间的基本联系人，涉及两个关键的 ITIL 规则，即配置管理以及软件控制和分发。发布过程是开发、测试和生产操作之间发生过渡的地方，是系统平稳过渡到生产的决定性环节。

因此，IT运维中的发布管理人员是直接被链接到开发团队的发布管理角色上的。发布环节是两个团队模型之间重要的交叠区域。在生产发布完成之后，IT运维团队中的发布管理人员还将需要对系统和环境连续进行识别，更改控制和状态报告，并利用版本控制、软件分布程序、许可证跟踪、使用情况监控和报废信息等工具进行资产管理，并在硬件、软件和实物资产方面对配置管理数据库（configuration management database，CMDB）进行维护。

发布管理人员的主要责任包括：

1. 管理开发、测试和生产操作之间的过渡。
2. 为可重复的做法规划部署活动、流程和策略。
3. 管理配置管理过程、记录、工具和文档。
4. 通过工具和脚本优化发布、配置自动化过程。
5. 作为项目开发组和运维组之间的主要联系人。
6. 跟踪、审计和报告软硬件方面的更改。
7. 在具备CMDB的情况下，管理配置项。
8. 管理工具的选择并为发布行动提供这些工具。

二、技术支持人员

技术支持人员具有服务台、事故和问题管理职能。技术支持人员最重要的目标是提供及时、高效且准确的客户支持。用户是从与服务台的交互过程中建立起对IT服务综合质量的认识的，因为服务台是接触用户群的最前沿。因此，服务台的人员规划需要保证现役的支持人员数量能够随着支持需求而相应地缩放，无论是在需求峰值还是在需求低谷，都应能保证高质量的客户支持。维持适当的服务台人员水平有助于控制支持成本并可以将事故响应时间降到最低，从而支持服务级别协议规定的目标。

技术支持人员可以使用支持自动化工具根据优先级和问题的业务影响对其事故工

作进行优先化。这些支持自动化工具还可提供用以度量成功的报告，例如响应时间、给定问题的事故数量等等。每个事故最终都要映射为一个给定的问题以便进行解决。根据在某一组内组织技术支持人员方式的不同，支持组内指定的上报层将会处理那些变成问题的事故，而那一产品区的问题管理组将会判断出该事故的根本原因。（按照ITIL的建议，服务台不负责分析根本原因，而是专司事故管理。）

一般情况下，应用和服务的技术支持组（常常被称作生产支持组）位于问题管理上报链上的第二级。当业务人员与其自己的IT人员协调一致之后，生产支持组就成为该业务单元自己的业务线支持组，掌握着系统和业务支持两方面的深入知识。技术支持管理人员内的这一个组接收服务台上报的事故。根据问题的不同性质，生产支持组或者将问题解决掉或者与同级的运维组（如数据库运维组或网络运维组）协商，尽快纠正问题。

技术支持人员应当负起问题管理的责任。在理想情况下，是由一位专门的问题分析师负责问题的跟踪并最终找到解决方法。问题分析师要确保有一个组来纠正问题的根本原因。

在这种需求被证明是恰当的时候，设立SLA经理可以给IT服务提供者的能力带来明显的改进，IT服务提供者可以仔细地监控SLA中规定的服务水准以确保用优质的支持服务和及时的响应满足了客户的需求，而且在实现 SLA 所定目标的同时还认真控制了成本。

技术支持人员还专门负责为业务单元中的生产系统做容量规划，并与基础架构管理人员合作调节业务单元的容量和发展计划以便与医院的容量规划过程协调起来。

有效、准确且及时的沟通对于所有角色来说都是非常关键的，对于支持角色来说更是如此。支持角色的主要责任就是为客户提供优质服务，高度依赖于明确的沟通方式。

用户对IT以及其获得的服务的认识，不仅基于令其满意的事故解决服务和 IT需要多长时间，还基于和服务台合作的总体体验。这包括用户对服务台人员态度和友好程度的认识和服务台代表总体的受欢迎程度的认识。

技术支持管理人员的主要责任包括：

1. 为用户群体提供最基本的联系点和客户服务。
2. 管理与客户签订的服务级别协议，支持业务的开展并确保兑现承诺。
3. 使用高度自动化的工具和知识库系统有效地解决事故和问题。
4. 对用户的要求和记录的事故迅速作出响应。
5. 提供关于支持活动的管理报告和度量尺度。
6. 向开发组和设计组提供反馈。

7. 在整个组内提供问题管理过程支持。

8. 建立故障切换和恢复准备。

三、日常维护人员

日常维护人员中包括一些技能熟练的专业人员，他们的工作重点是每天对运行的信息系统进行必须的维护操作。操作角色包括专门的专业，例如消息服务、系统管理、网络和数据库管理等。这些专业功能的人员需要具备技术和工具最新进展方面的经验和知识，这样可以确保以最低的成本，尽可能高效和自动化的方式实现、维护和支持系统。

更具体地说，日常维护人员履行着预定的和可重复的管理，例如数据备份、归档存储、输出管理、系统监视和事件日志管理，以及打印和文件服务器管理等。操作管理组负责创建和跟踪大量的有关技术流程和标准过程的文档。日常维护人员还参与了整个功能组的工作，以保证功能组组对满足为支持客户 SLA 所做的操作承诺。

日常维护人员的主要责任包括：

1. 管理账户和系统设置控制。

2. 管理消息服务、数据库和电信操作。

3. 编制关键绩效指标和度量报告。

4. 管理网络操作和目录服务。

5. 管理系统管理。

6. 创建和管理用户账户和权限。

7. 执行批处理工作。

8. 管理防火墙。

9. 提供应用服务。

10. 提供主机集成服务。

11. 管理目录服务操作。

12. 管理内联网托管服务操作。

13. 执行台式机服务。

14. 提供安全管理。

四、安全管理人员

安全管理人员在几乎所有的 IT 活动中都发挥着重要的作用。如果一个信息系统的安全基础脆弱的话，最终将会受到安全攻击。根据信息系统和攻击严重程度的不同，结果可能会有所不同。

安全管理人员的基本目的在于确保以下几点。

1. 数据的保密 未经授权任何人都不能查看数据。

2. 数据的完整性 所有获得批准的用户都应当确信呈现给他们的数据是准确的，并且没有受到不适当的修改。

3. 数据的可用性 受批准的用户应当能够随时访问他们所需的数据。

安全管理人员还需要为数据的审查、保留、分类和安全处理制订综合计划。按照法律、行业和组织的规定，需要把法律、财务和历史数据安全可靠地保存一定的时期。这需要在操作角色中实施一个高效的备份和检索过程。为了将存储成本降到最低程度，应当将非关键的数据处理掉。

安全管理人员的主要责任包括：

1. 帮助监测对 IT 资源进行正确的操作。
2. 检测入侵行为并预防病毒攻击。
3. 提供对拒绝服务病毒的保护。
4. 规定数据保留和可靠数据处理的策略。
5. 进行审查跟踪和报告。
6. 提供有效的网域安全设计和管理。
7. 测试并实施战略安全技术。
8. 检测和评估网络弱点。
9. 提供快速、实时的网络入侵响应。
10. 努力满足身份验证和访问方法的需求。
11. 努力满足用于策略使用和需求（例如口令策略）。
12. 努力满足外部和物理安全性的需求（例如对计算机房的使用）。
13. 努力满足可靠的消息服务需求。

五、服务管理人员

实质上，服务管理人员能够确保为客户提供的所有 IT 服务都是与客户的需求相协调的。这包括维护与客户之间的工作关系，了解他们对 IT 服务的需求，并管理新服务的推出、服务的改进和服务的精简和撤除。为此，必须要定期评估IT服务的提供情况并重新调整开展的活动。

IT操作可以在许多不同的服务水平上为许多不同客户提供同样基础的服务。如何管理服务目录以便最好地迎合用户的需求，以及不断调整它们以适应不断变化的需求，这些都是服务管理人员所面临的挑战。

服务管理人员的主要责任包括：

1. 定义 IT 服务。

2. 制定和维护服务目录。

3. 与用户沟通 SLA 的内容并对 SLA 的要求和实施进行连续的监测和评估。

4. 定义关键性绩效指标，编制和管理端到端服务量度指标。

5. 领导虚拟团队不断提供服务。

6. 评估、确认和解决与系统服务有关的问题。

7. 负责将客户期望的测量、优化和沟通包括进客户满意度绩效中来。

8. 优先化服务改进请求并确认与未来功能之间的缺口。

9. 了解客户的业务和业务过程。

10. 评估每个客户的服务系列。

11. 评估服务提供目标，确保为客户提供有效服务。

第四节　运维风险管理

一、运维风险管理原则

信息系统运维的一个重要方面是管理信息系统正常运行的风险。风险管理是识别、分析和预先描述风险的过程。风险管理的目标是为操作行为中正面的冲击扫清道路，同时最小化与风险联系的负面冲击。理解和管理风险中有效的过程，可以确保在风险和机遇中有效的平衡。

为了实现运维管理的风险管理原则，必须了解以下的关键原则。

1. 操作中的风险是与生俱来的　唯一没有风险的环境就是一个没有不确定性的未来的环境——不用担心是否或何时一个硬盘会坏掉、不用担心网站的使用是否会达到上限或何时或如何达到上限。但这种环境不存在。永远要记得，风险是与生俱来的，运维管理人员应不断地探索以在风险和机遇之间作出正确平衡，而不是过于专注如何将风险排除或者降低影响。IT 员工需要保持敏捷的头脑，以及做好随时应对变化的准备。

2. 预先风险管理最有效　预先风险管理并不是通过对问题进行回应而做到的。操作人员应该预先找出潜在的风险并制订策略和计划以进行管理。计划的制订应该用于纠正问题。预测潜在的问题并制订适当的计划可以缩短危机时的响应时间，并且可以限制或反转由于问题出现而造成的损失。

3. 积极对待风险的识别　操作人员应当永远积极地对待风险的识别，以尽可能地将所遇到的风险识别出来。应该确保操作人员在认识到风险后，可以毫无顾虑地说出暂时的或有争议的观点。管理人员应创建一个没有谴责的环境，鼓励开放的交流，以提高风险管理讨论的成功率。

二、运维风险管理过程

运维风险管理过程包括以下六个步骤。

1. 风险识别　允许每个人去识别风险，以使操作人员能够清楚潜在的问题。应尽早，且反复进行风险识别。

2. 风险分析并区分优先顺序　风险分析可将风险识别过程中进行的特定风险的评估和收集的数据转化为一致的表格，这个表格可以用于根据优先顺序作出决定。风险优先顺序使得可以提交资源以管理最重要的风险。

3. 风险计划和定时间表　风险计划是依据从风险分析中获得的信息，用于阐明策略、计划、改变要求和行为。风险时间表确保这些计划被核准，并被合成为标准的每天的过程和基础结构。

4. 风险跟踪和报告　风险跟踪是监视特定风险的状态和它们在各自行动计划中的进度。风险跟踪和报告有助于风险报告操作人员、服务管理人员和其他相关人员了解最高风险的状况及管理他们的计划。

5. 风险控制　是运行风险行动计划的过程，以及它们相关的状态报告。风险控制也包括当风险状态改变或风险计划可以冲击服务或 SLA 的可用性时，最初控制要求的改变。

6. 风险学习　风险学习正式化了学习的课程和使用的工具，用以将知识捕获、分类及索引为可用的表格，并与他人分享。

第五节　运维管理和开发运维一体化

除了按照常规信息系统的运维管理方法之外，随着医院开发过程逐渐采用敏捷模型，运维管理也开始采用DevOps管理流程，加强和开发过程的融合，不再仅以流程驱动运维管理工作，也开始尝试以技术驱动运维管理工作。

1. ITIL是流程导向，DevOps是技术导向 ITIL是企业内部IT服务管理的最佳实践，ITIL V2中包含了六大操作流程、五大服务支持流程、一个服务台，进入ITIL V3之后，顶层设计引入了IT服务的生命周期概念，形成一个PDCA环，能够持续推动IT服务的优化。在ITIL V3中，除了原有的流程之外，增加了几个流程，如知识管理、服务管理等。从这些ITIL版本中可以得出结论，流程是核心输出。

而DevOps相反，从一开始DevOps就把技术作为核心驱动力，从持续集成作为入口，强调对用户服务的价值链的整体管理，并结合自动化平台工具（jenkins/puppet/jira/bugzilla等），固化价值链中的每个流程节点，并最终完成对用户价值的输出。DevOps以技术作为强有力的切入点，快速地梳理了各个团队（产品、开发、测试、运维）其中的关系。

2. ITIL强调对内服务输出，DevOps强调对外服务输出 ITIL强调服务支持团队如何快速将IT服务交付到服务需求方，这是内部团队之间的服务交付，如开发需要一个服务器或者开通一个IPTABLES。这个概念在ITIL V2中体现得尤其明显，在ITIL V3中，还可以看到供应商管理这个对外管理维度。其他的服务发生更多的是在不同职能团队之间。而DevOps则不是，DevOps链条上每个节点强调完成的是对最终用户的服务输出，而非线性地把服务输出到下一个节点。

3. ITIL强调规范，DevOps强调敏捷 ITIL作为一个最佳实践，的确在实施的过程中有很多指导意义，很多时候它变成了一个规范存在，甚至在选择ITSM产品时，就会自然而然地以这个为标准进行产品选型。而DevOps改变了这种情况，所有的流程和规范深度植入平台之中，在一开始就倡导敏捷思维来解决这些问题，提倡不断迭代。ITIL和DevOps如同两种研发模式的对比，是传统的线性瀑布模型和并行的珊瑚礁模型之间的对比。

4. ITIL甚少关注文化，DevOps是一种文化 ITIL V2中对文化制度甚少提及，在ITIL V3上如果说有些文化的因素，就是把服务当作战略来看待，然而这样的抽象无法进一步快速分解到操作层面上。而DevOps从开始就强调团队的敏捷基因，如无边界沟通、团队的共同协作、版本的快速迭代、持续的优化迭代等，这种协作性文化对团队的行为影响是非常大的。

5. ITIL把开发当服务对象，DevOps把开发当合作对象 在ITIL和DevOps中，对待开发的态度也是不相同的。在ITIL中，运维一直把开发当作一个服务对象来看待，如何快速地交付服务到开发手中，把这种交付变成SLA来衡量自己的工作质量。然而在DevOps中，开发不是作为纯服务对象存在的，它在完成整个产品价值输出的过程中，需要承担自己的职责，开发和运维是一种平行关系，而非线性关系，更好、更快的最终服务输出是开发和运维共同的SLA。

6. ITIL最终价值指向是客户，DevOps最终价值指向是用户　客户是指两个主体之间产生了服务关系或者实体变更。而用户则不同，使用系统的每一个人都是用户，但不一定是客户。如何提供更好的用户体验，这个是DevOps聚焦的最终点，由此反向驱动持续集成过程的不断优化。

ITIL和DevOps有这么多的不同点，那是意味着要选择其一，而抛弃另外一个吗？其实不是，从很多层面上来说，ITIL依然在流程方面起着指导作用，而在敏捷运维方面，DevOps在不断驱动着ITIL的流程优化，不断推动着服务交付速率和质量的提升，这是DevOps存在的根本价值。

案例讨论

【案例】为了配合《中华人民共和国网络安全法》的实施，同时适应云计算、移动互联、物联网、工业控制和大数据等新技术应用情况下网络安全等级保护工作的开展，国家发布了《信息安全技术　网络安全等级保护基本要求》（GB/T 22239-2019）。

【讨论】为了在医院落实《信息安全技术　网络安全等级保护基本要求》（GB/T 22239-2019），需要在医院信息系统运维的过程中，注意哪些和网络安全相关的具体要求？

本章小结

医院信息系统的运行维护是利用维护工具、按照维护流程进行的一系列动作和行为，目的是确保医院内各类信息系统按照其约定的服务水平向医院提供服务，帮助医院提升系统可靠性、可用性与可管理性，减少系统停工，降低风险，降低业务系统的总拥有成本。

医院信息系统的运维过程分为更改、操作、支持和优化。更改过程是对某一版本的信息系统经过开发和测试之后，部署到生产环境中。操作过程是信息系统进入运行状态之后，为保障稳定运行而开展的系统管理、监视、批处理等活动。

支持过程是在识别、分配和解决信息系统的事故及问题，以满足服务水平协议中规定的要求。优化过程是为了实现医院长期信息系统建设要求，以适应不断变化的业务优先级，对信息系统进行进一步优化和升级。

运维管理包含服务台、变更管理、配置管理、版本管理、安全管理、网络管理、服务监视和控制、存储管理、作业调度管理、事故管理、问题管理、服务水平管理、IT财务管理、容量管理、可用性管理、服务连续性管理等环节。

运维团队的主要角色包括发布管理人员、技术支持人员、日常维护人员、安全管理人员、服务管理人员。

需要建立风险管理机制，提升全员风险管理意识，建立结构化的风险管理流程。

（黄　虹）

第八章　医院信息管理和其他学科的融合

学习目标

1. 掌握　运用正确的方法对信息管理活动中的各类情况进行研究分析。

2. 熟悉　统计学、运筹学、管理学方法及数字思维的基本知识。

3. 了解　统计学、运筹学、管理学及数字思维在医院管理中的典型应用。

现代医院信息系统部署专业且复杂，每天产生大量的医疗需求及数据，信息系统在工作中主要与医院业务、数据及管理打交道，对业务进行统筹规划，对数据进行统计分析，统筹优化，最终辅助管理与决策，在这个过程中运用统计学、运筹学及计算机科学的相关专业知识，更有利于高效部署设计系统。医院信息管理作为一门交叉学科，在信息技术的基础上，需要运用到经济、管理、数量分析、信息资源管理、计算机及信息系统等多方面的基本理论和知识，需要了解系统设计和实现方法以及信息管理方法，需要锻炼综合运用所学知识分析和解决问题的能力。

了解和运用其他学科的相关知识，可以帮助我们更好地认识相关业务领域的运行机理，在信息项目规划和管理过程中，能够更科学地进行统筹设计，更合理地进行路径设计。

第一节　信息管理和统计学的关系

一、概述

统计学是一门很古老的科学，最早应用于研究国家状况，譬如统计全国人口状况、农业收成状况、经济状况等数据，一般是对一国经济与社会发展做统计性的调查与研究。当下广泛应用于金融经济、企业管理、生命科学、生物制药等各个领域，在各个领域中都起到了举足轻重的作用。统计学是通过搜索、整理、分析、描述数据等手段，推断所测对象的本质，以达到从数据中得出结论的科学。统计学主要分为应用统计学和数理统计学，其中应用统计学又分为描述统计学和推断统计学。统计学在日常生活中的运用非常广泛，尤其利用其数据集合优势及特点，统计学更多被用于工商业及政府的各类决策分析中。在医院的信息管理应用中更是应该利用统计学的相关原理及方法，将大量的医疗数据在统计中加以分析，让实际业务中产生的数据经过逻辑计算对相应的问题形成对策与方法，从而再次优化流程，提高质量与效率，形成数据闭环。

二、医院信息管理中与统计学相关的典型应用领域

在医院信息管理中，由于医疗场景的多样性、医疗流程的复杂性、医疗数据的准确性等特点，对于统计学的应用方式更加广泛而细致，统计学亦在不同的应用场景中发挥着不一样的作用。

医院信息管理主要围绕“人”和“物”两个主体进行，其中“人”包括不同的角色，医生、患者及管理者等;“物”则包含了药品、设备等相关的物质资源。数字化的信息管理使得整个“人”“物”及“多场景”的管理变得有序而高效。在传统的统计方法下，医院信息管理者往往需要通过收集数据、整理数据、统计数据等多个步骤，花费较长的时间得出所需结果。这样的过程不光花费大量的人力与时间成本，统计数据及结果的准确性也难以保证，这会导致各种工作的计划开展都相对受限且滞后。

在医院现代的数字化信息系统建设后，医院的信息管理有了划时代的转变。各种数据信息可以在系统内完成实时的收集、分类、集成、输出与反馈，这样的数字结构网变化灵活，可以根据不同的需求设计不同的数据逻辑，产出各样的统计结果，以服务于医院多样的管理需求。无论是具有统筹性的大数据呈现，还是具有较强针对性的专业数据分析，当下都已有了较好的尝试与实践，对于医院数字化建设中的统筹与精细化管理的结合、计划与防控相结合等要求，提供了强大的支撑作用。

（一）管理决策支持系统

在医院运营管理中，需要通过对医院各部门业务数据的有效整合、全面梳理，为医院、科室和职能部门的管理者提供基于医院运营维度的统计分析，为医院各部门和相关管理部门提供报表、分析应用和数据挖掘，为医院的统筹管理与资源调配提供有力支撑。常见的数据统计展示模式有以下几种。

1. 医院管理者数据仪表盘或数据大屏　通过对医院的总体运营情况的分析，包括

收入分析和成本分析，帮助医院管理者了解医院运营状态，及时掌握医院业务增长点和滞后点。医院管理者数据仪表盘多以汇总数据为主，通常包括门急诊运营情况（门急诊人次、均次费用、药占比等）、住院运营情况（入出院人次、三四级手术数量、住院总收入、平均住院日、住院耗材比、住院药占比等）、体检运营情况。因医院、时期、区域、专科等情况不同，各个医院的数据关注点也不同，如拥有多个院区的医院会需要仪表盘上分别展示各院区的数据；在疫情期间则可能会增加感染科的相关数据，如发热门诊人数、流行病调查相关指标等。

2. 医院科主任的运营数据视图　根据医院决策层的管理需求，医院可以开展以科室为主视角的运营统计分析，这样可以帮助医院管理者和科主任全面监测本院各科室的业务量、均次费用、药占比、材占比、业务收入、平均住院日等各项运营指标，并进行详细的分析，通过统计学的手段解决“双控双降”等管理需求。

3. 医院质量控制指标监控与预警　医疗质量是医院发展的生命线，医疗质量安全管理18项核心制度、医疗质量管理评价指标的监测基本都要用到统计学的工具。通过对医院医疗质量相关数据的统计分析，可以形成一套全流程质量和安全干预的医疗质量控制体系。全流程治疗和安全干预，是指患者从门诊开始的门诊/住院/手术/监护/随访整个诊疗过程中的每个环节，都可以按照医政质量要求和患者安全要求设置多处业务流程检查点，在每个检查点，根据临床的操作和已有的临床数据及统计规则检查是否合规，可对临床医生/护士/医院管理层及时进行提示、警告，或进行终止等操作。

以危急值报告制度的信息化管理为例，根据危急值报告制度的相关要求，医政部门需要对医技部门危急值的发送时间、临床科室的反馈时间、临床科室的处理时间进行检查跟踪和统计，并对存在的问题进行警示和分析。通过信息化管理的方式，整个过程完全由数字化形式传递，从危急值出现、检验检查科室一键发送上报，到临床科室反馈处理、处理方式及结果，全程都在数据跟踪中进行。由此，不仅提高了整体的危急值处理效率，也使整个流程更加规范、便于监控。

4. 门诊、急诊、住院等专题数据统计　针对医院运营的重要环节，一些医院会建立专题运营分析部门，通过对不同专题中不同的关注点改善医院的医疗服务质量。

以门诊为例，可以针对每科室看诊医生数量、看诊速度、候诊人次、平均候诊时间等进行统计分析，应对就诊高峰、优化挂号预约的排班、合理分配资源、合理利用专家资源，目的是满足患者的就医需求，缓解就医难、排队难等影响患者就医体验的问题。

再如手术监管系统，可以针对每台手术的手术类型、麻醉方式、入手术室时间、麻醉开始时间、手术开始时间、麻醉结束时间、出手术时间等进行监控分析，可以有效通过对各个时间点的收集，分析医生的手术行为，有针对性地对医生的行为和效率进行考核，提高手术室的整体利用效率。

5. 医院绩效数据统计分析 通过信息化手段实现医院各级工作人员的绩效考评已成为医院管理中必不可少的管理工具。这个工具中就用到了大量的统计分析的方法，将医务人员资质、医疗质量考评、成本核算、护理工作量和质量、医技的各类指标、手术分级及工作量、教学考评、科研考评等维度的数据进行汇总，并通过合理的统计学算法进行分析，得到更为科学的绩效评价结果，从而提高绩效评估的全面性、准确性、时效性与公正性。

6. 医院后勤管理分析 医院后勤涉及医院后勤保障、医疗设备、医患服务、物资流通、财务管理、医院资产与环境等多方面与环节，需要覆盖人的管理、财的监控和物的运作，是一个复杂而细致的综合服务系统。医院后勤管理的统计分析不是单纯的信息数据和统计算法的堆积，而是将各类设备的生命数据与医院信息数据结合，将统计算法与新型医院后勤管理体系相融合，形成多层次的物联网后勤管理架构，在这样的基础上，进行多方位的统计分析，能够让医院高质量运行的同时，保证运行的稳定性、高效性和经济性。

（二）临床科研大数据平台

在医疗领域信息化建设不断演进的过程中，各个医院积累了大量的临床数据，这为临床科研提供了数据基础。所以科研工作者更需要了解已有的数据基础，通过精确的临床试验方法设计，不断调整试验条件及手段，记录所得数据进而分析数据得到结果。

大数据处理技术可以帮助临床科研工作者更加有效地分析、利用临床数据，挖掘以往无法发现的信息，为患者、医疗工作者、科研者及管理者提供优质的服务和协助。所以医疗大数据分析正逐渐成为医疗科研工作者的应用需求。数据都需要经过一系列的分析以及统计学检验后才可以得到相应的结论，而所采用的统计方法需要根据研究目的、试验方案和观察指标来选择，一般可概括为以下几方面。

1. 描述性统计分析 一般用于人口学资料、基线资料和安全性资料，包括对主要指标和次要指标的统计描述，如性别、年龄、居住环境、生活习惯、既往史和家族史等。

2. 参数估计、置信区间和假设检验 是对主要指标及次要指标进行评价和估计的必不可少的手段。

（1）参数估计（parameter estimation）：是根据从总体中抽取的随机样本来估计总体分布中未知参数的过程。参数估计处理分为两步：①求出未知参数的估计量。②在一定信度（可靠程度）下指出所求的估计量的精度。信度一般用概率表示，如可信程度为95%；精度用估计量与被估参数（或待估参数）之间的接近程度或误差来度量。

（3）置信区间（confidence interval）：是指由样本统计量所构造的总体参数的估计区间。置信区间展现的是这个参数的真实值有一定概率落在测量结果周围的程度，其给出的是被测量参数测量值的可信程度。

（3）假设检验（hypothesis testing）：是用来判断样本与样本、样本与总体的差异是由抽样误差引起，还是由本质差别造成的统计推断方法。显著性检验是假设检验中最常用也是最基本的统计推断形式，其基本原理是先对总体的特征作出某种假设，然后通过抽样研究的统计推理，对此假设应该被拒绝还是接受作出推断。

3. 基线与协变量分析　评价药物有效性的主要指标除受药物作用的影响之外，还受到受试者的年龄、性别、健康状况等因素的影响，这些因素在统计分析中可作为协变量处理。在试验前，研究者需认真考虑可能对主要指标有重要影响的协变量，以及可采用的提高估计精度的方法（如采用协方差分析方法），对不同试验组间因协变量不均衡所产生的影响进行补偿处理。对于确证性分析，应事先在方案中规定在统计模型中校正的协变量，以及校正的依据。当采用分层随机时，分层因素应作为协变量进行校正。对于事先没有规定校正的协变量，通常不应进行校正。也可以采用敏感性分析方法，将校正后的结果作为参考，而不是取代事先规定的分析模型。

4. 中心效应　多中心临床试验可以在较短时间内搜集到充足的临床试验受试者，减少临床试验时间，所以在临床试验中有广泛的前景。多中心临床试验由一位主要研究者负责，由多位研究者按同一试验方案在不同地点和单位同时进行临床试验。但不同中心在受试者基线特征、临床实践等方面可能存在差异，导致不同中心间的效应不尽相同，这种中心之间的效应差异称为中心效应。

多中心临床试验中常见三种情况：①无中心效应，即各中心试验组效应同质，对照组效应也同质，所以各中心间的效应是一致的。②有中心效应，但中心与处理组间不存在交互作用，即各中心试验组与对照组效应之差是同质的。③有中心效应，且中心与处理组间存在交互作用。此时，各中心试验组与对照组效应之差是异质的。其中，中心与处理组间的交互作用，又分为定量的交互作用（各中心试验组与对照组效应之差方向一致）和定性的交互作用（至少一个中心的处理组与对照组的效应之差与其他中心方向不一致）。

分析主效应时，对于情况①，模型中应不包括中心效应；对于情况②，模型中可包括中心项，但不包含中心与处理的交互项效应以提高检验效能；对于情况③，若存在定量交互作用，则需要采用合适的统计学方法来估计处理效应，以保证结果的稳定性，解释结果时须非常谨慎，应努力从试验的管理、受试者的基线特征、临床实践等方面寻找原因；当存在定性的交互作用时，需找到合理的解释并重新进行临床试验。

当中心数较多，或每个中心样本数均较少时，一般无须考虑中心效应对主要变量及次要变量的影响，因为此时中心效应不会影响临床效果。

采用何种策略分析中心效应须事先在试验方案或统计分析计划中阐明。

5. 亚组分析 是指在研究中，按照研究对象的某种特征（如性别、疾病严重程度等）将研究对象分成不同的亚组，然后分别估计不同组别的效应值，并进行亚组间比较。试验药物的疗效或安全性在不同的亚组中可能不同，而且这种差异往往具有特殊的临床意义。只有在方案设计时考虑到了计划的亚组分析，并且在样本量计算和多重性比较等方面事先进行充分考虑，这样得到的亚组分析结果才能够被接受。由于亚组分析通常是小样本，且未按亚组随机化，故对于非确证性亚组分析的解释应当慎重，通常只能作为探索性研究作以参考。

6. 多重性问题 是指在临床试验中，由于存在多个主要指标、多个比较组、多个时间点的比较、期中分析、亚组分析、多个分析集等情况，进行多次假设检验而导致Ⅰ类错误概率增加的现象。如果试验将重要的次要指标结果也纳入关键性证据，即主要指标和重要次要指标共存，假设检验亦需要考虑多重性问题。对于主要指标是复合指标的试验，如果宣称的疗效是基于复合指标中某个或某些成分时，需事先定义这些成分并纳入多重性考虑的确证性分析策略。

将假阳性率控制在事先设定的水平以内是非常重要的原则，在确证性临床试验结果的评价中具有重要的意义。在试验方案或统计分析计划中应预先说明对多重性问题的考虑、控制Ⅰ类错误概率的原因及方法。处理多重性问题的方法有多种，如单步法、闭合检验程序、固定顺序的检验、序贯结构的策略等，在选择方法时可考虑将能够估计出疗效的可信区间作为选择的一个标准。

在对Ⅰ类错误概率进行控制的同时，可能会导致Ⅱ类错误概率的增加，在估计样本量时应有所考虑。

（三）疾病诊断相关分组统计分析系统

我国原有的医疗服务支付制度是记账式的“先看病，后付费”的按项目计费的方式，在这样的方式下，由于财政投入不及时，医疗服务劳务标准低，医院逐渐转化为依靠药品及医用耗材等收费作为收入补偿，此类用品价格在商业杠杆的作用下水涨船高，逐渐成为医疗服务价格不平衡的主要原因。在这样的收支状况下，整个医疗体系病态运转。为解决这样的恶性循环问题，国家研究制定了《全国按疾病诊断相关分组收付费规范》，此规定自2017年开始试点，至2020年已推广到全国上百家医院应用施行。

所谓疾病诊断相关分组（diagnosis related group，DRG），是将住院患者按照疾病相似性及资源消耗相似性分成若干个疾病分组，将每类疾病常用的治疗项目、所需药品、检查检验、医疗耗材等进行成组打包，从而按照标准进行收付费的方式。在这样的规范化管理的方式下，医院可以在患者确定了主要诊断之后纳入分组，且对之后的医药费用有大致的预估，医疗服务支付由“按项目付费”为主的“先看后付”模式转向了“按病种付费”为主的“打包预付”模式。在这样的转变下，引导了医疗行为的改变，控制不合理的医疗费用，重塑医疗服务价格结构。药品、检查检验项目、医用耗材等转变为一次医疗行为中的成本，由此驱动成本核算发展，对提高医生的工作积极性有很大的推动作用。

此规范实施后，将医院繁杂的医疗行为及流程进行结构化、模块化梳理，使得医院对于不同科室、不同病种，科室对于各个医生的管理都变得更加直观和细化。从这样分组明确的统计分析中，可以很明显地比较不同科室、不同病种、不同医生的治疗服务效率及质量，有利于医院形成积极的工作氛围。同时，通过具有针对性的统计，对于医院更合理地控制成本、调配资源提供帮助。由此，无论是对客观的数据统计针对性，还是对主观的人员工作积极性都起到了较好的促进作用，也使医院在精细化管理的道路上迈进了一大步。

（四）患者360° 视图展示应用系统

患者的360°视图统计是对于患者角色的全方位数据统计。其中囊括了就诊信息、诊断信息、过敏信息、医嘱信息、检验信息等与该患者相关的全面的就医记录。在这种方式的统计系统中，对于处于不同就诊阶段的患者，可进行全流程的把控与指导；对于特殊身份的患者，如大病医疗、慢性病及复诊患者等，能根据以往的就诊记录更好地继续治疗；对于疑难重病患者，更能通过全方位的数据呈现，为医生提供更全面的数据支撑判断。与此同时，这种依据患者的统计方式，也使患者在整个就医过程中的病程记录更加清晰，更有利于辅助医生、护士及医务管理人员完成全流程的医疗质量监控，提高医院的医疗质量及效率。

第二节　信息管理和运筹学的关系

一、概述

信息管理是对信息的整合、归类及应用，在这个过程中常常会运用一些经典的管理学方法，使得信息管理从计划组织到过程实施直到最后的结果呈现都在规范、科学的方法指引下进行，由此提高整体信息管理的专业性、可行性与时效性。由于信息管理具有很强的逻辑性、规划性、专业性与择优性，所以在管理中需要借助专业的管理学方法进行针对性及方向性较强的管理活动。其中运筹学由于其“最优解”等优势特征在医疗信息管理领域有较广的应用范围，且已有了较为完整的实践应用流程及场景其也包含许多具体的实践方法，例如动态规划、线性规划、排除论等。

（一）动态规划

动态规划（dynamic programming，DP）是运筹学的一个分支，是求解决策过程最优化的过程。20世纪50年代初，美国数学家贝尔曼（R.Bellman）等人在研究多阶段决策过程的优化问题时，提出了著名的最优化原理，从而创立了动态规划。

（二）线性规划

线性规划（linear programming，LP）是运筹学中研究较早、发展较快、应用广泛、方法较成熟的一个重要分支，是辅助人们进行科学管理的一种数学方法，是研究线性约束条件下线性目标函数的极值问题的数学理论和方法。

（三）排队论

排队论（queuing theory）或称随机服务系统理论，是通过对服务对象到来及服务时间的统计研究，得出这些数量指标（等待时间、排队长度、忙期长短等）的统计规律，然后根据这些规律来改进服务系统的结构或重新组织被服务对象，使得服务系统既能满足服务对象的需要，又能使机构的费用最经济或达到某些指标的最优化。

（四）库存论

库存论（inventory theory）是运筹学的一个分支，是研究如何确定合理的存贮量及相应的订货周期、生产批量和生产周期，保证供应且使总的费用支出保持最小值的一种数学方法。

运筹学作为一门新兴科学，其应用范围十分广泛。对于不同类型问题，运筹学都有着不同的解决方法，因而形成了许多分支学科。它们虽然各有特性，但在运用系统观念分析问题，并对问题建立模型求解这两点上都是统一的。其分支学科包括线性规划、非线性规划、动态规划、决策分析等。

二、医院信息管理中与运筹学相关的典型应用领域

通过运用运筹学的有关方法，医院实际需求与业务场景与运筹学的融合，使医院

信息管理在整个流程、规范、效果等各个方面更加的有迹可循、有法可施，也使整个信息管理的效率与精度不断提高。尤其是在医疗应用场景中对于效率及整体性要求较高，运筹学相关方法的运用有助于优化医疗流程、提高业务效率、统筹整体布局安排。同时，对于医院的整体运营及资源配置等方面起着至关重要的作用，因此应在实际管理中多加尝试与应用。

知识链接

运筹学的思想在古代就已经产生了，中国古代文献中记载的田忌赛马、丁渭主持皇宫修复等，说明在已有的条件下，经过筹划、安排，选择一个最好的方案，就会取得最好的效果。可见，筹划安排是十分重要的。“运筹帷幄之中，决胜千里之外”，说明，敌我双方交战，要克敌制胜就要在了解双方情况的基础上，选择对付敌人的最优方法。

（一）运筹学在项目管理中的应用

日常的医院信息化项目管理工作中，一个主要的问题是解决项目运行过程中的进度控制，相关因素包括工期、质量、费用等。因此，基于多个目标的项目进度调整是项目管理过程中的主要工作之一。在处理大型项目过程中，由于涉及技术难度高，各因素之间关系复杂，导致进度规划过程输入因素繁杂。我们既可以借助专家判断进行规划，也可以借鉴以往历史数据进行规划，这时，如何有效地将定性指标量化，并应用科学手段进行测算，用以指导进度规划，成为现阶段项目管理中的常见问题。

如上所述，医院信息化项目往往是由多个方面、多种因素、多个阶段、多种变化构成的复杂集合体。在这样的项目管理的过程中，运用动态规划的运筹学方法可以在整个过程中平衡各个因素，同时在项目进行的各个阶段不断调整实时规划，使得整个管理过程更加灵活、科学、高效，其中尤其是关乎资金管理、资源分配、最短路径以及复杂系统的问题，通过动态规划的方法最为有效，能将棘手的问题分步骤、分阶段、分情况逐步合理解决。

（二）运筹学在手术室管理中的应用

医院手术室通常比较紧张，又面临急诊手术的突发性与不确定性。其中护士是医院日常运营的基础，科学合理地安排手术室护士工作时间不仅能够缓解其压力，提高护理质量，而且能够降低医院的人力资源运营成本，提高医院的整体护理质量和护士工作积极性，保证护士的身心健康和患者的手术质量，因此手术室护士排班已成为医院管理工作的重要内容之一。

线性规划是运筹学的一个重要分支，广泛应用于各个领域，其具有合理地利用有限的人力、物力、财力等资源作出的最优决策，提供科学的依据等突出的作用。

首先分析一些排班的常见诉求。通常情况下每个护士每天至多工作8个小时，即上两个班次且两个班次不连上，每周工作40小时。设定一个时间段为“大夜班”，每个星期一名护士最多只排一次大夜班，且第二天必须休息，且夜班护士与大夜班护士不可连排，且每次排班中必须有一位以上中级及以上护士等。

由于护士排班中存在一系列制度约束，外加需要考虑方案的可行性，因此护士排班问题是较为复杂的组合优化问题。对该问题的处理要分两个步骤进行：第一，确定该科室不同时间段所需护士数，并根据相关制度，确定排班的约束条件；第二，在最少人数及排班方案已确定的条件下，算出加班护士人数的最优解。根据线性规划，可以假设某个排班时间段上班的人数为决策变量，所需护士数最少为目标函数，相关要求为约束条件，建立优化模型，进行求解。

在实际生产活动中，相关的约束条件更加复杂，如个人喜好及擅长领域不同，加班、换班等相关情况，可以逐步对模型进行探索和丰富。

（三）运筹学在临床路径中的应用

临床路径（clinical pathway）是指针对某一疾病建立一套标准化治疗模式与治疗程序，是一个有关临床治疗的综合模式，以循证医学证据和相关指南为指导来促进治疗组织和疾病管理的方法。最终起到规范医疗行为、减少变异、降低成本、提高质量的作用。

临床路径是运筹学在医学领域的典型案例，通过各种治疗方案的比较分析，用最小医疗成本取得最佳治疗效果。随着医学研究的推进，同时结合临床实践运用，现阶段医院执行的临床路径都面临着变异率较高的情况，通常的优化方案是，经过分析、总结变异案例的临床经验并不断收集相关资料，提出整改措施，调整临床路径。通常的手段是在临床领域进行优化，但在当下医院发展过程中，还需要纳入更多的评价因素，如成本因素、效率因素、质量因素、可持续发展因素等，所以在优化临床路径的过程中，就需要使用运筹学相关方案进行全面优化。

（四）就医排队

患者到大医院就医，在挂号、就诊、收费、取药等环节排长队，是看病难问题的一种表现，群众反映较多。对此，在医改实施过程中，要加强公立医院管理，改善服务，采取多项解决措施。为改善排队痛点，优化院内运营效率，我们尝试应用相关专业理论进行流程升级与信息系统解决方案。

运筹学中排队论研究的内容有3个方面：统计推断，根据资料建立模型；系统的性态，即和排队有关的数量指标的概率规律性；系统的优化问题。其目的是正确设计和有效运行各个服务系统，使之发挥最佳效益。

评价一个排队系统的好坏要以患者与医疗机构两方面的利益为标准。就患者来说，总希望等待时间或逗留时间越短越好，从而也希望医生尽可能多些。但是对医疗机构来说，由于医生资源的匮乏，增加医生的空间极度有限，所以如何用统筹学方法最优调整排队叫号的规则就显得尤为重要。在医疗机构，由于就诊流程的特殊性，往往需要统筹安排首诊、回诊、特殊人群照顾、挂号方式（现场挂号、预约挂号）、过号等各种特殊规则。通过排队论对整体业务分类的统计计算，建立模型，构建系统，能够最大程度上迎合业务规律，合理规划，将以效率最大化、方便患者的同时减轻医生工作压力。

（五）运筹学在预约管理中的应用

网上预约挂号是最近几年逐渐发展起来的重要的门诊挂号方式之一。随着门诊预约挂号系统在国内各大医院的广泛开展和深入使用，其逐渐成为医疗机构方便患者、提高服务效率的重要举措。同时，国内各省级卫生部门、直辖市也相继推出了区域级的网上预约挂号平台，整合各家医院独立的预约挂号资源，形成了网上就医新形式。

1. 门诊预约　提高预约率，提高预约到诊率，是管理上的一个主要诉求。其中包括合理安排预约时间，减少医院的人群聚集，减少患者到院后的排队等候时间等具体需求，这就带来了分时段精细化预约的要求。不同科室、不同专家、不同的科室排班人员、不同时间段、不同疾病、不同类别患者的看诊时间都会有所不同，通过统计学方法进行大数据分析，为整体的结构梳理做好数据支撑，再运用运筹学针对性地进行预约排班的优化设计，将为患者带来更好的就医体验。

2. 医技预约　在医院的预约服务中心，除了门诊预约服务以外，更重要的服务内容是医技预约（检查预约），为患者的各项检查申请进行预约和检查前的告知，包括超声、放射、内镜、心电图等检查。由于医疗资源的相对匮乏，患者往往需要等候数天甚至数月才能做检查；有的患者往往一次需要做多个检查；不同检查项目对检查时间也有要求，如有的项目要求空腹，那么检查时间一定是在上午10点之前完成等。一个好的预约系统要通过运筹学方法提供最优预约规则，包括项目互斥规则、最优推荐规则等。同时医技预约系统的排班设计也非常复杂，要考虑到不同机房、不同检查项目、不同设备、不同时间的安排和调度。

（六）运筹学在自动发药机中的应用

精细化管理是医院管理中的一个重要主题，如何使医院药品管理符合现代医院管理和财务管理的需要，如何通过对药品库存管理进行科学合理的优化，成为寻找控制药品成本的一个途径。通过库存管理的优化，可以减少不必要的损耗及浪费。能有效地提高医院经济效益和社会效益，为医院日后的进一步发展奠定良好的基础。运用库存论的相关专业方法，控制与保持库存，通过控制存货的时间性、不连续性、不确定性和经济性四个方面来统筹管理医院药物库存与整体运作，设置自动发药机运行机制，保证医院收发药工作高效运转。

课堂互动

1. 运筹学理论的核心理念是什么？
2. 请举例说明运筹学在医院信息管理中的其他应用。

第三节　信息管理和计算机科学的关系

一、概述

随着计算机的出现与普及，直至今天在技术上已实现了层层突破与革新，现在的计算机能做到之前人们意想不到的事情。在计算机技术逐步成熟的条件下，随之而来的数字时代正在以人们难以想象的发展速度更新着我们对周围事物的认知。现如今，云计算、大数据、物联网等新的数字技术名词与我们的生活紧密相连，我们在不知不觉中早已被笼罩在一张硕大的数字网络中，这张数字网络亦在无形中方便着我们生活的方方面面。

数字思维正是在这样的背景下应运而生，数字思维作为计算机科学中形成的一种思维方式正在更广泛的领域中得以应用。所谓数字思维，即是在数字化时代的影响下，人们思维方式的革新与转变。在这种思维模式下，人们逐渐习惯于利用近似于计算机运算的一种思考方式，将影响某一事物的重要元素以某种逻辑相互关联、形成相互作用，经过一系列处理后输出某一结果或某一解决方法。这种模式是数字时代的背景下，在应用中逐步形成的一种逻辑化、结构化的数字应用网络，任何事物都可以用一组经过处理的数字来表达，事物之间的链接由数字交互来实现，从而不再局部的思考问题，而是整体的认知事物、配置资源、重构价值，最终实现整体的思维与生态。

人工智能是计算机科学的一个分支，是研究使计算机来模拟人的某些思维过程和智能行为（如学习、推理、思考、规划等）的学科，主要包括计算机实现智能的原理、制造类似于人脑智能的计算机，使计算机能实现更高层次的应用。它企图了解智能的实质，并生产出一种新的能以人类智能相似的方式做出反应的智能机器，该领域的研究包括机器人、语言识别、图像识别、自然语言处理和专家系统等。人工智能作为社会信息化的重要方式已在生产生活中的诸多方面成功应用，如电子商务、无人驾驶等智能化创新项目。在医院信息化建设中，人工智能也已成为重要的组成和实践部分。人工智能实际上是一种基于大数据的深度机器学习，通过大量的数据输入，使机器在反复的数据操作中建立、模拟人脑进行分析学习的神经网络，从而实现模拟人脑的机制来分析数据、应用数据。

二、计算机科学在医院管理中的运用场景

（一）计算机科学实践应用——数字思维构建医院信息管理数字化流程

运用计算机科学中所形成的数字思维，简单来说，就是将实际业务场景中遇到的问题转化为数学问题，然后通过变量分析、建立模型、计算编程等过程，对问题进行抽象化、模块化，最终实现整个结构的自动化。医院信息管理中也应利用数字思维，将繁杂的医疗业务场景用数字化模块整理后，将业务流程抽象成数字化逻辑，输出科学的流程与方式，一方面提高整体医疗过程的流程化与流畅度，增强各业务模块的相互串联，从而提高就医效率；另一方面对于规范化、结构化的病程记录要求及结果反馈等提供及时的规范化提示与修正。与此同时，大量的数据被系统收集、分类后，对于可以形成一定逻辑下的推荐及排斥等辅助决策的功能，为医生的工作带来便捷，减轻负担、降低错误概率。

1. 日间手术管理　日间手术（ambulatory surgery/day surgery）的概念最早是英国小儿外科医师尼科尔（Nichol）提出的，是指选择一定适应证的病人，在1个工作日内安排病人的住院、手术、手术后短暂观察、恢复（一般数小时）和办理出院，即是一种病人不在医院过夜的手术模式。1995年由来自20多个国家的50多个会员组成国际日间手术协会。国际日间手术协会是包括外科医生、麻醉师、护士、与管理人员在内的多学科组织，其团队理念是“团队精神是日间手术取得成功的必备条件”。2003年该组织对日间手术进行了进一步的定义：病人入院、手术和出院在1个工作日中完成的手

术，在医师诊所或医院开展的门诊手术除外。

开展日间手术涉及部门多，涵盖临床、麻醉、手术室、护理、供应、后勤以及财务等从一线临床到运营管理等多个部门均有涉及，部门与部门之间紧密联系，环环相扣，不可分割，如何合理统筹安排，这就需要多环节通过数学思维优化流程，解决时间效率和质量提升两方面存在的痛点。

比如为了在一个工作日内完成手术，需在入院之前做好所有必要的术前检查和麻醉评估，并精准安排好手术时间，做好所有的术前准备。

为了能够让日间手术患者享受快捷、便利、安全的诊疗服务，顺畅、高效、全流程的设计是必不可少的。通过对各个环节进行严密规划，反复论证，严格管理，明晰流程，使不同人员、不同部门之间相互协作，达到缩短患者等待时间、降低医疗费用、为患者提供安全、便利、满意医疗服务的目标。通常，我们需要在门诊、术前检查、麻醉评估、手术预约、手术、出院、术后支持等环节进行数据统计，以对比流程优劣，持续优化流程节点。

2. 检验流水线 现阶段随着患者就诊量的增加，检验标本量也与日俱增。传统的单台全自动仪器早已不能满足医疗效率的需求。在这种背景下，“实验室检测流水线”的概念被提出，实验室检测流水线通常由多台全自动分析仪通过轨道连接起来。由计算机控制，从标本的离心、条码识别、分管检测、检测完自动封存等环节的全流程自动化，在一些中大型医院检验部门得到了广泛使用。

因为涉及多台机器进行协作，在流水线运转过程中，如何更好地根据业务量情况合理编排各个节点的仪器，成为医疗应用使用数字思维的一个探索点。

通过对问题的分析，流水线调度问题可以归结为一个整数规划问题。在满足工作时间最短的前提下，基于对问题约束条件不同的建模得到两个不同的模型，从而得到不同的生产顺序，为决策者提供了更多的组合方案。联系生产生活实际情况，也必须遵循业务顺序基本不变这一约束条件，提出模型的改进方向。

3. 临床决策支持系统 临床决策支持的概念随着在医院医疗服务应用中的实践深入仍在不断更新，其中主流的定义是罗伯特·海沃德（Robert Hayward）提出的“连接临床观察与临床知识，影响临床决策，改善临床结果”。这一定义将临床决策支持系统（clinical decision support system，CDSS）简化为功能概念。美国医药信息学会（American Medical Informatics Association）将CDSS定义为向医务工作者、病人或任何个人提供知识、特定个体或人群信息，在恰当的时间，智能化的过滤和表达信息，为的是能够提供更好的健康、诊疗和公共卫生服务，或者CDSS是在正确的时间，对正确的对象，提供正确的信息辅助。

CDSS是提升医疗质量的重要手段，因此其根本目的是为了评估和提高医疗质量，减少医疗差错，从而控制医疗费用的支出。临床医生可以通过CDSS的帮助来深入分析病历资料，从而做出最为恰当的诊疗决策。临床医生可以通过输入信息来等待CDSS输出“正确”的决策，并由医生进行选择，通过简单的信息输出来辅助临床决策。

大多数CDSS由三部分组成，即知识库、推理机和人机交流接口，系统通常采用IF-THEN规则来存储和管理知识。例如，某一系统用来研究临床症状和诊疗方案之间关系，规则是如果主诉X与检验结果Y，那么（THEN）患者可能的疾病诊断是什么以及推荐的治疗方案是什么。高级功能包括可编辑相关知识库中的规则，从而用于其他新药的研究。推理机部分是知识库内的知识与患者信息进行整合、比较、分析的引擎。人机交流接口则允许将结果显示给使用者，同时也可以作为其他临床应用系统的输入端。

现阶段也有基于非知识库的CDSS系统，大多采用人工智能的形式。通过计算机从既往经验记录中或是其他临床资料中获得知识，形成知识图谱。后续通过诸如人工神经网络和遗传算法进行模型的创建，形成推理机，并通过人际交流接口对外提供服务。

4. 病历质控　病历作为患者在医院的病程记录，不仅是医疗行为的文字记录，也是医疗质量和水平的客观反映。病历不但为整个医疗行为提供记录，同时也为后续的科研工作提供宝贵的第一手资料。此外，在必要时也是医疗纠纷和法律程序的重要依据。作为医疗行为的重要环节，在医疗数字化建设过程中病历的电子化数字化升级也成了关键一环。

在传统的病历记录中，多采用人工手写记录的方式，这种方式不仅会花费大量的人力物力及时间成本，同时也很难从质量上进行统一监控。在数字化建设过程中，当下电子病历录入系统已大范围普及，这种录入方式使医务人员的病历撰写更加便捷，但随之而来的撰写规范及质量成了新的问题。数字化电子病历录入方式为病历质控带来了新的方式与机遇：以数字化录入为基础的病历质控可直接通过机器，根据电子病历应用水平分级评价标准进行规范化的质量控制（质量控制包含时限质量和内容质量），将病程录入的时效范围加以明确限制；将病历书写中容易出现的疏漏和问题在医生录入时就加以规范和提醒，相较于传统的管理方式更具有科学性、规范性、先进性及可操作性。其中以两种方式为主：①口语化或文段式的病程录入之后，系统自动识别字段进行结构化梳理，形成符合规范的结构化病历；②在撰写的过程中进行内容缺陷及错误提示，可直接加以注意或修改。经过以上两种规范化手段，很大程度上保证了病历撰写及录入的质量。同时，以此为基础，电子病历质控系统中不同人员拥有不同的身份标识以及不同的操作权限，由此整个过程中责任划分更加明晰，工作更加细化。统一的操作系统也方便了医院相关质量监控部门进行审核监督，如质控员、医务科等，可以直接在已提交的病历中审核问题、作出提示，由此可以快速高效的对医院的病历质量进行有效的监控，对病历撰写时出现的共性问题做出及时的调整，提高整体的及时性与可控性。

现阶段医院存在病患多、医疗场景复杂、工作量大、医生工作负荷高等突出问题，在数字化建设中减轻医生的工作负担，方便医生的工作流程也成了一个重要的目标。医生在院期间除了日常的医疗工作，病史记录也同时花费医生大量的时间和精力，所以电子病历质控系统精准化、标准化、程序化的智能升级，不仅对于医院而言大幅度减轻了医生的工作压力和负担，方便了后台质控操作，提高了医院整体的医疗质量及效率；同时，对于患者而言，也实现了患者的医疗流程的规范化，住院日及住院费用在程序化、标准化的质控管理中进一步降低，精细化的诊疗过程使患者满意度也持续上升。

（二）计算机科学实践应用——人工智辅助医院信息管理智慧化升级

人工智能是计算机科学发展到一定阶段的产物，现有的计算机技术无论是从软件还是硬件都有了较大的升级，从两方面足以支撑更大的数据存储、数据计算与数据应用，所以人工智能在几年间快速发展，在各领域衍生出了各类专业应用场景。在医院各类人员短缺而业务场景繁杂的大背景下，人工智能通过大数据收集、机器学习等方法，已实现了许多场景的尝试与应用，取得了较好的反馈效果。

1. 智慧化楼宇管理在医院中的应用 随着医院需求的日益扩张，医院数字化建设也逐步完善与深化，各个方面的信息化、数字化、自动化水平不断提高。医院楼宇的智慧化管理在医院日常运营、安保管理及紧急事件处理上发挥着不可替代的作用。

医院智慧化楼宇建设的基本思想是通过对于楼宇中各个资源的统一管控，提高在实际应用中的及时性和可共享性。其中主要分为两个方面：①对于楼内设备的统一管控；②对于楼宇日常安全的管理与监控。首先，在楼宇设备方面。医院楼宇内主要包括空调系统、新风系统、给排水系统等基础设施，同时还设有院内的医疗设备、检验检查等专业技术设备。对于空调等基础设施，主要通过统一的调控、自动化感知检测等技术，将楼宇内的环境保持在标准、安全、舒适的范围内。经过统一数据收集与自动化调控管理，不仅能使楼宇内的空间环境保持在适宜范围内，同时也能很大限度地降低能耗，节能减排，从节省人力与能源两个方面降低医院运营成本。对于院内医疗所用专业设备的管理，统一进行设备条形码的系统录入后，可通过无线传感器或院内局域网等方式对设备进行定位管理，同时对于设备的使用状态监测、定期维护、设备资源的调配等起到统筹管理的作用。其次，由于医院的人员流动量大且人员类别较多，医院内的人员与安全的管理也是当下医院管理的重点。尤其在流行病、传染病防控期间，医院作为重点关注场所，其自身的安全管理与人员监控问题也变得尤为重要。正因这种痛点与需求的存在，在医院智能化楼宇管理中也加入了楼宇门禁、入院闸机等多种数字化管理模式，提高了医院的人员统计及流动路径反馈的及时性与准确性。在现有应用中，门禁和闸机已进行了较为成功的尝试。入院闸机即是在人员入院时进行刷卡或扫码认证记录，人员可以通过门诊预约二维码、住院登记条码、医务人员工作证、相关服务公司工作证件、医学院学生卡等多种方式记录入院人员类型与时间，由此取得及时记录、准确分类的效果。在传染病或流行病防控期间，这种记录方式也将能为防控提供更好的支撑与保障。楼宇门禁的设置主要引导了入院人员的正确流动，医院内医疗业务繁杂且地点分布分散，入院人员可凭不同的人员类型凭证进入不同的楼宇接受对应的医疗服务，这对于院内的人员流动起到很大的控制作用，亦能起到缓解主要楼宇人员拥挤、院内导航性差等存在安全隐患的问题。

医院楼宇的智慧化建设通过对院内楼宇的基础设施、医疗设备及人员管控的数字化管理，将相关的工作操作以数字化录入、自动化控制、智能化管理的方式，最大程度上提高了监控的精准度，同时减少了人员投入，有效地保证了医院平稳运营所需的环境、人员及设备安全。

2. 智慧化运维管理在医院中的应用　随着信息化进入大数据及人工智能时代，各个产业都希望借助机器学习的力量使人力得到解放，医院的信息化管理更是需要大量的人力提供保障，在这样的技术发展潮流中，医院信息运维管理也实现了新的发展和突破。在实际的医疗场景中，由于业务分类多、专业性强，流程相互交叉等原因，医院的相关业务往往是由多个第三方专业技术公司共同进行保障支撑，在各个系统运行期间，大量的数据需要在复杂的系统中进行传输、计算、交叉、输出等，所以在过程中出现故障的概率大幅度提高。在传统的系统运维中，多数依靠人工处理的方式，即哪里出现了系统故障报错，现场运维人员被动式的“救火”来控制故障影响的范围和时间。针对这样的问题背景，智能化运维建设在医院逐步展开。智能化运维管理主要分为两个步骤：①对于已发生故障的迅速定位与报警，使现场技术维护人员能够迅速找到故障点并进行修复，恢复正常运转；②通过反复的数据积累与机器学习，能够进行一些常见故障的事先预警以及服务器存储容量提示等，同时对于业务资源的决策与合理配置提供有力支撑。

智能化运维管理主要通过四个层次来实现系统的智能化。底层数据接入及储存层，主要提供大量的日常资源数据并储存起来以供后续数据的算法分析。在传统运维管理中此项工作需要人工耗费大量的时间对系统日志进行收集和分类，智能化管理的实现使得人力资源得到解放，从而可以将人力用在优化需求和体验等更加高质量发展的工作上，提高医院系统的整体质量。数据分析层，是平台建设的核心层，需要借助大数据及人工智能算法，使数据在应用中一遍又一遍地进行逻辑筛选、机器学习，从而提高人工智能的质量，为下一层运维表现层提供具有较高参考价值的数据。应用运维表现层（可视化运维平台建设），主要为当下的运维工作提供解决方案及预测，为优化系统运行、快速处理报错、故障预警及业务资源合理分配等多个环节提供决策支撑。

智能化运维管理建设是应用大数据支撑下机器深度学习的人工智能技术，在最大程度上缓解了现场运维人员的工作负荷，同时收集的数据资源对于系统的正常运行及故障预警、后续系统功能优化及资源需求分析等提供大数据支持。由此使医院的运维管理工作更加的标准化、精确化，而不只是依靠人工查找及经验分析，这对医院整体的运营和业务都提供了更可靠、更及时的保障。

案例讨论

【案例】健康码在抗击新冠肺炎疫情期间发挥了重要作用。上海市大数据中心推出的随申码，不仅发挥了一般健康码的作用，在医院的进出人员管理中也起到了许多作用。患者、家属、医务人员或其他人员进出医院，通过闸机时扫描随申码，后台可以记录人员信息、进出时间，同时关联疫苗接种情况、核酸检测结果等。

【讨论】请分析健康码中应用到的数字思维。

本章小结

通过本章的学习，可以了解信息管理与统计学、运筹学及计算机科学之间的关系，并从统计学，运筹学的基本概念与应用场景出发，通过理论基础的学习逐步掌握应用方法。在医院信息管理活动中，为了科学、快速地解决各类常见问题，本章将统计学、运筹学及计算机科学在当下发展中的应用实例，映射到医院信息管理中，建立了相应的解决方案或方案模型。

通过对本章的学习，读者除可掌握常用的统计、运筹、计算外，还可了解应用其他领域知识的方式、方法，为之后应用其他领域的工具打下基础。

（郑　涛）

第九章 信息化建设对医院管理的支撑

学习目标

1. 掌握 信息化建设对医院管理的意义；医院管理信息化建设的内容与特征；信息化建设在医院管理中的表现。

2. 熟悉 信息化管理对医疗卫生活动的辅助；临床信息的信息化管理；行政信息的信息化管理。

3. 了解 信息化在医院管理中所起到的作用；医院管理信息化的具体功能；医院管理需要信息化技术支撑的诸方面。

随着网络信息技术的全面普及，医院管理信息化已经初具规模。当前，一轮又一轮的技术手段升级，使得信息技术与医务活动的联系更为密切，逐渐形成了有机联系。医院管理信息化已经不再是将传统医院管理模式简单地进行信息化、电子化，而是通过信息技术，将医院的组织流程和业务管理进行最大程度的优化和完善，覆盖了医务部门、行政管理部门、后勤保障部门以及公众等多方面的信息，承载了医院医疗服务每一环节运行所需要的内容。一项良好的信息化建设工程，可以帮助医院实现“从根底到末梢”的管理，全方位统筹医疗活动的各项内容，有序、高效地保障医院的运转。

医院管理的信息化是一项综合性、系统性、科学性的工程，需要医院管理人员、医护人员以及后勤保障人员通力合作。一个合理的、科学的信息化医院管理系统应该体现在：一是全面采集相关信息，确保医护人员全面、准确、及时地掌握业务开展情况；二是发挥医院作为实践与教学场所的二重性，在实践中展开教学工作，鼓励钻研，形成良好的科教循环；三是形成高效、充分的行政保障系统，确保医疗工作能顺利进行。这一系统应该立足于医院业务开展、管理提升和服务改进中的问题，结合行业管理要求进行分析，确定建设目标，从而更好地帮助医院履行社会责任。

第一节　信息化建设对临床管理的支撑

一、医务信息管理

（一）医务信息的概念

医务信息特指医疗事务相关的信息内容，其承担主体是医务工作者，是医院组织日常医疗活动的重要依据，涵盖多个环节的医疗事务，内容庞杂，信息含量巨大。医疗是一种关乎人民群众的生命健康安全的社会活动，因此医疗事务的相关信息必须确保全面、精准、及时，而日益精密的信息化管理成了医疗事务的有力支撑。医务信息管理指的是医院的管理人员处理医疗事务的信息化管理活动。

（二）医务信息的特征

1. 全面　是指医务信息的系统性和完整性。系统、完整的医务信息有助于调动充足的医疗资源，提供完善的医疗服务。一般来说，医务信息依其主体部门（医院）功能，可以分为医疗工作信息、医技科室信息、医师队伍信息、卫生保健信息以及应急响应信息五大类。它们分别对应医院的诊疗、辅助、人事、保健以及突发状况应对等五种医务内容。

从实际应用出发，医务信息可以简化为管理信息、业务信息和患者信息三大类。业务信息是从问诊开始，经历诊断、治疗等一系列过程中产生的信息。这类信息的产生是建立在患者所提供的患者信息的基础之上的。管理信息则贯彻于整个医疗活动的始终，为整个诊疗过程提供合理的程序。由此可见，这三类信息是一个互相关联的整体。因此，管理医务信息，必须从宏观着眼，注重信息间的密切联系，动态、高效地掌握医疗事务的开展情况。

2. 精准　是指通过全面调动医务信息，着眼于具体案例、事件进行安排、诊断、处理的准确性。一个完善的医务信息系统，需要在信息群中删繁就简，生成最为适宜的智能解决方案。患者的个人基本信息、病历、病史以及医疗保险等信息录入数字化的信息系统，进行集中、整合。经过授权的医生可以根据需要进行查阅，并且通过各部门之间的协作，甚至与其他医院、医疗机构之间进行沟通，迅速作出诊断。

3. 及时　是指通过信息系统进行信息收集和捕捉，针对具体医疗卫生活动，进行快速反应、迅速处理、安排计划并实时监督的能力。通过合理安排、快速反应，才能更好地开展医疗卫生活动，确保医疗卫生活动的质量，从而第一时间维护人民群众的生命健康。

（三）医务整合与信息化发展趋势

医务一般分为门诊、急诊、住院等，随着社会的进步和医药体制改革的加深，这一传统的分工将得到重新整理。根据国家深化医药体制改革相关文件精神，未来医院改革将会朝着“医院合理规模控制”和“医院集团化趋势”方向发展。

面对这一发展趋势，信息化管理是最为有效的应对方法。未来的医务管理人员应该既能掌握管理技能，又能对医疗卫生活动有宏观的把握，因此他们需要借助一个制度化、体系化、智能化的平台，全面掌握医院的运转状况，以保证管理技术与医疗卫生事业的发展齐头并进。同时，面对医疗资源分配不平均的现状，需要整合各医院的信息系统，形成一个集团化的智能系统，以平衡医疗资源，根据需要配置医疗手段与医务人员，打破医院的封闭性，使医院在“万物互联”的时代与人民健康卫生需求紧密结合起来，从帮助医院进行学科整合。现代化、智能化的医院管理必然重新定义学科及其相应的医务管理，使之更好地实现社会价值。

互联网介入医务管理之后，多种模式蓬勃发展。如O2O就医服务、远程医疗、通过佩戴设备实现的智能健康管理等应运而生。医务管理人员应该积极应对，梳理管理体系，改进管理流程，重组医务管理模式以适应社会变化。

案例讨论

【案例】某院在应对新型冠状病毒肺炎疫情防控工作中通过信息化手段对预检筛查流程进行了优化，依托移动互联网，利用二维码等技术，搭建了该地区首家基于移动互联网的新型冠状病毒预检筛查平台。通过二维码的现场张贴，患者在排队等候时即可完成扫码登记，将流行病学和临床表现采集前移，实现无纸化信息快速传递。患者登记完成后，平台根据患者身份证号前两位判断是否为重疫地区，结合流行病学史情况进一步验证筛查，并以不同颜色显示结果。若结果显示绿色，医护人员通过移动端扫描患者手机界面上唯一的二维码授权电子通行证，患者即可直接进入门急诊等区域就诊。该平台一方面缩短了患者排队等候时间，减少交叉感染风险，提高医疗服务质量。另一方面，充分贴合临床一线人员的使用需求，避免信息管理碎片化，具有较强的实用性。

【讨论】医疗信息化在新冠疫情防控中起到了哪些作用？

二、护理信息管理

（一）护理信息管理的概念

护理是医疗活动的重要组成部分，旨在保护生命、减轻痛苦、增进健康。护理活动的效率直接影响着医院的医疗水平，对护理工作进行科学、高效的管理，可以充分发挥护士潜在的护理能力，优化工作模式，为患者提供高质量的护理服务。世界卫生组织对护理管理的定义是："护理管理是为了提高人们的健康水平，系统地利用护士的潜在能力和有关其他人员、设备及社会活动的过程"。信息化系统有利于优化护理流程，更合理地配置护理资源，提高效益，从而更好地服务于医疗卫生活动。

护理的信息化管理经历了三个阶段：分别为20世纪90年代中期，建立护士工作站系统的初始阶段；21世纪10年代，建立移动护理信息系统的广泛应用阶段；当前阶段，以人工智能化、可穿戴设备化为工具，通过大数据、云计算以及机器人技术实现对护理信息的管理，为护理工作的管理部门进行各项数据的采集、汇总、分析。

（二）护理质量管理的信息化

一般来说，护理信息产生于护理业务的各个流程中。其中，需要进行信息化管理的主要分为以下4类护理信息。

1. 护理记录 护理工作的展开首先要从掌握患者的相关信息开始。信息化系统会引用基本信息、检验检查信息、医嘱信息以及医疗知识扩展信息等临床信息，智能生成护理方案，并将护理人员的操作信息予以记录存档。同时，系统会及时将体温单、手术记录单、重症护理记录单等信息更新到系统中进行信息共享，医疗工作人员可以及时做出相应反馈。智能化的护理工作不仅仅是记录信息，同时也将丰富护理人员的技术知识学习。护理记录将自动关联临床护理知识库，组织护理人员学习相关知识，提升业务水平。智能系统还将根据护理工作的效率、效果定期开展评估，方便管理人员进行奖惩评定。

2. 非药品医嘱执行 检验、检查、治疗等非药品医嘱是医疗活动的重要组成部分，信息化系统将对以上非药品医嘱采取审核、执行、打印等方式进行管理。其中，条形码、二维码、无线射频识别（radio frequency identification，RFID）等识别技术可以为护理人员扫取，从而便捷地获得患者的基本信息以及检验、检查、治疗数据，确认患者身份以及所需要的护理服务。

3. 药品医嘱执行 在医疗活动中，用药是至关重要的环节，护理人员对此承担重要责任。因此，信息化系统着重于增强用药安全，可以帮助护理人员实现患者身份及药品的核对（包括针剂、口服药、外用药）等全过程管理。在此过程中，系统可以全程贯彻用药规范，提醒配伍禁忌，及时获取患者健康状况变化。

4. 护理信息提醒 一个智能的信息化系统，必须具备对内容的审查与纠错功能。关键信息的缺失、录入的错误以及不合规范的信息，都容易导致医疗事故。因此，智能化系统配备自动校验功能，以及方便、快捷的检索功能。

通过对以上四种护理信息的处理，信息化系统可以对护理质量进行一个严密可控、系统全面的把握，方便管理者制订计划、完善组织、协调诸环节，以实现管理效率的最大化。此外，新技术的发展相应地也会带来新的要求。作为智能的信息化系统的执行者，护理人员并不是单纯地、被动地接受，而是需要具备一定的技术知识以及主动创造能力。信息管理系统应该在一定程度上具有开放性，方便护理人员执行更高权限的操作，使系统能够及时自我更新，适应医疗活动复杂多变的环境。

此外，鉴于当前医疗保健功能的扩展，一些传统的医疗活动场所不再局限于医院，而是通过互联网手段进行云端互联。信息化系统需要及时获取居家信息，或者拓展居家护理服务，乃至通过资源库对居家护理进行远程指导。

知识拓展

PDCA 管理法是比较科学、规范的管理工具，是常用的质量管理模式，其从计划（plan）、执行（do）、检查（check）和处理（action）四个阶段进行管理。通过计划阶段可了解医院内部管理存在的问题，通过现状调查和分析明确影响管理质量的主要因素，提出针对性的解决对策；实施阶段落实解决对策能够可有效消除潜在的风险，提升护理管理质量；检查阶段能够判断实施阶段是否符合计划的预期效果；而处理阶段能够总结成功的经验，在下一循环中解决遗留的问题。

三、药学信息管理

（一）药学信息管理的概念

药学信息管理指的是对于门诊与住院部门的药学服务过程中所产生的药学信息的管理。在新时代医疗卫生技术发展的背景下，传统药学很难满足时代需求。医院作为大型综合性医疗机构，限于人力资源的限制，往往无法实现充分、全面的药学服务。通过信息化手段来管理、建设全程信息化的药学服务，可有效地满足门诊所需的药学服务（包括处方审核、处方调剂、用药咨询等）及住院患者的药学服务（包括住院医嘱审核、药品调剂、静脉用药配制、用药指导、出院用药教育等），既可以提高患者的就医满意度、保障患者用药安全，又可以充分发挥医院潜在的医疗卫生价值。

由于我国人口基数大，医疗卫生资源相对不足。同时，又由于医疗卫生行业对人员素质要求较高、培养周期长，因此，药师的数量严重不足。药师业务素质参差不齐，大多数药师仍处于繁杂的基础调剂工作。信息化药学服务一方面可以弥补药师业务水平的不足，另一方面也可以提供数字化教材以帮助提高药师专业素养。

（二）药物信息智能管理的内容

药物信息智能管理主要体现在药品智能存储与使用、药物信息采集以及设置专门的药物管理岗位等方面。

1. 药品智能存储与使用 是指通过药品管理软件配合智能存储设备对药品进行管理，系统记录特殊药品的入库、使用等信息，生成报表，供管理人员随时调取、查阅。利用合理用药知识库，实现医嘱自动审查、实时提醒、在线查询以及规范用药等功能。通过智能系统，实现对疾病诊断、变应原、患者生理或病理状态等基础信息的比对设置。同时，在处方生成前提醒医师、患者以及护理人员药物的适应证、相互作用、配伍禁忌，并且在用药过程中予以即时的提醒。

传统的人工处方审核效率低，且受限于医师水平。一个智能、科学的药学管理系统应该根据合理用药知识库，结合信息化技术，使系统发挥出最大的效能，更契合药学工作实际情况。同时，根据最新说明书及相关指南、前沿信息等权威资料实时更新、维护数据，可以充分地保证用药的合理性、安全性。在具体系统的开发上，可以结合医院的管理需求进行个性化设置，主要是实时监控并拦截不合理处方，以制度及信息化手段进行医院用药管理。如处方开具后，药学管理系统将进行系统自动审核，遇见疑似不合理处方及医嘱时，系统将进行拦截，并实时提示临床医生与药师，如果存在争议，将提交给更高权限的专家进行复核。待反复确认通过后，处方才可以开具给患者。从而，从源头上减少不合理用药问题，保障患者用药安全。

2. 药物信息采集 是指信息化系统广泛采集药品市场信息，把握变化，以实现保证临床用药、增加经济效益和社会效益的三重意义。系统收集药品市场信息时，除对药品的供、需、销售信息进行了解外，还会全面了解价格信息和药品质量信息。一是保证计划采购的临床用药所必须了解的信息；二是保证药品质量、防止假劣药购入。在保障药品质量的基础上，进行价格信息管理，目的在于：防止高价购入，增加患者经济负担；以优惠价购入可以增加医院的经济效益。

由于药物信息内容较为庞杂，而且具备较高的技术水平，各地区及城市间的医疗机构要建立沟通机制，构成一个情报网络，分工负责、互相协作、交换情报、各有专长，这样才会系统、完整、连续地发展。各个医院尽量根据标准，配备药物情报用的必需设备、图书期刊、资料及人员，相关人员负责收集、整理资料并上传。遇到较为复杂的问题时，可向上级医院联系，或者通过信息中心组织会议，商讨解决。会议内容由系统记录，并整理到资料管理中心，进行交流。这种及时传递交流的信息反馈系统，是信息化用药管理的关键部分之一。同时，这个信息网络也是不良反应报告的渠道。为此，各医院对药物不良反应的调查和报告，按期向药物信息中心输送，供各医疗单位获取、学习，这将对安全使用药物和保障人民健康起到很大作用。

3. 设置专门的药物管理岗位　鉴于药物管理信息化程度越来越高，药学管理应该专门设置信息工作岗位。因为药物信息工作与医疗科室关系紧密、接触频繁，所以应该经常听取和收集院内医护人员的意见和建议。这样，专门化的信息工作人员与临床、护理人员随时沟通，才能真实地反映医疗工作发展的趋势，以不断促进临床合理用药、保障患者用药安全为宗旨，实现全程信息化药学服务管理体系的建设。

知识链接

我国第一个静脉用药调配中心（pharmacy intravenous admixture service，PIVAS）在上海市某区中心医院建立。此后，广州、上海及其他省市也相继建立PIVAS。卫生部2002年颁布的《医疗机构药事管理暂行规定》中指出：要根据临床需要逐步建立全静脉营养和肿瘤化疗药物等静脉液体配置中心，实行集中配置和供应。PIVAS除了将护士配液改为药师配液外，最重要的改变在于增加了药师审方的步骤，它使药师从后台走到前台，这一改变，对于我国药师工作领域具有划时代的意义。医院静脉输液配制中心完全改变了传统的用药方式，医生开好处方单后由电脑输入到配制中心，先由药师核对，检查其用药的合理性，然后再严格按照无菌配置技术配置药物，提供给患者正确的药物、正确的浓度、正确的给药持续时间。

第二节　信息化建设对科教管理的支撑

一、科研信息管理

（一）科研信息管理的概念

科研信息管理指的是对学术人才建设、科研成果以及学术交流等内容进行管理的活动。随着医疗卫生事业的发展，医院科研工作管理的数字化程度日趋提高。各医疗单位都在结合自身特点，整合科研工作所需要的各类资源，以信息共享为目标建设科研信息化管理平台。先进的科研管理制度得到信息化管理流程的执行，改变了传统的科研管理方式，为医院的科研管理奠定数字化基础。同时，科研信息化管理也规范了科研管理制度，理顺了管理流程，提高了管理效率。

科研管理信息化是数字化医院建设的一个重要组成部分，包括科研课题、科研成果、学科人才建设、学术造诣等方面。医院科研工作与临床工作同样具有数据庞大、类型繁多、涉及面广等特点。要提高医院科研水平，改进科研管理质量，一方面要发展优势资源，促使医、教、研共同发展；另一方面，在科研管理上要达到信息共享、资源共用，并从科研工作的每个环节进行管理控制，有效杜绝抄袭、伪造等学术造假行为。实现这样的目标，需要一套有效的、系统的科研管理机制，从科研管理的每个模块，深入到各个细节。同时，既要实现数据共享，也要保证数据安全。科研信息化管理平台作为数字化医院科研管理建设不可或缺的重要组成部分，不但改善了科研工作中“有题无人”或“有人无题”的现状，而且为医院数字化建设整体提供了有力的数据支持，搭建起与医疗、绩效、考评等多方位管理层面的高速通道。

在医院科研信息管理活动中，最重要的是做到管理制度化。建立与健全必要的科研管理制度是保证医院科研工作规范化、科学化管理的重要前提。只有通过管理目标、管理程序、管理内容和管理办法的制度化，才能使各项科研工作有条不紊地按章执行。保证总目标的顺利实现，使管理行为产生最大的社会效益和经济效益。

知识链接

医院科研管理目标是有效地利用人、财、物、信息等资源，促进学科和人才队伍建设，促进科研水平、医疗技术和医疗质量的不断提高。过程控制理论是通过各过程、各环节间的接口进行管控，一个环节的输出会直接成为下一个环节的输入，形成自动控制系统链，最终实现自控过程。如果上一个过程或环节的输出和下一个过程或环节的输入在接口处不相容或不协调，就会出现信号传递障碍，也就是我们通常所说的管理上的脱节。将过程控制理论应用于医院的科研管理，将医院科研的结果管理转化为过程管理，通过对关键过程和环节进行管控，最终实现科研管理的自我控制，进而提高基础和临床科研转化能力。

（二）科研信息管理的内容

科研信息管理主要涉及课题申报管理、课题执行情况检查、科研成果管理与学术交流等方面。

1. 课题申报管理　科研信息管理从课题申报管理开始。研究者所报课题事先均需经过充分的情报调研，执行科学信息标准化流程，并由院学术委员会（或邀请同行专家）进行立项论证。信息化平台应该采用线上与线下结合的方式开展立项活动，其中既有线下会议，又有专家书面评议、视频参与的形式。评议的主要内容包括课题的立论依据、学术水平、可行性分析、试验方法、技术路线、人员梯队和实验条件等。对科研合同则要求论证签订合同的目的，各方的权利、义务和承担的责任等。信息化管理，使得课题立项不再受限于空间距离。一个重大的科学项目可以采取视频连线的方式邀请各专业学科的专家组成学术委员会，使得立项过程科学、严谨、专业化，从而进一步完善研究设计，增强申请课题的竞争力和现实性。

2. 课题执行情况检查　信息化系统具备进度提醒功能，还可以加强对课题执行情况的检查督促，不仅是检查科研项目能否按计划完成，更重要的是通过检查，及时从科研项目中发现真正具有国际或国内竞争力的新内容，以便进一步给予技术支持。应建立医院及课题组的二级执行情况定期检查制度，可先布置课题组自查，自查内容包括计划进度、考核指标、完成情况、存在问题及今后打算等。在自查的基础上，由科研院长带领有关人员进行每年不少于2次的现场检查考核。对有明显进展或已取得阶段科研成果者给予科研奖励，并进行重点跟踪扶持，或着手进行科研成果鉴定的准备工作。对部分存在困难的课题，要尽量通过各种途径给予协调解决，促进科研课题沿既定目标按期、保质完成。

3. 科研器械、材料管理　科研成果往往体现为在科学研究中所产生的实验或理论上有创造性，有一定科学水平和实用价值的新技术、新方法、新器材、新药物、新理论、新认识等。

在科研支撑方面，要建立健全科学仪器的专业化管理制度和规定，建立仪器性能指标报备系统，相关技术人员及时检修、保养，并上传工作记录，将责任落实到具体环节上。大型精密仪器的使用，应视情况采取专管共用或专管专用的方式，加强维护保养，保证其最佳运行状态，提高使用效率，并设立相应的技术档案。同时，通过系统测试，定期审核应用人员资质，在每次使用完毕后填写设备状态，以掌握仪器设备的使用情况。

对于实验室的使用应遵循同样原则，确保工作人员工作时要精力集中，技术操作必须按规定方法进行，并做好实验记录。

对于科研药品、试剂等实验用品，在管理上应把常用和专用实验用品分开，逐项贮备，定期核对。对易燃、易爆、剧毒药品试剂，以及放射性物质等危险物品，必须严格按有关规定管理和使用。并制定防水、防火、防盗的安全管理制度和建立卫生值日制度。

4．科研成果管理 医院科研管理的重要任务之一就是设法激励和激发科技人员的科研积极性和创造性，以最大限度地提高科研工作绩效，在医院内形成一个争优创新的良好氛围。因此，要重视科研成果，及时进行成果鉴定，其内容应包括鉴定条件、鉴定程序、鉴定形式，鉴定方式以及科研成果的申报、登记、推广应用等多方面。对科研成果的奖励，应按国家《发明奖励条例》《科研技术进步奖励条例》《自然科研奖励条例》等规定执行。在科研管理制度中，应明文规定对科研工作的先进集体和个人进行表彰和奖励。

5．学术交流 是推动科学发展，造就科学人才的重要条件。为了创造学术氛围，及时掌握国内外学术动态，积极开展新技术、新业务的学习，医院应建立健全学术交流制度，定期开展学术交流。学术交流的形式可多种多样，包括学术讨论会、学术座谈会、学术报告会以及学术性互访、讲学、参观、考察等。有条件的还可开展国际性学术交流，以更好地开阔视野，启发思路，增加新的科学技术知识，促进医学科学的进一步发展。

案例讨论

【案例】某高校附属医院科研管理部门目前的工作模式主要是信息发布、公告张贴、微信群等方式。这些模式存在着传播滞后、工作量大、覆盖面窄以及效率低等问题。医院承担的科研任务、论文数量、科研课题与日俱增，而申报程序又异常烦琐，数据分析统计更加复杂。因此，该医院依托大数据技术建设了智慧化科研管理信息系统。利用医院科研系统流程定义科研项目工作的总体流程，构建了医院科研项目管理、成果管理、经费管理的运转体系，并将系统搭建于医院门户与微信平台相关结合的工具，前端基础数据的录入、展示、查询构建于微信平台，后端的审批管理流程在医院门户中实现。在互联网背景下实现科研管理的随时办公、随时查询、随时审查。快速准确、全面高效地管理科研数据，不仅减轻了科研人员的负担，还为科研决策提供了可靠的量化数据。

【讨论】结合本案例，思考科研管理信息系统如何实现多平台的整合？

二、药物临床试验信息管理

（一）药物临床试验信息管理的概念

药物临床试验管理，是指将临床医学、医学伦理学、流行病学、生物统计学、卫生经济学 、临床药理学、管理学等原理和方法应用于临床研究领域，形成的用于指导和开展临床研究的科学方法和理论。药物的临床试验旨在测试药物对人体健康的价值，确定药物的疗效和安全性。药物临床试验信息管理指的是通过信息化手段在药物临床研究领域进行管理的活动。

药物临床试验领域需要尽可能精确而全面地收集、管理和分析数据。因此，信息化管理技术的支持至关重要。早在20世纪80年代末，国际上便已经开始使用以计算机网络为依托的电子数据捕获（electronic data capture，EDC）的数据采集与管理模式。EDC主要包括：临床试验室数据电子化传输，患者数据直采，患者自助系统信息录入，研究者信息电子源录入，电子化病例报告。EDC系统使得数据录入更加及时、高效，降低错误率，降低在数据收集中所耗费的人力、物力。

（二）药物临床试验信息管理的内容

随着科技的发展，信息化技术对于药物临床试验信息的管理已经不仅限于数据采集方面了，而是贯穿于药物临床试验全程，主要有三部分：项目预审、立项与设计管理，药物临床试验对象管理以及药物临床试验执行管理。它们分别对应临床试验的三个阶段，即准备、开展与结束阶段。

1. 项目预审、立项与设计　首先，信息化系统依托的基本理念为“无纸化办公”，因此，项目流程中的文件、表格均由系统设计生成，避免了基本信息填报错误、不规范等情况。研究者只需要仔细填写好相关信息，试验方案就可以形成一份完备的方案文件。其次，方案的研究背景性资料、实验目的、实验设计、实施方式等内容可以通过信息化填报，完整地呈现出来，并通过文件传递、分享给参与临床试验的单位及相关部门，便于预审、立项等。

2. 药物临床试验对象管理　由于药物临床试验的对象为人，具有较高的技术要求，因此需要进行严格的管理。信息化技术可以帮助管理人员组织并按照科研项目管理的手段和方法覆盖全过程。首先，信息化系统管理可以调配医院资源，明确临床试验机构办公室所履行的日常行政管理和后勤保障的职责，合理配置办公室、档案室、药品储藏室、办公设备与网络资源等。其次，要考核承担临床试验的科室是否具备试验所要求的床位数、病房所拥有的符合标准的设备以及必要的抢救设备等。

3. 药物临床试验执行管理 需要系统管理研究者与受试者双方。对于药物临床试验的研究者，必须系统评估他们的学历与职称，专业背景与研究经历。通过系统信息打卡与日常管理，确保他们熟悉临床试验的技术手段与文献资料，严格规范医学观察与不良事件的监测、处置活动，随时评价、反馈，审核其资质与能力。对于受试者，则应利用信息化平台，定期提醒临床试验研究的内容和流程，预防潜在的风险。通过电子病例进行信息登记，受试者应在规定时间进入规定病房参与试验，并且按要求严格配合研究者按照方案的给药方法使用药物，准确测量，随时报告身体状况。

知识链接

《赫尔辛基宣言》全称《世界医学协会赫尔辛基宣言》，该宣言制定了涉及人体对象医学研究的道德原则，是一份包括以人作为受试对象的生物医学研究的伦理原则和限制条件，也是关于人体试验的第二个国际文件，比《纽伦堡法典》更加全面、具体和完善。

由于药物临床试验事关人体安全，涉及科学技术与社会伦理的关系问题，所以安全性管理是极为重要的。因此，实验方案需要各方人员表示同意并且严格遵循。所有版本的实验方案都会随时保存在信息化系统中，并且及时提交给伦理委员会。而且，系统将严格管控，确保实验严格按照经药品监督管理部门和伦理委员会批准的实验方案执行，任何偏离和修改都将被系统所记录。信息化系统可以保障与伦理委员会的沟通效率，及时向委员会提交修改内容，并且第一时间将伦理委员会的意见传达，以确保后续实验的合理性。

除却上述的实验方案、研究者与受试者信息以及伦理委员会文件，系统所记录的内容还包括实验室记录、实验用药物记录、实验检查报告、数据质疑和更正表、不良事件和报告的记录、实验报告以及其他报告等。

在实验过程中，临床药物实验的信息化管理还会用到中央随机系统（central randomization system，CRS），用以进行随机化分配、受试者管理、药品管理。中央随机系统可以为药物临床试验提供：建立随机编码、建立分组、导入分组/药物随机数字对照表、建立参研临床试验中心列表、建立条件清单、建立符合标准的检查条件、受试者登记、受试者筛选判定、受试者随机化分配、受试者理论访视时间的计算、药品剂量计算和分配、紧急揭盲等功能。

同时，系统除了静态随机算法外，还可以支持拥护自定义随机算法，使得多种随机算法可以并行不悖，确保科学地验证药物的有效性和安全性。

案例讨论

【案例】某院药品临床试验管理规范（good clinical practice，GCP）管理平台从2015年5月开始启用，目前已有200多项临床试验。平台实现了临床试验项目的机构预审、机构立项、伦理审查、合同审查的全过程管理。通过将临床试验机构与专业科室及申办方等有序连接起来，形成资源共享、无纸化管理、网络化服务，建成安全可靠的、以机构为中心的GCP管理平台；与院内医院信息系统（hospital information system，HIS）、实验室（检验科）信息系统（laboratory information system，LIS）对接，实现了数据的互联互通。该平台的应用在提高工作效率的同时也提升了临床试验研究的质量，赢得了临床科室的一致好评。

【讨论】通过该案例，你得到了什么启发？

三、教学信息管理

（一）教学信息管理的概念

医学教育具有悠久的历史，在中世纪神学院的教育体系中便是四大知识门类之一。在西方进入现代化阶段之后，医学成为现代科学的重要组成部分、而医学教育更是成为大学教育的主要科目之一，医师的培养逐渐走向正规化、标准化。2000年前后，世界医学教育联合会制定了一系列“医学教育全球标准”。2008年，教育部、卫生部委托中国高等教育学会医学教育专业委员会研究制定了《本科医学教育标准——临床医学专业（试行）》。医院是主要的医学教育场所之一。在校医学教育与医院教学（包括学士、硕士、博士教育）、毕业后医学教育与医院教学、继续医学教育与医院教学是医院教学的主要内容。

针对不同学习阶段、不同学科门类与科室之间的差别，信息化系统会通过收集信息，根据具体情况生成课程教学目标，分配相关的教学资源与师资力量。医院的系统将根据一系列科学指标选定合适的课程设置，提供给参与教学的教师足够的管理权限，并指派合适的教学任务。教师可以登录系统，上传教学方案，合理安排临床理论课、临床见习、实习等教学任务，并且可以布置相关考核与作业，随时进行线上检验，如进行教学查房、修改学生写作的病历、组织病案讨论、开展考核考试等工作。

（二）临床教学管理信息化

临床教学是医学教育中不可或缺的重要环节，是基础医学教育的延伸，也是理论与实践相结合的关键阶段。但是，在当前高等教育规模不断扩大，医学教育资源相对有限的情况下，医学教育的临床教学面临效率低、质量差，受空间、时间限制较多等问题。通过先进的网络信息技术和管理系统，建立科学的现代化临床教学管理体系，是解决这一问题的良好途径。

信息化的医学教学可以联通各种平台获取资源。可以将网络平台上的各类医学教学资源整合到教学内容中，利用网络技术、多媒体技术，使抽象的概念更加直观、生动地呈现在学生面前，使其便于理解。将以教师、教材、课堂为中心的教学模式转变为以学生、活动、实践为中心的教学新模式。网络课件可以在数字化平台上实现资源共享，使学生随时随地都可以自主学习，并与教师、同学之间进行交流互动。信息化的教学方式，不仅带来了更为直观的交流方式，还解决了学生专业水平参差不齐所带来的教学困难。

新的教学资源共享平台建立于电子病历系统和其他平台广泛融合的基础之上，可为临床教学提供以下服务。首先，在平台中，学生只要通过客户端进行登录，便能够输入一定的关键词对相关病例信息进行检索，从而调取相应的病历信息进行阅读和学习。其次，病历关键信息进行了分类标识，方便提取，可以在数据库中快速查找相关病历，帮助学生快速获取有用信息。最后，平台具有院际共享功能，可打破不同机构间的信息壁垒，使得各医院的病历可以共享，用以进行科学研讨与技术更新。新平台的开发和运转可由专业的医学信息技术单位进行，主要负责各临床教学中心间的信息协调和数据的调度，同时进行共享平台的日常维护工作。平台内的每个用户均可使用平台客户端将自己认为具有教学价值的病例上传至共享平台，从而从根本上转变目前临床教学中病例资源不均衡的现状。

（三）教学质量管理信息化

医院教学的对象较为复杂，包括在校本科生、研究生、毕业后规培生或进修教育学员，他们所需要的教学内容层次不同。因此，信息化系统管理首先要对他们的教育培养方案进行划分，进而组织实施教学活动。其中，临床课程与临床实践课程是最主要的内容。

教学质量的评估需要参考教学目标，实时跟进学习进度，通过学习内容的反馈，对课程计划、实施和教学系统进行科学管理。对此，信息的采集需要尽可能囊括一切指标，如师资规模、水平、结构，教学内容与教学方法，教学手段与教育技术，学习资源与知识拓展，教学效果反馈。

在临床教学的过程中，教学质量欠佳一般是教学规模过大、师资力量投入不足、典型病例收治不足以及患者配合度不高等所致。信息化管理系统介入后，可以较好地掌握这些问题的根源所在，如通过系统合理分配师资与班级，避免教学资源浪费；同时，通过获取经典病例信息，以及权威专家的技术示范，较好地展示诊断、治疗等医疗服务方法，从而避免教学资源不足导致医学教育出现问题的情况。

教学质量的管理不仅仅在于教学技术的信息化，还在于教学信息反馈的信息化。首先，全面而完善的评估制度是保证教学质量的重要环节。一个全面而完善的评估系统应该纳入以下信息：①实践教学计划，考核计划的科学性、可行性和规范性。②师资规模、结构、水平。③实践教学形式与方法。④实践教学保障条件。⑤学员满意问卷。⑥标准考试成绩情况。将以上信息输入到评估系统中后，评估系统将通过大数据计算出评估结果，并列出参考建议。

根据以上指标所得出的评估结果将决定教师的成果审查，并对应相关奖惩措施。系统将依据综合评定决定任课教师资格。这对教师的主动管理也十分重要。一个智能的信息化教学管理系统需要教师主动进行备课记录，并通过查询系统数据库完善课程内容，录制试听课程。同时，学员也可以通过登录系统选择课堂，决定部分选修内容。在综合考察的基础上，系统会自动建立教师教学工作档案，以便更高级别的专家随时查询、指导。完善的信息系统要求每一个理论、实践环节的医务工作者主动整理经验，供教师、学员在课程中学习、检验学习成果。

知识链接

问题式学习（problem-based learning，PBL）是一套设计学习情境的完整方法，最早起源于20世纪50年代的医学教育。以问题为导向的教学方法，是基于现实世界的以学生为中心的教育方式。PBL学习的核心是通过“以学生为中心”的理念去优化传统教育中的被动学习模式，激发出学生的创造力和潜能，让学生从被动学习转变为主动学习。

第三节　信息化建设对行政管理的支撑

一、人力资源信息管理

（一）人力资源信息管理的概念

一般来说，广义上的人力资源（human resource），是指在一定范围内的人群所具备的劳动能力总和，是指能够推动社会进步与经济发展的，具有智力与体力劳动能力的人的总称。这一概念最初于1954年由彼得·德鲁克在《管理实践》一书中提出。随后，这一概念被应用到各个领域当中，与各领域的社会实践相结合，用以研究分配社会体力与智力资源的最佳效率。医疗人员同样是人力资源的一种，医疗技术是一种较为稀缺的社会资源与专业性较强的劳动能力。而且，医院的运转，需要全体成员的分工协作共同实现，因此人力资源的管理决定着医院系统的运作与未来发展。医院的人力资源管理要在医院总体发展战略的指导下，运用现代管理科学，对医院人力资源进行合理配置、充分利用、有效开发。从而使人力资源在数量与质量上都得到充分的开发。人力资源信息管理指的是在医院人力资源的规划、配置以及培养过程中的进行的信息化管理活动。

（二）人力资源信息管理的内容

1. 医院人力资源规划　医院的管理者必须着眼于宏观，瞄准本地区医疗卫生发展目标，通过广泛的数据采集分析医院人力资源所处的社会环境，了解医院内部的人力资源现状，进而制定出适合本医院具体情况的战略规划。

医院规划是一所医院进行人力资源管理的纲领性文件，每一个具体的人力资源管理指令的下达，都必须严格依照医院规划的精神。因此必须在制定医院规划的过程中考虑到一切环节的发展变化，这就需要首先将信息化管理融入其中。也就是说，信息化技术要充分地统合一切管理信息，并给出每一阶段的最佳方案，然后综合而全面地形成总体方案。传统方法通过广泛的调查研究来制定总体方案，需要投入大量的人力、物力，并且要在监督执行层面设立机构，以确保规划的执行。但引入信息化管理系统后，整个过程将变得智能、简易得多。信息化管理系统将自动关联以往的信息库，并吸取网络信息资源中的有价值信息，进行筛选、整合，以全面掌握影响医院人力资源管理的政治、经济、社会、法律等外部宏观环境与行业因素。与此同时，影响医院人力资源管理的诸多信息，如医院经营状况、技术水平、设施设备以及人员状况、组织活动，都将被纳入信息化管理系统的信息收集、分析活动中。一个综合性的智能方案，在大数据信息系统的集成处理下，便自动生成了。

医院人力资源规划制定后，需要贯彻落实，而这一过程往往受到各种不确定因素的干扰。因此，系统要及时采纳医务人员的建议和反馈，并进行评估。由于信息化管理系统为医院的管理实现了精细化，从顶端到末端的信息都将形成良好的循环，各种结果反馈都将帮助系统进行调整、修正，使之更好地实现人力资源管理目标。

2. 医院人力资源配置　医院人力资源包括专业技术人员、管理人员与工勤技能人员。其中，专业技术人员分为医、护、药、技四大类。其中，“医”指的是取得执业医师或执业助理医师资格，经注册在医院执业的各级医师；“护”指的是经执业注册取得护士执业证书，从事护理活动的各级护理人员；“药”指的是取得执业药师资格的药师；“技”指的是包括临床检验、影像、营养等科室在内的卫生专业人员。管理人员可以根据工作种类的不同，分为党群、行政、教学、科研、运营等管理人员。

医院人员配置要在相关标准的规范下，根据各医院具体情况的不同进行具体分析来确定。信息化管理系统可以整合人力资源配置方法，保留其配置方法的科学性，进而用更为精密的计算方式合理地整合人力资源。

知识链接

战略性人力资源管理是根据企业的未来发展规划进行的人力资源管理工作，是从人力资源管理角度对企业发展进行整体综合性分析，最大限度地活用人力资源管理手段，采取培训老员工、招聘新员工等方式提升企业运营效率与营业收入。对于企业而言，战略性人力资源管理要从自身发展特点与所需入手，先对企业当前人力资源情况进行综合分析，优化企业当前的人力资源管理工作，建立符合当前企业发展阶段的人力资源管理模式，使企业能在竞争中取得优势地位。多数情况下，战略性人力资源管理，包含了管理人员的创造力与价值。目前，我国大多数企业的战略性人力资源管理都是从组织绩效角度开展的，认为人力资源管理活动在组织绩效中占据重要地位。

3. 医院人力资源的招聘、培训和绩效管理

（1）招聘：是医院获取人才的重要途径。它可以将合适的人才配置到相应的岗位上。医院本着公平、公正、公开的原则面向社会招聘。信息化系统可以帮助管理人员方便、快捷地在网站以及社交媒体等多平台发布招聘信息，并及时予以更新，确保招聘范围尽可能地覆盖到全平台，避免遗漏合适的人才。随后，信息化系统将自动上线报名、考核系统，以确保落实一个合适的人才选拔机制。待考核结束后，信息化系统还将筛选合适的岗位给予合适的人才，制定培养方案，使得人力资源得到最大的发挥。

（2）培训：医院人员的培养在人力资源管理方面极为重要。有了充足的人力资源后，必须保证每一位员工的能力得到充分的发挥，这样才能使医院拥有长足的发展。但是人的特点、才能都有所不同，而传统培养方案喜欢“一刀切”，以集体为单位进行培养，培养效果不理想。信息化管理的介入则在一定程度上使这一问题得到解决。它将根据受培训人员的对象特征、技术门类、工作阶段、所属区域进行区分，给不同类别的受培训人员指派不同的学习内容。而学习内容被集成到系统当中，不再受地域、时间、发展水平等诸多因素的限制。每一位医务人员登录学习系统，都可以查询到自己的学习内容、学习进度、学习计划等信息。通过科学、系统的学习，医务人员的技术、知识可以得到大幅度的提高。

（3）绩效管理：广义的绩效管理就是管理学上定义的管理。根据管理学的一般原理，管理指进行协调工作的活动，以便能更有效率和更有有效果地同别人一起或者通过别人实现目标的过程。从实践的角度来看，管理的职能包括计划、组织、领导和控制，都是围绕提高员工工作绩效进而改进组织绩效展开的。绩效管理是实现医院发展战略的重要手段，是保障医院规划目标实现的重要工具。

绩效管理内容涵盖绩效规划制定、绩效辅导沟通、绩效考核、绩效结果反馈及应用，以及绩效目标提升等环节。有效的绩效管理可以为人力资源规划、职务晋升、员工岗位变动、培训开发、薪酬分配提供依据。医院构建人力资源与绩效管理系统，需要有信息沟通与传递平台作为信息化支持，保证医院内部职工可以及时掌握医院各个科室制定的战略目标。同时，在信息化的基础上，建设完整的数据库，可以加强对人力资源信息的分析与利用，为人力资源提供科学的决策建议。

绩效一般关联员工的薪酬高低，必须进行充分的数据化建设，确保薪酬分配的科学性、合理性。医院的信息化管理系统建立在充分的数据基础上，可以帮助管理人员实现自动化管理。通过对医院员工绩效考核信息进行全面的自动化管理，信息化管理大大提高了医院事务的办公效率，使医院能够进行科学化、系统化的管理。并且，通过对目标的及时评价与持续反馈、对绩效多业务场景的灵活支持，信息化管理系统有效实现对员工的及时激励与客观评价，驱动员工成长，成就高绩效医院。

知识链接

绩效工资分配的基本原则

1. 按绩效分配的原则 企业绩效高低体现了企业对股东和员工的回报，员工绩效大小体现了个人对企业的贡献，按绩效分配是按劳分配原则的具体体现，绩效工资将以月度绩效目标评估结果为依据进行分配。

2. 组织绩效优先的原则 组织绩效是个人收入的保证，组织绩效高于个人绩效。本方案按公司、部门绩效工资预算和绩效大小确定月绩效工资额，由责任单位根据班组、员工个人绩效自主、公开地进行再分配。

3. 动态分配的原则 即根据公司、企业（部门）、员工月度三级绩效完成情况进行适时、动态分配。

4. 循序渐进的原则 即根据公司绩效管理初步建立，随着绩效管理制度的完善，绩效工资分配的力度将逐步增大。

案例讨论

【案例】某县级医院临床科室34个，临床辅助科室14个，职能科室24个。现有职工930人，其中在编493人，非在编437人。在编人员信息维护在某市事业单位人力资源管理系统（单机版）中，非在编人员的人员信息通过EXCEL进行管理，人力资源管理方式明显落后。主要体现在以下几方面。一是所有人员信息的输入及完善难以统一管理，协同工作困难，工作效率低下。二是医院分管人员的职能科室比较分散。如医务科负责医师和技术人员的信息，经管科给员工计算绩效，财务科涉及员工的薪资发放和人力成本核算等，信息均通过人事科获取，但数据更新不及时、不准确、不共享。三是考勤和绩效统计复杂。医院医护人员需要按期在不同部门轮换，无法按正常规律进行排班，考勤统计工作量大，容易出错。经常造成绩效发放不及时，员工满意度低。

【讨论】你认为如何通过信息化改进以上问题？

二、财务信息管理

（一）财务信息管理的概念

财务信息管理指的是针对医院的财务预算以及医疗活动中的成本与价格核算进行信息化管理的活动。医院作为一个经营与管理的单位，在开展业务工作的过程中，会产生大量的、复杂的资金流动。医院资金的来源是多方面的，既有日常管理成本，又有患者缴纳的费用，还有其他社会资金与项目经费。

（二）财务信息管理的内容

1. 预算管理 预算管理的目标是在医院战略目标的指导下，对医院未来的经营活动和相应的财务结果进行充分、全面的预测和筹划，以便有效地组织和协调经营活动，及时指导经营活动的改善和调整，以帮助管理者更加有效地管理医院和最大限度地实现医院战略目标。信息化介入预算管理过程，可以实现预算管理的全过程、全方位、全员性。

信息化的预算管理需要通过网络形成一个涵盖医院各个层级、各项业务的庞大体系，其产生的信息量也是巨大的。在传统的预算管理中，数目字与表格业务无法直观反映这一庞大体系，而且人力资源没有办法保证管理的科学性。信息化的预算管理可以保证从医院、部门到科室层层落实，充分调用科室、人员信息，并且开展有效的统计、反馈、调增工作。

在预算管理过程中，信息化管理系统首先要对预算进行科学的预测和分析，对历年财务数据进行自动化采集、加工分析，从而全面考虑医院目前和未来的处境对医院发展建设的影响。大数据技术支持下的定量和定性分析，可以科学预测年度收支趋势，奠定预算的可靠基础。其次，信息化管理系统将对预算编制的方法进行综合考量，选择合适的预算编制方法，便于预算流程编制的开展。最后，信息化管理系统执行与控制预算严谨、高效。信息化管理系统将信息来源确定到每一环节、每一个体，并且及时形成制度化、正规化流程，使医院可以随时形成预算执行情况分析机制，如，按月、季、年对预算的执行情况进行分析，对预算执行偏差较大的项目，从政策变化、环境和条件因素、决策评价、责任人履行职责、管理是否到位等多方面进行分析、研究，提出相应的解决方法，纠正预算编制和执行中的偏差，编制预算执行情况及分析报告，定期向管理人员汇报。

知识链接

趋势分析法（trend analysis method）是通过连续若干期相同指标的对比，来揭示医院各期经营成果与财务状况的变化趋势，并以此预测医院未来经营成果与财务状况的方法。一般来说，有横向比较法和纵向比较法。横向比较法是比较会计报表中用金额、百分比的形式，对每个项目的本期或多期的金额与其基期的金额进行比较分析；纵向比较法是将常规的会计报表换算成结构百分比形式的报表，将本期和前一期或前几期的结构百分比报表汇编在一起，逐项比较，查明各特定项目在不同年度所占比重的变化情况。

2. 成本与价格管理 成本与价格的信息化管理在医院提供医疗卫生服务过程中极为重要。医疗成本指的是医院在开展医疗卫生服务过程中所消耗的人力成本、药品成本、材料成本及其他相关费用。要想精确核算医疗成本，需要以科室经营状况和成本消耗情况为基础，以医疗服务行为为准则，核算开展医疗卫生服务所消耗的医疗资源。通过分析医院、科室、项目、病种等收支关系，找出成本变化规律，从而制定相应的管理与控制方法，为医院管理者提供经营管理决策。信息化管理系统将集成医院经营状况、科室经营以及诸多项目信息进行成本分析，帮助医院形成成本分析方案、成本控制方案与成本控制目标等内容。

在信息高度集成的管理方案下，管理者可以根据医疗业务开展情况，整合全院科室的工作流程，合理配置各种资源，从而降低经营成本。科学合理的业务设置与人事管理制度，有助于节约人力成本，提高工作效率。信息化的医疗卫生服务方便了信息采集，简化了医疗流程，因此，自助挂号、缴费、咨询、自助查询也将控制相应的人力、物力成本耗费。此外，在医院经营过程中，流动资产与固定资产的管理信息同样纳入信息化管理。信息化管理系统有助于实现流动资产高效、安全地周转，减少运营成本，也可提高固定资产的使用效率与潜力挖掘，帮助及时维护、保养固定资产，控制成本消耗。相应地，成本在信息化技术支持下得到了有效管理，医院服务的价格也将得到调整。

三、后勤信息管理

（一）后勤信息管理的概念

后勤信息管理指的是，通过信息化的方式对支持医疗活动与日常生活保障的后勤工作进行管理的活动。医院后勤信息化管理与传统后勤管理不同。具体来说，医院后勤信息化管理依托于医院数据信息，根据这些数据对后勤环节进行综合、归纳以及管理。充分利用信息化处理技术及手段，可以推进医院后勤信息化管理的可持续发展，有利于构建更科学、更具体的绩效评价体系，也有利于及时掌握后勤各部门的信息。管理人员可以通过信息化管理数据，督导各岗位执行情况，从而使后勤工作更加规范有序。信息化管理技术的引入不但有效整合了医院管理资源，还实现了远程交换管理资源，从而给医院管理层提供决策依据，提高后勤工作中医院管理决策的信息反馈效率。信息化的后勤管理系统，可以促进医院整体管理水平以及服务质量的提高，实现信息化技术对医院的整体覆盖，完善医院除医疗卫生之外的其他保障功能。

（二）后勤信息管理的内容

当前，医院后勤管理水平较低，管理者在实际工作当中仍依靠传统的单据，缺乏新技术手段，导致工作效率低、经济效益不佳。作为医院管理者，应该采用信息化模式革新后勤工作中的低效现象，依靠信息技术改善后勤工作管理及处理流程。信息化管理的后勤系统必然要求素质较高的技术人才，医院应该积极引进人才或者培养的现有的后勤工作者。先进的后勤信息化管理人员应该拥有较高水平的信息技术能力，同时也广泛涉猎信息学、管理学、人际交往学等。

后勤管理的内容主要涉及对医疗活动的支持，以及对医护人员及患者的日常生活保障两方面。

医院后勤工作是医院各项业务的保障，因此医院后勤管理系统也要对其他管理工作形成有效支持。故医院的后勤管理系统既要保持一定的独立性，又要和其他的医院信息系统进行交互，积极响应医院生活中的各类需求。医院后勤管理系统应具备支持主流数据接口技术协议的数据接口能力，以确保它与不同部门、环节所采用的信息产生有效的信息交换和互动。在具体的系统运行过程中，还应该及时吸取后勤工作者的实践经验，从而为医院后勤管理系统提供可靠的技术解决方案，构建有效的管理信息采集处理流程设计。

当今医疗改革不断深化，医院后勤信息化建设可以立足于成本优势和价值优势为医疗卫生事业提供助力。在信息化管理技术的推动下，医院可以以基础医疗服务为核心，发展医院特色，为患者及医院提供更优质、安全更周到的后勤服务。医院后勤的信息化管理首先要改变旧的模式，在信息技术的指引下，改善管理流程，优化管理队伍，根据工作人员的能力和适应性分配不同的工作。在信息化管理体系建设中，后勤岗位需要突出三维结构特点：服务对象、保障内容、经济特质。

1. 后勤对医疗活动的支持 在后勤管理工作中，尤其要注意服务于患者和医疗活动，如与患者密切相关的治疗性物资保障，如各种药物、消毒器械、实验标本等；与患者非医疗需求相关的被服管理、食宿服务等；与临床支持相关的水电供应、环保卫生、废弃医疗物资回收处理等。后勤部门要利用系统对关键设备和重要岗位情况、设备运行情况、岗位运行现状进行实时监督监控，建立起网络化监控系统。此外，后勤管理部门还要实时监控医院电力系统、水利系统、供暖及制冷系统，以及机房、锅炉房、电梯运行等设施，并建立相关的预警制度，从而全面管理后勤事务。

2. 后勤对医护人员及患者日常生活的保障　医护人员、患者及家属的就餐等生活服务在医院后勤信息化管理中也十分重要。作为社会责任单位，医院需要为医护人员、患者及家属提供更多的便利服务，创造一个便利、和谐的环境，在生活细节上帮助医护人员、患者及家属，助力医疗活动。后勤管理系统还可以完善医院各项规章制度，引导和监督医护人员、患者及家属，通过一系列信息化服务为他们提供便利，例如建立患者一卡通服务，实现从患者订餐、洗护服务管理，到超市售卖、门禁管理等一条龙服务体系，使患者获得更完善的医疗服务体验。

案例讨论

【案例】某三级甲等医院于2019年开始正式使用医疗废物管理信息系统，系统覆盖了医废分类、收集、暂存、转运等过程管理。系统使用前，全年共开展检查、抽查工作121次，处置操作平均正确率为82.4%，其中“有效扎口”指标的正确率最低，为70.2%，“运送数量”指标的正确率最高，为88.6%。系统使用后，全年共开展检查、抽查工作132次，处置操作平均正确率提高至95.8%。其中，“运送数量”“交接登记规范”指标的正确率达到100%。对比发现，该系统可显著提高废物处置的正确性和合规性。

【讨论】哪些医疗废物需要特别处理，它们应该如何进行有效的信息管理？

本章小结

医院管理的信息化是一项综合性、系统性、科学性的工程，它可以使医院的组织流程和业务管理得到最大程度的优化和完善。一个完善的信息管理系统可以覆盖医务部门、行政管理部门、后勤保障部门以及公众等多方面的信息，这些信息可以帮助医院的管理者更好地、全方位地统筹医疗活动的各项内容，有序、高效地保障医院工作的运转。

除了帮助医疗卫生活动更加有效、有序地进行之外，信息系统还将医院管理人员、医疗服务人员以及后勤保障人员组织起来，不但可以对人力资源进行高效管理，发挥医院作为实践与教学场所的二重性，在实践中展开教学工作，还可以形成充分的行政保障系统。

（曹宏伟）

第十章　远程医疗与互联网医疗

学习目标

1. 掌握　远程医疗及互联网医疗的相关技术原理。
2. 熟悉　远程医疗及互联网医疗的实施方法。
3. 了解　学习远程医疗及互联网医疗在医院运营、管理中的典型应用。

第一节　远程医疗

随着居民收入与健康意识水平的不断提升，医院每日接诊量也日益增多，医护人员工作负荷以及医院在就诊效率上的投入也不断增多，但困扰医院“三长一短”的问题却并没有得到明显的改善，大大降低了患者对于就诊的满意度，也造成了一定的医患关系紧张。并且目前国内医生的工作时间长、医院管理效率低的问题也日益突出。在传统就医诊疗模式和技术手段下，很难突破和解决当下面临的问题，这些问题也是制约医院发展而首要被考虑和解决的问题。

充分利用互联网连接的特性，通过远程医疗与互联网医疗平台将患者纳入到医疗信息化的网络中来，为患者提供跨越时间、空间的在线服务，可以真正实现“让百姓少跑腿，让信息多跑路”。同时利用互联网联通的特性开展远程分级医疗协作，实现医疗资源的上下贯通、信息互通共享、业务协同，使基层医院在不需要额外投入的前提下，便捷地得到上级医院的指导与转诊服务，提升了基层医院尤其是偏远地区基层医院的服务能力和效率。

一、远程医疗的概述

1. 定义 远程医疗是一种正在发展中的医疗技术，通过结合电脑、通讯技术、医疗专业技术，让医生可以与患者远距离互动，达到诊疗及护理的目的，多用于克服距离障碍及改善偏远地区的临床诊疗，也可用于提供医生及护理人员教学训练。从广义上讲，远程医疗是指使用远程通信技术、全息影像技术、新电子技术和计算机多媒体技术发挥大型医学中心医疗技术和设备优势，对医疗卫生条件较差的地区及特殊环境提供远距离医学信息和服务，包括远程诊断、远程会诊及护理、远程教育、远程医疗信息服务等所有医学活动。从狭义上讲，它包括远程影像学、远程诊断及会诊、远程护理等医疗活动。

2. 远程医疗的意义 当前最大问题不是医疗资源不足，而是医疗资源配置不均衡，优质医疗资源大多数集中在东部发达地区，中西部地区和农村依然存在医疗资源不足的问题。远程医疗可以克服时间与空间给求医问诊造成的障碍，是调整资源分布失衡的有效方式，可通过加快基层医疗服务体系建设，推进城乡医疗卫生服务均等化。利用远程医疗的方式，偏远地区患者可以在当地卫生院，通过远程医疗的方式享受到专家、转诊医院、三级医疗中心提供的医疗服务。在偏远地区，基层医疗机构的医护人员也可通过实时互动的方式得到大型医学中心专家的专业咨询及建议。

3. 远程医疗的缺点 需要投入一定的成本进行远程医疗系统的建设；且需运营对医护人员进行培训；远程医疗减少了患者与医务人员的实际互动，增加了误诊的风险；在患者资料的储存与使用中，存在数据安全风险；无法立即进行治疗。

二、远程医疗的应用领域

1. 远程会诊 随着人工智能与健康医疗服务深度融合，通过网络技术，数据交换技术，可以将患者的病案资料，包括处方、医嘱、检验/检查报告单、住院病案、出院小结等各种非影像的信息和X线片、CT、MRI、心电图、超声、病理等影像信息进行远距离共享交流，医学中心专家与患者、基层医师通过视频设备进行面对面的会诊，对病情进行分析和讨论，进一步明确诊断，指导确定治疗方案，实现专家资源、技术设备资源和医学科技成果信息资源共享。

2. 远程影像协作 通过远程影像协作中心，共享上级医院的MR、CT、B超等影像归档与通信系统（picture archiving and communication system，PACS）专用资料及电子病例、医嘱等日常医用软件，可将患者基本医疗信息、会诊录像及通过其他方式拍摄的会诊或手术的影音文件在系统里和其他医生共享，并通过音频、视频交流，传授经验及解决疑难问题，帮助医生及时获取全面的医疗信息和诊疗支持。

3. 远程检验　是指依托区域医学建立的区域检验中心。通过完全的信息共享提高了工作人员的工作效率和报告的及时性，更大范围地利用好检验报告，更好地为临床和用户服务。

三、远程医疗的功能

1. 远程会诊

（1）会诊申请：远程会诊系统应支持会诊申请列表显示，根据不同组合条件查询会诊记录、患者信息、病历信息、影像信息、会诊意见。同时支持会诊申请提交和撤回操作，支持会诊申请临时保存和详细查询，支持提供专家库查询，支持展示会诊可出诊信息。

（2）申请审核：远程会诊系统应支持对会诊申请的审核功能，被申请医院应建立起专门的远程会诊审核制度，并按照上述制度根据申请信息、患者信息等资料对于申请给出意见。如不予批准，应给出驳回原因。同时，建议系统提供基于规则和人工智能的自动审核制度。

（3）会诊管理：管理多方协同会诊。会诊方可查看患者基本信息和相关诊疗信息并下载接收附件。通过远程视频接口服务开启视频会诊，实现申请医院与会诊医院的实时交流，通过结构化模板录入会诊结论，并将会诊结论回传至申请医院，通过与音视频集成实现视频会诊功能的开启。

（4）远程医疗会议：为远程会诊服务提供高清的音视频交互功能，支持医学专家与申请医院的医生、患者的远程互动交流、会诊。支持跨专科、跨机构、跨区域的多专家同时对同一基层医院患者进行实时联合会诊。支持平台上各医疗机构间的高清视频会议，满足医疗机构间的学术交流、病例讨论、经验分享等业务需求。

（5）会诊报告：在远程会诊的过程中，系统应提供书写、共享会诊报告的功能。同时系统应支持诊断模板及会诊意见模板功能，以便上级医师给出会诊意见。支持阅片处理，通过浏览器展示医学影像，支持对影像进行常用阅片操作。

（6）会诊评价：会诊完成后，参与会诊的医师可以利用系统给出会诊评价，支持结论的结构化录入模板，达到所见即所得的效果。

（7）信息存储与安全：支持医疗协同关联数据的接收和存储，支持结构化数据存储和非结构化数据存储，支持DICOM协议文件的接收、解析、存储、传输，同时提供用户身份认证、权限管理等措施，保障远程医疗服务的安全性。

2. 远程影像协作

（1）影像信息的查询或获取：可按照姓名、性别、年龄、检查日等指定条件，对影像中心注册患者的影像信息进行查询，获取查询结果列表。

（2）远程委托阅片：包含委托阅片的发起、审核、阅片、报告书写、结果返回、评价、统计功能。根据不同的业务需求，分为以下两种业务模式。

1）委托阅片：是指下级医院将拍摄的影像，通过影像平台客户端向区域阅片中心提交委托阅片申请。影像中心接收到申请后，使用远程影像协作系统调阅此患者的影像及病历资料，进行阅片操作，阅片完毕后提交初步诊断报告，并提交区域阅片中心上级医师审核。审核通过后，由区域阅片中心将报告发送给申请发起方机构，由下级医院参考并对患者提出最终诊断意见。

2）远程审核阅片：是指申请发起方的医院在本院对患者拍片后，完成初诊报告，对于无法做出准确结论的病例，为寻求优质阅片医师支持，通过区域影像平台客户端向中心医院提出远程审核阅片的申请。区域阅片中心收到申请后，使用区域影像阅片系统调阅此患者的影像及病历资料，进行阅片操作，阅片完毕后给出区域阅片中心诊断意见，由区域阅片中心将报告发送给申请发起方机构，由下级医院参考并对患者提出最终诊断意见。

（3）影像平台阅片工具：系统提供对医学影像的阅片浏览器，支持对DICOM影像进行常用阅片操作，如放大、缩小、翻转、旋转、移动、窗宽窗位处理、反转、放大镜、直线标注、箭线标注、矩形标注、圆形标注、文字标注、角度测量、CT值测量、标注显示或隐藏、标注删除、处理条件保存或应用、同一患者历史检查、重置、布局、下一检查、定位线、影像播放等。

（4）编写报告：阅片完成后，根据得到的信息进行报告编写。如果是全委托式阅片，则新建报告，填写检查所见，临床诊断等内容；如果是远程审核式阅片，则对此前的初步诊断报告进行修改或审核操作。报告完成后，提交院内主任级以上医师进行二级审核，审核通过后报告完成，并发送回申请方医院。

3. 远程检验协作

（1）远程检验中心：通过建立安全、高效、可靠的数据中心，集中存储远程检验中心的各种检验以及相关业务数据、各个医疗点的检验质量控制等相关的业务数据，并将相关数据上传到平台。远程检验中心能从网络中获取各个医疗点采集的申请信息和检验信息，对基层医疗机构的检验信息进行诊断，以提高基层医疗机构的诊断能力。远程检验中心能够从网络上及时将检验报告传回到各个医疗点，以满足临床对检验活动的时间要求。各个医疗点检验室产生的检验数据每天工作结束后统一上传到远程检验中心的数据中心进行集中存储，以保证检验数据的完整性、真实性、安全性，提高远程检验中心对各个医疗点检验活动的质量管理活动。各个医疗点能从远程检验中心数据库中获取该患者所有的检验报告，以求达到各个医疗点的检验结果互认和共享。远程检验中心的各种通知能及时从网上下发到各个医疗点的检验室；用户能够通过互联网络查询自己的检验报告单；系统能及时将检验异常结果通过移动网络，采用短信的方式传送到用户手机中；通过自助终端，用户可以在24小时内获取自己的检验报告。

（2）远程检验中心的管理：远程检验中心应基于中心数据统计应用，支持综合管理，用于日常检验业务数据的综合统计管理、业务协同费用核对以及绩效考核管理。通过灵活的个性化设置和完善的数据处理功能，提供丰富的查询统计分析功能，实现质控管理闭环。

4. 远程医学教育　远程医学教育主要依托视频或语音终端，结合典型病例或影像，由会诊医院专家在线对申请医师进行教育活动。远程医学教育功能可以在各医院不同会诊室进行互动研讨，打破传统教学，高效易用。远程医学教育可提供现场直播、课件互动点播、培训教学等多种功能，能够服务于申请医疗机构远程终端，能够为申请医疗机构终端提供在线或离线模式的教学服务。通过远程医学教育，医护人员的技术水平可得到提高。

四、远程医疗的技术需求

实现远程会诊的基础是系统采用统一标准的数据格式，使不同医疗机构设备产生的数据可以通过相同的诊断软件分析、诊断、报告，同时也要考虑到网络连接的问题。利用Internet网络或局域网，建立远程会诊服务，通过即时消息系统整合远程检查流程，并采用数据安全加密传输检查数据。

1. 非功能性需求　是指系统为满足用户业务需求而必须具有的、除功能需求以外的特性。非功能性需求常被轻视甚至被忽视。其实系统的非功能性定义不仅决定系统的质量，而且很大程度上影响系统的功能需求定义。系统的非功能性需求包括系统的性能、可靠性、可维护性、可扩充性、对技术和对业务的适应性等。

2. 功能性需求　主要包括会诊功能系统的需求、用户管理的需求、患者管理的需求、信息管理的需求、信息共享的需求。以上需求的满足需要通过产品的功能设计和实施来完成。

（1）远程会诊的技术支持

1）远程医疗数据平台：系统应建立数据平台，支持医疗协同关联数据的接收、存储和共享，支持结构化数据存储和非结构化数据存储，支持DICOM协议文件的接收、解析、存储、传输；同时系统包含安全保障模块，提供用户身份认证、权限管理等措施，保障远程医疗服务的安全性。

2）数据采集管理：平台提供的数据采集管理功能，支持从申请医院采集病历信息，包括个人信息、主诉、现病史、既往史、家族史、体格检查、诊疗经过、检查报告、检验报告、病理报告；支持非结构化文件的采集，包括PDF、JPG、PPT、WORD、EXCEL等。

（2）远程影像协作的技术支持

1）影像数据采集与存储：建立统一的远程影像协作数据中心，将链接的各医疗机构系统内的影像数据采集至统一的数据中心，使数据互联互通。把分散在各医疗机构内影像系统里的数据，进行采集、交换、归并与共享。

2）医学影像信息共享交换服务：为满足远程影像协作系统部署用于各医疗机构影像数据交换及共享的服务。该服务可与中心端及各医院端PACS进行数据同步、交换及共享任务。服务提供患者身份标识注册功能、影像信息文档生成功能和影像信息文档集的提供或注册功能。

3）影像诊断报告共享索引服务：该服务可为中心端及各医院端影像进行数据同步、交换及共享任务。各医疗机构将远程影像诊断报告统一提交到区域影像中心数据文档库，在需要进行跨医疗机构影像诊断报告调阅时，系统结合患者交叉索引服务，获取该患者在区域内影像科的相应本地ID，然后分别从文档库中提取报告发送至调阅者进行展示。

4）影像综合管理服务：基于远程影像协作系统的综合应用服务，用于日常影像业务数据的综合统计管理、费用核对、运营监控。支持对影像数据统计与评估、影像数据平台安全监控及区域影像业务协同费用核对业务。针对各医疗机构上传的影像数据进行统一分类管理，并对这些数据进行智能分析统计、整理和挖掘，这将有利于问题判断，并为各项管理工作提供真实的数据支持，起到辅助管理决策的目的。根据远程影像协作的运营数据，可以对各医疗机构的影像业务进行综合分析、评估、统计，从而更科学地对医疗机构医疗影像科室、人员、设备、耗材等进行管理和配置。

（3）远程检验协作的技术支持

1）检验数据采集与存储：把区域内分散在各医疗机构检验系统里的数据，通过采集、交换、归并与共享，按需集中到统一的区域检验数据中心。并建立标准字典管理，实现样本相关信息在各医疗机构之间无缝流转。

2）检验数据的交换与共享：系统应提供实验室间的交叉索引服务，即同一个患者在合作实验室可以使用不同的本地ID，但最终通过交叉索引服务可以将这个患者的不同本地ID归并为同一个全局ID。交叉索引的功能为检验报告的跨机构共享提供了必要的基础ID识别服务。这样患者在本区域内各家医院对应的患者索引都是统一的，便于医务人员及患者及时了解历次的检验信息。同时应支持区域检验系统部署用于各医疗机构检验数据交换及共享的服务，该服务可与中心端及各医院端进行检验信息同步、交换及共享任务。

五、远程医疗的政策需求

实施远程医疗还需要政策层面的支持，以及相应的实施单位对政策的理解和执行。

1. 远程会诊管理办法　为了推动远程医疗服务持续健康发展，推进区域医疗资源整合共享，需要国家和相关地区制定符合本地区远程医疗相关的管理制度。制度应包含以下内容：对远程医疗及其适用范围的认定，对开展远程医疗必须的前置条件的要求，对远程医疗的审批制度和流程，远程医疗的开展流程规范，对远程医疗的机构、人员、质量的管理要求，远程医疗的监管办法等。

2. 远程会诊医保支持　远程会诊的建设需要医保的大力支持，需要国家和地方医保局制定符合实际需求的互联网医院的医保支持政策。包含对远程医疗医保支付的公平的政策，对远程医疗费用的医保支付政策的支持。

第二节　互联网医疗

一、互联网医疗的概述

互联网医疗是以互联网为载体、以信息技术为手段（包括移动通讯技术、云计算、物联网、大数据等），与传统医疗健康服务深度融合而形成的一种新型医疗健康服务业态的总称。互联网医疗包含健康教育、医疗服务、电子档案、疾病风险评估、在线诊疗、电子处方、远程康复等多个方面的医疗及相关服务。它代表医疗行业新的发展方向，同时也有利于解决医疗资源不平衡和人们日益增加的健康医疗需求之间的矛盾。

二、互联网医疗的应用领域

1. 预约挂号　通过预约线上、线下门诊，患者可以在平台预约线下门诊号源，也可以预约互联网门诊号源，并支持在线支付互联网门诊的挂号诊疗费。通过分时段预约挂号或检验、检查有效优化医院的就医秩序。

2. 通过线上诊疗　医生通过电脑或手机和患者以多种形式交流进行问诊，同时医生能够为患者开具在线的诊断、处方和医嘱，满足患者居家看病的需求。

3. 患者管理 通过以网络化的患者管理模式替代传统化的患者管理路径，医生可通过互联网医疗平台对患者进行标签分组，按照不同的病种对患者进行管理，并提供多种方式的患者随访管理，方便患者在康复过程中实时与医生咨询与交流。根据患者科室、疾病及不同的康复阶段等，为客户量身定做有针对性的随访问答表单，从而提升随访工作的有效性和随访质量。

4. 线上购药 通过药品的线上服务闭环管理，医生在诊疗过程中开具处方后，经过药师的在线审方，患者可以通过App完成药费支付并选择送药上门服务。药品通过具有药品配送资质的第三方物流会第一时间送到患者手上，让患者足不出户完成整个问诊过程。

5. 智能导诊 医院可以为患者提供个性化就医引导的功能，患者在诊前通过系统录入症状、病史等信息，系统知识库体系逐步引导患者完成相关科室的预约挂号，也可查询科室、医师、出诊信息等。

6. 患者教育 患者及家属通过互联网，查看医学知识、就诊注意事项和宣教内容，包含且不限于文字、图片、视频等，实现在线的患者教育。

7. 查询及推送服务 通过为患者提供各项信息的查询及推送服务，如移动端预约、挂号、缴费等办理是否成功的实时查询服务，手术通知、入院提示、出院提示、取药、报告查看等诊疗活动情况告知服务，候诊、检查、治疗等候状态查询服务，检查注意事项、用药指导等信息推送服务，电子版病历、图像资料等查询服务，方便患者掌握自身的健康状况并据此进行健康管理。

三、互联网医疗的政策需求

互联网医疗需要政府及卫生主管部门制定相关的政策支持。主要包括对互联网医疗及其适用范围的界定，互联网医疗的分级分类及相应的准入标准和流程，对开展互联网医疗的机构的资质要求，互联网医疗过程中的流程规范，互联网医疗中的监管等方面制度的制定与完善以及配套的执行办法。

四、互联网医院

随着“互联网+医疗”技术的飞速发展，如何利用移动互联网、云计算、大数据、物联网等先进技术服务于医疗卫生行业就变成整个行业的热点，实现“互联网+医疗”的应用更广泛。下一阶段，医院信息化建设必将从支撑医院综合管理向提升人性化就诊服务转变，通过整合现有医疗资源，结合线上线下医疗IT新技术，深入改造现有就诊流程，为患者打造人性化就诊流程新模式。

（一）互联网医院的功能

1. 患者服务

（1）预约服务：患者可通过移动端随时线上预约视频问诊、线下号源、医技及专科护理等便民就医服务，缩短看病流程，节约患者时间。

1）在线复诊预约：患者能够通过自主选择、智能导诊或系统推荐进行相关科室的在线复诊预约挂号。同时患者可向暂时无号源的医生申请问诊。支持患者在线完成主诉填写及病历资料上传。支持在线支付挂号费、查看剩余号源等功能。

2）预约挂号：患者能够通过自主选择、智能导诊或系统推荐进行线下科室的预约挂号。系统应支持多种扣费模式，如线下签到扣费或线上预约扣费。支持专病门诊快速预约通道。支持查看医生名片、剩余号源等功能。预约成功后能够以短信及站内信的形式通知患者。

3）医技预约：系统能够获取患者线下或线上医技申请单，在线完成医技系统预约，如影像预约、超声预约、内镜预约、采血预约等。系统可根据实际情况为患者推送注意事项、知情同意书等内容提示。患者提交的预约申请需要通过相关登记科室审核，审核通过后患者接收到短信通知。支持在医院范围附近进行采血签到，提前进入等待队列。

（2）在线诊疗服务：为方便患者多元化的就诊需求，系统提供多种在线诊疗服务，包括图文、视频、电话三种形式的在线咨询服务；针对复诊患者，提供与线下门诊同质的在线复诊服务；针对长期用药、定期检验/检查患者，续方时可使用快速复诊及方便门诊服务；免费为患者开放线上义诊服务。

1）在线咨询：患者可在线申请图文、视频、电话三种形式的在线咨询，可在查看服务对象资料（职称、评分、价格、擅长）后选择单个医生、单个护士或者医生工作组进行咨询。咨询中如未进入诊室系统能够以自动语音电话通知患者，咨询后患者能够为本次服务进行评分。

2）在线复诊：在线复诊功能等同于线下门诊就诊，患者进入网络诊室以视频或图文形式与医生进行沟通，医生在线为其开立诊断、下达医嘱、开立电子住院证等。对于未进入诊室患者，系统应支持自动语音电话通知患者。就诊完成后患者可在消息中查看医嘱详情，与医生进行交互。

3）快速复诊：主要针对长期用药、定期检验/检查患者续方时使用。患者通过申请快速复诊，完成病历资料上传，由医生审核后实现医嘱的快速下达，减少患者在院停留时间。系统应支持通过历史就诊记录快速添加医嘱功能。

4）方便门诊：主要用于申请常规药品及常规检查/检验系统，通过患者自主添加，方便门诊医生审核的方式，生成相应的处方及检查/检验系统申请单。支持通过历史记录再次申请相同内容，审核通过后能够以短信形式通知患者。

（3）支付服务：系统具备灵活的支付方式，能够在线完成各种类型费用的缴纳，并且支持诊间支付功能。

1）在线充值：门诊患者可在线为实体卡或电子就诊卡进行充值，住院患者可在线进行住院预交金充值。系统应支持将门诊就诊卡余额直接转入到患者住院账户中。充值方式不限于支付宝、微信、银行卡等。

2）支付缴费：系统应支持患者通过微信、支付宝、就诊卡余额、医保卡等方式，在线缴纳药品、检查、检验、挂号、咨询及第三方服务费等，支付成功后患者将收到短信通知。

3）诊间支付：系统应支持诊间支付功能，患者可以主动扫描收款码或主动展示付款码的形式在就诊过程中支付相关费用。

（4）医保服务：针对医保就诊患者群体，系统实现与医保系统对接，使医保患者能够利用个人账户余额支付医疗费用。

1）医保信息验证：通过与医保系统对接，支持在App中验证患者相关医保信息。患者上传医保卡，系统应支持卡面信息自动识别，支持通过密码验证患者医保信息，验证成功后可进行医保卡绑定。

2）医保卡关联：支持将患者医保卡与患者个人账户关联，关联后患者可以通过医保个人账户余额进行相关费用支付。

3）医保支付：支持使用医保个人账户余额支付药品、检查、检验等系统。支持在线统筹支付实时结算。

（5）住院服务：通过与业务系统对接，为患者提供完整的住院服务，包括住院预约、住院办理及住院查询服务。

1）住院预约：患者可在线提交住院申请，上传住院凭证（如住院证明、转院证明、诊断证明等），选择入院科室及入院时间，由管理端进行审核。预约成功后生成电子住院证，推送入院准备、注意事项等信息。

2）住院办理：患者凭借电子住院证可在线办理住院，完善个人基本信息，缴纳住院预交金，办理成功后以短信形式通知患者持电子住院证线下办理入院。

3）住院查询：患者可在线查询历史及本次住院记录，支持查询住院费用、预交金明细、电子住院证等。

（6）体检服务：通过与体检系统对接，患者可通过移动端查看体检系统、预约体检、查看体检报告。充分利用互联网的优势开展体检科医生在线咨询服务，为患者推荐体检系统，提供报告解读服务。具体内容如下。

1）体检预约：患者可在线进行体检预约，包括个人体检预约及团体体检预约，确认预约信息后可在线支付体检费用。

2）体检推荐：患者可通过体检系统套餐列表、在线咨询体检医生、在线评估等多种方式选择体检系统，支持套餐及单项详细内容查看。

3）报告解读：体检报告完成后，患者可在线查看体检报告，系统提供异常数据的详细解读，包括名词解释、临床意义、结果解释等。患者也能通过在线咨询功能申请体检医生进一步解读报告。

（7）查询服务：为患者提供统一的查询入口，提供以下查询内容。

1）报告查询：支持查询门诊/住院检查、检验及体检报告，检查系统支持查看关键帧影像图片，着重标注检验系统危急值。

2）订单查询：系统应支持查看药品订单、配送订单、检验订单、商城订单、咨询订单等。

3）就诊记录查询：系统应支持查看申请问诊记录，能够引用相关信息发出新的问诊请求。支持查看线上或线下门诊就诊记录，能够查询订单详情，并支持在详情界面进行预约挂号。

4）候诊队列查询：方便患者查看候诊队列情况，秩序就医。包括采血、检查、取药、线下门诊等候诊队列。

（8）账户服务：患者可通过账户服务完成添加密保手机、绑定手机号、修改密码、绑定微信、注销账号等操作，还可进行如下信息管理。

1）用户注册与实名认证：用户可通过手机、用户名等方式进行注册，完成注册用户需通过实名认证，不限于使用证件（身份证、护照、出生证等）及刷脸方式。

2）电子健康卡（就诊卡）管理：用户可以持电子就诊卡和电子健康卡，在所有使用实体就诊卡的场景同等使用，包括各种服务窗口，各种自助服务机，并提供电子健康卡及医保卡管理功能。如进行电子健康卡的申请、识别、绑定、挂失、密码修改等。

3）家庭就诊人管理：患者可在自己账户下绑定多个家庭成员，为家庭成员创建电子就诊卡或绑定院内就诊卡，完成实名认证。家庭成员能够添加儿童、新生儿等。

4）信息管理：主要是与个人信息相关的内容，如账号设置、个人资料设置、地址管理、个人电子签名、设备管理等。

（9）健康服务：包括三部分内容，分别是与全周期健康记录相关的健康档案，与全程患者管理相关的随访中心，以及与健康患者教育相关的健康圈。通过医生干预与自我管理相结合，增强患者的健康理念，提高患者的生活质量。具体内容如下。

1）健康档案：是记录患者自身所经历的与健康相关的一切行为与事件的档案。主要包括生活习惯、既往史、家族史、现病史、体检结果及治疗过程等。

2）随访中心：患者通过随访中心执行医生分发的随访计划，包括随访问卷、患者教育文章、关心提醒、复诊复查，同时也能够查询就诊过程中所填写的随访问卷。随访计划将按时间自动为患者推送消息，提醒患者完成随访内容。

3）患者教育：为患者提供健康教育的平台，增强患者健康理念。平台提供多种形式的患者教育内容，包括小视频、视频、图文、讲座，患者也可就关心的专题或内容进行关注及收藏。

2. 医生服务

（1）诊疗服务

1）在线复诊：医生可通过视频问诊的方式为患者提供在线复诊服务，医生可查看患者事先填写的主诉和上传的内容，以及患者的就诊记录、随访等资料，医生通过与患者的实时交互，并结合患者的相关医疗数据，在充分了解患者的病情与检查结果后，下达诊断，给出治疗方案。

2）在线咨询：医师可通过在线图文聊天的形式为患者提供咨询服务，患者事先填写主诉与需求，提交咨询申请后系统通过消息、短信提醒医生，医生可查看在线咨询队列信息，可选择接诊或退诊，退诊结果通过消息、短信通知患者，医生接诊后，系统通过语音台提醒患者进行咨询，以免患者错过咨询时间。医生在咨询过程中可随时更改咨询形式，如图文转视频、图文转匿名电话等形式，可在线查看患者的就诊记录及相关医疗数据，也可在线开立诊断、医嘱，发送问卷和患者教育文章。系统应支持医生在开立医嘱时引用组套，包括个人组套、科室组套及全院组套，医生可选择组套内单项、多项应用或整组应用。

3）排班管理：医生可自行管理排班时间，也可授权管理员代为管理。

4）病历编辑、查询：医生可查看、修改住院患者的住院病历，包括病案首页、首次病程、病程记录、出院小结、住院记录、医嘱单、申请单、会诊单、检查检验报告等内容。支持结构化与非结构化的病历内容填写，病历内容与医院信息系统（hospital information system，HIS）保持同步。

系统应可展示当日、当周、历史门诊患者清单，可按照门诊科室进行患者划分，支持按照病房及分组查看住院患者清单。医师可通过条件检索功能查找门诊、住院患者病历，病历可展示患者的基本信息以及相关医疗资料。

（2）在线处方：系统应提供完整的处方管理闭环。

1）线上开方：医生在在线复诊、在线咨询过程中可为患者在线开立处方。医生可查看药品基本信息及库存信息，可查看、引用历史医嘱，支持中医药处方开立，支持在开立处方时引用组套，包括个人组套、科室组套及全院组套，医生可选择组套内单项、多项应用或整组应用，医生在开立处方时可详细填写用药指引。

2）追加医嘱：医生可在完成就诊后对患者未缴费的医嘱通过修改、删除或新增等操作追加医嘱，追加的医嘱包括药品、检查、检验、治疗等。

（3）患者管理：传统诊疗场景中，许多患者经常由同一个医生看诊，医生通过电话及其他方式对患者发布消息极不方便，同时无法进行准确的记录，患者离开医院后，由于诊疗记录连续性不好及查阅不便、医疗信息化闭环不通等诸多问题，医生很难对患者进行有效的长期跟踪管理，因此带来了诸如患者流失、术后及慢性病患者长期医疗效果一般、临床服务转化科研成果难等一系列问题。互联网医疗的患者管理体系，可帮助医生实现专科化的全病程在线跟踪管理，增强患者就诊黏性，提升长期治疗效果，支撑科研工作随访队列研究的要求，从而取得医患共赢的效果。具体包括以下功能。

1）组别管理：可按照疾病种类进行组别管理。

2）患者分组：首次就诊患者默认归入未分组患者列表，医生可按照时间范围检索患者，可查看任一患者的就诊记录及基本资料，可逐个或批量将患者手动纳入分组，也支持根据国际疾病分类（international classification of diseases，ICD）诊断自动将患者入分组，对于已入组的患者可进行移除、迁移至其他分组等操作。

3）随访问卷管理：医生可建立个人的随访问卷，可选择从随访问卷库中添加或拍照新建问卷。医生将问卷拍照上传后，项目管理人员根据上传照片内容建立问卷，无须医生手动录入。

4）随访计划管理：使用随访计划可方便医生对患者进行追踪、查访。医生新建随访计划时，可选择从随访库中添加或自定义，每次新建随访计划需录入计划名称、基准时间、随访科室、随访类型、是否共享、创建医生、创建时间等基本信息，还可添加随访任务，对每次任务可设置执行时间和执行内容，且每次任务可设置多项执行内容，包括随访问卷、复诊复查、患者教育文章、关心提醒等系统。

5）随访计划执行及跟踪：医生可将随访计划、随访问卷、患者教育文章按分组发送，也可根据多种筛选条件快速定位患者，选择单个患者发送。对于已发送的随访系统，医生可跟踪查看执行状态，如待确认、进行中、已完成、已作废、已停止等，还可查看随访计划执行明细，包括随访详情、进行中数量、已完成数量。

6）诊疗记录查询：医生可通过就诊科室、时间范围能查询条件检索患者，系统能够以时间轴的方式展示每个患者的历史诊疗记录及详情，包括门诊和住院记录。门诊诊疗记录，包括主诉、处方、病历、检查、检验等内容；住院诊疗记录，包括长期医嘱、临时医嘱、病历、检查、检验等内容。

7）患者评价：医生可对患者进行标记或评价，患者的评价内容只对所看诊医生可见。

（4）医疗协同：以患者为中心，院内医护人员联合医联体内其他医疗机构医护人员，为患者提供健康管理的全程服务，能够有效缓解医院医疗资源紧缺的压力，有助于提高医疗服务的质量和效率，改善患者的就医体验。具体包括以下内容。

1）医生工作组：以医生工作组为主体为患者开展就诊服务。工作组以主任、专家医生为主导进行创建，创建者可自主添加协作医护人员，包括院内和医联体内其他医疗机构的医护人员，可为组内成员分派不同角色、划分工作内容，如医生助理、医生、领衔医生、护士、随访员等。系统应支持统计功能，可统计和展示工作组工作量等数据。

2）医联体移动会诊：由申请医生填写会诊申请单，系统可自动获取患者相关医疗数据，申请医生也可手动输入、上传资料对患者信息进行补充。申请提交后由后台进行审核，如果患者资料齐全则审核通过，反之则审核不通过，退回医生重新发起远程会诊申请。会诊申请通过后，受邀方选择会诊时间和会诊室，相关信息会通过消息等方式通知相关人员。会诊过程支持视频、语音、文字、图片互动交流。会诊结束后，专家编写会诊报告，会诊双方对会诊效果进行评价。

3）诊间会诊：医生可在普通会诊及急诊会诊过程中发起远程会诊申请，流程和内容与医联体移动会诊相同。

4）协同查房：医生在查房过程中与远端医生进行连线，远端医生不但能够查看患者相关医疗数据，如病情、诊断、长期医嘱、临时医嘱、病程记录、护理记录、检查报告或图像、检验报告等，还可通过视频、语音、文字、图片与医生、护士、患者进行互动交流，以方便掌握患者病情变化，帮助申请医生制定治疗方案和医嘱。

（二）互联网医院的管理与运营

互联网医院的正常运转离不开对互联网医院的管理，为了使主要包括：

1. 服务管理 为管理人员提供可视化的管理界面，与医院业务息息相关，通过规则制定来规范医院业务流程，具体包括以下内容。

（1）方便门诊管理：用于管理维护方便门诊常用药品、检查系统、检验系统目录，系统能够与HIS对接，同步HIS系统药品及检查、检验目录。同时为方便门诊医生提供审核界面，审核或驳回患者申请，支持查看患者病历及修改患者申请。

（2）检查预约管理：用于配置检查预约、检查知悉及注意事项，同时为检查登记人员提供审核界面，通过或拒绝患者检查预约申请。支持登记人员在审核过程为患者预约检查时间，修改申请单信息。

（3）检验预约管理：通过相关内容配置，实现检验系统线上预约。包括检验系统、系统执行科室、上门采样系统、注意事项、采集时间、报告预出时间、检验预约排班、可约人数、叫号配置等设置。

（4）咨询管理：用于配置单个医生或医生工作组视频、图文、电话咨询默认价格，审核医生自主定价所提交的价格申请。还能够对患者的咨询评价进行管理，如匹配星级、批量审核等。

（5）在线复诊排班管理：该模块主要为在线复诊进行统一排班，包括视频问诊和快速复诊两种类型。支持通过复制功能实现排班信息的快速生成，同时能够进行停诊或取消操作。

（6）随访管理：为全院随访计划提供统一的管理平台，随访计划从基准时间开始包含多次任务，任务内容包含随访问卷、复诊复查、患者教育文章、关心提醒，系统将以自动推送的形式在相关任务执行节点为患者推送任务内容。具体功能包括随访问卷配置、随访选项配置、审核医生提交的随访计划、关联图片形式的问卷等。

（7）医生教育、患者教育内容管理：用于维护医生教育、患者教育内容，包括文章管理、视频管理、轮播设置、首页配置、精选推荐、评论管理等。可查询医生提交的拍摄申请，由专业视频制作团队线下为医生录制拍摄内容。

（8）支付对账管理：统一支付对账平台对多渠道、多商户的支付模式进行整合，通过一个商户配置多个渠道的方式，对外输出统一接口，方便HIS系统对接。实现窗口、诊间、自助机的移动支付，以及财务管理上的自动对账和外联接口的统一监管及管理。

（9）账号管理：用于管理医生和患者的账号信息，通过账号管理可实现患者账号特殊渠道认证人工审核，修改患者手机号码，实现医生账号权限、角色分配，关联认证科室，同时支持基本信息修改及账号启用或禁用功能。

（10）消息管理：对消息进行分类管理，包括订阅消息、问诊通知、验证码类短信、咨询消息、系统推送等。提供消息模板维护，能够以短信、语音、App推送的方式发送消息。对于App推送消息可设置弹框或小红点提示，能够查看消息状态信息。

（11）业务统计：系统提供各种统计报表，包括挂号统计、住院统计、咨询统计、门诊预交金日报表统计、医保收入统计、就诊卡收入统计、门诊挂号费用统计、审核工作量统计等，同时所有统计报表都能够以DOCX、EXCEL、PDF等格式导出。

2. 运营管理 包括机构基本信息管理、订单管理、导诊管理、项目管理等功能，并为运维人员提供可视化的监控中心，实现对平台软硬件性能情况的集中监控。同时为线上客服人员提供WEB端的基本聊天窗口，解决用户疑问。

（1）机构基本信息管理：用于维护医疗机构基本信息，包括医院信息、科室信息及医生信息。科室及医生信息维护能够按照规定模板进行批量导入。能够为医生生成个人二维码，用于个人品牌推广，同时支持医生扩展信息维护将相关业务置顶显示。

（2）导诊管理：该模块为智能导诊功能提供强有力的医学知识库支撑，支持医院自定义标准化的病程描述，将身体部位、症状、疑似疾病、推荐科室之间建立联系，便于满足当地患者智能导诊需求。

（3）客服中心管理：客服中心以WEB形式为用户提供在线互动服务，包括基本的聊天界面、客服人员配置、坐班时间配置、常用回答配置等功能。

（4）项目管理：对系统的安全和扩展负责，提供可视化的模块、菜单和部门、人员、角色管理、权限管理等功能。提供系统字典表的维护与映射（医院字典、平台字典），系统参数的配置与调整，报表管理与分配。

（三）互联网医院的技术指标

互联网医院的设计应根据实际应用场景、业务量等设定合理的技术要求，关注用户并发量、数据吞吐量、业务处理能力等核心指标。以一个典型的三级甲等医院业务为例，互联网医院应满足以下指标。

1. 系统服务能够满足全年门诊1000万人、住院100万人次服务指标。
2. 系统服务并发率能够满足每分钟1000人次的并发服务的设计。
3. 业务并发支持峰值800笔每分钟批量数据交换，峰值300笔每秒的实时查询或处理业务。
4. 批量数据交换支持单记录交换/入库的平均响应时间≤20毫秒。
5. 非并发大批量数据交换≤2000秒/百万条。
6. 千万级数据量下单记录查询的响应时间≤2秒。
7. 简单统计报表查询的响应时间≤10秒。
8. 千万级数据量下单项统计的响应时间≤20秒。
9. 复合汇总统计响应时间≤120秒。
10. 生成复杂统计报表的响应时间≤180秒。
11. 支持3年内年数据访问量增长30%的处理能力要求。
12. 应用系统并发数设计支持30%的冗余，以保证系统在业务高峰期间仍然能够稳定可靠运行。
13. 系统具备完备的信息安全保障机制，能够对登录用户的身份进行认证，跟踪、记录用户的操作，并能够进行安全审计。

第三节　远程医疗及互联网医疗的应用与管理

一、远程医疗及互联网医疗系统的架构

1. 网络架构　远程与互联网医疗系统整体，可以采用混合云模式提供服务，云

端部署平台管理应用，采用内外网隔离的形式将业务应用服务器部署于医院的外网区（即次级安全区），将数据库服务器部署于医院的内网区（即核心安全区）。

患者服务和医生服务的移动端应用通过WiFi或者3G/4G/5G网络接入互联网访问，为了尽可能减少对院内系统的影响，系统只通过部署在医院非核心安全区的前置接口引擎统一收集医院内部核心业务系统的数据，包括医院信息系统（hospital information system，HIS）、电子病历系统（electronic medical record，EMR）等。收集上来的数据通过集成平台进行中转路由，最后传输到移动端的App应用上。为满足医生的操作习惯，平台还应提供WEB版程序，通过直接访问业务服务器实现。

互联网环境下，互联网医疗平台的所有数据的传输、交互过程均采用基于SSL的数据加密技术，移动终端和用户验证采用非对称加密签名技术，所有患者敏感数据均应采用加密算法进行存储，从而有效地保证数据的安全可靠。

所有的诊疗数据应存储于医院内网区域，所有互联网服务通过请求方式获取结果数据集进行展示，接入的互联网服务通过第三方安全测评，医院内外网之间通过IP绑定、端口映射、VPN链路等手段实现访问安全控制。在医院内网环境中将院内的互联网医疗平台服务与院内生产系统分区部署，减少院内系统的安全隐患。公有云服务商应选用可靠的国内云运营商，尽可能降低云环境本身带来的安全隐患。远程医疗网络结构如图10-1所示。

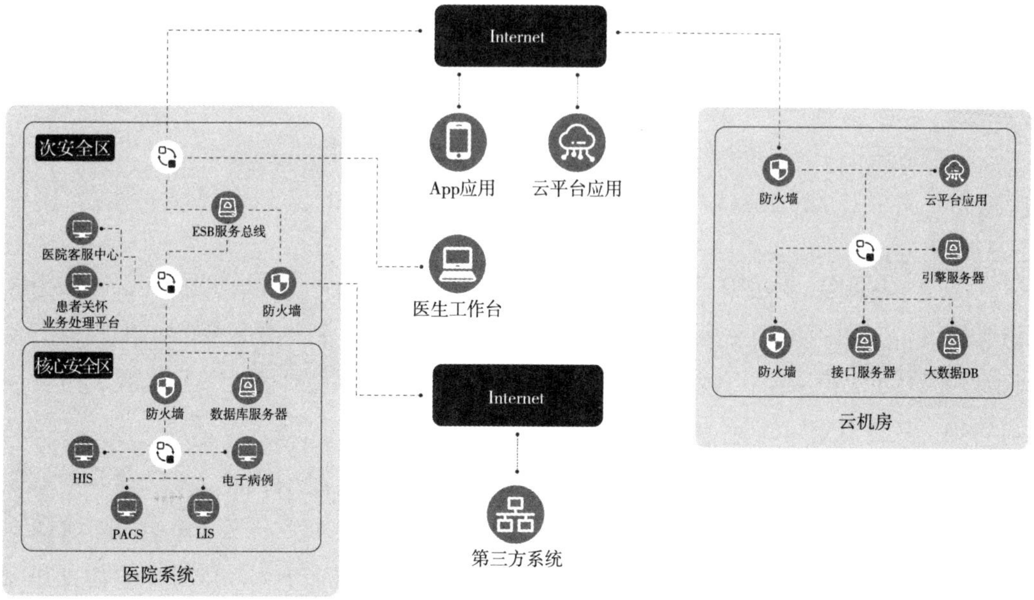

图10-1 远程医疗网络拓扑图

2. 技术架构 远程与互联网医疗系统处理能力应是可弹性伸缩的，并可通过服务群组，对互联网医疗平台个性化需求给予支持，同时提供API开发性接口实现快速集成。

建议系统采取微服务的结构和敏捷开发的管理流程，每个微服务组件都是可以部署的独立个体，硬件资源的需求，可以随着需求的增长线性扩张，避免了传统的HIT产品需要一个庞大应用服务器，以及随着业务的增长硬件资源需求指数级增长的缺点。每个功能都是一个独立的服务，不依赖功能的完备，使得功能可以快速地部署、上线，极大地缩短了开发、上线周期和对医院已有系统的依赖。同时每个服务都由一个专业团队专职维护，功能开发、完善的周期大大缩短，可靠性大大提高。系统对外提供标准化的服务接口，适用各种应用场景，无论是与现有HIT系统的对接还是后续功能的扩展，都可以便捷高效地完成。远程医疗技术架构如图10-2所示。

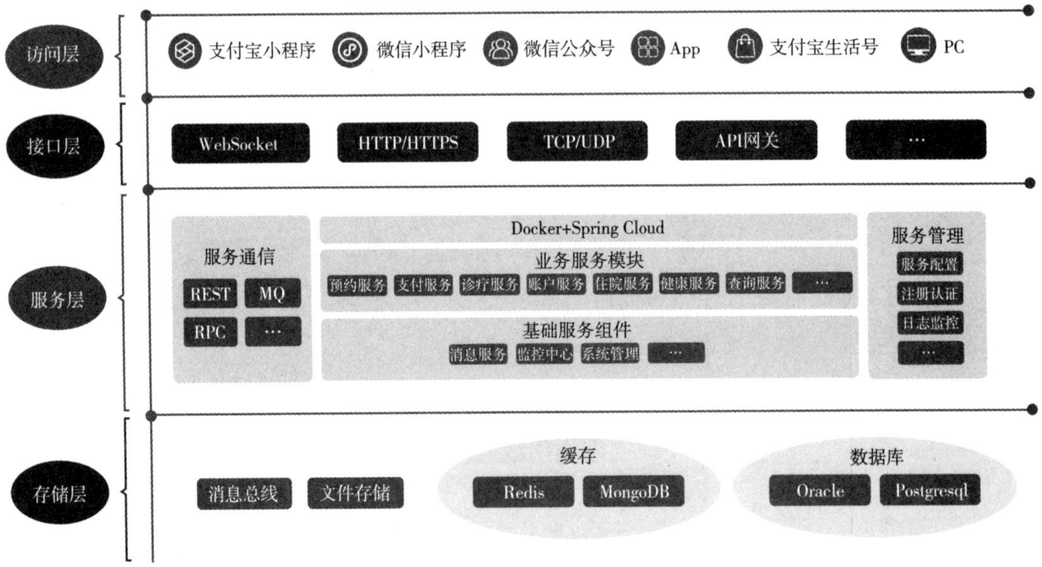

图10-2　远程医疗技术架构图

3. 功能架构　远程医疗与互联网医疗系统整体功能应支撑管理服务、医生服务及患者服务。支撑管理服务为整体平台运转提供数据支撑，通过系统配置可实现业务流程管理及优化，还提供可视化的监控中心，实现对平台软硬件性能集中监控，方便项目管理员及时发现问题。

医生服务包括在线诊疗服务、患者管理、在线处方、医疗协同、业务管理及医生交流模块，为医生提供移动端及WEB端应用，充分利用互联网优势，在线完成常见病及复诊患者看诊，通过灵活的排班方式创造增量服务，树立个人品牌形象并增加患者黏性及依从性。

患者服务包括预约服务、在线诊疗服务、住院服务、体检服务、医保服务、支付服务、便捷服务、查询服务、健康服务、账户服务及消息管理模块。为患者提供覆盖院前、院中、院后的全程诊疗服务，通过线下业务网络化，有效节省患者就医等待时间，降低患者综合就医成本。

二、远程医疗及互联网医疗系统建设的标准

远程医疗与互联网医疗系统建设应考虑医院现状与未来发展需求，尽可能遵循国际或业界标准，包括国家政策标准、地方政策标准、国家卫生行业标准、国际标准和国外标准、安全标准。依据标准化和模块化的设计思想，建立可扩展性的应用支撑平台，满足已建或者未来将建的系统与互联网平台的对接需求，实现资源共享，提高远程医疗互联网医疗系统的综合性能。因此在系统的建设中，系统的标准化和规范化考虑应该贯穿于系统的整个规划、设计全过程，准规范体系框架（图10-3）主要由以下几部分组成。

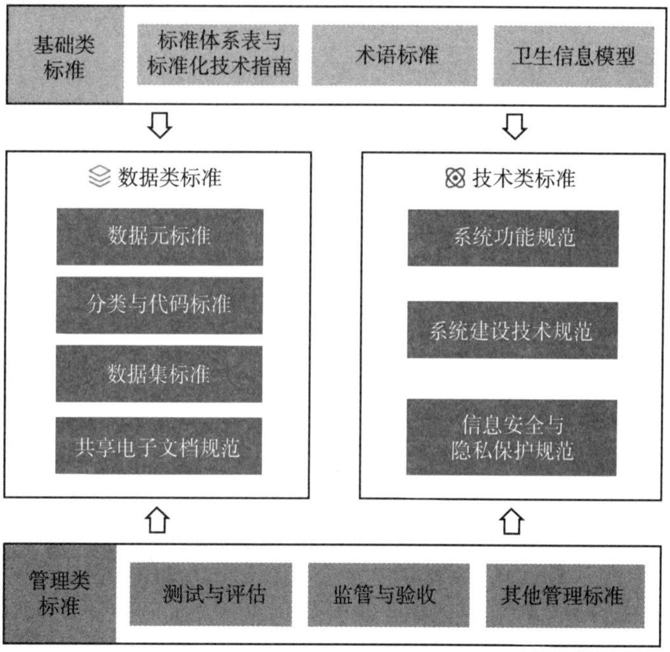

图10-3　标准规范架构图

1. **基础类标准**　一般是一组由国际、国家或行业颁布的标准。这些标准在医疗卫生信息系统中引用，从而保证数据在表达上的一致性。基础类标准是一组指导医疗卫生信息标准的指南和规范，是指导编制其他标准的标准。

2. **数据类标准**　是在充分的业务分析、业务与应用需求分析的基础上，运用信息分类方法、信息建模方法、信息编码方法以及数据标准化方法进行制定的，用于保障

数据一致性、数据共享性和可交换性的一组数据集。同时还包括用于指导区域医疗卫生信息资源规划和数据设计的规范。

在系统建设中，最关键的环节是健康档案基本框架和数据集标准、电子病历基本框架和数据集标准、卫生字典以及用于区域内医学文件共享资源目录体系。数据类标准主要基于国家卫生健康委员会的三大基础标准（健康档案、电子病历和数据字典），并结合本区域全民健康信息系统建设实际进行本地化实施（增加或裁减）。

3. 技术类标准 是一组指导医疗卫生信息系统开发的规范标准。技术标准规范包括：数据交换技术标准与接口规范、业务系统功能规范、软件开发与编码规范、平台网络接入规范、网络管理规范等。

4. 管理类规范 主要是用于本区域全民健康信息系统的系统实施和维护的一组规范。它包括验收规范、文档编制规范、安全管理规范、运行维护规范等。

三、远程医疗及互联网医疗系统的信息安全管理

根据国家相关要求，远程医疗与互联网医疗系统产品必须通过三级等保测评。需要从整体安全建设、数据、应用等方面提出全面的网络信息安全解决方案，需要在大规模请求的冲击下，提供限流、熔断来保证后端服务的可用性，并提供调用追踪链进行业务追踪。需从以下几个方面保证安全性。

1. 安全管理策略 安全管理的总体策略是制定数据汇聚融通的安全规范，明确应用使用数据的范围和方式。互联网区域接入应用必须经过安全加固和测评，消息自主管理，分发渠道盗版监测。安全管理策略分注册、认证、授权、共享四个方面，数据应用、产品应用都适用于这四个方面的安全策略。

2. 网络加密技术 网络信息加密的目的是保护网内的数据、文件、口令和控制信息，保护网上传输的数据。网络加密方法有链路加密、端点加密和节点加密三种。

（1）链路加密：是保护网路节点之间的链路信息安全，侧重于在通信链路上而不考虑信源和信宿，是对保密信息通过各链路采用不同的加密密钥提供安全保护。链路加密是面向节点的，对于网络高层主体是透明的，它对高层的协议信息（地址、检错、帧头、帧尾）都加密，因此数据在传输中是密文，但在中央节点必须解密得到路由信息。

（2）端点加密：是对源端用户到目的端用户的数据提供加密保护，信息由发送端自动加密，形成TCP或IP数据包，然后作为不可阅读和不可识别的数据穿过网络，当这些信息一旦到达目的地，将自动解密、重组，成为可读数据。端点加密是面向网络高层主体的，它不对下层协议进行信息加密，协议信息以明文的形式传输，用户数据在中央节点不需解密。

（3）节点加密：目的是对源节点到目的节点之间的传输链路提供加密保护，是指在节点处采用一个与节点机相连的加密/解密装置，密文在该装置中被解密并重新加密的数据加密手段。节点加密需要对数据进行加密和解密，每两个节点用同一个密钥加密数据。在节点加密中，除了发送节点和接收节点以明文的形式出现，在中间节点则是进行密钥的转换，即在节点处采用一个与节点机相连的密码装置，密文在该装置中被解密并被重新加密，明文不通过节点机，避免了链路加密节点处易受攻击的缺点。

3. 网络安全域的隔离 网络安全域的实现可以通过在内外部网络之间，设置防火墙（包括分组过滤和应用代理）的方式实现。内外网的隔离与访问控制是保护内部网络安全的主要措施之一。防火墙等价于：过滤器＋安全策略＋网关。防火墙可以监控进出网络的数据信息，从而完成仅让安全、核准的数据信息进入，同时又阻止对内部网络构成威胁的数据进入任务。通常，防火墙服务限制他人进入内部网络、过滤掉不安全服务和非法用户、限定访问的特殊站点等。

防火墙的主要技术类型包括网络级数据包过滤器和应用级代理服务器。由于两种类型的防火墙系统各有优缺点，因此在实际中，应将二者结合起来使用。分组过滤器作用在网络层和传输层，只有满足过滤逻辑的数据包才被转发到相应的目的地出口端，其余数据包则被从数据流中丢弃。应用代理，俗称“网关”，作用在应用层，特点是完全隔绝了网络通信流，通过对各种应用服务编制专门的代理程序，实现监视和控制应用层通信流的作用。实际中的应用网关通常由专用工作站实现。

对于内部网络不同网络安全域的隔离及访问控制，防火墙被用来隔离内部网络的一个网段与另外一个网段。这样就能防止影响一个网段的问题穿过整个网络传播。针对某些网络，在某些情况下，它的一些局域网的某个网段比另一个网段更受信任，或者某个网段比另一个更敏感，这样，在它们之间设置防火墙就可以限制局部网络安全问题对全局网络造成的影响。

4. 网络地址转换技术 又称地址共享器或地址映射器，设计的初衷是为了解决网络IP地址不足的问题，现在多用于网络安全。内部主机向外部主机连接时，使用同一个IP地址，相反，外部主机要向内部主机连接时，必须通过网关映射到内部主机上。它使外部网络看不到内部网络，从而隐藏内部网络，达到保密的目的，使系统的安全性提高，并且节约从ISP处得到的外部IP地址。

5. 操作系统安全内核技术 除了传统的网络安全技术以外，在操作系统层次上也应该考虑相关的网络安全问题。操作系统平台的安全措施包括：采用安全性较高的操作系统、对操作系统进行安全配置、利用安全扫描系统检查操作系统的漏洞等。

6. 身份验证技术 身份验证是用户向系统出示自己身份证明的过程，身份识别是系统查核用户身份证明的过程。这两个过程是判明和确认通信双方真实身份的两个重要环节。在网络连接、主机登录、远程访问等都涉及身份验证技术的应用。口令认证、数字证书认证是比较常用的身份验证方式。口令认证是指基于口令的身份认证，分为静态口令和动态口令，静态口令有简单和低成本的优点，但这种方式存在严重的安全问题，安全性仅依赖于口令，口令一旦泄露，用户就可能被假冒；动态口令是指用户每次登录系统的口令都不一样，每个口令只使用一次，因而也叫一次性口令，每次登录使用不同口令，有效保证了用户身份的安全性。数字证书认证基于数字签名技术，即利用一对密钥实施加密和解密。其中密钥包括私钥和公钥，私钥主要用于签名和解密，由用户自定义，只有用户自己知道；公钥用于签名验证和加密，可被多个用户共享。

7. 网络防病毒技术 在网络环境下，计算机病毒具有不可估量的威胁性和破坏力。如果不重视计算机网络防病毒，那可能给社会造成灾难性的后果，因此计算机病毒的防范也是网络安全技术中重要的一环。网络防病毒技术包括预防病毒技术、检测病毒技术和消除病毒技术三种技术。

（1）预防病毒技术：通过自身常驻系统内存，优先获得系统的控制权，监视和判断系统中是否有病毒存在，进而阻止计算机病毒进入计算机系统和对系统进行破坏。技术手段包括：加密可执行程序、引导保护、系统监控与读写控制（如防病毒卡）等。

（2）检测病毒技术：通过对计算机病毒的特征来进行判断的侦测技术，如自身检验、关键字、文件长度变化等。病毒检测一直是病毒防护的支柱，然而，随着病毒数目和可能切入点的大量增加，识别古怪代码串的进程变得越来越复杂，而且容易产生错误和疏忽。因此最新的防病毒技术应将病毒检测、多层数据保护和集中式管理等多种功能集成起来，形成多层次防御体系，既有稳健的病毒检测功能，又有客户机/服务器数据保护能力，也就是覆盖全网的多层次方法。

（3）消除病毒技术：通过对计算机病毒的分析，开发出具有消除病毒程序并恢复原文件的软件。大量的病毒针对网上资源和应用程序进行攻击，这样的病毒存在于信息共享的网络中，因而要在网关上设防，在病毒从客户机向服务器转移的过程中消除病毒，把病毒感染的区域限制在最小范围内。

需要注意的是，网络防病毒技术是相对的，并不能封杀所有的病毒，对于新类型的病毒，网络防病毒技术有可能出现滞后的现象，因此应及时更新病毒库。

8. 网络安全检测技术 网络安全取决于网络系统中最薄弱的环节，所以应定期对网络系统进行安全性分析，及时发现并修正存在的漏洞和弱点。

网络安全检测工具通常是一个网络安全性评估分析软件，其功能是用实践性的方法扫描分析网络系统，检查、报告系统中存在的弱点和漏洞，建议补救措施和安全策略，达到增强网络安全性的目的。

9. 安全监控技术　审计是记录用户使用计算机网络系统进行所有活动的过程，是提高网络安全性的重要工具，对于确定问题和攻击源很重要，不仅能够识别访问系统的用户，而且能指出系统正被如何使用，确定是否有网络攻击的情况。同时，系统事件的记录能够更迅速和系统地识别问题，也是后面阶段事故处理的重要依据，为网络犯罪行为及泄密行为提供取证基础。另外，通过对安全事件的不断收集与积累、分析，有选择性地对其中的某些站点或用户进行审计跟踪，可以为发现或可能产生的破坏性行为提供有力的证据。

10. 网络备份技术　备份技术为一个目的而存在：尽可能的全盘恢复运行计算机系统所需的数据和系统信息。根据系统安全需求可选择的备份机制有场地内高速度、大容量自动的数据存储、备份与恢复；场地外的数据存储、备份与恢复；对系统设备的备份。备份不仅在网络系统硬件故障或人为失误时起到保护作用，也在入侵者非授权访问或对网络攻击及破坏数据完整性时起到保护作用，同时也是系统灾难恢复的前提之一。

11. 信息安全技术　主要涉及信息传输的安全、信息存储的安全以及对网络传输信息内容的审计三方面，可采用以下技术保证信息安全。

（1）数据信息加密技术：目的是对传输中的数据流信息加密，防止通信线路上的窃听、泄露、篡改和破坏。信息加密过程是由加密算法来实现的，以很小的代价提供很牢靠的安全保护。在多数情况下，信息加密是保证信息保密性的唯一方法。

（2）数据完整性鉴别技术：对于动态传输的数据信息，许多协议确保信息完整性的方法是收错重传、丢弃后续包，但黑客的攻击可以改变信息的内容，所以应采取有效的措施来保证信息的完整性。

（3）防抵赖技术：包括对源和目的地双方的证明，常用的方法是数字签名。数字签名采用一定的数据交换协议，使得通信双方能够满足两个条件：接受方能够鉴别发送方所宣称的身份，发送方不能否认它发送过数据这一事实。实现防抵赖技术的途径主要有采用可信的第三方数字证书、使用时间戳、采用一个在线的第三方、数字签名与时间戳相结合等方法。

为保障数据传输的安全，需采用数据加密技术、数据完整性鉴别技术与防抵赖技术，因此为节省投资、简化系统配置、便于管理、使用方便，有必要选取集成的安全保密技术措施及设备。

12. 数据存储安全技术　在信息系统中，存储的信息主要包括纯粹的数据信息和各种功能性文件信息两大类。对于纯粹的数据信息的保护，以数据库信息的保护最为典型，而对各种功能文件的保护，终端安全很重要。

13. 数据库安全技术 对数据库系统所管理的数据和资源提供安全保护，一般包括以下几点。

（1）物理完整性：即数据能够免于物理方面的破坏，如停电、火灾等。

（2）逻辑完整性，能够保持数据库的结构，如对一个字段的修改不至于影响其他字段。

（3）元素完整性：包括在每个元素中的数据是准确的数据的完整校验。

（4）用户鉴别：确保每个用户被正确识别，避免非法用户的入侵。

（5）可获得性：指用户一般可访问数据库和所有授权访问的数据。

（6）可审计性：能够追踪到谁访问过数据库。

要实现对数据库的安全保护，一种选择是安全数据库系统，即从系统的设计、实现、使用和管理等各个阶段都要遵循一定的系统安全策略。二是以现有的数据库系统所提供的功能为基础构建安全模块，旨在加强现有数据库系统的安全性。

14. 互联网医疗业务容错解决方案 互联网医疗平台采用可靠的消息传递技术，可以有效防止互联网医疗业务的容错（消息丢失、未触发等），可采取以下措施。

（1）进一步的松耦合：一般来说，在SOAP层采用可靠的消息传递技术可以减少系统间的耦合度。如果没有可靠的消息传递，请求方的应用与提供方的应用就必须知道彼此的实现细节，如它们是如何处理消息确认的，并在应用层实现可靠的消息传递。如果请求方的应用与提供方的应用不必知道对方的实现细节，那么它们各自的实现就可以自由地更新，而不会影响对方。

（2）问题分离、简化代码：可靠的消息传递使得应用代码中的业务逻辑更易于与底层的服务质量相分离。如果没有可靠的消息传递，应用代码中必须包含专门的非业务逻辑来代替可靠的消息传递层。把这一层放到基础设施中，使得应用的开发与维护更加容易。

（3）异步通信：如果接收端与发送端之间不存在同步链路，或者由于其他原因同步链路存在中断风险。则需要使用可靠的、高度自治的异步通信保证消息的最终传递，作为备用通信机制。

（4）独立于传输协议：在SOAP层定义了可靠的消息传递，便可用一种与传输协议无关的方式来定义可靠的服务质量。这样，即使底层传输协议改变了，服务质量依然不变，应用代码也不受影响。

（5）补偿不可靠的网络：许多应用是运行在不可靠的网络之上的，而可靠的消息传递能够减少在构建这些应用时所面临的复杂性。

四、远程医疗及互联网医疗系统建设的管理

为保证远程医疗与互联网医疗系统实施工作的质量和效率，应建立一整套系统实施管理的流程和方法。配合项目管理方法，设立相应的组织机构进行系统实施的执行和管理监控。

1. 系统计划与控制　在系统实施方法方面，将系统实施过程划分为4个阶段，为每个阶段都规定需要完成的任务和具体的方法以及具体的入口和出口条件，以保证各阶段实施工作的质量。在组织方面，由工程部负责系统实施的具体工作，由项目管理部和质量部对系统的实施管理工作和实施质量进行监控，从而保证互联网医疗平台快速高质量实施。

（1）启动阶段：确定进行系统实施的目标、责任主体和项目管理的整体方法。具体任务：建立双方系统实施机构；确定各岗位职责；确立系统实施的总目标和基本步骤；编制系统实施管理计划，该计划包括系统范围管理、进度管理、沟通管理、变更管理、质量管理和风险管理等系统实施各方面工作的管理流程和方法，以使双方在工作方法方面达成共识，为后续工作的高效开展打下良好基础。

（2）计划阶段：确定系统实施的各项具体工作并排定进度计划。具体任务：进行基本应用流程介绍与沟通；进行业务模式和业务流程再造；根据确定的新流程进行差异和需求分析；编制验收测试计划和测试用例；将实施相关的各项工作任务进行分解，形成详细的工作分解结构表（work breakdown structure，WBS），分析确定WBS中各项活动之间的依赖关系以及所需的时间和人力资源，从而确定系统实施进度，确定系统实施的基准计划。

（3）实施阶段：执行系统计划阶段所确定的各项工作任务。具体任务：进行数据准备；进行系统初始化配置；进行客户化和功能扩充开发；在正式环境进行系统的安装部署；制定新工作规程；制定系统切换预案；制定应急预案；进行最终用户培训；进行系统测试和预验收；进行正式上线审批。

（4）上线阶段：保证新系统上线的平稳安全。具体任务：上线切换、上线支持、问题监控和错误日志管理。

2. 系统实施组织机构　互联网医院的落地实施需要承建单位、医院、监管单位、主管部门的共同努力和互相协作，在实施过程中，为了确保系统的顺利实施，应成立系统联合领导小组，对系统进行统一的规划、组织、协调和实施。管理机构的职能包括安排具体的系统实施计划，任务的分配，协调各部门的工作关系等。管理机构包括以下部门（图10-4）。

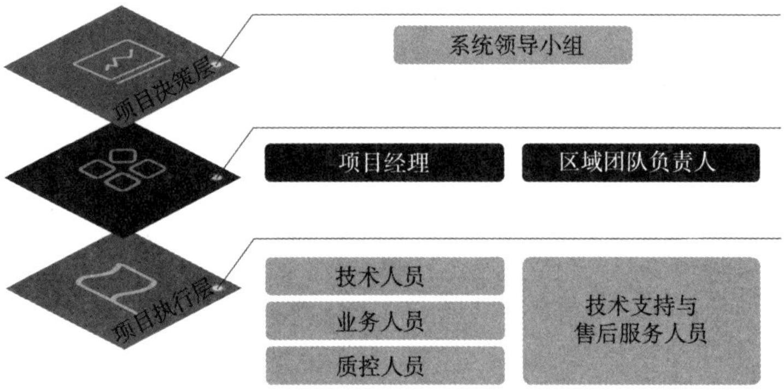

图10-4　系统实施组织架构图

（1）系统领导小组：按照系统工程建设实施原则，成立项目管理部。系统领导小组将对整个系统实施起到宏观调控作用。系统领导小组由医院领导牵头，明确各方的职责，确定系统的工作运作机制、协调沟通机制、系统变更机制、例会制度等各项管理制度，确保系统实施。

系统总监由实施单位交付部门领导担任，为系统领导小组成员，参与系统重要里程碑的评审，对系统执行整体策略提供支撑。

（2）项目经理：将在系统领导小组的直接领导下，作为具体承担人和联络人与系统领导小组保持联系。

项目经理将与相关单位负责人建立和维护紧密的工作关系，重点关注相关系统的安装等各项实施工作。完成系统实施人员组成、实施成本控制、质量控制、计划进度控制、文档控制、测试与上线控制，以及技术支持、培训和售后服务等管理活动。同时设置实施的优先级别，估算需要的资源并合理分配，以确保任务的顺利完成。

（3）区域团队负责人：负责协助项目经理管理整个系统的实施工作，如资源协调落实、实施工作优先级排序、人力资源到场落实以及实施团队内的组建工作、行政后勤工作等。

（4）技术人员：主要由研发工程师、实施工程师及测试工程师构成。研发工程师由单位抽调骨干人员组成，直接对实施项目经理负责。主要承担涉及的本地化系统改造及后期系统维护期的产品及研发沟通问题。实施工程师负责系统的安装调试，同时协调客户进行设备到货验收、设备检查、设备安装调试、数据库产品等软件安装调试。除此之外，该小组还承担平台产品的实施技术培训工作。测试工程师负责组织现场安装调试及系统使用培训。安排具体的技术培训课程，主要完成对用户方技术人员进行以下培训：项目管理员培训，系统软件管理员培训，平台的应用管理维护培训，平台的使用培训等。通过各项培训工作和交流活动，除了达到所有相关人员的操作使用要求外，最主要的是使用户方的相关技术人员能够全面地了解和掌握系统的所有设计思路、实现方式、技术细节等内容，以最终达到中心技术人员对系统自主维护、自主定制、自主修改、自主升级等要求。

（5）业务人员：主要承担系统实施中的医疗业务分析、方案设计、培训活动策划，使培训效果最优化，同时业务人员可协助进行具体的系统使用培训。了解用户包括医院、医护人员及其他医院工作人员的具体需求，制定、改进培训方案等工作。

（6）质控人员：主要参与系统里程碑的评审工作，并提出要求和建议；监控系统执行过程是否符合规范，并提出要求和改进建议；参与系统开发过程中的技术评审和管理评审，并提出要求和建议；评估和分析系统过程和开发过程的规范程度，向项目经理和系统总监反映问题并提出整改意见，并跟进整改措施的落实情况；定期发布质量报告和不符合问题跟踪表，并监控问题的解决情况，确保系统按既定目标有序进行。

（7）技术支持与售后服务人员：技术支持与售后服务小组由实施培训组抽调骨干人员组成，直接对售后服务经理负责。技术支持与售后服务小组负责系统实施完成后，在运行过程中的技术支持、运行维护与设备维修工作。

以上各实施团队应确保小组成员的稳定性，设立负责人制度和严格的考评制度，每个团队由至少一个分项小组长和若干组员组成，团队之间根据质量管理体系的要求，实施阶段的划分以及实施进度情况，并建立起有效的沟通机制完成信息的互联互通。

3. 系统实施质量管理体系　为有效控制信息系统建设系统的全过程，保证系统高质量完成，必须建立一套严密、协调、高效的全方位质量管理体系。主要包括以下内容。

（1）组织保证体系：工程质量是各项管理的综合反映，也是管理水平的具体体现，必须健全组织，分工负责，形成一个有明确任务、职责、权限、互相协调的互相促进的有机整体。质量监督管理小组负责建立严格的质量保证制度、技术管理制度、技术责任制，明确系统中各项任务、责任人，做到各尽其职、各负其责。

（2）项目管理活动：为保证系统实施成功，需要采用项目管理方法，开展相应的项目管理活动，包括计划管理、范围管理、沟通管理、风险管理、变更管理、质量管理、质量管理、质量控制。为保证系统实施工作的质量，应成立专门的项目管理部门和质量管理部门。①项目管理部门：对系统实施的各阶段和过程制定严格的入口、出口条件，对各阶段内的工作任务和流程也进行标准化定义，要求各系统实施都按照标准的方式、方法进行，从制度上保证系统实施工作的质量。②质量管理部门：根据项目管理制度的要求，对各阶段的任务执行情况进行监督和检查，发现问题及时要求系统现场进行整改。

（3）质量目标策划：系统建设应采用迭代的生命周期模型，制定四级质量目标，包括系统总质量目标、阶段质量目标、每次迭代的质量目标以及每次迭代内里程碑的质量目标。前两个目标需在系统初始整体策划阶段进行策划；后两个目标是在每次迭代策划阶段进行策划。在每次策划时，项目经理组织技术骨干分析系统状况对系统的质量情况进行估计。评估方法如下。

1）查询历史数据库，寻找类似系统或者功能的质量数据，包括缺陷密度和缺陷分布。

2）根据系统规模和客户要求确定系统总缺陷数、各模块的缺陷数以及缺陷分布状况。

3）根据系统各模块开发活动所处的阶段、迭代或里程碑确定各阶段、迭代或里程碑的质量目标。

4）评审以上质量估计结果是否满足客户的质量要求，如果不能，考虑调整已确定最终的目标。

为了实现所定义的质量目标，系统需要策划适当的质量改进和预防措施，并将结果记录到软件开发计划中。另外，根据组织的要求，系统需要依据历史数据设定质量控制的阀值，以将系统质量状况波动控制在合理的范围内。

（4）质量目标监控：在系统建设过程中，项目经理收集评审和测试过程的缺陷数据，在每周例会、里程碑总结、迭代结束、阶段结束以及系统结束时监控和评审系统的质量状况。方法如下：同行评审或技术评审结束后，被评审配置项的生产者将发现的缺陷数据记录在评审记录中。开发人员或测试人员在完成相应的测试工作后，将缺陷数据记录在缺陷列表中。模块负责人收集这些缺陷数据，将其提交给项目经理进行系统级质量分析。每周由项目经理分析系统的质量状况，包括需求评审、设计评审、测试用例评审和测试结果。确定数量比例较大的缺陷类型，分析缺陷产生的原因，分析当前的对应措施以及今后的预防措施，并对缺陷进行横向展开。在各里程碑点、迭代结束、阶段和系统结束时，项目经理总结系统质量情况，比较和预测四级质量目标的实现情况。对于没有目标或将不能实现目标的状况，项目经理要调整质量控制对策，分析原因，启动应急措施进行处理，一般包括重新设定目标、再评审、再测试或者返工。

为深入贯彻落实习近平新时代中国特色社会主义思想和党的十九大精神，推进实施健康中国战略，满足人民群众日益增长的医疗卫生健康需求。根据国务院相关文件要求，远程医疗及互联网医疗的建设，一是健全“互联网+医疗健康”服务体系，从医疗、公共卫生、家庭医生签约、药品供应保障、医保结算、医学教育和科普、人工智能应用等方面推动互联网与医疗健康服务相融合；二是完善“互联网+医疗健康”的支撑体系，提高医院管理和便民服务水平、提升医疗机构基础设施保障能力等；三是加强行业监管和安全保障，对强化医疗质量监管和保障数据安全作出明确规定，允许依托医疗机构发展互联网医院。

扫码学习
相关内容

本章小结

本章立足于远程医疗及互联网医疗的发展状实，以远程医疗及互联网医疗的体系建设和应为为目标，阐述了项目建设的方法，重点掌握远程医疗及互联网医疗的技术原理、实施方法及典型案例。技术原理：远程医疗是一种通过通过结合电脑、通讯技术、与医疗专业技术，让医师可以与病人远距离互动，达到诊疗及护理的目的医疗技术，多用于克服距离障碍及改善偏远地区的临床诊疗，也可用于提供医师及护理人员教学训练。互联网医疗是一种以互联网为载体、以信息技术为手段与传统医疗健康服务深度融合而形成的一种新型医疗健康服务业态的总称。实施方法：阐述了远程医疗及互联网医疗在实施过程中应满足的功能需求技术需求和政策需求，以及实施实施过程中需要注意的重点事项。典型案例：通过对贵州远程医疗平台和西安交通大学第一附属医院互联网医院两个典型案例的分析，阐述了区域远程医疗平台和实体医院互联网医院的建设的典型应用及成果。通过本章的学习，学员充分了解了远程医疗及互联网医疗的定义、作用及实施方法；并通过对典型案例的分析，增强了大家对远程医疗及互联网医疗的理解，同时熟悉了今后工作中可能遇见的困难及解决方法。

（钱步月）

第十一章　医院网络安全

学习目标

1. 掌握　总体国家安全观；网络安全概念；医院网络安全形势；医院网络安全管理制度体系内容。

2. 熟悉　医院网络安全建设相关技术；医院网络安全建设需遵循的法律法规；医院网络安全规划内容和工作流程；医院网络安全运营体系。

3. 了解　医院新技术应用面临的网络安全风险和应对措施。

第一节　医院网络安全概述

一、总体国家安全观和网络安全

总体国家安全指的是包括政治安全、国土安全、军事安全、经济安全、文化安全、社会安全、科技安全、网络安全、生态安全、资源安全、核安全、海外利益安全、生物安全、太空安全、极地安全、深海安全等于一体的国家安全体系，由中央国家安全委员会第一次会议首次提出。

网络安全主要指网络系统中的硬件、软件及其中的数据受到保护，不因自然的或人为的因素而遭到破坏、更改或泄露，系统连续、可靠、正常地运行，网络服务不中断。广义上讲，凡是涉及网络上信息的保密性、完整性、可用性、真实性和可控性的相关技术和理论都可以纳入网络安全的研究范畴。网络安全和信息化是事关国家安全和国家发展、事关广大人民群众工作生活的重大战略问题，没有网络安全就没有国家安全。

二、医疗行业医院网络安全形势

在医疗行业信息化建设蓬勃发展的同时，其所面临的网络安全风险也逐渐增多，医疗行业网络安全形势总体上较为严峻。

（一）医疗行业网络安全风险较高

根据《2019 健康医疗行业观测报告》数据，医疗行业总体处于“较大风险”级别，存在多种网络安全风险及大量可被利用的安全隐患，安全防护能力较弱。通过对15 339家医疗行业相关单位的观测，存在僵尸、木马或蠕虫等恶意程序的单位共计1029家，应用服务端口暴露在公共互联网中的单位有6446家，网站存在被篡改安全隐患的单位有4546家，其中261家单位已发生网站被篡改情况。

（二）医疗行业安全防护水平相对落后

根据中国医院协会信息专业委员会（China hospital information management assciation，CHIMA）编著的《2014—2020年中国医院信息化发展研究报告（白皮书2020）》，医院普遍存在网络安全人员不足、网络安全投入比例不够、业务连续性和数据安全风险高等问题。

CHIMA 2019年《医院信息安全调查报告》显示，被调查的医院中设置专职信息安全人员的单位仅占18.19%，不少医院把安全管理工作完全委托给企业负责。

CHIMA《2018—2019年度中国医院信息化状况调查报告》显示，医院网络防护设备总体使用率不高，虽然防火墙使用率已达90%，但网络VPN/VLAN划分和上网行为管理设备使用率仅约60%，入侵检测、漏洞扫描、堡垒机等设备的使用率甚至不到50%。

近年来业务连续性和数据安全事故频发，勒索病毒感染导致全院信息系统瘫痪、医疗业务全面停滞时有报道。

在互联网时代，随着移动医疗、云胶片、互联网医院等应用的普及，医疗机构遭受网络攻击、医疗数据被泄露的风险也与日俱增。由于医院等医疗机构关乎广大人民的生命健康，医疗行业的网络安全显得尤为重要。不仅是医院等医疗机构要认识网络威胁、加强防范意识，主管部门、医院信息系统厂商、网络安全厂商等相关方也应重视对医疗行业网络攻防的管理和技术研究。

知识拓展

网络安全的基本属性包括保密性、完整性、可用性、不可抵赖性、可控性等。

1. 保密性　指网络信息不被泄露给非授权的用户、实体或过程，或供其利用的特性，即防止信息泄露给非授权个人或实体，信息只为授权用户使用的特性。

2. 完整性 指网络信息未经授权不能进行改变的特性，即网络信息在存储或传输过程中保持不被偶然或蓄意地删除、修改、伪造、乱序、重放、插入等破坏和丢失的特性。

3. 可用性 指网络信息可被授权实体访问并按需求使用的特性，即网络信息服务在需要时，允许授权用户或实体使用的特性，或者是网络部分受损或需要降级使用时，仍能为授权用户提供有效服务的特性。

4. 不可抵赖性 又称不可否认性，指在网络信息系统的信息交互过程中，确信参与者的真实同一性，即所有参与者都不可能否认或抵赖曾经完成的操作和承诺。利用信息源证据可以防止发信方不真实地否认已发送信息，利用递交接收证据可以防止收信方事后否认已经接收的信息。

5. 可控性 指对网络信息的传播及内容具有控制能力的特性。

第二节 医院网络安全法律法规

一、国内网络安全法律法规

2017年6月1日，《中华人民共和国网络安全法》正式实施。这是我国第一部全面规范网络空间安全管理方面问题的基础性法律，是我国网络空间法治建设的重要里程碑，是依法治网、化解网络风险的法律重器，是让互联网在法治轨道上健康运行的重要保障。

2019年5月，网络安全等级保护制度2.0国家标准发布，等保2.0时代正式到来，等保2.0针对共性安全保护需求提出安全通用要求，针对云计算、移动互联、物联网和大数据等新技术、新应用领域的个性安全保护需求提出安全扩展需求，形成新的网络安全等级保护基本要求标准。在“一个中心”管理下的“三重防护”体系框架，构建安全机制和策略，形成不同定级系统的安全保护环境和能力。

2019年11月1日最高人民法院、最高人民检察院《关于办理非法利用信息网络、帮助信息网络犯罪活动等刑事案件适用法律若干问题的解释》正式施行。

2020年6月1日，由国家互联网信息办公室、国家发展和改革委员会等12个部门联合发布的《网络安全审查办法》正式实施，旨在对关键信息基础设施相关网络产品和服务进行安全审查，保证供应链安全。

2021年9月1日，《中华人民共和国数据安全法》《关键信息基础设施安全保护条例》正式施行。《中华人民共和国数据安全法》从数据安全与发展、安全制度、安全保护义务、政务数据安全与开放四大领域，结合整体数字竞技的发展，提出了发展与安全并重的具体要求。《关键信息基础设施安全保护条例》旨在建立专门保护制度，明确各方责任，提出保障促进措施，保障关键信息基础设施安全及维护网络安全，是根据《中华人民共和国网络安全法》制定的条例。

2021年11月1日，《中华人民共和国个人信息保护法》正式施行，这是为了保护个人信息权益、规范个人信息处理活动、促进个人信息合理利用，根据《中华人民共和国宪法》制定的法规。

二、欧美网络安全法律法规

1. 美国《健康保险携带和责任法案》（Health Insurance Portability and Accountability Act，HIPAA） 该法案对多种医疗健康产业都具有规范作用，包括交易规则、医疗服务机构的识别、从业人员的识别、医疗信息安全、医疗隐私、健康计划识别、第一伤病报告、患者识别等。该法案的主要目标：保证劳动者在转换工作时，其健康保险可以随之转移；保护患者的病历记录等个人隐私；促进国家在医疗健康网络安全方面电子传输的标准统一。

2. 欧盟《通用数据保护法案》（General Data Protection Regulation，GDPR） 适用于成立地在欧盟的机构（欧盟企业及机构）；适用于涉及处理欧盟境内个体的个人数据（欧盟境外企业，其目标用户包括欧盟境内用户）；适用于各行各业，无论是银行、保险、航空等传统行业，还是电子商务、社交网络等新兴领域，只要涉及向欧盟境内个人提供服务并处理个人数据。

三、医疗行业网络安全政策法规

医疗行业网络安全是网络安全的重要组成部分。随着医疗行业信息网络技术的深入应用和“互联网+医疗健康”的不断推进，党中央、国务院及医疗监管部门陆续出台了一系列信息化安全建设与管理的政策法规，不断完善医疗行业网络安全体系。

2011年卫生部印发《卫生行业信息安全等级保护工作的指导意见》的通知，明确三级甲等医院核心业务系统按照网络安全等级保护三级要求进行建设和保护。

2018年4月，国家卫生健康委员会发布《关于印发全国医院信息化建设标准与规范（试行）的通知》。对二级及以上医院的数据中心安全、终端安全、网络安全及容灾备份提出要求。

2018年9月13日，国家卫生健康委员会发布《国家健康医疗大数据标准、安全和服务管理办法（试行）》，明确责任单位应当落实网络安全等级保护制度要求，对健康医疗大数据中心、相关信息系统开展定级、备案、测评等工作。

2018年9月14日，国家卫生健康委员会发布《关于印发互联网诊疗管理办法（试行）等3个文件的通知》，管理办法要求医疗机构开展互联网诊疗活动，应当具备满足互联网技术要求的设施、信息系统、技术人员以及信息安全系统，并实施第三级网络安全等级保护。

2019年12月，经第十三届全国人民代表大会常务委员会第十五次会议通过，我国颁布卫生健康领域第一部基础性、综合性法律——《中华人民共和国基本医疗卫生与健康促进法》，明确国家采取措施推进医疗卫生机构建立健全网络安全制度，保护公民个人健康信息安全，对医疗网络安全制度、保障措施不健全，导致医疗信息泄露和非法损害公民个人健康信息的行为进行处罚。

2020年2月，国家医疗保障局、国家卫生健康委员会发布《关于推进新冠肺炎疫情防控期间开展“互联网+”医保服务的指导意见》，要求不断提升信息化水平，同步做好互联网医保服务有关数据的网络安全工作，防止数据泄露。

第三节　医院网络安全规划

一、医院网络安全规划概述

（一）医院网络安全规划的定义

医院的网络安全规划是将网络安全框架与医院网络安全需求统筹实现的过程，常常被视为构筑完整网络安全保障体系的前提和基础，通过安全规划指导医院的网络安全建设和运行。医院在推进网络安全建设前，宜先从全局进行网络安全的顶层规划设计，然后根据安全需求的重要程度、紧迫性以及资源的情况分步实施，最终实现以下目标。

1. 满足国家网络安全需求，符合国家法律法规政策要求，明确医院的网络安全战略、指明安全发展方向，落实安全总体策略与纲领。

2. 掌握医院面临的内外部威胁和安全风险，了解差距与不足。

3．根据差距和不足，从全局角度设计针对性的解决方案。

4．将解决方案拆分形成具体的任务及项目，指导后续网络安全建设工作。

网络安全规划是医院网络安全建设的一项基本工作，缺乏全面的规划往往会陷入“头痛医头、脚痛医脚”的境地。

（二）医院网络安全规划的原则

1．顶层着眼、底层入手　安全规划应站在组织顶层设计的角度全面考虑，具有高度和技术发展预见性；另外，设计方案应从具体的系统、设备、人员角度出发，落实到具体的操作层面。

2．贴合业务、针对现状　安全规划需要针对客户的业务模式、IT架构及流程、安全风险及现状等诸多实际要素量身定制，并匹配组织的战略发展策略，切忌模板式的直接套用。

3．合规为纲、创新为本　安全规划应首先考虑安全合规要求，符合监管机构的各项管控指标要求；在合规以外，结合医院自身业务安全需要，关注安全防护理念创新、技术创新、流程创新等。

4．技术先进、落地可行　安全规划应宜使用领先的技术及产品，满足由于攻击方式的变化、防护措施的变化、新技术发展带来的风险的管控需求，但同时需考虑方案的可落地性。

5．持续跟进、定期修订　安全规划不是一蹴而就的工作，需要持续跟进国家政策变化、信息技术迭代、医院业务发展等定期进行修订和完善。

（三）医院网络安全规划的参考框架

医院网络安全框架包括一系列与标准、方法、程序和过程相匹配的解决网络安全风险的政策、业务和技术指导，完善的网络安全框架是网络安全建设的基石。

1．网络安全等级保护安全框架　是目前我国最常用的网络安全框架。最早是在1994年颁布的《中华人民共和国计算机信息系统安全保护条例》（国务院147号令）中规定信息系统实行安全等级保护。2007年起，信息系统安全等级保护测评技术标准规范陆续出台，网络安全等级保护安全框架迅速得到应用和推广。2019年5月，国家标准委员会发布了《信息安全技术　网络安全等级保护基本要求》（GB/T 22239-2019）、《信息安全技术　网络安全等级保护设计技术要求》（GB/T 25070-2019）、《信息安全技术　网络安全等级保护测评要求》（GB/T 28448-2019）等一系列标准规范，网络安全等级保护进入2.0时代，安全框架更加成熟，国家标准《网络安全等级保护基本要求》（GB/T 22239-2019）附录C中给出了等级保护安全框架（图11-1）和关键技术使用的要求。

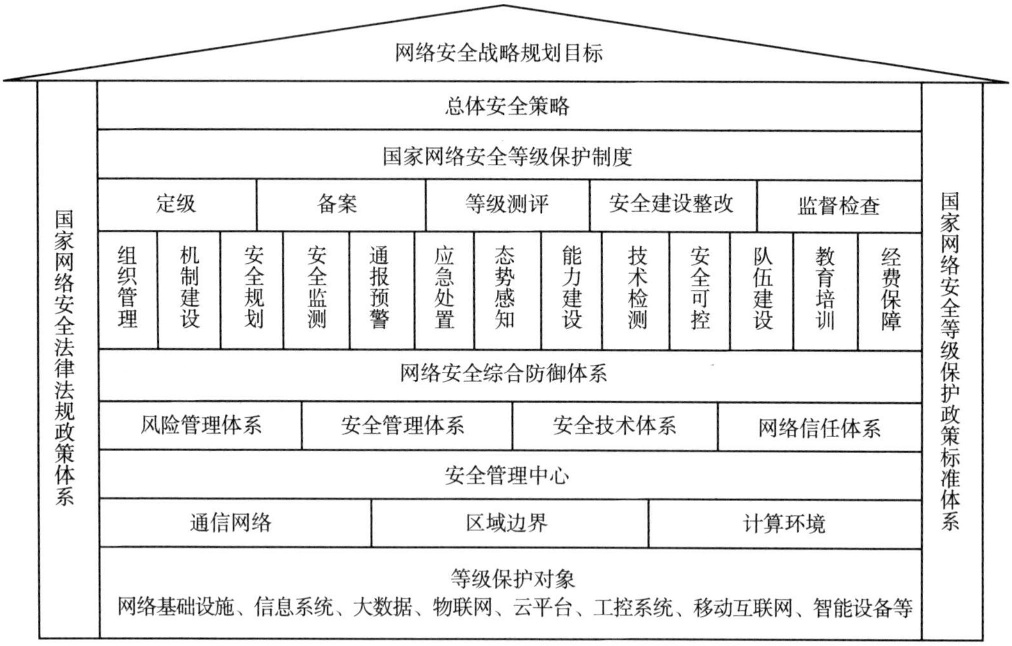

图11-1 等级保护安全框架

该框架以国家网络安全法律法规政策体系和国家网络安全等级保护政策标准体系为基础，以网络安全保护的对象为重点防护目标，采用安全管理和安全技术相结合的方法构建完整的网络安全立体防护体系，最终实现网络安全的战略规划目标。

（1）等级保护对象：包括网络基础设施、信息系统、大数据、物联网、云平台、工控系统、移动互联网、智能设备等，医院几乎均有涉及。

（2）安全技术体系：等级保护的安全防护技术体系采用“一个中心、三重防护”的防护理念，重点从通信网络的安全、区域边界的安全、计算环境的安全三个方面开展，配合安全管理中心实现对网络安全的纵深防御、主动防御和精准防护。

（3）安全管理体系：建立健全安全管理体系是保障安全技术手段发挥具体作用的最有效手段，也是一个安全体系不可或缺的组成部分。网络安全具有专业性、复杂性、不可预计性，在安全组织的建设、安全管理策略和制度的制定与执行、人员的管理等方面可能存在一些安全隐患，即使采用了各种先进的安全技术手段，信息系统仍然无法有效抵御所受到的各种安全威胁，因此网络安全等级保护安全管理从安全管理制度、安全管理机构、安全管理人员、安全建设管理和安全运维管理方面着手，建立全面的网络安全管理体系，通过明确分工、协同配合、强化执行，确保网络安全要求的落地，推进安全能力提升。

2. 美国国家标准与技术研究院网络安全框架 美国国家标准与技术研究院

（National Institute of Standards and Technology，NIST）直属美国商务部，从事物理、生物和工程方面的基础与应用研究，以及测量技术和测试方法方面的研究，提供标准、标准参考数据及有关服务，在国际上享有较高的声誉。NIST网络安全框架（NIST CSF）于2014年公开发布，其提出的网络安全框架虽然源自于美国的研究机构，但其提供较为通用的指引，已被不少国家引用参考。

NIST建议的网络安全框架基于网络安全风险管理设计，核心目的是对关键基础设施广阔领域的安全风险进行管控。由“框架核心”“实施层级”“框架轮廓”三个模块组成，模块间强化业务驱动因素和网络安全活动间的联系。

（1）框架核心：NIST框架的核心是对网络安全活动、预定管理目标及期望结果的一系列参考描述。由识别、保护、检测、响应、恢复5个功能组成，功能设计基于网络安全风险管理的整个生命周期角度提出。

（2）实施层级：是从关键基础设施风险管控需求出发，描述组织所面临网络安全风险以及管理该风险的流程。组织的网络安全风险管理实践水平，根据风险管理过程、综合风险管理计划及与外部机构的协作情况等，分为四个层级。

需要注意的是，层级选择过程要考虑组织当前风险管理实践、安全威胁环境、法律和监管规定，以及业务目标和组织约束。组织最终要确定目标层级应该是可落实的，以组织可接受的水平降低关键资产和资源的网络安全风险。

（3）框架轮廓：可以理解为某组织为降低网络安全风险而制定的一个路线图。框架轮廓可以用来描述特定的网络安全活动的当前状态或目标状态，反映出企业或组织在风险管理方面的重点，框架轮廓支持的业务需求，并有助于组织内部和组织之间风险的沟通。可以根据组织的复杂程度选择多个框架轮廓。

二、网络安全规划内容

（一）现状调研

医院的网络安全规划应贴近医疗业务，需要在医疗业务和网络安全之间找到一个合适的平衡点，既要保证网络安全，又不能影响医疗业务，因此做网络安全规划必须要对医院的网络安全现状进行调研，形成相对全面、准确的认知。现状调研通常可包括以下内容。

1. 医院网络安全的一般情况 包括本单位安全体系架构、安全组织及管理、安全技术和产品使用情况、关键应用系统。

2. 医院网络安全面临的主要风险 包括本单位曾经发生的安全事件、面临的安全风险。

3. 医疗信息行业网络安全的总体情况 调研同行业网络安全情况及本单位在行业中所处位置。

4. 跨行业网络安全建设的最佳实践 向网络安全建设先进单位学习，调研银行、互联网企业、大型企业、高等院校网络安全规划和建设的最佳实践。

（二）差距分析

在完成现状调研之后，网络安全规划团队对本单位的网络安全现状会有一个全面的认识，参照等级保护安全框架体系，并通过行业内和行业外的实践对比，常常能够找到本单位在网络安全建设方面的差距。

（三）规划目标

在完成现状调研和差距分析后，网络安全建设的目标也会逐步明确，制定目标可参考SMART原则，即目标要有明确性（specific）、可衡量性（measurable）、可实现性（attainable）、相关性（relevant）和时限性（time-bound）。可以从总体目标和具体目标着手，总体目标应尽可能清晰、简洁、相对宏观，偏向于中远期目标；具体目标应尽可能明确、数字化，如安全管理的目标、安全防护的目标、安全运营的目标等。

（四）规划方案

1. 安全管理体系规划方案 从安全管理机构及岗位职责、人员安全管理、物理和环境安全管理、信息系统安全管理、系统建设安全管理、系统运行维护管理、安全事件处置和应急预案管理等方面进行编制。

2. 安全管理组织规划方案 明确定义，确保信息系统安全、稳定运行，需要内部建立安全管理组织框架，以便在整个管理体系范围内执行信息系统安全管理活动。

3. 安全技术体系规划方案 以“层层防范、深度防护”为设计思路。在层层防范方面，覆盖物理、网络、系统、应用和数据等层面；在深度防护方面，充分考虑各类安全控制措施，并通过集中化的安全管理中心实现防御、监测、响应、感知、预警、取证的统一管理。

4. 安全建设项目规划方案 安全建设项目规划是依据安全规划的目标和安全总体规划方案，分期、分批地将主要建设内容组合成不同的项目，有步骤地推进网络安全建设。

（五）实施路线

实施路线应按照项目或任务的重要程度、紧急程度、影响范围、项目间依赖关系等综合衡量后进行制定，分阶段实现。

三、网络安全规划编制

医院根据本单位具体情况，组建本单位网络安全规划团队或采购网络安全规划服务，完成网络安全规划编制，组织内部和/或外部专家进行评审。外部专家可包括规划咨询机构专家、监管部门专家、同行业内专家、其他行业专家等。

知识拓展

网络安全“三同步”是在《中华人民共和国网络安全法》第三十三条中提及，即建设关键信息基础设施应当确保其具有支持业务稳定、持续运行的性能，并保证安全技术措施同步规划、同步建设、同步使用。

医院在具体落实“三同步”原则时，可以从以下方面理解“三同步”原则。

1. 同步规划：在业务规划阶段，同时考虑安全规划，引入安全防护措施。

2. 同步建设：在项目建设阶段，通过合同条款落实系统集成商或厂商的责任，保证相关安全技术措施的顺利交付；保证项目上线时，安全防护工作的验收和工程验收同步，确保只有符合安全要求的系统才能上线。

3. 同步使用：安全验收后的日常运营维护中，应当严格执行安全运维工作制度和流程，保持系统处于正常的安全防护水平。

第四节　医院网络安全管理

一、网络安全组织机构

网络安全组织机构管理中经常面临的问题是内部人员沟通与合作不畅、审核和检查不到位、岗位设置空缺、人员配备不合理、内部人员安全意识教育和培训不完善、外部人员访问管理不严格、安全责任不明确等。

建立网络安全组织机构的目的是为了明确组织中相关方的管理职责，定义并明确多方网络安全职责，依据网络安全职责设置网络安全岗位，配备与之对应的人员，建立人员录用、转岗、离岗的相关制度，建立外部人员访问控制制度，对人员开展网络安全意识教育和培训，梳理并形成授权和审批流程规范，建立与外部机构的沟通和合作机制，建立网络安全审核和检查机制，从网络安全组织层面建立自上而下的安全管理推动机制。

（一）网络安全组织机构的要求

1. 组织机构设置要求 应成立指导医院网络安全工作的委员会或领导小组，作为单位网络安全建设和管理的最高决策机构，统筹、推进或组织本单位的网络安全工作。设立负责网络安全管理具体工作的部门及岗位，该部门及岗位工作人员负责跨部门统筹协调网络安全工作。

2. 授权和审批要求 应根据各个部门和岗位的职责，明确授权审批事项、审批部门和审批人等。针对系统变更、重要操作、物理访问和系统接入等事项，建立相应的审批程序。定期审查审批事项，及时更新需授权和审批的项目、审批部门和审批人等信息。

3. 沟通和合作要求 应加强各类管理人员之间、组织内部机构之间以及网络安全管理部门内部的合作与沟通，定期召开协调会议，共同协作处理问题。

4. 审核和检查要求 应定期进行常规网络安全检查，检查内容包括系统日常运行、系统漏洞和数据备份等情况。

（二）人员岗位设置要求

为落实网络与信息安全的有关制度和技术的要求，必须设置系统管理员、安全管理员、安全审计员等岗位，上述岗位必须三权分立，专人专岗，不得兼岗。岗位人员必须严格遵守保密法规和有关信息安全的职责，以下为关键岗位的岗位职责。

1. 系统管理员

（1）负责系统日常运行维护，保证系统安全、稳定运行。

（2）负责对系统日常运维记录进行汇总、检查。

（3）监控信息系统的性能和容量，对主要业务监控指标进行记录。

（4）对系统的主要运行参数及角色进行维护。

（5）提出系统软硬件升级计划，并组织实施。

（6）处理各部门提出的系统应用问题。

（7）网络故障检测和排除工作。

2. 安全管理员

（1）负责执行网络安全日常工作。

（2）负责系统、网络和应用安全管理的协调和技术指导。

（3）负责组织安全管理制度的推广、培训和更新维护工作。

（4）协调安全策略的落实，并通过风险评估、漏洞扫描等方式分析安全策略的执行情况。

（5）系统发生变更时评估变更带来的影响，协调网络安全事件的处理和应急响应工作。

（6）负责定期进行安全检查，检查内容包括系统日常运行、系统漏洞和数据备份等情况。

（7）负责协调网络安全事件的处理和应急响应工作。

3. 安全审计员

（1）负责安全管理制度、安全职责落实情况的检查、监督和指导。

（2）负责安全策略执行情况的审核。

（3）负责对各管理员操作的审核。

（4）负责关键设备的日志检查和审核。

（5）负责定期对文档的适用性进行审定。

（6）负责对网络安全保障管理活动进行独立的监督，提供内部独立的审计和评估工作，并根据需要协同外部审计评估机构进行评估和认证，为决策领导提供信息系统和网络安全保障执行状况的客观评价。

二、网络安全管理体系

（一）安全管理体系的重要性

随着医疗行业信息化的快速发展，网络安全管理工作也随之面临着巨大的挑战。建立健全网络安全管理体系能明确本单位各部门、各岗位人员的职责，避免互相推诿，有利于规范管理行为、分工协作，从而提高网络安全管理的质量。

网络安全管理体系只有真正被执行才能发挥出价值，不能落地的网络安全管理体系无法推动网络安全的提升。一套完整的网络安全管理体系包括网络安全管理制度、网络安全建设管理、网络安全运维管理三个方面，每方面都应该包含相应的操作规程和记录表单，记录表单的制定填写情况是安全管理体系落地的直观体现，在管理体系的运行过程中必不可少。

（二）网络安全管理体系内容

1. 网络安全管理制度　规划设计和持续完善医院网络安全工作的总体方针和安全策略，说明医院网络安全工作的总体目标，范围、原则和安全框架等；根据安全管理活动的不同类别建立安全管理制度，根据日常管理操作建立操作规程，形成由安全策略、管理制度、操作规范、记录表单等构成的全面的管理体系，制定严格的制度制定与发布流程、方式、范围，对存在不足或需要改进的安全管理制度定期进行修订。

2. 网络安全建设管理 信息系统建设应严格执行“三同步”原则，即“同步规划、同步建设、同步使用”，通过建立健全网络安全建设管理制度，为落实信息系统全生命周期的网络安全管理提供保障。网络安全建设管理涵盖等级保护定级备案、安全方案设计评审、信息产品采购和使用、软件开发、工程测试、系统交付、等级测评、服务商选择等方面，应制定并完善信息系统安全建设管理制度、医疗机构等级保护管理办法、信息产品采购管理办法、信息系统安全设计指南、信息系统验收管理规范和项目实施管理等制度。

3. 网络安全运维管理 包括物理环境的管理、资产管理、介质管理、漏洞和风险管理、网络和系统管理、恶意代码防范管理、配置管理、密码管理、变更管理、备份与恢复管理、安全事件处置、应急预案管理、外包运维管理等方面。网络安全运维管理在网络安全防护全生命周期管理中所处的周期最长，此部分工作的好坏直接关乎医院业务能否安全、稳定地运行。

三、医院数据管理

（一）医院数据的定义

数据是指对客观事件进行记录并可以鉴别的符号，是对客观事物的性质、状态以及相互关系等进行记载的物理符号或这些物理符号的组合。数据是事实或观察的结果，是对客观事物的逻辑归纳，是用于表示客观事物的未经加工的原始素材。数据可以是连续的值，如声音、图像，称为模拟数据；也可以是离散的，如符号、文字，称为数字数据。

医院数据通常是指医院各类信息系统或诊疗设备所采集、产生的数据，以及通过原始数据加工后产生的数据，包括医疗数据、教学数据、科研数据、管理数据、患者服务数据等。

（二）医院数据的管理措施

随着数据成为资产，成为基础设施，数据安全已成为医院资产安全、患者个人隐私安全、国家和社会安全的核心问题之一。医院存储着大量的患者数据，涉及患者个人隐私，一旦泄露，其潜在危害将难以估量，因此确保数据安全，加强数据管理显得尤为重要。数据安全管理不是各种工具或产品的组合，而是从决策层到实施层、从管理理念到技术支撑，自上而下、贯穿整个组织架构的完整链条和体系。依据《中华人民共和国数据安全法》中对数据安全管理的要求，医院数据安全管理应从数据的分类分级、数据资产及使用情况梳理、数据访问控制、数据审计等方面着手。

1. 数据的分类分级　对数据的防护应做到有的放矢，只有对数据进行有效的分类，梳理出不同类别、不同级别的数据，避免一刀切的控制方式，在数据安全方面精细化的管理才能更好地平衡使用安全性和使用方便性之间的关系。

2. 数据资产及使用情况梳理　医院数据安全管理过程中需要明确数据如何被存储，存储在什么地方，结构化还是非结构化，被哪些部门、系统和人员使用以及如何使用，只有清楚这些才能确定以何种方式实现安全防护。

3. 数据访问控制　针对数据使用的不同方面，需要完成对数据使用的原则和控制策略的制定，一般包括以下几方面。①数据访问的账号和权限管理：包括专人账号管理、账号独立原则、账号授权原则、最小授权原则、账号回收管理、日志记录、定期审计。②数据使用过程管理：包括业务需要访问原则、批量操作审批原则、高敏感访问审批原则、限定可访问主体原则、行为审计原则、数据脱敏、定期审计。③数据外发管理：包括外发审批原则、最小范围原则、责任传递原则。④数据存储管理：包括网络隔离原则、加密存储原则、数据备份。

其中，数据脱敏是指对某些敏感信息通过脱敏规则进行数据的变形，实现敏感隐私数据的可靠保护，在隐藏敏感内容同时，也需要保持原有的数据特征、业务规则和数据关联性，保证在进行开发、测试以及数据分析类业务时不会受到脱敏的影响，使脱敏前后的数据保留一致性和有效性。在涉及患者隐私数据或者某些诊疗敏感数据时，在不违反系统规则的前提下，对真实数据进行改造并提供测试使用，如患者姓名、身份证号、手机号、家庭住址、医嘱信息、诊断等需进行数据脱敏。

根据脱敏所处阶段，数据脱敏主要分为静态数据脱敏和动态数据脱敏两种。①静态数据脱敏：适用于将数据抽取出生产环境，脱敏后分发至测试、开发、培训、数据分析等场景。②动态数据脱敏：通常用在生产环境，访问敏感数据时进行实时脱敏，存在不同情况下对于同一敏感数据的读取，根据角色和权限做不同级别的脱敏处理。

常见以下几种简单的脱敏技术。①无效化：在处理待脱敏的数据时，通过对字段数据值进行截断、加密、隐藏等方式让敏感数据脱敏，使其不再具有利用价值，如采用特殊字符（*等）代替真值。②随机化：随机值替换。③数据替换：与无效化相似，不同的是不以特殊字符遮挡，而是用设定的虚拟值替换真值。④加密：是一种特殊的可逆脱敏方法，通过加密密钥和算法对敏感数据进行加密，密文格式与原始数据在逻辑规则上一致，通过密钥解密可以恢复原始数据，需要注意密钥的安全性。

4. 数据审计　定期的审计是保证数据安全各项措施落地的关键，应当定期对数据访问的账号使用、使用过程、数据外发、数据存储是否合规进行审计，对违规行为进行通报，必要时可纳入绩效考核。目前医院常用的技术手段有防统方系统或数据库审计系统、数据防泄露系统。

四、个人信息保护

（一）个人信息的定义

随着互联网飞速发展，人类进入信息时代，计算机和网络技术普及使个人信息的收集、处理、储存、传输和利用都变得非常容易，在为人类的生产生活提供方便的同时，也给个人信息安全带来了极大的威胁。

根据《信息安全技术个人信息安全规范》，个人信息是以电子或者其他方式记录的、能够单独或者与其他信息结合识别特定自然人身份或者反映特定自然人活动情况的各种信息。个人信息包括姓名，出生日期、身份证件号码、个人生物识别信息、住址、通信通讯联系方式，通信记录和内容、账号密码、财产信息、征信信息、行踪轨迹、住宿信息，健康生理信息、交易信息等，还有个人信息控制者通过个人信息或其他信息加工处理后形成的信息，如用户画像或特征标签，能够单独或者与其他信息结合识别特定自然人身份或者反映特定自然人活动情况的，都属于个人信息。

从医院层面看，个人信息通常包括医院各部门和科室在提供医疗服务过程中收集的用户姓名、出生日期、身份证件号码、住址、电话号码、账号和密码、生物识别信息、医疗健康信息等能够单独或者与其他信息结合识别用户信息以及用户使用服务的时间、地点等信息。

（二）个人信息的处理规则

个人信息的处理包括个人信息的收集、存储、使用、加工、传输、提供、公开等。近年来，随着信息化与经济社会持续深度融合，个人信息的收集、使用更为广泛。在《中华人民共和国个人信息保护法》中也对个人信息的处理规则进一步完善，与医院诊疗活动密切相关的个人信息处理规则如下。

1．告知同意作为个人信息处理中的最基本规则，是指任何组织或个人在处理个人信息时，都应当对信息主体即其个人信息被处理的自然人进行告知并取得同意，除非法律另有规定。

2．个人信息处理者应当为个人提供便捷的撤回同意的方式；个人撤回同意，不影响撤回同意前已进行的个人信息处理活动的效力。

3．个人信息处理者不得收集其提供服务所必需以外的用户个人信息或者将信息用于提供服务之外的目的，不得以欺骗、误导或者强迫等方式或者违反法律、行政法规以及双方的约定处理个人信息。

4．个人信息处理者对在提供服务过程中处理的个人信息应当严格保密，不得泄露、篡改或者毁损，不得出售或者非法向他人提供，不得超出约定的处理目的、处理方式等处理个人信息。应当采取技术措施和其他必要措施，确保其处理的个人信息安全，防止信息泄露、篡改、丢失；发生或者可能发生个人信息泄露、篡改、丢失的，应当及时采取补救措施；

5．个人信息处理者委托他人代理市场销售和技术服务等直接面向用户的服务性工作，涉及收集、使用用户个人信息的处理时，应当与受托方约定委托处理的目的、期限、处理方式、个人信息的种类、保护措施以及双方的权利和义务等，并对受托方的个人信息处理活动进行监督，不得委托不符合有关用户个人信息保护要求规定的代理人代办相关服务。

（三）个人信息的保护措施

信息时代，个人信息保护已成为广大人民群众最关心、最直接、最现实的利益问题之一。根据《信息安全技术　个人信息安全规范》（GB/T 35273-2020）和《中华人民共和国个人信息保护法》，医院可采取以下措施防止患者或其他医院业务相关人员个人信息泄露、毁损、篡改或者丢失。

1．制定内部管理制度和操作规程，建立个人信息处理及其相关活动的工作流程和安全管理制度，确定各部门、岗位和分支机构的用户个人网络安全管理责任。

2．合理确定个人信息处理的操作权限，对工作人员及代理人实行权限管理，对批量导出、复制、销毁信息实行审查，并采取防泄密措施，并定期对从业人员进行安全教育和培训。

3．妥善保管记录用户个人信息的纸介质、光介质、电磁介质等载体，并采取相应的安全储存措施。

4．采取相应的加密、去标识化等安全技术措施，对储存用户个人信息的信息系统实行接入审查，并采取防入侵、防病毒等措施。

5．记录对用户个人信息进行操作的人员、时间、地点、事项等信息。

第五节　医院网络安全技术

一、物理环境安全

（一）物理环境安全概念

物理环境安全是指信息系统所属计算机、网络设备、安全设备等软硬件设备所处位置的安全，一般包括机房和其所在建筑物的安全，最大程度上避免因自然灾害和人为破坏对信息系统造成不利影响。参考标准包括《计算机场地通用规范》（GB/T 2887-2011）、《电子信息系统机房设计规范》（GB 50174-2008）、《建筑物防雷设计规范》（GB 50057-2010）、《建筑物电子信息系统防雷技术规范》（GB 50343-2012）、《信息安全技术　政府部门信息安全管理基本要求》（GB/T 29245-2012）等。

（二）物理环境安全威胁

物理环境安全威胁主要包括自然环境灾害，人员访问控制失效，机房基础设施设计缺陷导致的火灾、漏水、雷击和静电对设备电路的破坏，温湿度失调、设备失窃等安全事件，该类事件会影响网络、主机和业务的连续性，甚至导致业务数据丢失等。

（三）物理环境安全防护

1. 物理位置选择　医院数据中心的机房要设置在具有防震、防风和防雨等能力的建筑内，所在位置宜避开地震带，不宜选择顶层或地下，不能靠近建筑物边缘，建议设置在建筑物的中心或近中心区域，机房的隔壁不能有用水间或下水管道。

2. 物理访问控制　医院数据中心和机房出入口应安排专人值守或配置电子门禁类系统，对出入人员控制、鉴别和记录，应安排专人对进出的非本院来访人员身份进行鉴别和记录，机房需划分区域进行管理，不同区域需在不同位置或者进行物理隔离，对进入机房的来访人员需经过申请、审批流程，并限制和监控其在机房的活动范围。

3. 防盗防、破坏　医院设备或硬件实体应该进行固定并粘贴不易去除的明显标识和编号并与配置清单对应，通讯线缆需铺设在隐蔽的安全处，机房安装防盗报警系统和专人值守的视频监控系统，网络设备、服务器、存储等主要设备应放置在机房中。

4. 防火　医院数据中心机房按防火要求安装火灾自动消防系统，能够自检火情、自动报警、自动灭火，而且重要机房要做区域划分和隔离，在发生火灾时可优先保全重要设备的安全，如机房大于100平方米需要开放最低两个以上的安全出口，数据中心办公运维区域需放置灭火器和逃生应急箱，机房区域应采用耐火等级不低于二级的建筑材料，机房的顶棚、壁板（包括夹芯材料）和隔断应为不燃烧建筑材料，且不得采用有机复合材料。

5. 防雷击　医院机房应安装避雷装置、接地交流电源，机房机柜和设备应安装接地线和防雷安保器防止感应雷电。

6. 防静电　数据中心机房采用防静电地板，机柜接地并配置防静电手环。

7. 防水、防潮　医院水管不得从机房顶部和机房地板下穿过，机房的结构应保证不渗水、墙面不凝水、外部不漫水，安装水敏感的监测报警系统，由专人对机房进行防水监测记录，防止因漏水导致短路造成的事故。

8. **温湿度控制**　医院机房应设置温湿度调节设施，使机房温湿度的变化在设备运行所允许的范围之内，并且安装温湿度报警检测系统，由专人对机房温湿度进行监测记录，防止机房内部过热导致的服务器瘫痪。

9. **电力供应**　需要在机房供电线路上配置稳压器和过电压防护设备，并提供短期的备用电力供应系统，至少满足设备在断电的情况下可以正常运行的要求，还需设置冗余或并行的电力线路为设备系统供电。

10. **电磁防护**　医院电源线和通信线缆应隔离铺设，避免互相干扰，关键设备应实施电磁屏蔽。

二、通信网络安全

（一）通信网络安全概念

通信网络安全是信息传递过程中传输链路的安全性，应该做到保证网络设备的业务处理能力和带宽满足业务高峰期需求；保证重要网络区域与其他网络区域之间采取可靠的技术手段进行隔离，可及时发现用户私自接入的网络设备，并可及时阻断，保证通信线路、核心网络设备和核心设备的硬件冗余；保证系统的高可用性和安全性。

（二）通信网络安全威胁

医院通信网络安全的威胁主要包括通信网络阻塞、中断、瘫痪或者被非法控制，通信网络中传输、存储、处理的数据信息丢失、泄露或者被篡改。

（三）通信网络安全防护

1. **网络架构**　医院高峰期的带宽保障要在规划初期设计网络时提前规划，并进行模拟压力测试，做好带宽的冗余。同时，也要考虑安全域以及IP段的分配和预留，关键业务区要避免划分在网络边界，应做好安全域间的隔离，做好线路冗余和关键节点的冗余。

2. **通信传输**　采用校验技术或者密码技术保证通信过程中数据的完整性，采用密码技术保证通信过程中数据的保密性。常见的技术手段包括使用VPN、采用HTTPS传输等方式。

3. **可信验证**　基于可信根对设备的系统引导程序、系统程序、系统重要配置和系统应用程序等进行可信的验证，并在检测到可信性受到破坏或修改后进行报警，将报告结果形成日志并发送至医院安全管理中心。

4. **网络线缆安全**　主要体现在对外界强电的抗干扰力和屏蔽力。

5. 私接网络设备 随着便携型网络接入设备尤其是小型随身路由器的普及，个别用户为了图上网方便，会将随身的无线路由器私自接入到内部网络中，造成内外网互联的同时扩展了内网的边界，由于此类设备安全防护能力不足，会带来极大安全隐患。可以通过部署网络准入管理系统或者非法外联监控系统进行监控和阻断私自接入的网络设备。

三、区域边界安全

（一）安全区域边界概念

安全域是指具有相同的安全保护需求，且具有相同的安全访问控制和边界控制策略的子网或网络。广义上，可理解为具有相同业务要求和安全要求的IT系统要素的集合，这些要素包括网络区域、物理环境、业务与流程、人员与部门、主机与系统等。所谓安全区域边界，就是安全域内系统运行环境的边界。

（二）安全区域边界威胁

安全域划分的直接目的和效果是要将整个网络变得更加简单，简单的网络结构便于定位边界威胁与设计防护体系。因此，安全域划分并不是粒度越细越好，安全域数量过多过杂反而可能导致安全域的管理过于复杂，实际操作过于困难。安全域划分并不等同于传统意义上的物理隔离，在保证安全的同时，还要保障业务的正常运行和运行效率。

（三）安全区域边界防护措施

1. 互联网边界的防护 防火墙是最常见的互联网边界防护手段，作为网络的出口设备，用来抵御来自互联网的攻击行为。随着新型攻击方式的增多，通常可以在互联网出口和外联专线出口部署下一代防火墙，既具备基础防火墙功能又可以基于NDR模型进行自适应威胁管理。互联网网站的防护除本地部署防护设备外，还可采用Web应用防火墙（Web application firewall，WAF），部署、维护等较本地部署方式简单，具备Web访问控制、Web网络数据分析等基本功能，具备对SQL注入、跨站、扫描器扫描、信息泄露、文件传输攻击、操作系统命令注入、目录遍历、异常发现、Webshell 攻击检测、盗链行为、拒绝服务攻击防护、网页防篡改、身份认证、日志审计等14项安全功能。《全国医院信息化建设标准与规范（试行）》中提到，Web防火墙二级医院做推荐要求，三级乙等医院需具9项功能，三级甲等医院具备12项功能。

2. 服务器边界的防护 服务器边界通常可以采用防火墙或者网闸系统进行防护。采用传统防火墙隔离，用逻辑层访问控制策略，对双向数据进行定义，物理层属于联通状态，实时交互性高。防火墙虽然安全性相比网闸差，但是配置简单。边界过度防御可能会对医院业务系统的性能造成影响，容易形成网络瓶颈，因此通常采用旁路方式接入流量检测设备，实现服务器边界网络安全威胁综合检测，根据报警及时采取相应措施。网络防火墙具备的功能：①具备访问控制、入侵防御、病毒防御、应用识别、Web防护、负载均衡、流量管控、身份认证、数据防泄露等9项功能。②支持区域访问控制、数据包访问控制（例如基于IP、端口、网络协议访问的数据包）、会话访问控制、信息内容过滤访问控制、应用识别访问控制等5种访问控制类型。《全国医院信息化建设标准与规范（试行）》中提到，网络防火墙二级及以上医院应具备3项功能、支持3种访问控制类型。

3. 终端边界安全防护　医院内部网络中，绝大多数病毒源自终端设备违规使用外接设备交换数据，因此对终端设备的端口控制与病毒防护尤为重要。如采取措施对终端的U盘启动功能进行屏蔽或管理；部署终端准入控制系统，实现用户和设备的网络实名制认证管理、网络边界接入安全防护、终端接入发现和定位、接入的追溯和审计等管理，避免网络资源因非法设备接入而引发安全风险。

研发和维护终端，使用人员多为第三方外包相关专业人员，流动性大，系统权限较高，为了便于系统开发及维护，研发人员往往需要访问主机、数据库，或者需要获得远程支持、进行外部数据接入和外部文件拷贝等，降低了桌面及防病毒的防护等级，可采用防病毒网关及运维审计系统（堡垒机），管理开发维护区域的病毒影响和开发人员对主机的访问控制。

4. 其他安全区域边界防护措施举例

（1）部署上网行为管理系统，屏蔽员工对非法网站的访问。基于时间、用户、应用的精细管理控制策略，控制员工在上班时间玩网络游戏、炒股等，并对通过电子邮件、即时通讯、论坛发帖等途径的外发信息进行监控审计，避免医院敏感信息泄露。依据《全国医院信息化建设标准与规范（试行）》，医院采用的上网行为管理的功能包括：①具备上网人员管理、上网浏览管理、上网外发管理、上网应用管理、上网流量管理、上网行为分析、上网隐私保护、风险集中告警等8项功能。②支持IP/MAC识别方式、用户名/密码认证方式、与已有认证系统的联合单点登录方式等3种上网人员身份管理方式。③支持对主流即时通讯软件外发内容的关键字识别、记录、阻断等3项操作。

（2）在各安全域核心交换机上划分VLAN。依据部门的工作职能、重要性和应用系统的级别划分不同的VLAN，通过访问控制列表（access control list，ACL），允许合法数据流通过，实现不同业务之间的隔离，控制粒度可达端口级。

（3）部署SSL VPN远程接入网关，满足医务人员远程工作、第三方人员协同工作问题。用户在接入时需进行严格的用户身份认证，同时可根据用户身份授权限制其在对应的应用系统的访问权限，实现内网应用系统接入的权限划分和安全控制，在保障业务系统安全性的同时，实现用户使用的便利性。

四、计算环境安全

（一）安全计算环境概念

安全计算环境即区域边界内部，通常通过局域网将各种设备节点连接起来，构成复杂的计算环境。构成节点的设备包括网络设备、安全设备、服务器设备、终端设备、应用系统和其他设备等，涉及各类操作系统、数据库系统、中间件系统及其他各类系统软件、应用软件和数据等。对这些节点和系统的安全防护构成了“一个中心，三重防御”纵深防御体系的最后一道防线。

安全计算环境针对边界内部提出了安全控制要求，主要对象为边界内部的所有对象，包括网络设备、安全设备、服务器设备、终端设备、应用系统、数据对象和其他设备等，涉及的安全控制点包括身份鉴别、访问控制、安全审计、入侵防范、恶意代码防范、可信验证、数据完整性、数据保密性、数据备份与恢复、剩余信息保护和个人信息保护。

（二）安全计算环境威胁

安全计算环境威胁主要包括安全漏洞、高危端口的开放、盗版软件、黑客的恶意攻击、内部的数据泄露和滥用、身份管理、外部接口和API攻击、计算机之间的互通共享。

（三）安全计算环境防护措施

建立和制定严格的等级保护政策，以及安全运维和处置流程，定期进行危害预演和安全保障完善。

1. **身份鉴别** 应具有登录失败处理功能，应配置并启用结束会话、限制非法登录次数和当登录连接超时自动退出等相关措施；当进行远程管理时，应采取必要措施，防止鉴别信息在网络传输过程中被窃听；应采用口令、密码技术、生物技术等两种或两种以上组合的鉴别技术对用户进行身份鉴别，且其中一种鉴别技术至少应使用密码技术来实现。

2. **访问控制** 应在网络边界或区域之间根据访问控制策略设置访问控制规则，默认情况下，除允许通信外，受控接口拒绝所有通信；应对进出网络的数据流实现基于应用协议和应用内容的访问控制。

3. 安全审计　应在网络边界、重要网络节点进行安全审计，审计覆盖到每个用户，对重要的用户行为和重要安全事件进行审计；应对审计记录进行保护，定期备份，避免受到未预期的删除、修改或覆盖等；应能对远程访问的用户行为、访问互联网的用户行为等单独进行行为审计和数据分析。

4. 入侵防范　应遵循最小安装的原则，仅安装需要的组件和应用程序；应关闭不需要的系统服务、默认共享和高危端口；应通过设定终端接入方式或网络地址范围，对通过网络进行管理的管理终端进行限制；应提供数据有效性检验功能，保证通过人机接口输入或通过通信接口输入的内容符合系统设定要求；应能发现可能存在的已知漏洞，并在经过充分测试评估后，及时修补漏洞；应能够检测到对重要节点进行入侵的行为，并在发生严重入侵事件时提供报警。

5. 恶意代码和垃圾邮件防范　应在网络关键节点处部署对恶意代码进行检测和清除的系统，并由专人检测升级和更新系统；应在关键网络节点处部署对垃圾邮件进行检测和防护的安全系统，并由专人维护垃圾邮件防护机制的升级和更新。

6. 数据完整性　是指数据的可追溯、数据的清晰可见、数据的完整无遗漏，无主观造假或客观的录入错误、原始数据可长久保留，数据在审计可见，不被隐藏。

7. 数据的保密性　是指数据不泄露给非授权的用户或实体，数据在可靠性和可用性基础之上只给已授权用户使用，并且数据杜绝泄露给非授权个人或实体。

8. 数据的备份与恢复　数据备份是容灾的基础，是为防止系统出现操作失误或系统故障导致数据丢失，而将全部或部分数据集合从应用主机的硬盘或阵列复制到其他的存储介质的过程。

数据恢复是指当存储介质出现损伤或由于人员误操作以及操作系统本身故障和计算机病毒所造成的数据看不见、无法读取或丢失，本身无法修复后，将数据备份进行恢复。

9. 剩余信息保护　是指当用户长时间不在线或退出系统时，对用户使用过的信息采取一定的保护措施。信息的保护对象有操作系统（系统中的文件或目录、系统用户鉴别信息、日志文件以及缓存文件）、数据库系统（数据库用户鉴别信息、数据表、数据文件等）、应用软件（软件中的操作记录及数据库）。以上系统应具备当删除用户时同时删除以上系统中的相关数据及操作记录的功能，保障剩余信息不被泄露。

10. 个人信息保护　可以通过数据库安全的技术手段实现。核心数据加密存储，通过数据库防火墙实现批量数据防泄露，通过数据脱敏实现批量个人数据的匿名化，通过数字水印实现溯源处理。

11. 外接存储设备　单位资料和个人资料同时存储在同一个存储设备中，重要信息保管不善或恶意木马病毒被带入单位计算机网络，都会给单位的网络安全带来巨大的隐患，核心或内部网络中应禁止个人持有的外接存储设备接入。可使用技术手段封禁或阻断个人存储接入计算机。

12. 计算机安全基线 是指通过配置操作系统的安全策略，提高系统的安全性和合规性，达到操作系统的基本安全保证。系统安全往往需要在安全成本与所处的安全风险间做平衡，而安全基线正是这个平衡的分界线。安全基线的配置也强制了运维人员基本的操作必须符合安全操作规则。

五、安全管理中心

（一）安全管理中心的概念

安全管理中心是对信息系统的安全策略及安全计算环境、安全区域边界和安全通信网络的安全机制实施统一管理的平台或区域，实现统一管理、统一监控、统一审计、综合分析且协同防护。

（二）安全管理中心功能描述

1. 统一管理 是指对被保护系统和安全管理中心的主体和客体进行统一标记和基于标记授权管理，对安全管理中心涉及的相关软硬件产品在统一的管理界面进行策略配置，确保组织的安全管理策略得到贯彻和下发。

2. 统一监控 是指对被保护系统和安全管理中心自身的运行状态进行监控，对于运行过程中的异常情况及时提供告警，并通过安全事件管理等模块协助实施应急响应机制。

3. 统一审计 是指对被保护系统和安全管理中心的相关重要安全事件和用户操作行为进行审计，确保用户行为的可追溯性，提供自动化的审计分析手段，及时发现异常的安全行为，同时为综合分析提供数据支撑。

4. 综合分析 是指通过智能分析模块，针对监控数据和审计数据进行关联分析，把握被保护系统的安全运维态势，对可能出现的安全事件进行预警，对组织的安全策略制定和配置管理策略的统一调整提供指导意见。

5. 协同防护 是指针对统一监控、统一审计和综合分析结果，由管理员及时对相关的安全策略配置进行调整，实现对信息系统安全的动态防护。

（三）安全管理中心要求

安全管理中心标准按照《计算机信息系统安全保护等级划分准则》（GB 17859-1999）、《信息安全技术　网络安全等级保护基本要求》（GB/T 22239-2019）和《信息安全技术　网络安全等级保护安全设计技术要求》（GB/T 25070-2019），安全管理中心技术要求分为功能要求、接口要求和自身安全要求三个大类。①功能要求：从系统管理、安全管理和审计管理三个方面提出具体要求。②接口要求：对安全管理中心涉及的接口协议和接口安全提出具体要求。③自身安全要求：对安全管理中心自身安全功能提出具体要求。

依据GB/T 25070-2019的定义，网络安全等级保护第二级及第二级以上的定级系统安全保护环境需要设置安全管理中心，称为第二级安全管理中心、第三级安全管理中心、第四级安全管理中心和第五级安全管理中心。GB/T 36958-2018中安全管理中心与网络安全等级保护对象等级对应关系如表11-1。

表11-1　安全管理中心与网络安全等级保护对象等级对应表

安全管理中心级别	网络安全等级保护对象等级
第二级	第二级
第三级	第三级
第四级	第四级
第五级	第五级

第六节　医院网络安全运营

由于医院网络安全建设的不断发展，安全运营概念不断被提出，本质上是由于传统安全运维已经不能满足医院网络安全的需求。传统的安全运维包括：每天查看各类网络安全软硬件产品是不是正常运行，性能指标是否正常；查看和处理安全设备和系统的安全告警；处理各类审计系统的告警，如数据库审计、运维审计、日志审计等。安全运营强调的是要充分发挥各类设备的功能特性，保证设备价值最大化。总之，安全运维是网络安全的基础，保证软硬件设备能正常使用；安全运营强调的是管理和用好各类网络安全产品，形成覆盖管理和技术的运营体系。

一、信息资产管理

资产是安全管理的对象，安全工作开展效果取决于资产管理水平，信息资产的安全管理是安全运营的基础。资产管理总体来说包括硬件、软件。①硬件：终端、服务器、网络设备、安全设备。②软件：应用系统、数据库、中间件。

计算机终端用户自主控制权限大，管理起来难度很大，目前已有厂商在推行桌面管理和杀毒结合起来的终端安全管理，需注意兼容性、误杀等问题。对于新旧终端共存的管理需采取新旧兼顾或分区管理策略。另外，结合终端准入系统的登记注册流程可以很好地将终端与部门、科室、使用人关联，发现问题可以及时定位、寻找到相应责任人。

服务器资产管理和应用系统资产管理可以关联起来，建立详细的资产列表，至少需要包含服务器的名称、IP地址、操作系统版本、机柜位置、所属应用系统、应用负责人及联系方式。除此以外，还可以细化到服务器所部署的主要应用程序功能模块、开放端口等信息，资产列表是安全管理工作的基础，只有信息够完善才能保证发现安全问题时能及时联系到业务负责人开展安全建设工作。在对存量资产管理的同时，必须制定相关管理制度，完善新增资产的管理流程，确保资产清单的实时更新。

二、威胁发现

（一）安全检查

除进行常规网络安全管理制度落实情况检查外，医院宜定期进行风险评估和渗透测试以保证重点系统安全，渗透测试是通过模拟黑客的攻击方法，来评估计算机网络系统安全的一种评估方法。从攻击者视角，在不同的位置（如内网、外网等）利用各种手段对指定系统进行测试，以此发现和挖掘系统中存在的弱点、缺陷、漏洞，然后输出渗透测试报告，并安排问题整改工作。系统所有者根据渗透人员提供的渗透测试报告，可以清晰知晓系统中存在的安全隐患，从而据此进行整改。

（二）威胁管理

影响网络安全的因素很多，既有自然因素，也有人为因素，其中人为因素危害较大。总结起来，可能造成的网络安全事件分为以下几个方面。

1. **有害程序事件**　分为计算机病毒事件、蠕虫事件、特洛伊木马事件、僵尸网络事件、混合程序攻击事件、网页内嵌恶意代码事件和其他有害程序事件。

2. **网络攻击事件**　分为拒绝服务攻击事件、后门攻击事件、漏洞攻击事件、网络扫描窃听事件、网络钓鱼事件、干扰事件和其他网络攻击事件。

3. **信息破坏事件**　分为信息篡改事件、信息假冒事件、信息泄露事件、信息窃取事件、信息丢失事件和其他信息破坏事件。

4. **信息内容安全事件**　是指通过网络传播法律法规禁止信息，组织非法串联、煽动集会游行或炒作敏感问题并危害国家安全、社会稳定和公众利益的事件。

5. **设备设施故障**　分为软硬件自身故障、外围保障设施故障、人为破坏事故和其他设备设施故障。

6. **灾害性事件**　是指由自然灾害等其他突发事件导致的网络安全事件。

7. **其他事件**　是指不能归为以上分类的网络安全事件。

威胁的管理基于对网络安全事件可能造成危害程度的评估，可参考《信息安全技术　信息安全风险评估规范》（GB/T 20984-2007）结合医院实际进行分级处置。从医院日常威胁管理来说，一般可以把威胁分为高危、中危、低危，根据不同威胁等级限定消除威胁的时间，即整改完成时间，如高危24小时内消除、中危3天内消除、低危1个月消除。

三、安全培训

安全培训是保障网络安全运行的重要环节，在各类网络安全法规和标准中都对安全培训做出过具体的要求，如《中华人民共和国网络安全法》第三十四条规定“定期对从业人员进行网络安全教育、技术培训和技能考核”。《信息系统安全等级保护基本要求》中也规定“应对各类人员进行安全意识教育、岗位技能培训和相关安全技术培训”。ISO 27001-2013也提出“组织所有员工，适当时包括承包商，应接受与其工作职能相关的适宜的意识教育和培训及组织方针策略及规程的定期更新的信息。”

医疗机构信息化流程中涉及的人员众多，安全培训除了针对医院员工的全员安全意识教育，也应包括针对特定人员的技术培训，以及对第三方人员的安全培训与考核。

（一）医院员工培训

医院员工的网络安全培训主要侧重于提高网络安全意识，加强日常工作生活中常见网络安全威胁的防范能力、容易发生的安全事件提醒和相关法律法规要求。一般来说，包括垃圾邮件、钓鱼邮件、恶意软件和勒索软件、社会工程攻击手段的防范提醒，以及密码安全注意事项、个人隐私数据保护、法律法规解读等。

（二）网络安全技术人员的培训

为了应对不断变化的网络攻击手段，对安全技术人员进行常态化培训以及网络安全技术人员自身不断地学习和提升就显得尤为重要。医院网络安全技术人员应注意以下知识和能力的掌握。

1. 熟悉医院信息系统及其运行环境，掌握常见的网络攻击和防御方法。熟悉网络安全相关法规、标准和行业主管部门的要求，如《中华人民共和国网络安全法》、网络安全等级保护系列标准、《全国医院信息化建设标准与规范》等。

2. 具备IT技术能力。如操作系统架构、数据库管理、交换机配置、掌握一种常见的开发语言等。

3. 掌握主要安全设备和软件的使用。如防病毒软件、防火墙配置、安全漏洞扫描和入侵检测技术、日志审计等。

4. 网络安全技术人员的培训通常有以下几种方式：参加专业学术会议；常态化的内部的学习交流；参加网络安全操作技能培训和注册信息安全专业人员（certified information security professional，CISP）等专业技能培训；参加红蓝对抗等比赛活动，在实战中学习成长。

（三）信息部门全员安全培训

除员工网络安全培训、网络安全技术人员培训外，信息部门所有非网络安全岗位的人员也应进行培训，尤其是软件架构、系统研发、数据利用、数据库管理员等岗位人员。网络安全事件发生后，一方面应对问题系统督促完成整改，另一方面应总结相关岗位业务常见网络安全注意事项。大多医院的医疗业务系统以采购为主，相关厂商研发工程师网络安全意识及水平也需注意加强要求和管理。

四、重大任务保障

（一）重大任务保障的目的和意义

互联网已成为信息发布、宣传的重要渠道，时效性高、覆盖面广、传播速度快，但与此同时，在国家重大党政会议、全球峰会等重要活动期间，互联网也成了恶意攻击者首要破坏的目标，一旦互联网遭到破坏或篡改将造成严重的社会不良影响，严重的可能威胁到国家安全，因此为了确保各类重大活动期间互联网业务正常运行，并且可以做到出现突发情况时能够快速响应、妥善处理，医院做好重大活动期间的网络安全保障工作（简称“重保”）也越来越重要。

（二）重大任务保障的工作阶段

“重保”普遍具有时间紧、任务重的特点，从开始到结束只有短短几周甚至几天的时间，通常要围绕资产风险管理来开展，具体一般包括风险要素识别、风险分析、风险处置等。其中风险要素识别主要指对各类关键要素资产、威胁、脆弱性进行识别；风险分析主要指针对识别过程中发现的各类信息进行关联分析，发现潜在风险；风险处置主要指根据处置建议实施安全加固和整改工作。

尽最大可能降低风险是“重保”工作的重中之重，具体来说可分为三个阶段。

1. 准备阶段 针对关键资产和其脆弱性进行优化。这个阶段需要从硬件、软件、数据方面筛选出关键资产，尽量降低相关资产在互联网上的暴露面，有针对性地对相关资产进行安全防护，减少攻击面，进而有效降低相关资产的脆弱性，达到关键资产暴露面的可管可控，缩小防护范围，做到有的放矢。

2. 保障阶段　按照威胁产生的起因、表现和后果不同，根据已制定的威胁消除或减轻方法，通过管理和技术手段加强监测通告、预警防护、值守响应和应急处置。

3. 总结阶段　对“重保”前中期发现的问题和未解决的问题进行持续优化，“重保”中安全监测和防护工作的经验，可以转变为常态化工作流程，从而进一步加强医院的安全防护能力。

（三）重大任务保障工作内容

1. 全面梳理互联网资产暴露面，确定重点防护对象

（1）暴露在互联网上的硬件设备：严格限制管理地址，禁止通过互联网进行设备管理，针对硬件设备进行漏洞扫描，及时修复相关漏洞。

（2）网络设备：重点检查多余服务、多余账号、口令策略，禁止存在默认口令和弱口令等配置情况。

（3）安全设备：重点检查多余账号、口令策略、策略启用情况、应用规则、特征库升级情况，禁止存在默认口令和弱口令等配置情况。

（4）终端和服务器：重点检查多余账号、口令策略、账号策略、远程管理、补丁和防病毒特征库升级情况。

（5）互联网业务系统：应以“最小原则”开放相关端口，对公网IP地址进行全端口及服务梳理，重点注意排查暴露在互联网的管理页面。

2. 互联网资产的风险管理　制订时间计划表及责任表，对相关互联网资产开放服务扫描、分析、清理及跟踪进展工作，非重要互联网业务系统或存在高危风险但暂时无法修复，或防护的系统必要的情况下可根据情况选择暂时关闭或执行断网操作，以防由于脆弱性过大引发系统性安全风险；测试系统，需要单独梳理及确认，在平时应注意制定严格的测试系统管理规范，并尽量避免测试系统在“重保”期间上线。

3. 多渠道、全方位运行监控，加强风险发现处置工作　“重保”期间密切关注各种监测系统异常事件及告警信息，充分发挥已有监控类系统的功能，利用好网站安全监测、分布式拒绝服务（distributed denial of service，DDoS）监测、入侵检测等各类安全设备，做到早发现、早处置。对于安全事件误报、日志无攻击源IP地址及“零”安全日志的情况进行重点排查，发现存在的问题进行策略优化及相关网络设备配合调优，在条件允许的情况下，可以考虑开启相关设备的自动处置策略，以进一步降低安全威胁事件，对于存在恶意攻击行为的IP可通过防火墙进行阻断。

五、应急响应

（一）网络安全应急响应体系的要素

建立医院网络安全应急响应体系，重点注意加强以下几方面的能力。

1. 汇聚与综合分析能力 网络安全领域的应急保障，有其自身较为明显的特点，其对象灵活多变、信息复杂海量，难以完全靠人力进行综合分析决策，需要依靠自动化的分析工具，实现对不同来源海量信息的自动采集、识别和关联分析，形成态势分析结果，为指挥者提供决策依据。完整、高效、智能化，是满足现实需求的必然选择。因此，应有效建立以信息汇聚（采集、接入、过滤、范化、归并）、管理（存储、利用、管理）、分析（基础分析、统计分析、业务关联性分析、技术关联性分析）、发布（多维展现）等为核心的完整能力体系，在重大网络安全事件发生时，能够迅速汇集各类最新信息，形成易于辨识的态势分析结果，最大限度地为应急指挥者提供决策参考依据。

2. 综合管理能力 伴随着互联网的飞速发展，网络安全领域相关的技术手段不断翻新，对应急指挥的能力、效率、准确性不断提高。网络安全应急指挥体系应注重应用信息化手段建立完整的应急响应流程，重视集网络安全综合管理、动态监测、预警、应急响应处置为一体的网络安全综合管理能力建设。

3. 协同作战能力 重大网络安全事件的研判、处置常常可能需要多个单位、部门和应急队伍进行支撑和协调，需要建设良好的通信保障基础设施，建立顺畅的信息沟通机制，并经常开展应急演练，使相关团队成员熟悉所承担的应急响应角色，熟练开展协同保障工作。

（二）网络安全事件应急响应流程

随着网络安全组件的不断增多，网络边界不断扩大，网络安全管理的难度日趋增大，各种潜在的网络信息危险因素与日俱增。虽然网络安全的保障技术也在快速发展，但实践证明，现实中再完备的安全保护也无法抵御所有攻击。因此，完善的网络安全体系要求在保护体系之外必须建立相应的应急响应体系。

为最大限度科学、合理、有序地处置网络安全事件，通常使用PDCERF方法。该方法最早由1987年美国宾夕法尼亚匹兹堡软件工程研究所在关于应急响应的邀请工作会议上提出，包括准备（preparation）、检测（detection）、抑制（containment）、根除（eradication）、恢复（recovery）、跟踪（follow-up）6个阶段，并根据网络安全应急响应总体策略对每个阶段定义适当的目的，明确响应顺序和过程。

1. 准备阶段 选择、安装和熟悉响应过程中的协助工具及有助于收集和维护与入侵相关数据的工具，为所有的应用软件和操作系统创建启动盘或随机器发行的介质库。用初始可靠的启动盘（或CD-ROM）使机器以已知的、预先设定的配置重新启动，这在相当程度上能保证被入侵后的文件、程序以及数据不会加载到系统中。

为了防止不可预期的变化，在试验机器上安装可信任版本的系统；为了避免有意或无意的破坏，所有的介质应该处于硬件写保护状态。建立一个包含所有应用程序和不同版本的操作系统的安全补丁库。确保备份程序足够从任何损害中恢复。建立资源工具包并准备相关硬件设备资源工具包，包含在响应过程中可能要使用的所有工具。确保测试系统正确配置，测试系统和测试网络在物理和逻辑上与正式运行的系统和网络隔离。将被入侵的系统移到测试环境中，并且部署新安装的打过补丁的安全系统，以便继续运行。在完成分析后，清除所有的磁盘，这样可以确保任何残留文件或恶意程序不影响将来的分析，或任何正在测试系统上进行的工作，或无意中被传到其他运行系统中，这在测试系统时很关键。备份所有被分析的系统以及保护分析结果，以备将来进一步分析。

2. 检测阶段 主要任务有发现可疑迹象或问题发生后进行的一系列初步处理工作，分析所有可能得到的信息来确定入侵行为的特征。

一旦被入侵检测机制或另外可信的站点警告检测到了入侵，需要确定系统和数据被入侵到了什么程度。需要权衡收集尽可能多信息的价值和入侵者发现他们的活动已被发现的可能风险之间的关系。一旦入侵者意识到自己被发现，一些入侵者会惊慌并试图删除他们活动的所有痕迹，进一步破坏系统，可能会使分析无法进行下去。

备份并“隔离”被入侵的系统，进一步查找其他入侵痕迹。检查防火墙、网络监视软件以及路由器的日志，确定攻击者的入侵路径和方法，以及入侵者进入系统后的行为。

在缺少安全预警机制的情况下，网络安全的应急响应活动主要还是立足于事中或事后的确认。即使是在事中或事后，也不一定能够发现存在的安全问题，往往已经造成了破坏而发生了对系统可用性、完整性和保密性造成明显破坏的行为，或者对业务造成了影响才会了解到相关的安全问题。

一般典型的事故现象包括：①账号被盗用。②骚扰性的垃圾信息。③业务服务功能失效。④业务内容被明显篡改。⑤系统崩溃、资源不足等。

3. 抑制阶段 主要任务是限制事件扩散和影响的范围。抑制举措往往会对合法业务流量造成影响，最有效的抑制方式是尽可能地靠近攻击的发起端实施抑制。

抑制采用的方式可能有多种，常见的包括：①关掉已受害的系统。②断开网络。③修改防火墙或路由器的过滤规则。④封锁或删除被攻破的登录账号。⑤关闭可被攻击利用的服务功能。

4．根除阶段 主要任务是通过事件分析查明事件危害的方式，并且给出清除危害的解决方案。

（1）事件分析：对事件的确认仅是初步的事件分析过程。事件分析的目的是找出问题出现的根本原因。在事件分析的过程中主要有主动和被动两种方式。

1）主动方式：是采用攻击诱骗技术，如部署蜜罐系统，通过让攻击方去侵入一个受监视的、存在漏洞的系统，直接观察攻击方所采用的攻击方法。

2）被动方式：是根据系统的异常现象去追查问题的根本原因。被动方式会综合用到以下的多种方法。①系统异常行为分析：在维护系统及其环境特征白板的基础上，通过与正常情况做比较，找出攻击者的活动轨迹以及攻击者在系统中植入的攻击代码。②日志审计：通过检查系统及其环境的日志信息和告警信息来分析攻击者做了哪些违规行为。③入侵监测：对于还在进行的攻击行为，入侵监测通过捕获并检测进出系统的数据流，利用入侵监测工具所带的攻击特征数据库，可以在事件分析过程中帮助定位攻击的类型。④安全风险评估：无论是利用系统漏洞进行的网络攻击还是感染病毒，都会对系统造成破坏，通过漏洞扫描工具或者是防病毒软件等安全风险评估工具扫描系统的漏洞或病毒可以有效地帮助定位攻击事件。

在实际的事件分析过程中，往往会综合采用被动和主动的事件分析方法。特别是对于在网上自动传播的攻击行为，当采用被动方式难以分析出事件根本原因的时候，采用主动方式往往会很有效，如部署威胁诱捕系统。

（2）清除危害：改变全部可能受到攻击的系统的口令、重新设置被入侵系统、消除所有的入侵路径（包括入侵者已经改变的方法）、从最初的配置中恢复可执行程序（包括应用服务）和二进制文件、检查系统配置、确定是否有未修正的系统和网络漏洞并改正、限制网络和系统的暴露程度以改善保护机制、改善探测机制使它在受到攻击时得到较好的报告。

5．恢复阶段 主要任务是把被破坏的信息彻底地还原到正常运作状态。确定使系统恢复正常的需求和时间表、从可信的备份介质中恢复用户数据、打开系统和应用服务、恢复系统网络连接、验证恢复系统、观察其他的扫描、探测等可能表示入侵者再次侵袭的信号。一般来说，要成功地恢复被破坏的系统，需要维护干净的备份系统，编制并维护系统恢复的操作手册，而且在系统重装后对系统进行全面的安全加固。

6．跟踪阶段 主要任务是回顾并整合应急响应过程的相关信息，进行事后分析总结、修订安全计划、政策、程序并进行训练以防止再次入侵，基于入侵的严重性和影响，确定是否进行新的风险分析，给系统和网络资产制定一个新的目录清单。这一阶段的工作对于准备阶段工作的开展起到重要的支持作用。

跟踪阶段的主要工作：①形成事件处理报告。②检查应急响应过程中存在的问题，优化应急响应流程。③针对事件处理中存在的问题，事后进行针对性的培训。

当今时代，互联网的飞速发展使各行各业面临的网络安全形势日趋严峻。在复杂多变的网络安全形势下，必须从经济发展、社会稳定、公共利益、国家安全的高度，充分认识网络安全应急保障工作的重要性，高度重视并切实做好应急响应工作。

扫码学习
相关内容

第七节　医院新技术网络安全

一、云计算安全

（一）云计算的概念

云计算是一种将可伸缩、弹性、共享的物理和虚拟计算、存储资源池以按需自服务的方式供应和管理，并提供网络访问的模式。

（二）云计算安全面临的威胁

云计算安全面临的威胁主要来自云基础设施安全和云数据安全两个方面。云基础设施方面主要面临虚拟机逃逸、侧信道攻击等威胁。云数据安全面临的风险就是云端数据的未授权访问、窃取和篡改。

（三）云计算安全主要防护措施

根据“等保”对业务系统安全建设要求，云租户需从业务专有网络（virtual private cloud，VPC）、业务系统应用及数据安全防护、云安全管理中心、云数据库加密等方面进行安全防护。

二、大数据安全

（一）大数据概念

大数据（big data）指的是规模大到在获取、存储、管理、分析方面大大超出了传统关系型数据库软件工具能力范围的数据集合，具有海量的数据规模、快速的数据流转、多样的数据类型和价值密度低等特征。

大数据技术的战略意义不在于掌握庞大的数据信息，而在于对这些含有意义的数据进行专业化处理，获得价值。换言之，如果把大数据比作一种产业，那么这种产业实现盈利的关键，在于提高对数据的“加工能力”，通过“加工”实现数据的“增值”。

（二）大数据安全面临的威胁

在大数据时代，数据的产生、流通和应用愈加普遍和密集，信息系统的安全边界更加模糊，并可能引入新的、未知的安全漏洞和隐患、分布式节点之间和大数据相关组件之间的通信信息容易被截取和分析，分布式数据资源池的应用造成了用户数据隔离的困难。另外，随着数据的广泛、多源收集，大数据自身安全及个人信息保护迎来了新的挑战，个人信息过度收集、未履行告知义务等现象侵害了个人合法权益。

（三）大数据安全主要防护措施

数据在采集、存储、传输、交换、使用等诸多环节需要进行安全防护，通过制定数据安全管理制度和安全标准，加强对大数据处理及应用环节的信息保护，通过对数据利用脱敏、失真、匿名化限制发布等技术处理后，可让处理后的数据达到安全交易、开放共享的目的，可让更多的大数据得到更充分的利用，也确保遵从行业/监管数据隐私法令和法规。

1．大数据采集安全 通过数据安全管理、数据类型和安全等级达标，将相应功能内嵌入后台的数据管理系统，或与其无缝对接，从而保证网络安全责任制、安全等级保护、数据分级分类管理等各类数据安全制度有效地落地实施。

2．大数据存储及传输安全 通过密码技术保障数据的机密性和完整性。在数据传输环节，建立不同安全域间的加密传输链路，也可直接对数据进行加密，以密文形式传输，保障传输过程安全。数据存储过程中，可采取数据加密、磁盘加密、HDFS加密等技术保障存储安全。

3．大数据应用安全 除了防火墙、入侵监测、防病毒、防分布式拒绝服务（distributed denial of service，DDoS）、漏洞扫描等安全防护措施外，还应对账号统一管理，加强数据安全域管理，使原始数据不离开数据安全域，可有效防范内部人员盗取数据的风险。另外，还应对手机号码、身份证号、家庭住址、年龄等敏感数据进行数据脱敏工作。

4．大数据共享及销毁 在数据共享时，应落实有效管理。在数据销毁过程中，可通过软件或物理方式操作，保证磁盘中存储的数据永久删除、不可恢复。

三、物联网安全

（一）物联网概念

物联网（internet of things，IoT），指的是将各种信息传感设备，如射频识别装置、红外感应器、全球定位系统、激光扫描器等装置与互联网结合起来而形成的一个巨大网络。其目的是让所有的物品都与网络连接在一起，方便识别和管理。

（二）物联网安全面临的威胁

物联网面临的威胁主要分布在感知层、网络层和应用层三个层面，每一个层面又面临着来自物理环境、通信网络、区域边界和计算环境等方面的威胁。物理环境面临的威胁包括感知层的物理攻击，如传感设备的替换等导致设备无法使用和数据采集异常；网络层传输节点设备的破坏和网络线路的破坏；应用层对应用智能终端的物理攻击等。通信网络面临的威胁包括感知层、网络层和应用层的通信网络阻塞、中断、瘫痪或者被非法控制，导致物联网系统业务数据泄露、服务不可用。区域边界面临的威胁包括感知层分布式拒绝服务攻击、假冒攻击、中间人攻击等，导致感知层计算大幅下降或者瘫痪；网络层的分布式拒绝服务攻击、病毒攻击、漏洞攻击等，导致网络层业务处理能力故障；应用层的错误指令攻击、程序漏洞攻击等，导致应用系统共享能力下降或者缺失。计算环境面临的威胁包括感知层数据的拦截、篡改、伪造、重放；网络层的非法入侵、信息窃取；应用层身份鉴别和访问控制的绕过、恶意代码和病毒攻击等。以上行为最终都可能导致数据的窃取、篡改、破坏，敏感信息泄露，或应用服务的不可用等。

物联网是互联网的延伸，因此物联网的安全也是互联网安全的延伸。物联网和互联网的关系是密不可分、相辅相成的。物联网安全和互联网安全的区别体现在：物联网安全比互联网安全多了感知层，传统互联网的安全机制可以应用到物联网，物联网安全比互联网安全更复杂。

（三）物联网安全主要防护理念

从安全防御体系的角度，物联网的安全也可以根据物联网的架构分为感知层安全、网络层安全和应用层安全。①感知层安全：在设计中需要考虑物联网设备的计算能力、通信能力、存储能力等受限，不能直接在物理设备上应用复杂的安全技术。②网络层安全用于保障通信安全。③应用层安全：关注于各类业务及业务的支撑平台的安全。具体包括代码漏洞防护、网络隔离防护、攻防对抗防范等。

四、移动互联网安全

（一）移动互联网概念

移动互联网（mobile internet）是指利用互联网的技术、平台、应用以及商业模式与移动通信技术相结合并实践的活动统称。随着互联网医院的快速发展，越来越多的医院采用移动互联技术，上线各类移动App，为患者、医生、护士等提供各类方便、快捷的移动应用服务。

（二）移动互联网安全面临的威胁

移动互联网的特性决定了其面临的威胁更要远甚于传统的互联网，其主要面临的威胁包括智能终端安全、终端应用软件安全、移动互联网通信和移动互联网业务服务安全等。

（三）移动互联网安全主要防护措施

1. 终端应用软件安全防护 常用防护措施包括手势密码或密码锁屏、核心业务流程隐藏、软件加壳、本地数据存储加密、通信加密等。

2. 移动互联网业务服务安全 基于开放式Web应用程序安全项目（OWASP）提供的安全编码规范进行对应用程序业务服务端的安全设计和开发，同时遵循等级保护安全防护要求，确保身份鉴别、访问控制、安全审计、通信保护性、通信完整性、软件容错等控制措施的落实。

案例讨论

【案例】夏某某任职某科技有限公司，负责该公司为某三级甲等医院开发的“软件信息系统”的维护工作。

2017年10月31日20时，夏某某参与并直接操作了某三级甲等医院“HIS数据库”的账号、密码修改仪式，夏某某在未经授权或许可的情况下，私自记录了该账号、密码。

后夏某某在未经授权或许可的情况下，私自编写了“数据库性能观测程序”和锁表语句，并利用私自记录的账号、密码将该程序私自连接该三级甲等医院“HIS数据库”，导致该锁表语句在“HIS数据库”运行。

2018年12月24日8时13分至9时47分，夏某某先后六次利用“数据库性能观测程序”连接“平台数据库”的“锁定平台挂号表”功能，将数据库执行锁表命令。该命令执行后锁定fin_opr_register表，使其不能进行其他活动，并导致“HIS数据库”锁定，造成该三级甲等医院多个院区所有门诊、临床计算机业务受到恶意语句攻击，门急诊挂号、门急诊叫号、门急诊支付、门急诊药房、门急诊检查、门急诊检验等业务系统均无法正常操作，所有门诊相关业务停止服务近两个小时，造成大量患者积压在门诊无法就诊，严重影响了医院的正常医疗工作。案发后，夏某某对其工作数据日志、办公电脑进行了清理。

郑州高新技术产业开发区人民法院裁定：夏某某违反国家规定，擅自对计算机信息系统功能进行删除、修改、增加、干扰，造成计算机信息系统不能正常运行，后果特别严重，其行为已构成破坏计算机信息系统罪。公诉机关的指控成立，本院予以支持。被告人夏某某犯破坏计算机信息系统罪，判处有期徒刑五年零六个月。

【讨论】

1. 该案例暴露了医院网络安全方面在哪些方面存在不足？
2. 通过哪些举措可以避免此类事件发生？

本章小结

本章立足医院网络安全相关工作现状，以实现医院网络安全工作的体系化、制度化、常态化、实战化为目标，阐述了医院网络安全工作的概念、法律法规、管理、技术和运营等内容，应重点掌握网络安全管理体系建设、网络安全技术体系建设和网络安全运营体系建设。

网络安全管理体系建设：网络安全管理体系的建设可先从满足合规要求做起，如等级保护基本要求中有关管理体系的要求，先参考借鉴行业管理体系文档，然后结合医院的实际情况进行改进，提升管理体系的可执行性，不断完善医院的各项管理体系和操作规范，逐渐总结形成具有本单位自身特点的网络安全管理体系。

网络安全技术体系建设：网络安全技术体系的建设可采取整体设计、分步实施的原则，先从边界入手，确保各项安全策略能够落地，加强访问控制，然后逐步深入，解决通信网络安全、计算环境安全等问题，逐步建立纵深防御、横向隔离体系等。除传统网络安全外，还应高度关注云计算、大数据、物联网、移动互联网等新技术应用相关威胁和应对举措。

网络安全运营体系建设：网络安全运营体系不局限于传统的网络安全设备的运维，在确保软硬件系统可用的基础上，需更加注重设备的配置管理和运行效果，除此之外还应包括安全资产管理、漏洞管理、威胁情报管理等。网络安全运营体系对人员的分工协作有更高的要求，并需匹配工作流程和操作规范。网络安全运营体系的建设过程也是网络安全管理体系和网络安全技术体系的融合过程，管理和技术的融合不断推动网络安全工作深入开展，提升医院网络安全建设水平。

无论是管理体系、技术体系，还是运营体系，最终都需要以实战化为目标，尤其在重大任务保障和网络安全应急响应中不断实践和总结提升。

（朱卫国）

第十二章　医院信息应急保障

学习目标

1. 掌握　医院信息应急保障的概念和原则；医院信息应急保障的故障分类的依据和类型。

2. 熟悉　医院信息应急保障的组织机构和预防制度；医院信息应急保障中应急预案的处理流程；医院信息应急保障中突发事件的应急处理措施。

3. 了解　医院各科室信息应急保障的处理措施。

一、医院信息应急保障概述

随着医院信息化的飞速发展，我国各医院已经建设了适合自身管理流程的信息系统。按照医院总体业务架构，这些信息系统可以分为临床诊疗系统、医技管理系统、患者服务系统以及医院管理系统，基本涵盖了医院各个科室，包括门诊急诊、检验科、超声影像科、住院部、护理部、财务部、后勤部等。近几十年来，我国对医院信息化建设重要性和迫切性认识的不断提高，大力推动了医院信息化的发展。经过多次深化医疗卫生改革，医院信息系统经历了反复的迭代和更新，其功能逐步完善，医疗信息化水平不断提高，医院信息系统早已成为保障医院正常运行不可或缺的关键系统。但是，医院信息化在给患者带来快捷方便的就医体验，给医院带来医疗和管理效率提升的同时，也有其脆弱的一面，医院信息系统如果发生故障导致信息化功能出现异常时，小则影响患者的就医体验以及医院的医疗效率，大则造成整个医院陷入瘫痪甚至发生重大医疗事故，因此，我们必须重视医院信息应急保障，应该制定一套完整的应急制度和方案，以确保在信息系统发生故障时能够在最短的时间内解决问题，尽可能地减少由信息系统故障造成的损失。

（一）医院信息应急保障的概念

在医院信息系统的使用过程中，难免会遇到事故、灾害、特殊事件等紧急情况，当医院信息系统由于某些内在或者外在因素，如网络、服务器等基础设施损坏、软件功能异常、人为操作失误以及系统升级等，造成医院信息化系统瘫痪，不能完成正常的工作流程时，需要针对具体情况快速做出响应，采取必要的措施减少信息化系统的瘫痪时间，降低由信息化系统无法使用导致医院业务停摆所造成的损失。因此，医院信息应急保障是为了应对事故、灾害和紧急事件导致医院信息系统故障时所采取的一系列应急服务和措施。

医院信息应急保障应包含以下几方面的内容。

1. 确定医院信息应急组织机构并明确负责及命令下达的相关领导小组。

2. 建立医院信息应急预防制度。

3. 确定医院信息应急响应程序，建立应急预案。

4. 规范医院信息应急状态下各相关部门的应急处理措施。

（二）医院信息应急保障总则

1. 目的 为有效防范医院信息系统运行过程中产生的风险，预防和减少突发事件造成的危害和损失，建立和健全医院信息系统突发事件应急机制，提高计算机技术和医院业务应急处理和保障能力，确保患者在特殊情况下能够得到及时、有效的治疗，确保计算机信息系统安全、持续、稳健运行。

2. 适用范围

（1）适用于全院整个系统崩溃。

（2）适用于某一个或多个子信息系统因故障不能正常使用。

（3）适用于某一个或多个部门的信息系统因故障不能正常使用。

需要注意的是，对于局部某工作站点故障以及非紧急的软件故障问题不纳入医院信息应急保障范围内。

3. 工作原则

（1）重点部门原则：重点部门、关键业务必须得到重点保护，制定应急保障方案时，应合理安排人力资源、设备资源。

（2）重点设备原则：对一些牵涉面较大的设备（如主服务器、主交换机、磁盘阵列等）必须得到重点保护。

（3）风险优先原则：根据风险评估情况，对有可能造成损失的系统，优先制定应急保障方案，并在发生问题时优先启动、优先恢复。

（4）完整性原则：应急保障是一个系统工程，它包含了预防措施、应急处理措施、触发条件、启动、恢复措施等。在制定应急保障方案的同时，必须考虑到成本及可能遇到的风险（其中包括医院信誉、社会影响等风险），达到较好的性价比。

（5）有效性原则：必须保证应急保障措施的切实有效，对外保证患者的正常就医，对内保证账务不错、秩序不乱、业务不停。

（6）可操作性原则：应急保障方案涉及日常工作的各个部门，具体的应急保障措施要简单、准确。

（7）可恢复性原则：待故障排除或系统恢复后，启动应急保障措施后至系统恢复前的数据应该能够得到恢复，并与前后数据保持一致。

二、医院信息应急组织机构

根据医院计算机信息系统应急保障的总体要求，应成立医院信息应急组织机构（图12-1）并制定各机构职责，应急组织机构由领导小组、技术小组、检查小组和应急小组所组成。

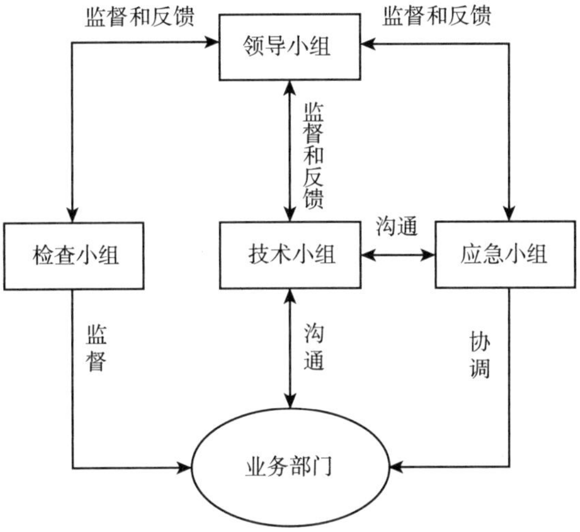

图12-1　医院信息应急组织机构关系

1. 领导小组

医院信息应急保障领导小组由医院院长和各科室主要负责人组成。其中，组长为院长，副组长为分管副院长，成员为由信息科、门诊办公室、财务科、医务科、护理部等部门主要负责人组成。领导小组的主要职责如下。

（1）领导医院信息应急组织机构制定、审核和落实应急保障方案和措施。

（2）确定并发布应急保障方案启动命令，组织应急小组按照应急保障方案进行处理。

（3）协调医院内部各部门之间的应急响应工作，落实人、财、物等方面的统一调配。

（4）监督医院信息应急保障方案的制定和准备情况，定时组织应急保障演习。

2. 技术小组

医院信息应急保障技术小组由医院信息科主任和技术人员组成，组长为信息科主任，成员为信息科技术人员。技术小组的主要职责如下。

（1）对信息系统故障进行技术评估，及时向领导小组汇报请示，并建议是否启动相应的应急保障方案。

（2）应急保障方案启动后，及时给予技术指导，协助应急小组排查故障原因，快速定位故障点。

（3）协调软件开发商和设备供应商，召集第三方厂家相关技术专家提供远程技术支持。

（4）指导各部门完成故障排除后的相关恢复性工作。

3. 检查小组

医院信息应急保障检查小组由医院分管副院长和各科室主要负责人组成。组长为分管副院长，成员为由信息科、门诊办公室、财务科、医务科、护理部等部门主要负责人组成。检查小组的主要职责如下。

（1）检查各科室应急备用的手工操作物品，如发票、处方、病历纸、各种检查治疗报告单、收费价格表、病历纸质文档等是否准备妥当。

（2）检查应急保障方案启动后的落实情况和评估效果，根据应急处理后的实际效果对应急措施进行改进，督促修订应急保障方案。

4. 应急小组

医院信息应急保障应急小组由分管副院长和各科室主要负责人组成。组长为分管副院长，成员由信息科、门诊办公室、财务科、医务科、护理部等部门主要负责人组成。应急小组的主要职责如下。

（1）负责应急保障方案的实施，及时与技术小组沟通解决办法并向领导小组汇报应急处理进度。

（2）协调各部门内部的应急工作，根据其他部门的需要进行配合。

（3）保证业务在应急状况下的平稳过渡，完成各部门内部的故障恢复工作。

三、医院信息应急预防制度

为提高医院信息系统管理水平，加强对现有设备的监控和安全保障，及时向信息化主管部门反馈系统信息，有必要建立固定的医院信息应急预防制度，主要包括值班与巡检制度、运维与演习制度、数据备份与灾难恢复制度以及系统切换管理制度。

（一）值班与巡检制度

1. 值班制度

（1）实行24小时值班制，并且在节假日合理安排足够的技术人员驻守，随时听候医院信息应急保障领导小组的应急处理指令，并立即赶赴指定地点进行故障排查。

（2）值班人员到岗后签到，当天值班人员负责管理早晨与下午的每日签到表，按时收集并提交考勤员保管。

（3）值班人员坚守值班员岗位，电话始终处于可用状态，及时接听电话，保证值班电话仅用于值班相关事宜。如暂时离开值班岗位，需携带值班电话能转接的手机。

（4）值班人员接到电话或发现问题时，应及时到达现场，并尽力解决，特殊情况未能解决或不能处理的，应及时联系信息科主任协调处理；发生重大故障或其他意外事故时，应迅速赶到现场，控制事态发展，及时保护现场并立刻向上级领导汇报。

（5）值班人员应认真填写交班、接班登记表，严格执行信息科关于申请、权限更改、人员增加、电脑维修、服务器备份、数据安全等各项规定的流程工作并做好记录。

2. 巡检制度

（1）服务器巡检：每日对服务器进行检查，主要包括服务器电源是否正常、稳定，服务器是否正常散热，系统是否正常运行，系统安全软件更新，系统数据库备份，并定期对服务器进行除尘清洁、检查防火设备等。

（2）室外光纤巡检：每月对楼栋之间的室外光纤等设备进行检查，主要包括光纤线路是否完整，光纤固定是否稳固，光纤设备是否正常散热，周边是否有杂物等隐患。

（3）弱电间交换机巡检：每月对交换机等设备进行检查，主要包括交换机电源是否正常、稳定，交换机是否正常散热，是否正常工作，以及对交换机进行除尘清洁、检查消防隐患等。

（4）不间断电源巡检：每月对不间断电源（uninterruptible power supply，UPS）进行检查，主要包括UPS供电是否正常、稳定，是否正常散热，系统是否正常运行，并定期对其进行除尘清洁，重点检查消防隐患和防火设备等。

（5）信息化终端及网络巡检：每个季度对医院各业务部门的信息化终端设备进行检查，主要包括计算机、信息显示LED大屏、打印机、移动终端、电视机以及自助设备等，解决使用中产生的问题，进行设备线路的检修和维护，并进行终端设备的相关使用培训。

（6）相关软件信息系统应用巡检：每个季度对专科信息系统进行检查，主要包括分诊叫号、医生护士工作站、重症监护、影像诊断工作站等信息系统，沟通和解决使用过程中遇到的问题并加以改进，对操作人员进行相关培训。

（二）运维与演习制度

1. 运维制度

（1）服务器运维：服务器运维人员负责对所有服务器的运行环境进行监测，定期更新操作系统补丁以及防病毒软件的病毒库，保证服务器上各系统的稳定运行；负责对超级账户口令进行定期修改，以保证系统安全，防止对信息系统的非法入侵；负责及时处理服务器软硬软件系统运行中出现的各种故障，对日常工作中出现的大小故障均要作详细的登记，包括故障时间、故障现象、处理方法和结果；负责服务器重要数据的备份工作，定期做好技术类文件和计划类文件等使用频率较高的文件备份。

不得擅自拆卸服务器零部件，严禁更换服务器配套设备；不得擅自删除、移动、更改服务器数据，不得擅自修改服务器系统时间；未经行政主管部门许可，不得在服务器上安装新软件，若需要安装，要向行政主管部门进行申请，并且在安装软件前进行病毒例行检测。

（2）数据库运维：数据库运维人员负责定期对数据库的运行状态、日志文件、备份情况、数据库的空间使用情况、系统资源的使用情况进行检查，发现并解决问题；负责记录所有数据库的结构、配置，数据库中表及各种表之间的相互关系，并将数据库的有关书面资料加以整理并存档；负责数据的备份工作，严格按操作规程进行备份，保证备份数据的完整和准确性，按要求对数据进行日备份、月备份和年备份，并做好相应的备份记录；负责数据的导出、导入工作，确保导出、导入数据的完整和准确，并做好导出、导入数据的审核和相应记录工作。不得擅自篡改、拷贝数据，不得将机器设备和数据带出机房。

数据库运维人员必须24小时待命，当遇到主机数据库出现不能解决或较为严重的问题时，负责与数据库厂商技术服务人员联系并协助处理，一旦发生故障必须在15分钟内赶到现场。

（3）网络运维：网络运维人员负责医院内部网络设备的管理及配置，规划外网、内网网络拓扑结构，结合信息系统需求，提出网络系统软件的基本选型、配置要求，提供网络所需的相关应用服务；负责医院网络规划与网络建设方案和设备配置的调整，及时、准确、完整地绘制好网络拓扑图和结构图，做好文档归档工作，方便各部门查阅；负责管理本单位的域名、IP地址以及网段规划；负责部分网络设备的安全隔离，实现网络间有控制的信息存取、访问、代理、转发、镜像，设定提供信息资源的共享访问服务；负责监督网络运行状况，查处危害医院信息系统、网络系统安全的违规行为，一旦发现医院信息系统、网络系统安全隐患，立即采取各种有效措施予以消除并向相关领导汇报。

（4）应用系统运维：应用系统运维人员负责记录用户使用中出现的问题并对应用系统出现的问题进行排查；负责对用户提出的新功能需求进行确认，修改软件功能或联系软件供应商进行修改；负责软件版本管理和软件文档管理；负责医院信息化自研项目软件的功能设计、代码实现及软件测试，并根据测试结果完成相关功能模块的问题修复；负责医院购买的软件项目与其他信息化系统的接口开发。

（5）信息安全运维：信息安全运维人员负责督促、实施网络信息安全管理制度，以技术手段隔离不良信息，及时发布计算机病毒、网络病毒的危害程度、防杀措施及补救办法等信息；负责医院网络安全设备的调试、管理，建立网络设备运行日志和网络信息安全监管日志；负责开展信息安全基础培训工作，提供信息安全应用技术支持。

2. 演习制度

（1）医院信息应急保障领导小组应定期或不定期组织应急保障演习，检验应急预案各环节之间的通信、协调、指挥等是否符合快速、高效的要求。通过应急保障演习，进一步明确应急保障各岗位的责任，对应急处理方案中存在的问题和不足及时进行补充和完善。

（2）信息科负责模拟信息系统故障，并在接到启动应急预案通知后为各科室提供技术支持，负责协调演习过程中的维护和故障恢复工作，同时完成演习过程中的资料搜集工作，重点记录演习过程中存在的问题，演习结束后继续指导各科室人员完成数据补录工作。

（3）各科室应提前准备应急保障演习物品并用写有“信息系统应急保障演习物品”的文件盒或文件袋装好，长期备用。在接到启动应急预案通知后，各科室转为手工方式进行业务操作，手工申请单和报告用复写纸进行复写、留存并进行整理，应急演习结束后，安排科室内部人员进行数据补录，在信息系统中出具正式的单据和报告。

（4）在应急保障演习完成后，各参与科室的负责人协助信息科完成演习意见收集，并与信息科进行反馈和磋商，对演习方案存在的缺陷进行修改和完善。信息科负责完成演习总结报告并向上级主管领导汇报演习情况，同时根据各科室提交的演习意见修订医院信息应急预案并提交给应急领导小组进行审定。

（三）数据备份与灾难恢复制度

（1）医院信息系统数据的备份与恢复工作由信息科主任指定专人负责，人员变动时应有交接手续。

（2）数据的备份包括定期备份和临时备份两种。定期备份指按照规定的日期定期对数据进行备份；临时备份指在特殊情况（如软件升级、设备更换、感染病毒等）下，临时对信息数据进行备份。

（3）定期备份策略采用每天晚上定时备份的方式，在线将数据库的数据备份到客户端的备份硬盘上，为了保障恢复的速度，采用每天全备份的方式进行备份，并且在硬盘上的保存周期为3天（确保有三份全备份数据在备份硬盘上），在磁带库上的保存周期为1周。

（4）备份时必须建立备份文件档案及档案库，详细记录备份数据的信息。数据备份的文卷应专人、专地保管，所有备份要有明确的标识，具体包括运行环境和备份人。

（5）备份数据的保存时间，根据医院信息系统的数据重要程度和有效利用周期以及具体使用情况确定。医院重大或关键性数据，应定期完整、真实、准确地转储到不可更改的介质上，并按有关规定妥善保存。

（6）每个季度对全系统备份数据进行一次模拟恢复，以检查数据的可用性。

（7）任何数据恢复均要向上级部门报告说明理由与过程，并对每次的恢复细节做好详细恢复记录。

（8）数据备份恢复方案按照五级标准进行系统数据恢复。第一级：如果在线使用的存储设备损坏，启用镜像做生产库使用；第二级：如果镜像启用失败，采用dataguard 恢复；第三级：准备实时数据库提供给部分医院信息系统使用，如门诊挂号、门诊收费、门急诊医生工作站等系统；第四级：前两种方式均失败的情况下，采用Network软件恢复上一周期备份；第五级：在存储设备全部损坏的情况下，还原磁带库到存储设备。

（四）系统切换管理制度

医院信息系统复杂多变，新系统上线切换是医院信息化建设过程中不可避免的情况。为及时、有效地处理系统切换的突发事件，保障医院正常运行，把系统切换的影响降低到最低程度，有必要制定系统切换管理制度。

1. 单科室信息系统切换

（1）由信息科项目负责人、乙方承建公司现场负责人完成系统对接及安装后，共同向信息科申请系统上线切换。

（2）信息科组织会议评估切换风险、影响范围，并根据影响的程度判断可能发生的应急情况，并上报告给医院分管领导。

（3）信息科项目负责人、乙方承建公司及相关业务科室共同讨论系统切换方案及计划，由项目负责人、乙方承建公司一起出具切换方案及计划表。

（4）乙方承建公司实施项目，信息科项目负责人负责协调并向信息科主任报告实施进度、事故等情况。

（5）信息科主任根据系统切换实施过程中事故的轻重程度判断是否向医院分管领导汇报。

2. 全院级信息系统切换

（1）由信息科项目负责人、乙方承建公司现场负责人完成系统对接及安装后，共同向信息科申请系统上线切换。

（2）信息科组织会议评估切换风险、影响范围，并根据影响的程度判断可能发生的应急情况，并上报告给医院分管领导。

（3）信息科项目负责人、乙方承建公司及相关业务科室共同讨论系统切换方案及计划，由项目负责人、乙方承建公司一起出具切换方案及计划表。

（4）医院分管领导召集全院所有科室相关负责人召开系统切换专题会，成立系统切换上线实施小组，并公布系统切换计划、切换风险、培训计划、故障处理流程等事宜。

（5）乙方承建公司实施项目，信息科项目负责人负责协调并向信息科主任报告实施进度、事故等情况。

（6）信息科主任根据系统切换实施过程中事故的轻重程度判断是否向医院分管领导汇报。

3. 系统切换过程中的应急处理办法

（1）系统切换过程中的强电故障处理：由于医院强电突然断电，造成机房启用UPS供电，由信息科上报医院信息系统应急领导小组，应急领导小组协调医院动力部门进行抢修，如果无法在UPS承受时间范围内恢复供电，则应立即通告门诊、住院相关科室启动医院信息系统相关的应急处理措施。

（2）系统切换过程中的硬件及网络故障处理：由于服务器不能正常工作、光纤损坏、主服务器数据丢失、备份硬盘损坏、服务器工作不稳定、局部网络不通、重点终端故障、规律性的整体、局部软件和硬件发生故障等造成网络瘫痪。由信息科上报医院信息系统应急领导小组，由应急领导小组协调应急小组和技术小组负责现场组织实施和调度工作。

（3）系统切换过程中的系统故障处理：由信息科项目负责人向信息科主任汇报系统故障情况，信息科主任判断故障的轻重程度，根据故障轻重程度判断是否向医院分管领导汇报。

信息科主任立即组织相关技术人员召开系统故障的解决方案会议，如果属于由于升级造成的故障，判断是否进行系统回退。若经过判断可通过回退版本解决，由技术人员直接切换到前一个版本；如果通过回退版本也无法解决问题，造成门急诊故障30分钟后系统未能恢复正常，由医院信息系统技术小组向医院信息应急保障领导小组汇报，领导小组通报门诊管理办公室启动门急诊相关信息系统应急处置措施；造成住院部故障处理3小时后系统未能恢复正常，由医院信息系统技术小组向医院信息应急保障领导小组汇报，领导小组通报医务处和护理部启动住院相关信息系统应急处置措施。

4. 系统切换过程的登记和总结

（1）技术人员应在系统切换过程中对故障处理的全过程进行即时登记，记录故障发生和所采取每一处理措施（包括向有关部门和领导的报告）的时间、方法、现象和结果等情况。

（2）系统切换过程中超过60分钟才恢复正常的突发事件，在2个工作日内，医院信息应急保障技术小组应撰写总结分析报告并向医院信息应急保障领导小组汇报。报告应对故障原因进行深度分析，总结应急处理的经验和教训，并提出改进和完善应急保障工作的意见。

四、医院信息应急预案

（一）应急预案适用范围

医院信息应急预案适用于医院计算机硬件、网络及各类应用系统，主要包括主机（服务器）、磁盘存储系统、核心交换机（路由器）、骨干网络通信、供电系统、操作系统、数据库管理系统、应用软件等运行故障或服务暂停，以及黑客侵袭和病毒感染。

（二）应急故障分类

1. 根据医院信息应急故障发生的原因、性质和机理，可以将应急故障分为以下三类。

（1）攻击类事件：指信息系统因计算机病毒感染、非法入侵等导致业务中断、系统宕机、信息系统瘫痪等情况。

（2）故障类事件：指信息系统因计算机软硬件故障、停电、人为误操作等导致业务中断、系统宕机、信息系统瘫痪等情况。

（3）灾害类事件：指因爆炸、火灾、雷击、地震、台风等外力因素导致信息系统损毁，造成业务中断、系统宕机、信息系统瘫痪等情况。

2. 按照医院信息应急故障的严重程度、可控性和影响范围，可以将应急故障分为一类故障、二类故障和三类故障三个风险等级。

（1）一类故障：由于服务器不能正常工作、光纤损坏、主服务器数据丢失、备份硬盘损坏、服务器工作不稳定、局部网络不通、重点终端故障、规律性的整体或局部软件和硬件发生故障等造成的业务瘫痪。

（2）二类故障：由于单一终端软硬件故障，单一患者信息丢失、偶然性的数据处理错误、某些科室违反工作流程引起的信息系统局部故障，但科室业务仍正常运行。

（3）三类故障：由于各终端操作不熟练或使用不当造成的轻微故障。

针对不同严重程度的故障类型的处理原则如下。

（1）一类故障：由信息科上报医院信息应急保障领导小组，由领导小组组织应急小组按照应急预案进行处理。

（2）二类故障：由各业务科室向信息科报告，由信息科技术人员指导解决。

（3）三类故障：由业务部门自行解决，并详细登记维护情况。

（三）应急确认与处理程序

1. 应急确认 凡遇以下情况时，应立即启动应急处理程序。

（1）信息技术人员监测到系统发生故障时。

（2）信息技术人员以及值班人员接到业务部门因系统故障无法正常运行的报告，或医院总值班室、院领导以及各科室领导发布紧急指令时。

（3）计算机系统遭受意外灾难或人为破坏时。

（4）因服务器或数据库升级，需要暂停业务时。

当发生上述事件时，信息科相关技术人员应立即确认故障类型和风险等级，并进入医院信息应急处理流程。其中，二类、三类故障由信息科分析故障原因直接处理；一类故障根据故障时间进行判断，若故障短期内无法处理，会影响到业务系统正常运行的，应立即上报至应急领导小组并采取相应的应急保障措施，具体原则如下。

（1）门急诊故障处理30分钟后系统未能恢复正常，由医院信息应急保障应急小组通报门诊管理办公室，启动门急诊相关信息系统应急保障处理措施。

（2）住院部故障处理3小时后系统未能恢复正常，由医院信息应急保障应急小组通报医务处和护理部，启动住院相关信息系统应急保障处理措施。

（3）系统恢复正常后，医院信息应急保障应急小组应立即通知现场业务部门负责人并向应急保障领导小组汇报应急处理情况。

2. 处理程度 当医院信息系统故障事件经过相关技术人员进行应急确认后，满足启动应急预案要求时，进入以下应急处理程序（图12-2）。

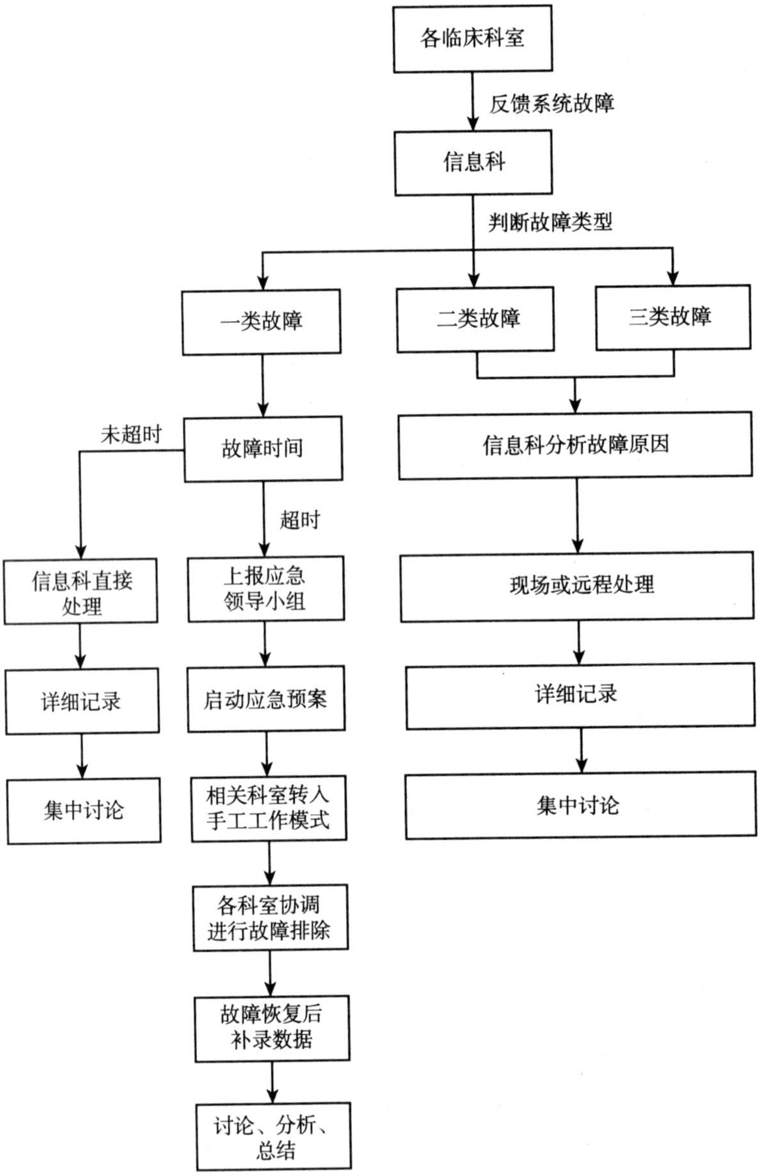

图12-2　医院信息应急处理流程图

（1）医院信息应急保障应急小组从业务人员或值班人员的故障申告、信息系统监控报告的故障告警中得知信息系统异常事件后，应在第一时间赶赴信息系统故障现场。

（2）应急小组针对信息系统故障做出初步的分析判断。若是电源接触不好、物理连线松动或者能在最短时间内自行解决的信息系统问题，及时按照相关操作规程进行故障处理，并报告领导小组进行备案。否则，应急小组将故障大致定性为设备故障、线路故障、软件故障等故障之一，及时告知领导小组和受影响的相关部门，并采取措施避免事件影响范围的扩大。

（3）应急小组根据故障类型及时与外部技术支持人员取得联系。其中，属于设备故障的，及时与设备供应商联系，寻求技术支持；属于软件故障的，及时与信息系统开发人员联系，由开发人员进行远程技术支持；属于线路故障的，及时与医院相关部门联系，通过密切协作，力求使通信线路在最短时间内恢复正常。

（4）应急小组在上级部门的协调和外部技术支持人员的配合下，充分利用应急预案的资源准备，采取有力措施进行故障处理，及时恢复信息系统的正常工作状态。

（5）应急小组通知各业务部门信息系统恢复正常，并立即向领导小组口头报告故障处理的基本情况。待应急处理结束后，应急小组应总结整个应急处理过程中出现的问题，并对应急预案提出改进意见和建议，最终形成文字报告资料，以书面形式向上级汇报。

（四）各类突发事件应急预案

1. 黑客攻击时的应急处理措施

（1）当值班人员发现业务系统或网站内容被篡改，或通过入侵监测系统发现有黑客正在进行攻击时，应立即向信息科主任通报情况，信息科主任向医院信息应急保障领导小组报告。

（2）医院信息应急保障应急小组和技术小组应在15分钟内响应，首先将被攻击的服务器等设备从信息系统中隔离出来并保护现场，同时负责被攻击或破坏系统的恢复与重建工作。

（3）技术小组相关技术人员追查非法信息来源，并及时向领导小组汇报。

（4）领导小组组织各相关部门召开会议，如认为事态严重，则立即向公安部门或上级机关报警。

2. 病毒感染时的应急处理措施

（1）当发现有计算机被感染上病毒后，应立即向信息科技术人员报告，由相关技术人员将该计算机从信息系统中隔离出来。

（2）信息科技术人员在接到通知后，应在15分钟内响应，对该计算机的硬盘进行数据备份，用反病毒软件对该计算机进行杀毒处理，同时通过病毒检测软件对其他计算机进行病毒扫描和清除工作。

（3）如果感染病毒的设备是中心服务器系统，经领导小组同意，应立即告知各相关部门做好相应的清查工作。

（4）如果现行反病毒软件无法清除该病毒，应迅速联系有关产品商研究解决，并立即向信息科主任通报情况，信息科主任向医院信息应急保障领导小组报告。

（5）领导小组经会商，认为情况严重的，应立即向公安部门或上级机关报告。

3. 数据库安全应急处理措施

（1）主要数据库应按双机热备设置，并至少要准备两个以上数据库备份，平时情况下一个备份放在机房，另一个备份放在另一个安全的场所。

（2）一旦数据库崩溃，数据库运维人员应立即启动备用系统，在备用系统运行期间，相关技术人员应对主机数据库系统进行维修。

（3）如果两套数据库系统均崩溃，数据库运维人员应立即向信息科主任通报情况，信息科主任向医院信息应急保障领导小组报告，同时通知各相关科室暂停使用业务信息系统以及上传上报数据。

（4）数据库系统修复启动后，将第一套数据库备份取出，按照要求将其恢复到主机系统中。若因第一个数据库备份损坏，导致数据库无法恢复，则应取出备用数据库加以恢复。

（5）如果两个备份均无法恢复，应向有关厂商请求紧急支援，并立即向信息科主任通报情况，信息科主任向医院信息应急保障领导小组报告。

4. 设备安全应急处理措施

（1）服务器、存储等关键设备损坏后，值班人员应立即向信息科技术人员报告，相关技术人员应立即赶往现场查明原因。

（2）如果能够自行恢复，应立即使用备件替换受损部件。

（3）如果不能自行恢复，应立即与设备供应商联系，请求派遣维护人员前来维修。

（4）如果设备短时间不能修复，应向信息科主任通报情况，信息科主任向医院信息应急保障领导小组报告，同时告之相关业务部门，暂缓使用受影响的业务系统。

5. 网络中断时的应急处理措施

（1）发现网络中断后，网络运维人员应立即判断故障节点，查明故障原因并预估网络修复所需的时间。

（2）如果属于线路故障，应重新安装线路。

（3）如果属于路由器、交换机等信息系统设备故障，应迅速按照要求重新配置文件，若仍不能恢复正常，应立即用备件替换受损部件。

（4）如果预估网络修复时间过长，应向信息科主任通报情况，信息科主任向医院信息应急保障领导小组报告。

6. 供电中断时的应急处理措施

（1）供电中断后，值班人员应立即检查是否启用了备用电源，同时查明供电中断原因。

（2）如果是内部线路故障导致断电，应立即联系医院内部相关科室迅速恢复。

（3）如果是供电局的原因导致断电，应立即与供电局联系，请供电局迅速恢复供电。

（4）如果供电局告知需长时间停电，应作如下安排：停电30分钟以内，由UPS供电；停电30分钟至1小时，关掉非关键设备，确保关键服务器、核心信息系统设备供电；停电1小时以上，关闭所有设备。

7. 火灾时的应急处理措施

（1）一旦医院信息系统机房发生火灾，应立即向信息科主任通报情况，信息科主任向医院信息应急保障领导小组报告，领导小组组织应急小组启动相关应急响应。

（2）火灾应急处理时应遵循以下原则：首先保证人员安全，其次保证关键设备、数据安全，最后保证一般设备安全。

（3）人员疏散的程序：机房值班人员立即按响火警警报，并通过119电话向公安消防请求支援，所有人员戴上防毒面具，所有不参与灭火的人员按照预定的路线，迅速从机房中有序撤出。

（4）人员灭火的程序：首先切断所有电源，启动自动气体灭火装置，灭火值班人员戴好防毒面具，从指定位置取出气体灭火器进行灭火。

知识拓展

医院信息应急预案编制流程如下。

1. 组建编制队伍：医院信息应急预案从编制到实施应组建编制小组，并有各级部门的广泛参与，在编制过程中或编制完成之后，要征求各部门的意见，包括医院行政管理部门、各医疗科室和医技科室等。

2. 应急分析：包括与历史因素、人为因素、技术因素和物理因素相关的风险分析以及与内部资源和外部资源相关的应急能力分析。

3. 应急预案的编制、评审和发布：编制小组应编制应急组织机构及职责、预案体系及响应程序、预防及应急保障、应急培训与演练等内容。应急预案编制完成后，编制小组应组织相关人员进行评审，评审时应形成书面纪要并附有名单。评审完成后，由医院管理层审签后方可发布。

五、医院各科室信息系统应急保障

1. 门急诊收费处应急处理措施

（1）由财务处处长负责组织协调，与计算机中心保持联系，及时反馈沟通最新消息。

（2）门急诊收款员建立应急发票使用登记本，对发票使用情况做详细登记。

（3）门急诊收费使用备用的纸质门急诊挂号单。

（4）准备手工发票，故障期间收到门急诊申请后根据申请单金额收费，开具发票。

（5）夜间急诊入院患者，手工分配住院号，系统恢复后，根据分配的住院号补录系统。

2. 住院结算中心应急处理措施

（1）由财务处负责组织协调。

（2）住院预交金收费，开具手工收据，系统恢复后补录。

（3）当系统停止运行时间超过24小时，推迟普通出院患者结算时间。

（4）如出院患者急需在网络停止运行期间结算，应由该科护士工作站追查是否还有正在进行的检查项目，并向住院处提供详细费用情况，方可送交结算。然后应根据病历和临床护士工作站记录，进行手工核算，出具手写发票。

3. 门急诊医生站应急处理措施

（1）由计算机中心连接至备用服务器，完成开单工作。

（2）单据打印后，门急诊医生手工填写姓名、性别、年龄、过敏史、诊断等相关信息。

4. 住院电子病历及护士站应急处理措施

（1）由医务处、护理部主任负责组织协调，并通知相关病区科主任和护士长。

（2）医生接到通知后立即转入手工开具医嘱，书写处方，一式两份，一份用于科室补录医嘱，另一份送药房作为取药凭证。

（3）护士根据医嘱核对处方，并严格按医嘱进行治疗。

（4）检验、检查申请，开具手工申请单，必须填写住院号、姓名、性别、年龄、床号、科室、护理单元、诊断、检查目的、病史说明等信息。

（5）检验申请，在采取标本后与医生所开申请单一起提交至检验科。

（6）主动联系相关检查、检验科室获取报告结果。

（7）接到计算机中心恢复运行时间的通知后，由科主任、护士长组织协调，完成补录医嘱和费用核对工作。补录时必须调整医嘱开始时间至实际的开始时间。

5. 医技科室应急处理措施

（1）由各医技科室主任负责组织协调。

（2）检查、检验医生在完成检查后，出具手工报告至临床科室，如发现危急值请主动联系患者所属病区医生和护士，报告危急值。

（3）在网络停运期间应详细留取、整理检查申请单底联。

（4）网络恢复后根据检查单底联登记，与临床科室联系沟通后补录患者费用。

（5）对即将出院或有出院倾向的患者，主治医师要在检查申请单上注明，检查科室应及时通知临床科室和住院处进行沟通费用情况的处理。

6. 药房应急处理措施

（1）由药学部主任负责组织协调。

（2）住院药房根据临床科室提供的药品单发药，手工单以医师签名为准。

（3）门诊药房凭财务盖章处方和发票发药，留存处方单和收费凭条。

（4）系统恢复后，门诊药房补出库，保证库存的准确性；住院药房对临床科室补录的摆药医嘱进行发药并确认，同时与发药时药品请领单内容认真核对，并及时确认出院带药处方。

案例讨论

【案例】某三级甲等医院值班人员陆续接到门诊多个科室来电反映信息系统故障后，立即向信息科反馈并上报至信息科负责人。信息科负责人立即组织技术人员进行处理，经初步筛查和诊断，此次信息系统故障是服务器中毒所导致，信息科负责人立即联系相关外部技术支持人员但发现是空号，此时距值班人员上报故障时间已超过半小时，但仍未解决故障问题且未及时上报至医院领导，导致医院门诊患者发生大规模滞留，等候区人满为患。医院领导在接到门诊患者投诉后立即启动应急预案，组织各科室执行应急处理流程。各科室立即响应并切换为手工模式进行业务操作，但部分科室发现缺少应急手工申请单和报告单等材料，造成医院门诊医疗秩序更加混乱。医院领导及各科室负责人立即协调人员和物资，确保门诊各科室在手工模式下能够运转，保证门诊患者及时就医。经过3小时的故障处理，在杀毒软件厂商提供的远程协助下，信息科技术人员完成了服务器病毒的清理，门诊各科室的业务陆续恢复正常。

【讨论】

1. 请指出该医院在哪些环节的处理上存在问题，并说明这些存在的问题应如何改正？

2. 如果你是该医院高层管理人员，应从哪些方面提高医院信息应急保障能力？

本章小结

本章从医院信息应急保障实际情况出发，以预防和减少医院信息系统运行过程中突发事件造成的危害和损失为目的，介绍了医院信息应急保障的相关内容，重点掌握医院信息应急保障的概念和原则、应急故障分类的依据和类型，熟悉医院信息应急保障的组织机构和预防制度、应急预案的处理流程以及突发事件的应急处理措施。

本章围绕应急保障的目的、内容、适用范围和工作原则，建立了医院信息应急保障的概念和总则。从应急故障发生的原因、性质和机理，以及应急故障的严重程度、可控性和影响范围出发，对应急故障进行了分类和风险分级。通过介绍医院信息应急组织机构的组成方式和组织机构之间的关系，明确了医院信息应急组织机构中各机构的主要职责。围绕值班与巡检制度、运维与演习制度、数据备份与灾难恢复制度、系统切换管理制度，对医院信息应急预防制度进行了深度剖析。通过对应急确认与处理流程、多种突发事件的应急预案以及医院各科室信息系统应急保障的详细阐述，明确了医院信息应急的具体处理措施。

最后，学员们应结合医院信息应急保障案例进行分享和讨论，充分认识医院信息应急保障的重要性和必要性，在未来工作中遇到医院信息应急突发事件时能够正确实施应急处理措施。

（张晓祥）

第十三章　医院信息管理的发展趋势

学习目标

1. 掌握　医院信息管理专业化和专科化；医院信息管理的边界延伸和内部分化。

2. 熟悉　医院信息管理对现代医学模式转型的推动。

3. 了解　医院信息管理的未来。

医院信息管理在过去的近30年里经历了从较为原始的技术和管理方式，发展到从标准到架构和评审基本形成了一套相对完整的体系。在医院信息管理的发展过程中，促进医院信息管理发展的两个核心点一直没有变，一个是医院对信息技术的需求，希望信息技术能给医疗和管理更安全和高效；一个是新技术对医院信息管理发展的促进，希望新技术能快速应用于医院临床和管理，享受技术进步带来的便利。从网络协议到互联网应用，无不证明了新技术对医院信息管理的促进作用。

随着5G网络所具备的大带宽、高速率、高可靠、低时延、边缘计算和网络切片等关键技术的发展，新技术如互联网大数据、人工智能、云计算在医疗领域的应用将成为现实。5G改变了传统的医疗信息管理模式，将为全新的医疗信息管理赋能，从改善医疗服务流程、创新就医诊疗方式到最终推动医学模式变革，5G技术潜力巨大。

目前“互联网+”已经成为许多行业的主体，这很大程度上预示了5G时代医疗信息化即将建立。未来医院信息管理的发展趋势，将会继续巩固医院信息管理学科的专业性，同时也会在对现代医学和健康管理中起到更大的作用。

第一节　医院信息管理专业化和专科化

一、医院信息管理专业化发展趋势

专业化是医院信息管理发展成熟的标志。只有在医院中能够发挥的作用不断提升的过程中，医院信息管理的专业化程度才会逐步提升。一方面是由于医院信息管理原本就是在利用信息技术来服务于医院，信息技术本身的专业性被医院逐步认可；另一方面是信息技术对于医院的重要程度逐步提高，对医院信息管理的质量要求也在逐步提高，专业化是提高医院信息管理技术水平和质量的手段。

医院信息管理的专业化发展趋势主要包含两个方面，一是信息技术的专业程度逐步提高，从维护信息系统到医院信息架构设计、应用开发、数据分析、运行维护等技术领域的专业化程度还会继续提高；二是管理的专业化程度也会进一步提高，包括项目管理、运维管理、成本管理、需求管理、团队管理等方面的管理水平会进一步提高。

二、医院信息管理专科化发展趋势

信息技术未来不仅会应用于医院业务流程的电子化等传统信息化领域，同样会广泛应用于临床诊疗和患者出院之后的健康管理，而且从数字疗法（digital therapeutics，DTx）、科研大数据分析等领域的兴起来看，信息技术对临床业务的发展也具有重要意义。

当信息技术应用于医院各临床科室诊疗过程时，信息技术不仅仅是提高医护人员工作效率、减少操作差错的工具，而是辅助医生进行治疗路径规划、辅助患者出院之后执行康复计划的工具。信息技术将会成为医院的一个专科，参与各个科室的诊疗工作。

第二节 医院信息管理的边界延伸和内部分化

一、医院信息管理的边界延伸

随着信息技术的发展和医院管理要求的逐步提高，医院信息管理的边界也在逐步延伸。医院信息管理从管理医保收费系统到现在的互联网医院、药品配送、结算服务、科研数据分析等领域，其服务边界一直在不断延伸。

未来，医院信息管理的边界还会继续延伸，进一步深度渗透到医院运行管理、临床诊疗、健康管理等各个方面。边界的每一次延伸，都是信息技术在某一领域的应用进一步得到深化的体现。随着信息管理的边界延伸，医院信息管理对医院发展的重要性也得到了进一步的加强。

二、医院信息管理内部分化

医院信息管理的专业化程度不断提升、管理范围也在逐步延伸，为了能够更好地服务于医院发展，信息管理将会出现内部分化，这也是专业化提升的一种表现。

医院信息管理的内部分化，将会进一步扩大医院信息管理队伍的团队规模、拓展社会合作范围，提高专业化水平。

根据医院信息管理的功能定位，内部将会分化成如下几类服务能力。

1. **整体规划设计**　负责根据医院的管理目标和技术现状，管理技术架构和新技术可行性验证，确保技术架构的先进性和长效性。应用系统需要依据总工的技术规划和规范进行建设。

2. **运营管理**　对接医院运营发展部、财务部、绩效办、人事部等相关管理科室，分析管理需求，转换成技术人员的功能需求。

3. **医疗业务**　对接医务科、护理部，了解医院质量管理相关政策，提供单病种质控实现方法和各类质量分析上报。

4. **科研**　熟悉科研过程和相关要求，对接科研医生，分析科研需求，将其转换成软件或算法工程师的技术需求。

5. **算法**　基于大数据为临床科研医生提供算法的技术实现。

6. **开发**　根据业务科室的需求，快速定制或者开发应用系统。

第三节　医院信息管理向智能化转变

随着新兴技术不断涌现，互联网、大数据、人工智能、云计算、区块链、5G等技术让IT领域内的不同阶段都有了智能演化的可能，从产品规划、设计、研发、测试到信息管理与运维都在向着不断智能化的方向进行转变。

医院信息管理已经从人工管理向自动化管理转化，并向实现智能化管理不断演进。这是由于现阶段医院信息管理技术不断发展，系统不断完善。管理团队大多建设好了各种信息管理系统，包括虚拟化、容器化、持续集成、日志监控与分析等等。但是如何有效利用这些系统，最终实现系统的高可用、高性能、高可扩展，是医院信息管理团队一直在探索和改进的方向。随着智能化技术的发展，为了解决上述信息管理问题，智能运维的呼声越来越高。特别是随着医院信息化场景的不断拓展，业务更加复杂；且随着万物互联的进程，“元宇宙”“数字孪生”等场景的实施，业务对医院信息管理的时效性、稳定性的要求越来越高，这些都对传统的信息管理提出了很大的挑战。

这时有人提出了AIOps，AIOps即人工智能与运维的结合，基于已有的管理数据并通过机器学习的方式来进一步解决自动化管理没办法解决的问题。丰富的信息管理系统已经构建了海量的信息管理数据，面对海量的数据，为了快速解决突发问题或进行管理决策，信息管理专家进行分析判断的过程往往需要花费数小时或更长时间。而AIOps的优势在于通过机器学习来进行数据挖掘，帮助人甚至代替人进行更有效、更快速的决策。

传统的自动化信息管理首先把需要人工进行的操作的系统功能进行整理分类，并进行自动化开发，这部分功能主要通过自动化脚本实现。但其中很多工作节点还是需要人工判断故障原因，手动执行故障恢复脚本或特定场景化下的一系列自动化动作。这些自动化管理功能依赖人的策略和经验，人占主导地位，而系统只是代替人去具体执行。而智能化信息管理则是人工智能占主导地位，AI托管了运维的全流程。管理流程可以分成两部分，发现问题和处理问题。智能监控工具将触发的告警或事件信息发送至智能信息管理平台，智能信息管理平台利用AI算法、知识图谱等手段对告警及事件进行判断，确定引发故障的根因告警问题。智能信息管理平台将此问题再推至自动化管理工具，触发特定场景下编排的脚本，自动将故障进行恢复并反馈恢复结果，通知运维人员，最终在事后可对故障进行复盘及知识入库，达成自动化运维的完成闭环。智能运维在医院信息管理场景下落地，能够提升业务系统的SLA，提升用户的体验，减小故障处理的时间，为业务带来更多的价值，并最终实现真正意义上的“无人值守”。

第四节　医院信息管理向云化转变

互联网的快速发展使“云计算”在信息化建设中得到了广泛应用。但由于医疗信息化管理的特殊性、医疗信息系统与数据的敏感性等诸多原因，使得该技术在医疗信息管理领域的应用程度还远不及其他领域。但云计算技术能够帮助运维团队快速整合医疗信息资源，从而提高IT响应时效，进而提高医疗工作效率以及医疗服务水平。虽然云计算在实践过程中还存在着较多问题，但不同医疗机构都在积极探索应用路径。

医疗领域的云计算技术应用发展还不够成熟，主要体现在运维过程中的相关安全问题难以得到有效解决，患者的隐私有泄露的风险。这些在发展中存在的问题需要我们积极应对，针对不同问题找出适合的应对措施，如结合隐私计算等其他技术手段解决数据安全方面问题，使用私有云进行有效的管理隔离，进而在享受云计算带来的管理便利的同时，也符合信息隐私的相应规范要求。

一、云计算的优势

1.高效整合信息资源　云计算领域包含多个技术包，如分布式计算、多副本数据容错、虚拟化等，使得云平台整体容量非常大，计算能力比较强。云计算配备了高效的计算节点，且通过技术手段可以对计算节点的成本进行有效控制，这样不仅会使资源分配变得更加灵活，而且可以对计算、存储成本进行有效控制。因为所有相关的信息数据都存储在云中，所以“云端”系统之间可以更好地实现资源信息的流转、共享。每个平台都可以对数据进行集中或分布式存储，因而可以对信息实施比较精高度的分析。同时对云端系统而言，应用与数据的安全与稳定也可以得到更好的保障。

2. 便宜及灵活　医院信息管理人员可以按照自身具体需要使用相应的云计算技术，这样可以快速地、低成本地获取需要的信息资源，而不需要消耗过高的成本购买硬件设备，也不需要对软件系统实施系统升级。与此同时，云计算技术可以按照用户的不同需求获取比较个性化的软、硬件配置，各个医院也可以按照其实际需求实施相应的扩展，降低软件的重复开发，进而避免资源浪费。

3. 多平台支持　互联网时代一直在飞速发展，移动终端的设备也在不断更新和普及，未来的医疗信息系统平台将逐渐发展为一种具备跨越式的新型智能系统。使用云开发、云部署技术，可以保障各平台之间的统一性及兼容性。使用不同开发语言进行产品开发，并通过云部署技术发布在云端，患者可以在不同的信息平台快速获得需要的服务，如在微信小程序、公众号或医院App内跨平台、随时随地地询问疾病情况及药物的相关信息，非常便利。

二、发展中需要解决的问题

1. 安全管理问题　虽然云计算的安全问题是很多新兴技术都会面临的问题，但由于医疗信息的特殊性与敏感性，安全问题是必须进行解决的，特别是在云平台的信息管理中，一些安全漏洞会导致系统中的医疗服务信息和患者隐私信息泄露。这些信息是具有法律效力的，一旦泄露，可能需要承担法律责任，会给医院和提供云计算的公司造成麻烦，这在一定程度上阻碍了云计算的发展。

2. 云计算支付方式与成本评估　云计算可以节省IT运维成本，与硬件采购与维护相比成本也有所降低，但云计算的费用支付不是一次性的，长年累月的云计算投入，其费用也比较高，会给医院造成较重的财政负担。不仅如此，现阶段云计算厂商的主流支付模式对医疗机构也不够友好，这在一定程度上也影响了医院信息管理的云化转型。

现阶段医院信息管理的云化转型在发达地区较为广泛，很多区域医疗也已经开始向云计算平台转化，但是在一些偏僻、欠发达的地区，云计算的应用还有待深入发展。云化是医院信息管理的一个重要发展方向，它可以使医院内的医疗信息流通更加流畅，使医院与医院之间的医疗技术服务交流更加深入。

第五节　医院信息管理的未来

医院信息管理未来将会在专业性、专科化等方面进一步加强，服务范围也将从提升工作效率向临床诊疗和健康管理方面扩展。医院信息管理将建设以5G等新基建为支撑，以数据为驱动，以现代医学为基石，以全健康管理为主线，以临床创新为引领的智慧医院。

一、推动实现“精准医疗”

随着科学技术的不断发展，传统医学模式正加速向5P医学模式转变，呈现出预防性（preventive）、预测性（predictive）、个体化（personalized）、参与性（participatory）和精准性（precision）的特性。这种模式转变的根本之处在于对患者医疗健康数据的全面掌握和高效分析，以实现个体化精准处置的目标，而实施“精准”医疗的基础就在于“海量”的数据，这种变革使得医疗服务对于数据的需求不断增加。另一方面，随着信息科技的加速发展，医院数据的存储成本不断降低，数据的存储效率不断提升，稳定性与安全性也大大改善，加之机器学习等大数据深度挖掘分析技术的逐步成熟，都使得医院大数据的分析和利用成为可能。

在精准医疗方面，将会重点推进疾病早期诊断与预防检测、临床决策支持、个性化治疗和基因诊治的研发；在精益管理方面，将会推进医疗数据价值发现与挖掘、医疗质量与安全监测，预警和管理决策辅助支持系统的研发；在科学研究方面，将会推进临床试验数据处理与分析和预测建模的研发应用；在健康管理方面，将会推进疾病危险因素预测分析和健康服务的研发应用；在数字医疗方面，将会推进互联网+医疗和医学人工智能的研发应用；在教育培训方面，将会推进优质教学资源挖掘和教学成效评估的研发应用。

以大数据驱动方式融合患者健康管理信息、临床诊疗信息、生物样本信息、基因测序与分子病理等信息，同时整合医学文献和医学指南等相关知识库，实现对所有信息有意义的提取分析和融入诊断流程的可视化呈现；然后，形成精确的临床判断，协助医生准确地确定疾病性质和病理状态，有效地预测疾病的发生、发展和结局，进而精确地找到病因和治疗靶点（包括基因微观靶点和个体形态学靶点）；最后，为临床治疗（包括药物、手术、放化疗与生物治疗等）实施提供精确的支持和指导。

在传统的临床医学研究中，随机对照试验（randomized controlled trial，RCT）是一种对医疗卫生服务中的某种疗法或药物的效果进行检测的方法，是有效补充医学知识的研究手段。它将满足条件的受试对象采用随机化方法分别分配到试验组和对照组中，使非研究因素在试验组与对照组中达到均衡，其疗效差异可归结于干预措施，可为临床实践和卫生决策提供真实的科学依据。然而，在实际应用过程中，RCT常常存在着“随机”概念及统计学方法的误用滥用问题，且试验设计的样本量不好估计，若样本量过小，则代表性差，结论缺乏依据；若样本量过大，则增加了工作量，造成了不必要的浪费。在现实的临床医疗环境中，医疗数据规模巨大、更新速度极快、模态多样、真伪难辨，还具有多态性、不完整性、时效性、冗余性、隐私性等特点。这时基于医疗大数据的研究方法显示出了其优越性，为临床医学研究提供了新的解决方案。

近年来，基于真实世界的研究（real world study，RWS）正越来越多地受到医疗卫生领域的关注。RWS作为一种药品上市后的再评价方法，可以更好地反映出药品在实际临床使用过程中的有效性、安全性以及经济性等。但由于其所需样本量较大，通常涉及海量医疗数据，以往依靠人工操作的科研方式不仅耗时耗力，且极易出现人为错误，难以保证数据质量及科研实施的效率。

与此同时，随着我国医院信息化水平的日益提高以及信息系统覆盖率的逐渐增加，各医院积累的诊疗数据呈指数级增长，为开展基于大数据的RWS研究提供了广泛基础。因此，如何利用大数据及人工智能技术，积极助力RWS的开展，提高其质量与效率，成为亟待解决的问题。

二、医院数据资产管理水平进一步提高

党的十九大报告提出要“推动互联网、大数据、人工智能和实体经济深度融合”，中共中央政治局就实施国家大数据战略进行了集体学习，这都进一步突出了大数据作为国家基础性战略资源的重要地位。掌握丰富的高价值数据，对于各国来说都是抢占未来发展主动权的前提和保障。随着人工智能等技术热点牵引着数据规模、数据范畴、数据质量及其价值评估体系的发展，数据资产管理的重要性愈加凸显。数据资产管理旨在提升数据的质量和价值，保障数据的安全及合规性，为大数据内部应用或外部运营打下夯实的基础，是实现智慧城市、数字孪生城市的重要前提和保障。当“数据资产是医院核心资产”的概念深入人心之后，医院对于数据资产管理便有了更清晰的界

定，将数据资产管理能力作为医院核心竞争力。数据管理方式的持续发展、战略规划与数据资产运用，正在成为医疗工作的重心。数据资产的管理效果也在直接影响医院的运营表现，数据资产竞争力所占比重与日俱增。

医院数据资产管理可对多种集合或不同类型的数据进行聚合处理与分析，它更加重视不同数据间的融合与关联分析，是一种关注全局特征的分析方式。从数据的采集、存储、传输、集成分析与应用等方面实现规范化、标准化，同时与医院业务发展深度结合，形成基于医院大数据的管理与运营体系，不但有利于促进医院业务与管理水平的提升，也是医院数据资源价值得以体现的关键所在。

利用大数据人工智能技术构建数据标准体系和智能化数据治理体系，将非标资产转化为标准化资产，赋能数据资产治理能力及资产管理能力，实现数据治理过程透明与数据利用可溯源，充分实现医疗大数据可见、可得、可用、好用，全面释放数据价值。

围绕数据安全，数据治理，数据提升，数据评价，数据共享等几大方面，通过整合多源异构数据，促使数据获得效率提升，质量更加优质，标准化程度更高，通过开放共享挖掘出更有利用价值数据，不断强化，反哺到整个医疗生态圈，加快数据价值的释放过程。

三、医院智能化程度进一步提高

2017年7月，国务院印发《新一代人工智能发展规划》提出了面向2030年我国新一代人工智能发展的指导思想、战略目标、重点任务和保障措施，部署构筑我国人工智能发展的先发优势，加快建设创新型国家和世界科技强国。

在医院智能化进一步提升的过程中，将会扩大下列技术的应用场景，增加人工智能技术的应用深度。

（一）自然语言处理（NLP）

自然语言处理（简称NLP），是研究计算机处理人类语言的一门技术，具体如下。

1. 句法语义分析 对于给定的句子，进行分词、词性标记、命名实体识别和链接、句法分析、语义角色识别和多义词消歧。

2. 信息抽取 从给定文本中抽取重要的信息，比如，时间、地点、人物、事件、原因、结果、数字、日期、货币、专有名词等等。通俗说来，就是要了解谁在什么时候、什么原因、对谁、做了什么事、有什么结果。涉及实体识别、时间抽取、因果关系抽取等关键技术。

3. 文本挖掘（或者文本数据挖掘） 包括文本聚类、分类、信息抽取、摘要、情感分析以及对挖掘的信息和知识的可视化、交互式的表达界面。目前主流的技术都是基于统计机器学习的。

4. 机器翻译　把输入的源语言文本通过自动翻译获得另外一种语言的文本。根据输入媒介不同，可以细分为文本翻译、语音翻译、手语翻译、图形翻译等。机器翻译从最早的基于规则的方法到二十年前的基于统计的方法，再到今天的基于神经网络（编码-解码）的方法，逐渐形成了一套比较严谨的方法体系。

5. 信息检索　对大规模的文档进行索引。可简单对文档中的词汇，赋之以不同的权重来建立索引，也可利用1，2，3的技术来建立更加深层的索引。在查询的时候，对输入的查询表达式比如一个检索词或者一个句子进行分析，然后在索引里面查找匹配的候选文档，再根据一个排序机制把候选文档排序，最后输出排序得分最高的文档。

（二）医学知识图谱

知识图谱是大数据背景下产生的一种知识表示和管理的方式，强调语义检索能力。近年来，在人工智能的蓬勃发展下，知识图谱涉及的知识抽取、表示、融合、推理、问答等关键问题得到一定程度的解决和突破，知识图谱成为知识服务领域的一个新热点，受到国内外学者和工业界广泛关注。知识图谱的前身是语义网，它吸收了语义网、本体在知识组织和表达方面的理念，使得知识更易于在计算机之间和计算机与人之间交换、流通和加工。具体来说，一个知识图谱由模式图、数据图及两者之间的关系组成。医学知识图谱的构建技术，主要涉及医学知识表示；医学知识抽取，包括实体、关系、属性的抽取；医学知识融合；医学知识推理和质量评估五个部分。医学知识图谱将知识图谱与医学知识进行结合，定会推进医学数据的自动化与智能化处理，为医疗行业带来新的发展契机。

（三）深度学习

深度学习的概念源于人工神经网络的研究。含多隐层的多层感知器就是一种深度学习结构。深度学习通过组合低层特征形成更加抽象的高层表示属性类别或特征，以发现数据的分布式特征表示。 深度学习的概念由Hinton等人于2006年提出。基于深度置信网络（DBN）提出非监督贪心逐层训练算法，为解决深层结构相关的优化难题带来希望，随后提出多层自动编码器深层结构。此外Lecun等人提出的卷积神经网络是第一个真正多层结构学习算法，它利用空间相对关系减少参数数目以提高训练性能。深度学习是机器学习中一种基于对数据进行表征学习的方法。观测值（例如一幅图像）可以使用多种方式来表示，如每个像素强度值的向量，或者更抽象地表示成一系列边、特定形状的区域等。而使用某些特定的表示方法更容易从实例中学习任务（例如，人脸识别或面部表情识别）。深度学习的好处是用非监督式或半监督式的特征学习和分层特征提取高效算法来替代手工获取特征。深度学习是机器学习研究中的一个新的领域，其动机在于建立、模拟人脑进行分析学习的神经网络，它模仿人脑的机制来解释数据，例如图像，声音和文本。

（四）卷积神经网络（CNN）

卷积神经网络，是一种前馈神经网络，人工神经元可以响应周围单元，可以进行大型图像处理。卷积神经网络包括卷积层和池化层。卷积层的作用是提取图像的各种特征；池化层的作用是对原始特征信号进行抽象，从而大幅度减少训练参数，另外还可以减轻模型过拟合的程度。从本质上来说，CNN非常善于发现，这个特性使之非常适合医疗环境。正如在Nature.com发表的论文所讨论的一样，CNN可以有效地提高癌症识别的准确性，并已被应用于检测“原发性乳腺癌、神经胶质瘤及上皮与基质分割”。高效率则意味着它们可以减少医学专家的工作量。论文总结道，“深度学习”在“提高前列腺癌和乳腺癌分期诊断疗效方面将具有巨大的潜力”。

案例讨论

【案例】精准医疗是在基因测序技术快速进步以及生物信息与大数据科学交叉应用背景下发展起来的新型医学概念和医疗模式。精准医疗是一种将个人基因、环境与生活习惯差异考虑在内的疾病预防与处置的新兴方法。

【讨论】医院信息管理为今后精准医疗的进一步发展可以起到什么作用？我们应该做好哪些方面的准备？

本章小结

在医院现有要求下做好医院信息管理工作的同时，需要关注医院信息管理的发展方向。

专业化是医院信息管理发展成熟的标志。随着信息技术在医院中能够发挥的作用不断提升，医院信息管理的专业化程度也会随之提升。在信息技术应用于医院各临床科室的诊疗过程的时候，不仅仅是提高医护人员工作效率、减少操作差错的工具，而是辅助医生进行治疗路径规划、辅助患者出院之后执行康复计划的工具，那么信息技术将会成为医院的一个专科，参与各个科室的诊疗工作。

医院信息管理的边界还会继续延伸，会进一步深度渗透到医院运行管理、临床诊疗、健康管理等各个方面。医院信息管理的内部分化，将会进一步扩大医院信息管理队伍的团队规模、拓展社会合作范围，提高专业化水平。

互联网、大数据、人工智能、云计算等新技术也会让现代医学的模式发生改变，信息技术对医院发展模式、医学服务模式、医学思维模式、医疗合作模式、医学教育模式都可能带来翻天覆地的变化。

医院信息管理也会延伸到人民群众的健康管理，需要做好医院内的各类信息和人民群众健康信息的共享和融合。

在精准医学方面，信息技术也会在预防、预测、个体化、参与度和精准性方面发挥更大作用。医院会更加重视医疗数据的资产化，提升数据的质量和价值，保障数据的安全及合规性。

（黄　虹）

References
参考文献

［1］夏兵. 网络空间安全与关键信息基础设施安全［M］. 北京：电子工业出版社，2020.

［2］王钦，吴升，涂平，等. 数字区域信息应用基础设施［M］. 北京：科学出版社，2009.

［3］吴晨涛. 信息存储与IT管理［M］. 北京：人民邮电出版社，2015.

［4］中国通信企业协会通信网络运营专业委员会. 数据中心基础设施维护规程［M］. 北京：电子工业出版社，2016.

［5］王薇薇，陈德全，骆奎. 数据中心设计运维标准、规范解读与案例［M］. 北京：机械工业出版社，2020.

［6］张晓昆，张岩，徐日. 信息基础设施关键技术全知道［M］. 北京：大有书局，2020.

［7］中国医院协会信息管理专业委员会，《中国数字医学》杂志社编写组. 中国医院信息化30年［M］. 北京：电子工业出版社，2016.

［8］泛林集团. 浅谈新型存储器［J］. 电子工业专用设备，2018，47（3）：10-12.

［9］宋省伟，国健男，郭秉宜，等. 大数据场景下的云存储技术与应用浅析［J］. 硅谷，2015，8（4）：128+122.

［10］李瑞麟. 存储器技术发展及简易维护方法［J］. 内江科技，2014，35（4）：80+103.

［11］王云峰. 统计学原理［M］. 上海：复旦大学出版社，2013.

［12］哈姆迪·塔哈. 运筹学基础［M］. 10版·全球版. 刘德刚，朱建明，韩继业，译. 北京：中国人民大学出版社，2018.

［13］王吉善，陈晓红. 从经验管理走向科学管理：医院管理工具应用案例集［M］. 北京：科学技术文献出版社，2014.

［14］刘建伟，石文昌，李建华，等. 网络安全空间导论［M］. 北京：清华大学出版社，2020.

[15] 中国医院协会信息专业委员会. 中国医院信息化状况调查报告（2019—2020年）[M]. 北京：电子工业出版社，2019.

[16] 中国医院协会. 2014—2020年中国医院信息化发展研究报告[M]. 北京：中国协和医科大学出版社，2020.

[17] 孙虹，胡建中. "互联网+"时代智慧医院建设[M]. 北京：电子工业出版社，2017.

[18] 葛世伦，尹隽. 信息系统运行与维护[M]. 3版. 北京：电子工业出版社，2021.

[19] 张勇，王佳妍，杨凯. 浅谈医院信息系统故障应急演练[J]. 中国医疗设备，2016，31（9）：152-158.

[20] 肖海方. 浅谈医院信息系统应急预案的建立[J]. 数码世界，2019（2）：141-142.

[21] 吕丽华，陈美芬，孙倩，等. 公立医院应急管理体系建设的实践与思考[J]. 卫生经济研究，2021，38（10）：71-73.

[22] 林芳，李佩. 探讨医院门诊信息系统故障突发事件应对策略[J]. 中国卫生标准管理，2020，11（1）：3-6.